독일 정치교육

학생의 비판적 사고 역량, 어떻게 기르나?

민주주의연구소 총서 26

독일 정치교육
학생의 비판적 사고 역량, 어떻게 기르나?

초판 1쇄 인쇄 2025년 9월 19일
초판 1쇄 발행 2025년 9월 29일

편저 볼프강 잔더, 케르스틴 폴
편역·해제 김상무, 김원태
공역 강구섭, 김동춘, 김영수, 김혜정, 배지혜, 오유석, 이종희
      전영은, 정수정, 정창호, 주현정, 차명제, 최영돈, 홍은영
공동기획 성공회대 민주주의연구소, 전국사회교사모임, 학교시민교육연구소
        학교'민주시민'과목추진연대, 학교시민교육교원노동조합

펴낸이 김승희
펴낸곳 도서출판 살림터
기획 정광일
편집 조현주·송승호·이희연
북디자인 꼬리별

인쇄·제본 (주)신화프린팅
종이 (주)명동지류

주소 서울시 양천구 목동동로 293, 2215-1호
전화 02-3141-6553
팩스 02-3141-6555
출판등록 2008년 3월 18일 제313-1990-12호
이메일 gwang80@hanmail.net
블로그 http://blog.naver.com/dkffk1020

Handbuch politische Bildung by Wolfgang Sander, Kerstin Pohl
© 2022 Handbuch politische Bildung, ed. By Wolfgang Sander,
Kerstin Pohl, Wochenschau Verlag, Frankfurt/M.
All Rights Reserved
Korean translation © 2025 by Sallimter
Korean translation rights arranged with Wochenschau Verlag
through Orange Agency

이 책의 한국어판 저작권은 오렌지에이전시를 통해 저작권자와 독점 계약한 살림터에 있습니다.
신 저작권법에 의해 한국 내에서 보호를 받는 저작물이므로 무단 전재와 무단 복제를 금합니다.

ISBN 979-11-5930-292-3 93370

• 가격은 뒤표지에 있습니다.
• 잘못된 책은 바꾸어 드립니다.

• 이 편역서는 2021년도 정부(교육부)의 재원으로 한국연구재단의 지원으로 출간되었음
  (NRF-2021S1A5B8A02098685)

HANDBUCH
POLITISCHE
BILDUNG

독일 정치교육

학생의 비판적 사고 역량, 어떻게 기르나?

편저
볼프강 잔더 Wolfgang Sander, 케르스틴 폴 Kerstin Pohl

편역·해제
김상무, 김원태

공역
강구섭, 김동춘, 김영수, 김혜정, 배지혜, 오유석, 이종희
전영은, 정수정, 정창호, 주현정, 차명제, 최영돈, 홍은영

공동기획
성공회대 민주주의연구소, 전국사회교사모임
학교시민교육연구소, 학교 '민주시민' 과목추진연대
학교시민교육교원노동조합

민주공화국 학교 시민의
정치적 판단력 향상을 기대하며

김동춘(전 성공회대 민주주의연구소 소장)

성공회대 민주주의연구소는 2019년 정부(교육부)의 재원으로 한국연구재단의 지원을 받아 '학교 민주시민교육의 제도화 및 활성화 방안 연구'를 시작했다. 성공회대 민주주의연구소는 한국뿐 아니라 아시아의 대표적인 민주주의연구소를 지향하며, 서구의 민주주의 공고화론이 제대로 설명하지 못하는 민주화 이후 한국 민주주의 발전의 역동성을 한국적이면서 세계적인 시각에서 분석하고 연구해 왔다. 그러므로 성공회대 민주주의연구소가 학교 민주시민교육 제도화 과제를 수탁한 것은 설립 취지나 연구 방향과 정확히 일치한다.

성공회대 민주주의연구소는 3년 동안 학교 민주시민교육의 기본 개념과 방향, 그리고 학교 교육과정 분석을 통한 민주시민교육 제도화를 위한 과제 등을 수행했다. 하지만 제2단계 연구 첫해인 2022년 교육부로부터 지원 중단을 통보받게 되어 아쉽게도 연구 작업을 지속할 수 없게 되었다. 그러나 1단계 연구 기간에 많은 정책 보고서를 발간하여 이 분야에 관심 있는 교사, 교육 행정가들에게 자료를 제공했다. 그리고 연구소는 2단계 연구 과제 중에서 공식 연구보고서 외에 외국의 민주시민교육 관련 자료를 번역 소개하는 과제를 설정했는데, 그 과제를 완수하기 위해 『독일 정치교육Handbuch Politische Bildung』을 전국사회교사모임, 학교시민교육연구소, 학교'민주시민'과목추진연대, 학교시민교육교원노동조합과 공동기획하여 번역 출간하게 되었다.

알려진 대로 독일은 서유럽 국가 중에서도 시민교육이 매우 앞선 나라에 속한다. 나치 정권의 등장, 그리고 20세기 최대의 세계사적 참극인 유대인 학살이라는 전쟁범죄를 저지른 죄과를 반성하고, 그러한 일이 재발하지 않도록 민주주의를 공고화하기 위해 시민교육, 즉 본격적인 정치교육을 실시했다. 강한 민주주의를 뒷받침할 수 있는 적극적이고 참여적인 시민을 육성하기 위해 시작된 독일의 정치교육은 이미 상당한 경험과 연륜을 쌓았다.

지금 한국을 비롯한 전 세계 여러 나라는 극우세력의 발호와 극단적 정치적 갈등, 대통령과 의회의 충돌과 친위 쿠데타, 팬덤 정치의 확산과 정당의 대표성 약화, 관료집단과 대자본 등 선출되지 않은 권력의 지배, 가짜 뉴스의 범람으로 인한 정치적 여론 형성의 굴절 등 민주주의 후퇴의 징후가 두드러진다. 이런 상황에서 학생과 시민이 올바른 정치적 판단력과 그것에 기초해 건강하게 정치 참여를 할 수 있는 정치교육이 어느 때보다 중요해졌다.

그런데 정치교육이 제대로 실시되기 위해서는 교수자의 전문성과 방법론 습득 등이 필요하지만 그와 관련된 철학적·방법론적 쟁점이 정리될 필요가 있다. 이 책은 그러한 여러 쟁점에 답을 주는 연구들을 집성한 것이다. 저자들은 독일 정치교육이 어떤 과학적 기초에서 시작되었는지, 어떤 영역과 차원들이 있으며, 각각의 영역에서는 어떤 교수법이 적용되어야 하는지 등을 체계적으로 정리했다. 아직 학교와 사회에서 시민교육이 제도화되지 않은 우리 입장에서는 다소 버거운 점도 있지만, 학교와 사회에서 민주시민교육이 제도화되면 반드시 참고할 쟁점을 정리한 것이다.

　이 책 번역 작업에 엄청난 노고를 쏟은 15명의 번역자와 대표번역자인 김상무 교수님께 감사드린다. 번역 원고를 꼼꼼하게 읽고 내용을 확인해 준 김원태 성공회대 민주주의연구소 연구위원, 출판 시장이 어려운 여건임에도 기꺼이 출간을 결정해 준 살림터 정광일 대표님과 번역문을 오랜 기간에 걸쳐 애써서 다듬어 준 편집진에 감사의 마음을 전한다.

독일 정치교육에서 배우는 민주주의

최성은(전국사회교사모임 회장)

　계엄과 탄핵, 촛불과 선거로 이어진 우리 사회의 정치적 격동은 매일 학생들과 마주하는 교사들에게도 깊은 질문을 던졌다. "정치교육 없는 민주주의는 가능한가? 그리고 지속가능한가?" 정치적으로 민감한 주제를 다루는 일은 여전히 조심스럽고, 학교는 '중립'이라는 이름 아래 수많은 현실 문제를 외면해 왔다. 그러나 지난 시간 동안 우리가 목격한 것은, 정치교육의 부재가 민주주의를 얼마나 쉽게 허약하게 만들 수 있는지를 보여 주는 현실이었다. 확증편향과 혐오, 가짜 뉴스가 교실 안으로 스며들고, 학생들은 넘치는 정보 속에서 정치적 판단의 기준 없이 흔들리고 있다. 이러한 상황을 외면한 채 '정치와 사회 문제에 침묵하는 교육'을 과연 중립이라 말할 수 있을까?

　『독일 정치교육』은 이런 물음 앞에서 함께 고민할 수 있는 기회를 제공한다. 이 책은 독일 정치교육의 전반을 탄탄하게 소개하며, 우리의 교육 현실을 자연스럽게 돌아보게 만든다. 독일이 정치교육의 선진국이라는 이야기는 익숙하지만, 이 책은 그 과정이 결코 순탄하거나 단선적이지 않았음을 보여 준다. 독일의 정치교육 또한 수많은 논쟁과 협의, 시행착오를 거쳐 점차 다듬어지고 확장되어 왔다.

1976년, 보이텔스바흐라는 작은 마을에서 열린 논의는 그 중요한 출발점이었다. 극좌에서 극우까지 다양한 관점을 지닌 학자들이 모여 학교 정치교육의 '최소한의 원칙'을 논의했고, 이는 '보이텔스바흐 합의'로 정리되었다. '학생에게 특정 입장을 강요하지 않는다', '정치적 논쟁은 교육 내용에도 반영되어야 한다', '학생은 자신의 이해관계를 분석하고 판단할 수 있어야 한다'는 원칙은 이후 독일 정치교육의 핵심 기준이 되었다.

이후에도 독일 사회는 정치교육의 방향과 의미를 끊임없이 성찰해 왔다. 1995년 '다름슈타트 요구'는 학생이 민주주의 공동체의 일원으로서 시민적 역할을 스스로 인식할 수 있어야 한다고 강조했고, 이는 "민주주의는 정치교육을 필요로 한다"는 1997년 '뮌헨 선언'으로 이어졌다. 2003년에는 정치교육학회가 연방 차원의 초·중등학교 교육기준을 제안하였고, "민주주의를 배운다는 것은 곧 민주주의를 살아가는 것"이라는 '마그데부르크 선언'으로 그 철학이 계승되었다. 독일의 정치교육은 어느 날 갑자기 완성된 것이 아니라, 시대의 질문에 응답하며 사회적 합의를 축적해 온 결과였다.

우리는 종종 뉴스 기사 등을 통해 "독일은 초등학생이 노사 교섭을 실습한다", "청소년이 실제 선거와 같은 방식으로 모의 투표를 한다"는 이야기를 접하곤 했다. 그럴 때마다 자연스레 부러움이 앞섰다. 그러나 이 책을 읽으며 깨닫게 된다. 그것은 단지 '독일이니까 가능한 일'이 아니라, 교육의 방향을 두고 오랜 시간 사회적 논의와 제도적 준비가 축적되어 온 결과라는 점을. 지금 우리에게 필요한 것은 부러움이 아니라, 우리 학교 교육과정 안에서 정치교육의 자리를 어떻게 만들어 갈 것인가에 대한 진지한 논의다.

무엇보다 인상 깊은 점은, 독일의 정치교육이 단지 학교 안에 머무는 것이 아니라 유아기부터 성인기까지 이어지는 전 생애적 정치교육 체계를 갖추고 있다는 사실이다. 유치원에서는 아동의 성숙과 참여를 교육 목표로 삼고, 청소년기에는 논쟁 수업과 모의 의사결정이 일상화되어 있으며, 성인기에도 정치적 판단과 참여 역량을 지속적으로 지원하는 교육 기제가 작동하고 있다. 정치교육은 초·중등학교의 한 과목에 그치지 않고, 시민으로 살아가는 삶 전체를 아우르는 일상적 실천으로 이해된다. 반면, 우리 학교와 교실은 여전히 현실 사회 문제를 주제로 토론하거나 정치적 의사결정을 연습해야 할 시기조차 정치적으로 민감한 문제라는 이유로 언급을 꺼리게 된다. 이러한 분위기 속에서 교사도 학생도 정치교육보다는 정치 회피나 정치 혐오에 익숙해지고 있는 것은 아닐까?

이 같은 현실을 마주한 교사들에게 이 책은 정치교육이 학교에서 어떤 방향으로 진행될 수 있는지 구체적이고 실질적인 길을 보여 준다. 『독일 정치교육』은 각 장이 독립된 주제를 깊이 있게 다루면서도, 정치교육의 철학, 역사, 교수학, 수업 방법, 매체 활용, 평가 방식에 이르기까지 그 전반을 체계적으로 정리해 준다. 특히 문제 지향, 논쟁성, 수신자 지향, 행동 지향, 학문 지향 등 다양한 교수법 원칙들은 우리 사회과 수업에 꼭 적용되어야 할 중요한 교수학습 원칙이다.

우리는 학생들이 현실의 문제를 외면하지 않으며, 삶과 연결된 질문을 던지고, 공동체 속에서 자신의 독립된 관점을 키워 가기를 바란다. 그런 시민을 길러내는 교육의 장을 만드는 일은 교사만이 아니라 우리 사회 구성원 모두의 몫이다. 학교와 교실 속 민주주의를 고민하는 더 많은 이들이 이 책과 만나길 기대한다.

서문

1960년대 독일연방공화국에서 정치교육 교수학을 위한 교수직 -교과명의 명칭은 달랐지만- 이 신설된 것은 정치교육의 학문적 토대를 마련하는 결정적인 행보였다. 이와 함께 정치 학습과 교육자의 전문적인 행동에 대한 문제는 이 학문 분야의 연구 대상이 되었다.

이 책은 1997년 초판이 출간된 이래 독자들에게 정치교육에 관한 학문적 논의 현황에 대해 신뢰할 만한 개관을 제공한다는 목표를 추구해 왔다. 특히, 이 책의 목표는 아래와 같다.

- 학교의 전문교과(정치교육) 교사와 학교 밖 정치교육 교육자의 일상적인 교육 업무에 새로운 자극을 제공한다.
- 대학생, 수습교사, 교원직무연수 참가자들이 정치교육의 학문적 논의 현황에 대해 압축적으로 이해할 수 있도록 한다.
- 교육정책에 관심이 있는 사람들에게 정치교육의 현황에 대한 풍부한 정보를 얻을 수 있는 기회를 제공한다.

일반적으로 독일에서 정치교육 교수학을 위한 교수직은 학교 정치교육의 교과 수업을 위한 교직과정을 위해 시작되었다. 그러나 정치교육은 학교뿐만 아니라 학교 밖 교육을 모두 대표하는 교육학적 실천 분야에 속하기 때문에, 정치 학습에 대한 학문은 **하나의** 실천 분야로만 한정할 수 없다. 따라서 이 책의 구상은 '정치교육'에 대한 폭넓은 이해에 기반하며, 이는 유아교육기관을 비롯하여 다양한 학교 형태와 각 학년에서의 교과 수업, 다른 과목들의 정치적 함의와 학교의 제도적 문화의 정치사회화 효과, 학교 밖 청소년 및 성인 정치교육의 다양한 교육기관과 교육 프로그램에 이르기까지 교육적인 의도에서 정치사회화 과정에 영향을 미치는 모든 형태를 포괄한다.[이 책 II부 참조]

이번 5판을 위해 이 책은 완전히 새롭게 수정되었다. 이전 판에 포함된 논문들은 변화된 현실을 반영하여 수정했다. 새로 포함된 일련의 논문들은 학문과 교육현장에서의 실제 발전 현황을 반영하고 있다. 이 책은 처음부터 –한 권의 책 안에서 가능한 범위에서– 정치교육 과목의 학문적·세대적 스펙트럼을 대표할 수 있도록 저자 구성에 노력했다. 그 결과, 24명의 새로운 학자들이 참여했으며, 게르스틴 폴이 두 번째 편저자로 함께했다.

이번 신판에 참여해 주신 모든 분께 감사드린다. 무엇보다도 원만한 협력과 세심하게 출판을 지원해 준 보헨샤우 출판사에 감사드리며, 꼼꼼하게 최종 작업을 맡아 준 루이자 소피아 가리도 베르나르디, 편집 과정 전반에 걸쳐 열정과 전문성으로 함께한 알리나 리타 카압에 감사의 마음을 전한다.

2021년 여름, 케르스틴 폴·볼프강 잔더

차례

김동춘
민주공화국 학교 시민의 정치적 판단력 향상을 기대하며 • 4

최성은
독일 정치교육에서 배우는 민주주의 • 7

케르스틴 폴, 볼프강 잔더
서문 • 10

일러두기 • 16

I. 정치교육의 학문 토대

볼프강 잔더
1. 정치교육 역사 • 23

미하엘 마이, 케르스틴 폴
2. 정치교수학 구상들 • 40

라인홀트 헤트케
3. 정치교육의 전공학문 기초: 입장과 논쟁 • 52

주잔 게스너
4. 정치교육의 교육이론 토대 • 63

II. 정치교육의 실제

노르베르트 노이스
1. 취학 전 교육기관의 정치교육 • 77

케르스틴 폴
2. 학교 수업과목으로서의 정치교육 • 86

볼프강 잔더
3. 학교의 범교과적 과제로서의 정치교육 • 95

미하엘 마이
4. 정치교육을 위한 교사교육 • 104

Ⅲ. 정치교육 교수법의 원칙

1. 안드레아스 페트릭
   수신자 지향 • 115

2. 토마스 골
   문제 지향 • 123

3. 슈테판 뮐러
   논쟁성 • 132

4. 틸만 그라메스
   범례의 원칙 • 142

5. 알렉산더 보니히
   행동 지향 • 154

6. 잉고 유흘러
   학문 지향 • 163

Ⅳ. 정치교육의 과제 영역

1. 페터 마싱
   제도 학습 • 175

2. 모니카 오베를레, 헬마 쉬네
   정치교육 대상인 정치 과정 • 184

3. 팀 엥가르트너
   경제 학습 • 193

4. 베티나 추르슈트라센
   정치교육의 주제 영역인 사회 • 201

5. 하인리히 오버로이터
   법교육 • 208

6. 마티아스 부쉬
   정치교육 차원의 역사 학습 • 218

7. 마르쿠스 글로에
   정치교육으로 민주주의 배우기•226

8. 무하메드 기라츠
   전문어와 교양어의 촉진•235

9. 아네테 페트리
   감정과 정치 학습•244

10. 지빌레 라인하르트
    도덕적 학습•251

V. 정치교육의 방법과 매체

1. 안드레아스 퓌히터
   진단 방법: 관념, 태도 그리고 지식 파악•263

2. 하네스 슈트렐로우
   시작 방법: 수업 도입 단계•276

3. 크리스토프 퀴베르거
   포괄적이고 개별화된 정치 학습: 정치교육과 분화법•286

4. 페터 마싱
   대화를 통한 학습: 정치교육에서 대화 형태•294

5. 한스-베르너 쿤
   텍스트를 통한 학습: 텍스트 출처와 텍스트 분석•305

6. 데니스 하우크
   디지털 미디어를 통한 학습: 학습 결과와 학습 환경•315

7. 데니스 하우크
   디지털과 아날로그 미디어 연결하기: 블렌디드 러닝•321

8. 카트린 한-라우덴베르크
   역량중심수업: 문제 상황 설정 및 인지 활동을 촉진하는 학습과제•328

9. 카를 다이히만
   정치교육 평가하기: 평가 방법 및 성과평가•338

VI. 다른 지역의 정치교육

1. 아시아의 시민교육: 지역적 영향과 글로벌 이해관계 • 351
케리 J. 케네디

김상무
편역자 후기 • 361

김원태
**해제 | 독일 학교 정치교육의 역량과 학습 목표,
그러면 우리는?**

학문적인 핸드북 • 365
원저에서 번역하지 못한 부분 • 366
정치란 무엇인가?: 독일 정치교육 교과서에서 말하는 '정치' • 368
한국과 독일 학교 정치교육의 차이 • 370
독일 정치교육의 목표: 계몽과 성숙 • 372
시민교육 유형에 비추어 본 독일 정치교육: 독립적·비판적 시민성 유형? • 373
독일 정치교육에서 강조하는 역량과 학습 목표 • 376
한국 사회과 교육에서 강조하는 역량과 학습 목표 • 390
이 책에서 소개한 정치교육 교수법 원칙은 절대적인가? • 395
독일어권 정치교육 교수법 원칙을 우리에게 어떻게 적용할 수 있을까? • 402
독일 정치교육 교수법은 교과서에 어떻게 적용되고 있을까? • 403
학교 정치교육에 진심인 바덴뷔르템베르크주 정치교육센터 • 416
독일 정치교육의 오랜 여정 • 419
ChatGPT에게 질문하다 • 422
독일 정치교육 교과서 90점, 한국 사회 교과서 15점-무엇을 해야 하나 • 425

참고문헌 436
저자 소개 481
편역자 소개 484
찾아보기 486

일러두기

- 이 책은 2022년 독일 보헨샤우(Wochenschau) 출판사에서 발간된 『Handbuch politische Bildung』(전면개정판 5판) 중 학교 정치교육에 관련된 내용을 선별하여 옮긴 것이다.
- 본문에 번호로 표시된 모든 각주는 역주이며, 본문의 대괄호([ ])는 독자들의 이해를 돕기위해 원저에 없는 내용을 역자가 추가한 것이다. 저자의 주는 본문에 *로 표시하였다.
- 단행본과 간행물은 『 』로, 논문·법규 등은 「 」로 표기하였다.
- 원저에서 이탤릭체로 강조된 부분은 고딕체로 표시하였다.
- 원저에 나오는 인명·지명의 한글 표기는 국립국어원의 외래어 표기법을 기준으로 하되, 일부는 독일어 발음을 고려하였다.
- 책의 가독성을 향상시키기 위해 본문에는 지명·단체명은 원어를 병기하지 않는 대신(단체명은 원어 약칭만 병기) 독자의 이해를 돕기 위해 찾아보기에서 원어를 찾아볼 수 있도록 하였다.
- 독자들의 이해를 돕기 위해 간략하게나마 설명이 필요한 용어 및 단체는 다음과 같다.
  - 'Erziehung'(에르치웅)과 'Bildung'(빌둥): 학교교육 또는 사회화의 맥락에서 이 두 가지 독일어 용어를 한 문장 안에서 번역하려는 모든 시도는 역자를 용어 혼란의 한복판에 놓이게 한다. 왜냐하면 이 두 용어는 우리말로 모두 '교육'으로 번역되기 때문이다. 이는 단지 우리말에서만 나타나는 번역상의 어려움은 아니며, 교육이라는 용어가 라틴어 명사 educatio에서 유래된 영어(education) 및 대부분의 유럽 언어에도 해당된다. 특히 Bildung은 다른 언어로 번역하기 어려운 독일어 특유의 개념으로, 영어를 비롯한 유럽 언어로 된 교육 분야 문헌에서는 Erziehung과 Bildung이 그대로 외래어로 사용되는 경우도 드물지 않다. 그러나 이 두 용어는 각 개인의 주체 구성에 서로 다른 방식으로 관여하기 때문에 엄격히 구분되어 사용되고 있다[홍은영(2013), 「독일 교육철학 연구의 성과와 과제: 비판적 교육학의 전개와 과제를 중심으로」, 『교육철학』 제49집, 99 참조]. Erziehung은 개인의 소질과 잠재력 계발에서 타율적인 측면에 더 방점을 두고 있는 반면, Bildung은 주체적 인간에서 출발하여 그 어떤 지배로부터 해방적인 자아를 지

향하고 있다는 측면에서 차이점이 있다. 교육 또는 사회화 과정과 관련하여 전자는 교육 대상의 관점에서 타율적이고 수동적이며, 이미 형성된 기존의 세계에 길들여진다는 의미가 내포되어 있는 반면(예컨대 1차 사회화), 후자는 더 많은 자유가 부여되고 능동적이며, 자기 설계 또는 자기 형성과 관련되어 있다. 이처럼 이 두 용어의 근간이 되는 교육에 대한 이해는 근본적으로 다르다[Ludwig, Peter H.; Kohl-Dietrich, Dorothee: A (too) brief explanation of the terms "Bildung" and "Erziehung" for the hurried English-speaking reader. 2022, 9 S. 참조].

정치교육과 관련하여, 두 용어를 동사화하면 그 의미 차이는 더욱 분명해진다. 먼저, Erziehung의 동사형 erziehen(에르치엔)은 목적 지향적 행동의 결과를 나타내는 접두사 'er-'와 '끌다, 당기다'라는 의미의 동사 '-ziehen' 두 부분으로 구성되어 있으며, 문자 그대로는 '누군가를 무언가에서 끌어내다' 또는 '누군가를 잡아당기다'는 뜻을 지닌다. 독일의 두덴(DUDEN) 온라인사전(https://www.duden.de/)에 따른 erziehen의 의미는 "누군가(특히 아이)의 정신과 성격을 형성하고 그의 발달을 촉진하다", "특정 행동으로 이끌다"이다. 또한 Bildung의 동사형 bilden(빌덴)은 사전적으로 "(특정한 방식으로) 형성하여 만들어 내다", "(무엇을) 이루다, 구성하다", "(누군가를) 정신적·지적으로 발전시키다" 또는 재귀대명사 sich와 결합하여 "(자신을) 정신적·지적으로 발전시키다", 그리고 전이된 의미에서 erziehen을 의미한다[두덴(DUDEN) 온라인사전, https://www.duden.de/].

역사적으로 볼 때 Erziehung은 경우에 따라서는 교육 대상자를 권위적이고 심지어 억압적이며 공격적인 방식으로 대하는 이미지를 형성할 수 있으며, 정치적으로는 기존 사회 질서를 재생산하거나 다중(多衆)을 특정한 방향으로 길들여지게 하는 수단과 관련되기도 하였다. 반면에 Bildung은 이를테면 오늘날 우리가 이해하는 전인교육의 맥락에서 이해할 수 있다. 이 두 용어의 의미적 차이는 독일 역사에서 억압적이고 강압적인 전체주의적 정치교육을 'Erziehung', 오늘날 민주주의 역량에 기반하는 생활양식으로서의 민주주의를 지향하는 정치교육 또는 시민교육을 'Bildung'으로 표현하는 독일 사회의 언어 사용에 반영되어 있다.

이 책에서는 'Erziehung'과 'Bildung'을 모두 '교육'으로 번역하되, 별도의 언급이 없는 한 '교육'은 'Bildung'을 가리키며 'Erziehung'의 경우에는 '교육(Erziehung)'과 같이 원어를 병기하여 두 용어를 구분하였다.

- 정치교수학(Politikdidaktik): 정치교수학(법)은 학교 및 학교 밖 정치 교육을 위한 교수학습 과정을 연구 대상으로 하는 독립적 분과학문이다. 정치교수학은 정치학을 비롯하여 역사학, 사회학, 경제학 등 다양한 전공학문과 연계되어 있다.
- 주정부 교육문화부장관회의(협의체)(KMK, Kultusministerkonferenz): 연방제를 채택하고 있는 독일은 16개 주(州)로 구성되어 있다. 각 연방주는 자체적인 주헌법(Landesverfassung), 주정부(Landesregierung), 주의회(Landesparlament)를 두고 있으며 독일 연방헌법인 「기본법(Grundgesetz)」 제30조에 근거하여 교육·문화 자치권인 이른바 문화고권(文化高權, Kulturhoheit)을 갖는다. 즉, 이 헌법 조항에 따라 독일에서 학교교육은 연방정부가 개입할 수 없는 각 주정부의 고유 권한이다. 따라서 독일에는 전국적으로 통일된 교육제도와 교육과정이 없고 연방주마다 차이를 보인다. 이러한 이유로 각 연방주의 교육제도 간 필요한 수준의 공통성 내지 일관성을 보장하기 위해 교육·문화 정책을 담당하는 각 주정부 부처의 장관 및 주별 상원의원들이 매년 분기별로 모여 독립적인 회의를 진행한다. 협의체의 결정 사항은 법적 구속력이 없으며, 각 연방주 의회에서 입법과정을 거쳐 법적 효력을 지니게 된다. 또한 주정부 교육문화부장관 협의체는 16명의 관련 분야 대학교수들로 구성된 학술자문기구를 두고 있다. 협의체의 정식 명칭은 '독일연방공화국 각 주의 교육문화부장관 상임 회의(Die Ständige Konferenz der Kultusminister der Länder in der Bundesrepublik Deutschland)'이다.
  ⇨ 참고: KMK 누리집 영문 사이트 https://www.kmk.org/kmk/infor mation-in-english.html
- 독일정치교육협회(DVPB, Deutsche Vereinigung für politische Bildung): 1950년대 독일연방공화국에서 정치교육의 제도화 및 전문화 추세 – 연방내무부 산하 연방정치교육센터 창설(1952), 각 주정부 산하 주정치교육센터의 순차적 창설(1953~) 및 대학 내 정치교육 관련 학과 및 교직과정 개설(1960~) 등 – 에 따라 1965년 대학교 관련 학과 교수, 중등학교 정치과목, 정치교육 교수법 교사를 비롯하여 그 밖의 학교 및 학교 밖 정치교육 분야 종사자를 중심으로 설립된 학회이다. 1982년부터 연방 차원에서 대규모 정치교육 학술대회 '연방회의(Bundeskongress)'를 개최하고 있으며, 분기별로 학회지 「POLIS」를 발간하고 있다. 또한 연방정치교육센터 및 지역별로 주정치교육센터와 협력하여 다양한 학술대회 및 세미나 등 정치교육 행사를 개최하고 있다. 2018년 현재, 회원수는 전국적으로 3천여 명이었으며, 대부

분 중등학교 교사 및 학교 밖 정치교육 종사자들로 이루어져 있다.
⇨ 참고: DVPB 누리집 https://dvpb.de/
- 정치교수법 및 청소년과 성인을 위한 정치교육학회(GPJE, Gesellschaft für Politikdidaktik und politische Jugend- und Erwachsenenbildung): 1999년에 설립된 정치교육 분야 학술단체이다. 연구와 교류를 통한 학교 및 학교 밖 정치교육의 학문적 발전을 지원하는 목적으로 설립되었다. 주요 활동 분야로는 정치교육 관련 학술대회 및 세미나 등을 주관하며, 외국과의 시민교육 관련 분야의 학술적 협력, 대학에서 학문적 후속 세대 및 대학 내 관련 학과 등에 대한 학문적 지원 등이 있다. 2002년부터 보헨샤우 출판사에서 정기적으로 정치교육 논문집 『GPJE 총서(Schriftenreihe der GPJE)』를 발간하고 있으며, 특히 2004년에 발표한 학교 정치교육 교과 수업을 위한 국가 교육표준안 초안은 독일 정치교육 학계 및 일선 교육현장에서 널리 수용되고 있다. 정치교육 일반 중등학교 및 학교 밖 교육기관 교사들도 가입할 수 있는 독일정치교육협회(DVPB)와는 달리, 정치교수법 및 청소년과 성인을 위한 정치교육학회(GPJE)는 학회 정관의 규정에 따라 정치교육 관련 학과 대학교수 또는 이 분야의 박사학위 소지자, 정치교육 관련 학과 박사과정 재학생 그리고 출판 및 연구비 지원 등으로 학회를 후원할 의사가 있는 개인 및 단체로 제한하고 있다.
⇨ 참고: GPJE 누리집 영문 사이트 https://gpje.de/en/english/

I.
정치교육의 학문 토대

1. 볼프강 잔더
Wolfgang Sander

정치교육 역사

1. 독일 정치교육 발전 경향

근대에 들어와 오늘날의 독일 영토에서 정치교육 문제는 처음부터 의도적 교육Erziehung과 자기형성적 교육Bildung의 제도화 과정을 함께해 왔다.^{Kuhn/Massing/Skuhr, 1993; Detjen, 2013; Sander, 2013} 학교 밖 교육에서 성인 정치교육에 관한 이론은 계몽시대까지 거슬러 올라갈 수 있다.^{Ciupke, 2016} **학교** 영역에서는 이미 근대식 학교제도의 초기 단계에 젊은 세대의 정치적 통합이 학교교육의 중심 과제 중 하나로 여겨졌음을 알 수 있다. 이를 간결하게 공식화한 것이 1540년의 브란덴부르크 교회 규칙인데, 여기서는 "기독교와 좋은 치안의 유지"를 근거로 학교 수업의 필요성이 정당화되었다.^{Sander, 2013: 16} 당시 **치안Pollicey** 이라는 용어는 군주가 공공의 관심사를 규제하기 위해 취하는 예방책을 의미했다. 즉, 학교의 도입은 신흥 영방領邦 국가¹들의 정치 질서를 확보하기 위한 것이기도 했다. 이를 위해 학교는 신민臣民들에게 그들의 의무를 가르치고 당국의 권력을 신으로부터 부여받은 것으로 정당화해야 했다. 그러나 오랫동안 이 과제를 위한 독자적인 수업

> 근대
> 학교제도의
> 출발

과목에 대해서는 아직 논의의 여지가 없었다. 우선은 종교교육이 정치교육을 함께 맡아야 했다.

여기서 유의해야 할 점은, 사용 가능한 물질적 자원이 제한되어 있었기 때문에 모든 아동에 대한 의무교육은 오랜 시간이 지나서야 실제로 확립되었다는 것이다. 모든 아동이 실제로 학교에 다닐 수 있게 된 것은 19세기 후반에야 가능해졌다. 그러나 이 무렵 종교교육은 이미 지배적인 위치를 잃은 상태였고, 초등학교에서는 무엇보다 역사, 지리, 독일어가 정치교육에서 가장 중요한 과목이 되었다. 중등교육기관 김나지움도 고전어들을 추가해서 가르친다는 점을 제외하고는 다르지 않았다. 19세기 초, 신인문주의[2]는 학교 수업에서 고대 문화를 다루어 정치적으로 교육적인 효과를 얻으려는 의도를 이러한 과목들과 연관시키기도 했다. 그러나 예컨대 16세기까지 거슬러 올라가는 기사騎士 아카데미와 18세기의 박애주의 시민학교 등 상류층 신분집단을 교육하는 중등학교에서는 이미 단순한 초기 형태의 정치교육이 이루어지고 있었다._{정치교육 초기 단계에 대해서는 무엇보다 Flitner, 1957 참조}

신인문주의

학교의 독자적인 전공 과제와 독립 과목으로서의 정치교육에 대한 보다 폭넓은 학문적·정치적 논의는 빌헬름 황제 시대에 들어와서야 비로소 시작되었다. 이와 관련된 주요 참조 용어는 '공민公民교

---

1. 영방(領邦) 국가(독일어 Territorialstaat)는 중세 신성로마제국의 제후국들을 가리키는 용어이다. 13세기 이후 신성로마제국 황제 권력이 약화되면서 원래 봉토를 제공받고 충성을 다하는 봉신(封臣)에 불과했던 제후들의 영지가 준독립국가화하게 되었다. 이 제후국 수가 300여 개에 이르렀는데 이를 영방 국가라고 한다. 이후 수백 년 동안 정치적 변화를 겪으면서 통합되어 수가 줄어들긴 했지만 1871년 비스마르크가 독일을 통일할 때까지 지속되었다(https://ko.wikipedia.org/wiki/영방국).
2. 19세기 교육사조를 말한다. 14~16세기 르네상스시대 구인문주의와 마찬가지로 정신과 신체의 조화로운 발달을 추구하는 교육사조이다. 그런데 주로 로마시대 고전의 학습과 그 시대를 모방, 찬양하였던 르네상스시대의 구인문주의와는 달리, 상대적으로 그리스 고전을 중심으로 그 속에 담긴 세계관과 인생관을 본받으려 했고, 이를 바탕으로 역사와 민족성을 토대로 한 민족적 자각을 강조했다[박의수 외(2009), 『교육의 역사와 철학(2차 개정증보판)』, 동문사, p. 231].

육staatsbürgerliche Erziehung' 또는 '공민과公民科, Staatsbürgerkunde'였다. 이 용어들은 이미 내용적인 측면에서 논의의 전개 방향을 보여주고 있다. 즉, 정치교육은 젊은이들을 민족국가의 공민으로서의 역할로 이끄는 관점에서 고려되었다. 여기에는 몇 가지 측면이 작용했다. 가장 중요했던 것은 신생 민족국가의 민족정체성 확립이었으며, 이를 위해 제국시대 독일의 공민교육Erziehung에는 역사수업을 보완하는 역할이 부여되었다. 이러한 맥락에서 고전적 인문주의 교육은 잠재적 세계주의로 인해 오히려 의심스러운 것으로 여겨졌다. 빌헬름 2세[3]는 1890년 프로이센 학교제도 개혁에 관한 학술대회 개회 연설에서 이러한 측면을 다음과 같이 요약했다. "우리는 독일어를 중등학교의 기초로 삼아야 합니다. 우리는 그리스와 로마의 젊은이들이 아니라 민족의식이 투철한 독일의 젊은이들을 길러내야 합니다."Sander, 2013: 42 참조 마찬가지로 그는 학교가 바이에른, 함부르크, 작센, 뷔르템베르크, 프랑크푸르트, 베를린 젊은이들을 독일인으로 만들어야 한다고 말할 수도 있었을 것이다.

> 민족정체성 확립

민족을 교육적으로 구성한다는 이러한 생각은 유럽뿐만 아니라 신생 민족국가의 학교에서 전형적으로 나타났지만, 19세기 말 독일의 공민교육Erziehung에서 명백하게 드러난 민족주의의 **제국주의적 이식**을 모든 민족국가에 일반화할 수는 없다. 식민지도 이제는 학교 정치교육Erziehung의 준거점으로 간주되었다. 따라서 1905년 초등학교에 대한 장관의 지침은 "그러므로 모든 애국자는 대륙 조국과 마찬가지로 식민지에 대해서도 동일한 의무를 갖는다"고 명시했다.Sander, 2013: 44 참조

---

3. 빌헬름 2세 제국시대(Wilhelminische Kaiserreich)란 프로이센 국왕이자 독일 제국 2대 황제였던 빌헬름 2세(1859~1941)가 통치하던 시기(1888~1918)를 말한다. 그는 제1차 세계대전에서 패하고, 여론에 밀려 퇴위했다.

| 노동운동과의 갈등 | 또한 노동운동과의 사회적·정치적 갈등은 제국정부가 공민교육을 장려하는 중요한 동기가 되었다. 1889년 5월 1일, 빌헬름 2세는 「최고 칙령」에서 이러한 관계를 공개적으로 표명했다.

> "한동안 나는 사회주의와 공산주의 사상의 확산에 대응하기 위해 각급 학교를 활용해야 한다는 생각에 몰두해 왔습니다. … 학교는 젊은이들에게 사회민주주의 가르침이 신의 계명과 기독교의 도덕적 가르침에 모순될 뿐만 아니라 현실적으로 실행 불가능하고 그 결과는 개인과 전체에게 똑같이 해롭다는 확신을 심어 주기 위해 노력해야 합니다. 학교는 근대사와 현대사를 지금보다 더 많이 수업 주제의 범위에 포함시키고, 국가 권력만이 개인의 가족, 자유, 권리를 보호할 수 있음을 보여 주고, 프로이센의 왕들이 진보적인 발전 과정에서 노동자들의 생활조건을 개선하기 위해 어떻게 노력해 왔는지를 젊은이들이 알도록 해야 합니다. …"Sander, 2013: 39f

| 정치교육: 국내 정치 투쟁의 도구 | 이에 대해 노동운동은 독립적이고 사회주의 지향적인 학교 밖 청소년 및 성인 교육을 위한 집중적인 노력으로 대응했고, 1906년 만하임에서 열린 사민당SPD 전당대회에서는 "프롤레타리아는 하나의 완전한 세계관을 지닌 주체"로 간주되었다.Sander, 2013: 51f 이러한 상황에서 정치교육은 양측 모두에게 국내 정치 투쟁의 도구로 여겨졌다.

덜 도구적으로 가정된 공민교육Erziehung의 또 다른 측면은 게오르크 빌헬름 프리드리히 헤겔의 국가에 대한 이해와 관련이 있다. 헤겔에게 국가는 도덕이라는 이상의 표현이었다. 국가는 공동체를 대표하고 조직할 뿐만 아니라 공동체를 개선하고 심지어 고귀하게 만들어야 하는 것이다. 개인의 이타심을 모든 사람에게 도움이 되는 목표를 향하도록 유도하여 공동선의 수호자 역할을 하는 문화국

가[4]에 대한 이상주의적인 생각은 특히 독일 부르주아 계급 사이에서 상당히 인기가 높았다. 이러한 의미에서 공민교육Erziehung은 구체적인 국가보다는 국가 이념에 대해 교육해야 하는 것이었다. 그러나 이는 말하자면 정당과 구체적인 정치적 갈등의 저지대 위에 떠 있는 국가에 대한 생각과도 연관되어 있었다. 따라서 이러한 문화국가라는 이상주의는 전적으로 반정치적 분노와 결합될 수 있었다.

국가 이념에 대한 교육

이러한 관계는 특히 바이마르공화국에서 치명적인 영향을 미쳤는데, 바이마르 헌법 148조에 공민과가 학교의 수업과목이어야 한다는 규정이 있었음에도 불구하고, 구체적인 헌법과 민주 정치의 토대에 기반한 정치교육을 학교에서 견고하게 확립할 수 없었다. 당시 특히 영향력이 컸던 것은 게오르크 케르셴슈타이너Georg Kerschensteiner가 1901년에 이미 발표하여 1931년까지 10판에 걸쳐 광범위하게 영향을 미쳤던 『공민교육의 기초』였다.Kerschensteiner, 1966 참조 케르셴슈타이너 또한 문화국가의 이상주의를 언급했는데, 그는 독일제국과 독일 최초의 공화국 모두에서 자신의 개념을 견지할 수 있었다. 왜냐하면 국가의 구체적인 형태는 도덕적 기관으로서의 국가에 비해 2차적인 의미를 지니는 것처럼 보였기 때문이다. 그러나 바이마르공화국에서는 학교에서 공화국에 대한 의식적인 교육Erziehung과 공민교육Erziehung의 적극이고 다양한 과목 문화에 대한 접근이 있었으며, 1930년대 초부터 공민교육Erziehung이 학교에 자리 잡기 시작하면서 현재의 정치적 논쟁을 주제화하는 것이 점점 더 널리 퍼지게 되었다.Busch, 2016; 2020

바이마르 공화국

교과 수업의 이론적 토대 마련이라는 의미에서 '정치적 교육

---

4. 국가가 경찰 역할을 하는 경찰국가나 종교 권력을 수호하는 교권국가 등에 대립하는 개념으로, 문화적 이상에 현실의 국가를 접근시켜 국가를 문화 발전에 기여하게 하려는 국가 이념을 말한다. 출처: https://ko.wikipedia.org/wiki/문화국가

politischer Bildung'이라는 용어가 독일에서 처음으로 언급된 것은 1908년에 출간된 파울 륄만의 같은 이름의 책에서였으며, 이보다 앞서 1891년에는 당시 오스트리아 빈대학교 총장이었던 아돌프 엑스너가 이미 이 용어를 강령적인 연설의 핵심으로 삼았다.Exner, 1892; 또한 Sander, 2009 참조 그러나 이 용어는 1945년 이후 서독에서, 그리고 1989년 이후에는 비로소 독일 전역에서 사용되기 시작했다.

20세기 독일의 두 독재 정권에서는 집권당의 세계관적 교리에 따른 정치교육Erziehung이 중요한 역할을 했다. 나치당NSDAP과 동독의 사통당SED[5]은 경쟁 단체와 협회를 금지한 후 청소년 정책을 사실상 독점한 친정당 청소년 단체인 히틀러청소년단HJ, 독일소녀동맹BDM,

나치즘 그리고 자유독일청년당FDJ을 운영했다. 나치즘은 '아돌프히틀러학교AHS'와 같은 히틀러청소년단의 엘리트 기관을 제외하고는 학교에 정치교육을 위한 독립 과목을 두지 않았다. 그 대신 특히 생물학, 역사, 독일어 같은 다른 과목에 나치 이념을 침투시켰고 학교 축제와 같은 감정을 고양하는 행사를 개최했다.Sander, 2013: 75f 반면에 동독

동독 에서는 사통당이 그들의 이념적 기반인 마르크스-레닌주의의 과학성을 주장하면서 권력 독점을 뒷받침하려고 시도했는데 '현대 연구Gegenwartskunde'라는 일반 사회 과목이 잠시 등장한 후 1957년부터 1989년까지 '공민과Staatsbürgerkunde' 과목이 이념 교육Erziehung에서 중심적인 역할을 했으며, 그 목표와 내용에서 사통당의 정책과 밀접하게 관련되어 있었다.Grammes/Schluß/Vogler, 2006 참조

서독에서는 1945년 이후, 독일 전역에서는 1989년 이후에야 민주적 기반이 마련되었고, 독일 전역의 학교에서 정치교육 전문교과 교사가 담당하는 수업이 확립되었다. 이 방향의 첫 번째 이니셔티브

---

5. 사회주의통일당(SED)은 동독이 붕괴하기 전까지 동독 사회를 지배했던 독재 정당을 말한다.

는 제2차 세계대전 종전 직후 서방 점령국의 '재교육 정책'에서 비롯되었다. 1950년대부터 민주적 정치교육이라는 새로운 교육 과제에 대한 독일 학계의 집중적인 논의가 시작되었다.^{1945년 이후 정치교육 이론의 역사에 대해서는 Gagel, 2005} 이 논의는 처음에는 바이마르공화국의 공민교육Erziehung 대표자들(테오도어 리트Theodor Litt, 에두아르트 슈프랑어Eduard Spranger, 에리히 베니거Erich Weniger)과 더 이상 국가 중심이 아닌 경험 중심적이며 사회 교육을 추구하는 미국의 프래그머티즘에 기반한 새로운 접근법을 지지하는 학자들^{테오도어 빌헬름Theodor Wilhelm, 학교 밖 교육에 대해서는 프리츠 보린스키Fritz Borinski 참조} 간의 대립이 특징적이었다. 이 시기뿐만 아니라 그 이후에도 학교와 학교 밖 정치교육 담론의 초점은 제도적·학문적 틀의 모든 차이에도 불구하고 오랫동안 평행선을 달리며 상호 간에 다소 강하게 영향을 미쳤다.

'재교육 정책'

1950년대와 1960년대에 서독의 연방주들은, 비록 과목명은 서로 달랐지만, 점차 학교 정치교육을 위한 독립 과목을 도입했다. 정치교육의 다양한 과목명은 1950년 주정부 교육문화부장관회의KMK의 권고에서 비롯되어 현재까지 존재하는 기이한 현상으로, 이 회의에서는 "특별 교과 수업 시간에" 정치교육을 권장했지만 이 수업의 과목명은 연방주별로 자유롭게 정할 수 있게 했다.^{Sander, 2013: 114} 그럼에도 불구하고 이 과목의 도입은 정치교육의 전문화와 이론적 토대의 학문화를 위한 기초가 되었다. 이와 관련해서는 정치학이 대학교의 새로운 학문 분야로 도입된 것도 기여했으며, 이를 계기로 이 시기에 여러 정치학 교수들이 정치교육에 참여하게 되었다.^{Detjen, 2016 참조} 1965년에는 독일정치교육협회DVPB가 전문가 협회로 설립되어 오늘날까지 이 분야의 교사들을 조직하고 있다. 1960년대에는 신설 과목을 위한 교사교육의 맥락에서 정치교육 교수학을 위한 최초의 교수직도 설치되었다. 동시에 학문적인 의미에서 교과교수법적 개념

수업과목 도입

최초 정치교육 교수학 교수직

정치교수학의 '거장들'

으로 이해되었던 최초의 정치교육 이론이 개발되었다. 오늘날 정치교수학의 '거장'으로 간주되는 학자들의 개념은 대부분 1960년대와 1970년대에 등장했다(쿠르트 게르하르트 피셔, 헤르만 기제케, 볼프강 힐리겐, 롤프 슈미더러, 베른하르트 주토어). 이러한 맥락에서 피셔는 정치교육의 "교수법적 전환"에 대해 언급했다. 이 시기에 오스카 넥트Oskar Negt의 노동자 교육 이론은 학교 밖 정치교육에 상당한 영향을 미쳤다.^{Negt, 1968}

교육정책: 정치적 갈등의 주요 영역

그러나 동시에 정치교육은 이 기간에 엄청난 정치적·학계 내부적 대립에 직면하게 되었다. 68운동 이후 교육정책은 정당 간 선호되는 갈등 영역이 되었다. 정치교육을 위한 교육과정과 교과서에 관해서는, 특히 헤센주와 노르트라인베스트팔렌주에서 격렬하고 오래 지속된 갈등을 낳았다. 학계 내부적으로 논쟁은 정치교육을 사회의 민주화를 위한 교육 수단으로 여기는 '좌파' 진영의 대표자들과 정치교육의 임무를 헌법에 기반하는 정치질서와 사회적 시장경제의 수호로 보는 새로운 '보수적' 접근 방식 사이에서 양극화되었다.^{Mambour, 2007: 94ff; Sander, 2013: 137ff} 주정치교육센터와 같은 공적인 제공자가 행사를 정치교육의 관점에서만 기획하는 것이 아니라, 정당 간 비례성을 보장해야 했던 정치적 상황이었다. "이에 따라 교육 행사 프로그램은 '우익' 강연자 다음에 '좌익' 강연자가 나오는지 여부의 관점에서 점검되었다."^{Schneider, 1977: 12} 헤센주의 새로운 교육과정을 둘러싼 논쟁에서는, 1973년 라디오로 생중계된 이 주제에 대한 패널 토론의 좌장을 맡았던 정치학자 오이겐 코곤이 행사 도중에 격분하여 토론회장을 떠날 정도로 갈등이 심화되기도 했다.^{Mambour, 2007: 142}

양극화의 극복

이러한 양극화는 교육정책에서보다 학문적 논의에서 더 빨리 극복될 수 있었다. 이와 관련해서는 1976년 당시 새로 임명된 바덴뷔르템베르크 주정치교육센터 소장인 지그프리트 쉴레가 다양한 정치 진영의 저명한 정치교육 교과교수법 학자들을 남독일 슈바벤 지역의 보이텔스바흐라는 마을로 초청해 개최한 전문가 토론회가 중요한 역할을 했다. 토론회의 주제는 정치교육에 최소한의 합의가 필요한가였다. 이러한 합의는 토론회에서는 공식적으로 결의되지 않았고, 문서 형태로도 논의에 부쳐지지 않았다. 하지만 주정치교육센터의 직원이었던 한스-게오르크 벨링이 토론회를 회고하며 「보이텔스바흐식 합의?」라는 제목의 보고문을 작성하여 토론회 발표자료집에 포함시켰고, 자신이 토론회에서 받은 인상에 따라 정치교육의 세 가지 기본 원칙에 대해서는 반론이 없었다고 기술했다.

1. **강압금지**: 교사가 바람직하다고 생각하는 의견을 어떤 방법으로든 학생이 받아들이게 함으로써 학생 '스스로 판단을 내리는 것'(프리드리히 민셴)을 방해하는 것은 허용되지 않는다. 바로 여기에 정치교육과 **주입** 사이의 경계가 그어져 있기 때문이다. 주입은 민주주의 사회에서 교사의 역할과 -널리 인정된- 학생의 성숙이라는 목표에 부합하지 않는다.
2. 학문과 정치에서 **논쟁적인 것은** 수업에서도 논쟁적으로 다루어져야 한다. 이 요구는 앞서 언급한 요구와 매우 밀접하게 연결되어 있다. 왜냐하면 다양한 관점이 무시되고 선택지가 억압되며 대안이 논의되지 않는다면 주입의 길로 들어선 것이기 때문이다. 우리는 교사가 **교정기능**조차 가지면 안 되는지, 즉 교사가 각자의 정치적·사회적 배경 때문에 학생들(그리고 다른 정치교육 강좌의 참여자들)에게 낯선 관점과 대안을 특별히 강조해서는 안 되는 것인지 묻지 않을 수 없다. 이 두 번째 기본 원칙을 확인하면, 교사의 개인적인 관점, 학문이론적 기반 및 정치적 견해가 상대적으로 중요치 않

은 이유가 분명해진다. 이미 언급한 예를 반복하자면, 민주주의에 대한 교사의 이해는 문제가 되지 않는다. 왜냐하면 교사와 반대되는 다른 견해도 고려되고 있기 때문이다.

3. 학생은 **정치적 상황**과 자신의 **개인적인 이해관계**를 분석할 수 있어야 하며, 자신의 이해관계에 따라 파악한 정치적 상황에 **영향을 미칠 수 있는** 수단과 방법을 모색할 수 있어야 한다. 이러한 목표는 **실질적인 행동을 취할 수 있는 능력**을 특히 강조한다. ...Wehling, 1977: 179f

보이텔스바흐 합의

이 짧은 텍스트는 그 후로도 오늘날까지 '보이텔스바흐 합의'로 널리 지지를 받으며 놀라운 경력을 쌓고 있다. 보이텔스바흐 합의는 거의 모든 교육과정에서 직접 또는 간접적으로 언급되고 있으며, 국제적으로도 널리 수용되었고 교육현장에서는 일종의 정치교육 교직윤리의 핵심으로 간주되고 있다. 교과교수법 측면에서 보이텔스바흐 합의는 논쟁성 교수법 원칙으로 자리 잡았다. 그럼에도 불구하고 지난 수십 년 동안 보이텔스바흐 합의에서 비롯되는 문제점과 결과에 대한 논쟁이 이어졌다. Schiele/Schneider, 1996; Widmaier/Zorn, 2016; Frech/Richter, 2017

보이텔스바흐 합의는 주로 학교를 염두에 두고 작성되었지만, 정치교수법 관점에서는 **학교 밖 정치교육**에 대해서도 그 타당성을 주장할 수 있으며, 현재는 학교 밖 정치교육에서도 널리 받아들여지고 있다. 오랫동안 학교 밖 정치교육은 학교 정치교육에 비해 이러한 발전에 어려움이 더 많았다. 왜냐하면 예컨대 노동조합, 교회 또는 특정 정치문화적 배경과 연관된 친정당 재단 등과 같은 주체들이 특정 정책 및 정강의 입장을 확산하는 데 기여할 것이라는 기대에 끊임없이 직면해 있었기 때문이었다.

학교 중심의 정치교육 교수법은 보이텔스바흐 합의와 1980년대의 침체 및 복구 시기 이후 1990년대부터 학문적으로 원만한 발전을 이루어 대학에서의 연구 강도와 기반 시설이 크게 확장되었다.^{Sander,} ^{2013: 150ff} 이는 주로 1960년대와 1970년대 생겨난 교수직의 첫 세대교체, 구동독 지역에 새로운 교수직 설치, 1999년 학술연구단체 '정치교수법 및 청소년과 성인을 위한 정치교육학회GPJE' 창립, 2001년에 발표된 최초의 국제학업성취도평가PISA 연구로 인해 교원연수에서 전문화된 교수법이 전반적으로 확대된 데 따른 것이기도 했다. GPJE는 2004년에 발표한 『학교 정치교육 교과 수업을 위한 국가교육표준』 초안에서 역량 지향에 대한 PISA 이후 토론에서 정치교육의 목표와 과제에 대해 독일어권 전역에 큰 영향을 미친 설명을 제시했다.

역량 지향 관련 'PISA 이후 논쟁'

1990년 이후 몇 년 동안 정치교육에서 독일의 재통일은 사실상 서독의 개념을 받아들인 것이었다. 1989년 가을까지 동독 학교의 공민과 과목은 사통당SED의 정책에 엄격하게 묶여 있었기 때문에 사통당의 지배에서 해방된 후 통일 독일의 민주적 정치교육에 대한 학문적 논의에서 동독 학계가 **독창적으로** 기여했을 수도 있었던 정치교육에 대한 비공식적, 말하자면 **전복적** 접근법과 담론이 발전하지 못했다.^{Biskupek, 2002}

독일 재통일

실제 교육현장을 보면, 1990년부터 구동독 지역에서는 정치교육을 위해 공민과 과목을 대체하는 새로운 학교 과목이 도입되었다. 신설된 1세대 교수직은 서독 출신으로 채워진 반면(그사이의 변화로 이러한 구분이 더 이상 맞지 않는다), 새로운 학교 과목들은 동독에서 이미 근무했던 교사들이 거의 독점적으로 담당했지만 그들은 일반적으로 공민과 과목을 가르치지 않았다. 1990년대에는 연방정치교육센터, 베를린 자유대학교, 독일원격교육연구소(2000년에 폐쇄)

의 지원으로 새로운 전문 교사를 위한 현직 교사 계속교육 과정이 개설되었고, 이후 구동독 지역에 새로 설립된 정치학 연구소에서도 해당 자격증 강좌를 추가 개설했다.[Massing, 2014] 이러한 방식으로 매우 짧은 기간 내에 구동독 지역의 민주적인 정치교육 기반이 성공적으로 구축되었다.

2. 수렴과 분열: 오스트리아와 스위스 정치교육

이웃 독일어권 국가의 정치교육 발전을 비교해 보면, 지난 150년 동안의 대략적인 개관에서 다음과 같은 공통점이 드러난다. 처음에는 국민통합과 정체성 확립을 목표로 비록 시기는 달랐어도 주로 국가 중심의 정치교육 개념이 개발되었다. 국가 중심의 정치교육 개념은 1945년 이후 사회 문제를 포함하는 확실히 민주적이고 보다 경험 중심적인 접근 방식에 의해 점차 극복되어 갔다.

스위스   **스위스**에서는 1848년 근대적 연방국가가 건설된 이후 오랫동안 '국가론Staatskunde' 과목이 주로 애국주의적 특징을 띠었고, 제도적으로는 역사수업과 연결되어 있었다.[Moser et al., 1978; Quakernack, 1991; 이론의 역사에 대해서는 Lötscher/Schneider/Ziegler, 2016 참조] 그러나 19세기 서부 스위스에서도 일부 주에는 공민교육staatsbürgerliche Erziehung(프랑스어로는 instruction civique)을 독립 과목으로 체계화하려는 첫 시도가 있었다.[Moser-Léchot, 2000: 238 참조] 두 차례의 세계대전 동안, 국가통합 혹은 나치 독일의 잠재적 위협에 직면하여 "정신적 국토방위"는 다시 한번 정치교육에 대한 기대의 중심에 놓여 있었다. 전간기戰間期 동안, 그리고 1960년대부터 보다 열려 있고 한층 더 학생 중심적인 정치교육을 위한 몇 가지 개념적 접근이 있었지만, 2000년 스위스 주 교육부장관회의EDK[6]의 의뢰로 작성된 스위스의 정치교육 상황에 대한 비판적 분석에 따르면 여전히 국가 및 제도 중심적 측면이 지배적인 것으로 나타났다.Oser/Reichenbach, 2000: 10

그런데 이 보고서가 지적한 더 심각한 결함은 정치교육의 제도적 구성에 관한 것이었다. 보고서는 심각한 자원 부족, 특히 수업 시간의 부족을 지적했다. 반면에 이제는 정치교육의 일반적인 목표와 민주적 기본 방향에 대한 기본적인 합의가 존재하여 "요구와 현실 간의 간극"같은 책, 9이 발생하고 있다고 한다. 매우 유사하게 모제-리슈 Moser-Léchot는 중등교육 1단계에서 정치교육의 위상을 '주변적'이라고 설명한다. "역사 과목에 연결하여 정치교육은 대개 이 과목의 체계를 따르는 것이지 정치교육의 체계를 따르는 것이 아니다."Moser-Léchot, 2000: 248 그러나 모제-리슈는 3개 주에서만 정치교육이 독립 과목으로 운영되고 있음을 확인한다.같은 책, 242 2007년 주 교육부장관회의EDK는 의장의 반공식적 서문에서 새로운 정치교육 개념을 승인했는데, 이는 명백히 비판적 연구 결과를 바탕으로 독일어를 사용하는 스위스 주와 리히텐슈타인 공국에 대한 결론을 도출하기 위한 것으로 보인다.Gollob et al., 2007 이 간행물은 정치와 민주주의 개념에서 정치교육의 교수법적 기초, 구체적인 실제 사례와 학습자료에 이르기까지 광범위한 주제를 다루고 있다. 무엇보다도 이 간행물은 GPJE의 역량 모델을 약간 변형된 형태로 받아들이고, 핵심 커리큘럼의 형태로 압축되는 정치교육의 학년별 중심 주제에 대한 구체적인 제안을 발전시킨다. 이를 통해 정치교육의 교과 내용 구조는 현대적인 교과교수법의 토대 위에 구상된다. 이러한 독립적인 과목 없는 학교

정치교육의 제도적 구조

정치교육의 새로운 개념

---

6. 26개의 주(Kanton)로 구성된 연방제국가인 스위스에서는 각 주정부가 교육을 관장한다. 스위스 주 교육부장관회의(EDK)는 이러한 각 주 교육부의 책임자가 참여하여 주요 교육정책을 협의하는 기구이다[www.edk.ch/de EDK 홈페이지 참조].

환경에서 정치교육이 널리 보급될지 여부와 그 방법은 아직 지켜봐야 한다. 2014년에 독일어권 주에서 결정된 「커리큘럼 '21」에서 정치교육은 '범교과적 주제'로만 등장한다.

오스트리아 **오스트리아**에서 1945년까지 정치교육의 발전은 독일과 매우 유사하게 진행되었다.^{Dachs, 2008; Hellmuth/Klepp, 2010} 처음에는 공민교육의 접근 방식이 지배적이었지만, 다국적 합스부르크 왕조에서는 독일의 빌헬름 제국과는 달리 1918년까지 민족 중심이 아니었다. 제1공화국에서는 민주적인 학교 개혁의 맥락에서 오토 글뢰켈Otto Gloeckel의 민주주의 교육Erziehung에 대한 새로운 접근 방식뿐만 아니라, 당시 독일 민족주의적 성향을 띤 민족 교육Erziehung에 대한 접근 방식도 있었다. 당시 신생 공화국인 '독일오스트리아'는 독일제국과의 통합을 추구했으나, 이는 제1차 세계대전의 승전국들에 의해 금지되었다. 1934년의 짧은 내전과 1934년부터 1938년까지의 오스트리아 독재 시기를 거쳐 1938년 독일군이 침공하고 오스트리아는 나치 독일에 합병되어 교육 분야는 물론 다른 사회 분야에서도 독일 '구제국'에서와 같은 운명을 겪었다.

이러한 경험을 겪은 뒤에 1945년 이후, 오스트리아에서는 1918년과는 달리 더 이상 새로운 독일로의 통합을 원하는 언급할 만한 요구가 더 이상 존재하지 않았다. 오히려 연합국들의 이에 반대하는 정책에 힙입어 오스트리아를 나치 독일의 팽창주의 정책의 첫 번째 희생자로 보는 '희생자 테제'가 확산되었다. 이는 오랫동안 오스트리아에서 나치즘 청산을 방해한 일방적인 시각이었다. 어쨌든 학교에

국민교육의 서의 정치교육Erziehung은 다시 공민과 전통에 기반을 두게 되었지
전통 만, 이번에는 처음으로 국가적 오스트리아 지향과 결합되었다. "의식 있는 오스트리아인으로의 교육Erziehung"은 1949년의 「공민교육령」에 따라 정치교육의 중요한 목표로 여겨졌다.

정치교육을 위한 독립적 수업과목에 관한 논쟁은 1970년대부터 활발하게, 그리고 논란을 불러일으키며 진행되어 왔다. 하지만 직업학교를 제외하고는 지금까지 그러한 과목은 개설되지 않았다. 그 대신 정치교육은 대부분 역사와 결합된 수많은 융합과목에서 가르쳐지고 있었으며, 더 나아가 모든 과목의 수업 원칙으로 가정되었다.^{Sander, 2017 참조} 그 후 21세기 초에는 학교 정치교육과 대학의 교사양성 과정을 확대하기 위한 새로운 이니셔티브가 시작되었다. 2009년부터는 정치교육 학계와 일선 교육현장에 종사하는 사람들을 위한 오스트리아 전문가 협회인 '정치교육을 위한 이해 공동체IGPB'도 설립되었다.

독립적 수업과목에 관한 논쟁

전반적으로 21세기 초 독일, 오스트리아, 스위스에서 정치교육의 목표, 과제 및 교수법적 기본 구조의 내용에 대한 이해는 대체로 비슷하다고 할 수 있다. 이는 2010년대부터 룩셈부르크에도 해당된다. 그러나 학교와 교사교육에서 정치교육의 제도적 착근이라는 면에서는 차이가 있다.

룩셈부르크

3. 정치교육의 역사적 기본 모형

수백 년에 걸친 근대 정치교육의 역사를 개괄적으로 살펴보면, 이념 구분에서 세 가지 기본 모형이 드러난다. 첫 번째 기본 모형은 **통치의 정당화**이다. 이는 1793년 에르푸르트Erfurt의 한 아카데미가 주최한 공모전에서 프랑스 혁명에 대한 반응으로 비할 데 없이 적절한 방식으로 다음과 같이 공식화되었다. "얼마나 많은 방법으로 독일 국가의 신민들이 현명하고 정의로우며 온화한 정부 아래 살고 있다는 것을 확신하게 만들 수 있는가?"^{Sander, 2013: 22에서 인용} 이 기본 모형

통치의 정당화

은 공민교육Erziehung에 대한 빌헬름 2세의 이니셔티브뿐만 아니라, 나치의 교육Erziehung정책과 동독의 정치교육Erziehung을 특징지었다. 두 번째 기본 모형은 -은유적으로 말하자면- **사명**이라고 부를 수 있다. 여기서 정치교육은 사회-정치적 관계를 개선하는 도구로 사용되며, 바람직한 미래의 상태를 가져오는 데 기여해야 한다. 예를 들어, 이러한 기본 모형은 민족Nation이 처음 만들어져야 했던 초기의 민족 교육Erziehung 개념, 문화국가에 의해 형성된 이상주의적 공민교육Erziehung, 19세기와 20세기 초 노동운동의 사회주의 교육Erziehung 개념, 68운동의 맥락에서 민주화와 그에 따른 사회 변화를 목표로 하는 정치교육 개념, 그리고 사회의 곤경을 교육적으로 해결하려는 일부 보수적 가치교육Erziehung의 접근 방식에서도 발견된다. 정당, 협회 및 사회운동 영역의 학교 밖 정치교육의 많은 구상들에서는 정치교육이 주로 제공자의 정치적 신념을 전파하는 수단으로 간주되는 경우를 볼 수 있다. 이 두가지 기본 모형의 공통점은 정치교육의 수신자인 학습자가 객체로 여겨지는 반면, 교육자(또는 의뢰자)는 학습자가 궁극적으로 공감해야 하는 타당한 진리를 소유하고 있다고 본다는 점이다.

정치교육의 사명

세 번째 사고의 모형은 이와 다르다. 여기서 정치교육은 학습자들이 각자 도달할 수 있는 정치적 의견, 판단 및 신념의 결과를 미리 예측하려고 하지 않으면서 정치라는 현실 영역과 독립적으로 대면하는 데 도움을 주고자 한다. 여기서 정치교육은 정치적 쟁점에 대해 평가할 때 학습자가 교육자와 다른 결론에 도달할 수 있으며, 이것이 학습 과정의 이상적인 결과일 수 있다는 가능성을 명시적으로 포함한다. '이러한 사고 모형은 정치적 **성숙**이라는 핵심어로 요약할 수 있다. 이 핵심어는 칸트의 유명한 '"계몽이란 무엇인가?'라는 질문에 대한 대답"과 관련이 있다. 이는 교육자의 의도와 학습자의

성숙

(예측 가능한) 의도를 체계적으로 구분하는 정치교육에 대한 헌신적인 교육학적 접근 방식에서 발견된다. 정치교육의 이러한 기본 모형은 보이텔스바흐 합의의 원칙에서 실로 고전적인 방식으로 표현된다.

물론 이러한 세 가지 기본 모형에 대한 구분이 정치교육 역사에서 모든 접근 방식과 모든 문서가 명확하게 이 기본 모형 중의 하나로만 분류된다고 말하는 것은 아니다. 실제에서는 전적으로 혼합 형태가 가능하다. 예를 들어, 1945년 이후 독일에서 서방 연합국의 재교육 정책은 사명의 특성과 성숙이 발달할 수 있는 여지를 모두 가지고 있었다. 그러나 민주주의 관점에서 볼 때 성숙의 기본 모형에 분명한 우선순위가 있다. 왜냐하면 이 기본 모형만이 민주주의에서 주권자를 구성하는 자유로운 시민이라는 구상에 부합하기 때문이다. 정치교육에서 개인의 정치적 성숙이라는 주도적 이념은 민주주의 국가에서 모든 시민에게 헌법으로 보장된 자유권에 대응하는 개념이다.

2. 미하엘 마이, 케르스틴 폴
Michael May, Kerstin Pohl

정치교수학 구상들[7]

1. 초기의 정치교수학 구상들

성장 세대에 대한 조직적 영향력 행사는 정당성을 필요로 한다

근대 사회의 발전 과정에서 중세에서 근대로의 전환기에 자라나는 세대는 더 이상 사회적 관행에 익숙해지는 것만으로는 배울 수 없는 능력을 요구받게 되었다. 이러한 이유로 행정, 재판, 경제 또는 학문과 같은 독립적인 사회 영역의 분화는 "학교와 교실의 탄생"[Terhart, 2910: 410]으로 이어졌다. 기성 세대가 젊은 세대에 영향을 미칠 때, 영향력 행사는 -말하자면 자연적으로, 그리고 생활세계적으로 조직된 방식으로 사회 안으로 성장해 가는 것을 의미하는- 사회화 외에도 그들이 속한 교육기관의 틀 안에서 의도적이고 조직적으로 이루어진다. 그러므로 교수와 학습에 대한 문제는 특별한 정당성을 필요로 하며, 특별히 훈련된 교사들에게 맡겨진다. 이때부터 수업 기술과 이후의 학문적 교수법은 교수자의 전문적인 레퍼토리로

---

7. konzeptionen은 한국에서 흔히 "콘셉트"로 일컬어지는 독일어 단어이다. 이 글에서는 "구상"으로 번역한다. 완성된 형태의 이론이나 개념과는 다른 의미이기 때문이다.

발전해 왔다.^{Terhart, 2019 참조} | 교수학은 학문적 정당성을 제공한다

수업 내용, 수업 목표 그리고 교육 방법은 처음에는 여전히 근대 국가의 사회적 관습과 지배 이익에 강하게 사로잡혀 있었지만, 학문적인 교수법은 점점 더 이러한 요구에서 해방되어 학문적 근거에 따라 교육의 의미와 목적, 대상 및 방법에 대한 물음에 답하려고 시도했다. 이러한 해방은 특히 독일 정치교육의 역사에서 확인할 수 있다. 과거의 정치교육Erziehung과 오늘날의 정치교육의 기능적 정의는 통치의 정당화(예컨대 독일제국, 나치즘, 동독)에서 사명(예컨대 1945년 이후 재교육)으로, 그리고 성숙의 구현(바이마르공화국 초기부터 시작되어 1960년대 이후 독일연방공화국에서 교수학적 전환으로 강화됨)으로 발전했다.^{Busch, 2016; Sander, 2005 참조}

독일연방공화국에서 정치교수학적 구상의 출현은 교수학적 사고의 일반적인 학문화 과정과 특히 정치교육이라는 독립적 수업과목의 점진적인 도입 및 이에 따른 대학 내 정치교수학 교수직의 확립과 관련하여 이루어졌다. 일반교수학 **모델**과^{Jank/Meyer, 2008; Terhart, 2019 참조} 정치교수학적 **구상들**은 역사적으로 밀접하게 연관되어 있다.

2. 정치교수학 구상이란 무엇인가?[8]

정치교수학 구상은 정치교육이 추구해야 할 목표, 학생들이 다루어야 할 주제, 이에 적합한 학습 경로 및 고려해야 할 학습 조건에 대한 물음에 답한다. 이러한 물음에 대한 답은 상호의존적이기 때문에(함의 맥락), 구상은 복잡한 이론으로 이해될 수 있다. 구상과 이 | 구상은 복잡하고 규범적인 이론이다

---

8. [저자 주] 이 절은 참고문헌에 있는 Pohl(2020)의 논문을 바탕으로 한다.

를 지향하는 정치교육 과정의 복잡성은 경험적 연구를 통해 증거에 기반하는 정당화라는 큰 도전에 직면한다.

또한 정치교수학 구상은 근본적으로 가치관에 기초하고 있다. 정치교육의 목표, 내용, 방법의 적절성은 규범적 숙고를 바탕으로 해서만 평가될 수 있다. 따라서 정치교수학 구상은 항상 규범적인 사회과학 이론이기도 하다. 남녀 학자들은 흔히 규범적으로 채색된 민주주의, 이상적 시민상, 정치 이해, 사회상, 인간상 또는 교육에 대한 이해에서 출발한다. 특히 학자들은 그들의 학문적 여정에 따라 다양한 학문 분야를 참조한다. 예를 들어, 베른하르트 주토어[Bernhard Sutor, 1984, 1992]는 아리스토텔레스의 철학적 전통을 근거로 하여 자신의 인간상에 대해 자세하게 논한다. 헤르만 기제케[Hermann Giesecke, 1965, 1972]는 주로 서독 초기의 다원주의 정치학자 및 사회학자들의 저술에 기초하여 자신의 정치에 대한 이해를 논증하며, 롤프 슈미더러[Rolf Schmiederer, 1971, 1977]는 프랑크푸르트학파의 초기 사상가들을 중심으로 자신의 비판적 사회 이론 사상을 제시하고 있다. 때로는 개인의 생애 경험이 전공학문과의 관계에 지대한 영향을 미친다. 그래서 전시 군복무와 포로 생활에서 실존적 경험을 겪은 볼프강 힐리겐[Wolfgang Hilligen]은 주로 실존 철학에 관련된 저술을 통해 자신의 규범적 가정을 정당화한다.[Pohl, 2010 참조]

구상이 항상 학술 저서로 발표되는 것은 아니다

지금까지 언급한 정치교육의 '거장들'[May/Schattschneider, 2011, 2014]은 자신의 개념을 단 한 권의 학술 저서에 기록한 것이 아니라 넓게 펼쳐진 저술 작업을 통해 발전시켰다. 어떤 경우에는 창작 단계에서 구상적 아이디어의 변화가 너무 커서 시간이 지나도 일관된 생각이라고 말할 수 없는 경우도 있다. 따라서 슈미더러뿐만 아니라 기제케도 두 가지 개념을 제시했다고 주장할 수 있다. 슈미더러는 1971년의 단행본 『정치교육 비판』과 1977년에 대폭 수정된 개정판 『학생의 이해관계에서 본 정치교육』, 기제케는 1965년에 출간된 단행본 『정치교육 교수학』과 1977년 역시 대폭 수정된 동명의 개정판을 발표했다. 두 저자는 그들의 사상 중 많은 부분을 충실히 유지했지만, 원래의 아이디어에서 벗어나 그들의 단행본 신간에 어느 정도로 새로운 개념들을 제시했는지는 학문적으로 논쟁의 여지가 있다.

대부분의 구상이 단행본으로 발표되고 추가 출판을 통해 보다 심화되기는 하지만, 그렇다고 해서 구상이 단행본에 국한되는 것은 아니다. 결정적인 것은 학자들이 정치교육의 중요한 측면들에 대해 진술하고 있다는 점이다. 이러한 구상적 고찰을 정리한 유용한 저작으로는 페터 마싱의 『학문으로서의 정치교수법』[2011] 등 가장 중요한 논문들을 출판한 총서가 있다.

마지막으로, 구상이 반드시 개별 학자의 연구물에 국한되는 것은 아니다. 따라서 '비판적 정치교육', '민주주의 교육학'과 같은 사조思潮도 다양한 학자들이 목표, 내용, 방법 및 학습 경로에 대해 유사한 관점을 가지고 정치와 민주주의에 대한 유사한 이해를 바탕으로 제시하는 구상이라고 이해될 수 있다. 이러한 경우에는 출판물들의 큰 이질성을 예상해야 한다. 따라서 각 구상의 주요 특징에 대한 개략적 설명이 어려워진다.

3. 정치교수학 구상의 발전

앞 절에서 서술한 정치교수학적 구상에 대한 정의는 어떤 면에서는 이념형으로 보아야 하며, 이미 특정한 발전 단계, 즉 교수-학습-이론적 교수법에 대한 이해를 보여 준다.[아래 참조] 그럼에도 불구하고 정치교수학적 구상의 발전에서는 다른 일반교수법 모델과의 연결

일반
교수법
모델과의
연결선

고리도 발견된다.^{Blankertz, 1973; Jank/Meyer, 2008 참조}

특히 앞서 언급한 거장들의 정치교수학 구상에서는 이용 가능한 풍부한 지식 중에서 어떤 것을 선택할 것인지에 대한 고려가 특별한 중요성을 갖는다.^{Sander, 2005 참조} 예를 들어, 베른하르트 주토어와 헤르만 기케제는 갈등, 문제, 이해관계, 이념, 권력 또는 법과 같은 범주를 주제 선택 및 탐구에 활용하는 반면, 볼프강 힐리겐은 존재론적 문제에, 쿠르트 게르하르트 피셔는 중심 통찰을 얻기 위한 수업 주제의 범례성에, 롤프 슈미더러는 각자의 사회적 상황에서 발생하는 남녀 학생들의 필요에 초점을 맞추고 있다.^{May/Schattschneider, 2014 참조} 따라서 이러한 초기의 정치교수학 구상에서는 "내용의 교육적 가치와 교육적 내용에 대한 문제가 중심이 되는"^{Terhart, 2019: 411} **교육이론적 사고**가 실현된다. 그럼에도 불구하고 정치교수학 구상은 처음부터 이 문제에만 국한되는 것이 아니라, 때로는 종속적이기는 하지만 목표와 방법에 대한 고찰도 포함하고 있다. 이러한 의미에서 볼프강 힐리겐은 정치교수학 구상은 "왜, 무엇을 위해?", "무엇을?", "어떻게?"라는 세 가지 물음에 관한 것이라는 결론에 도달한다.^{Hilligen, 1985: 21} 이는 정치교수학 구상의 정의에도 영향을 미쳤으며, 교수학습 이론에 기반한 교수법에 대한 이해를 드러낸다. 따라서 (정치)교수학 구상은 내용 선택의 문제에 국한될 수 없으며, 조건, 목표(최근에는 역량), 내용, 방법 및 효과를 그 조건의 구조("함의 맥락"^{Blankertz, 1973: 94}) 안에서 고찰해야 한다.^{Terhart, 2019 참조}

거장들의 경쟁 이론 모델에 대한 논쟁

거장들의 정치교수학 구상은 특히 일반교수학 인식과 발전을 고려해 보면 상당히 유사했지만, "정치교육 과제의 대안에 대한 전체적인 그림"으로 설계되었으며, 따라서 "경쟁하는 이론 모델"로 제시되었다.^{Sander, 2005: 26f} 1960년대 후반과 1970년대의 사회정치 및 교육정책 논쟁 과정에서 정치교수 학계에서도 구상에 대한 격렬한 논쟁이 벌어졌다. 이는 학자들의 정치와 사회에 대한 규범적 기본 가정과, 특히 헌법 현실에 대한 평가가 부분적으로 대립되었기 때문이다.

1980년대에 정치와 사회에서 이념적 논쟁이 잠잠해지고 대학에서 정치교수학 관련 분야의 제도화가 축소되면서 이론적 경쟁은 비로소 진정되었고, 보이텔스바흐 합의에서 제시된 원칙이 학교 정치교육의 최소한의 합의로 자리매김하게 되었다. 하지만 이로 인해 넓게 펼쳐진 이론적 구상의 생성도 크게 줄었다.^{Pohl/Buchstein, 2020 참조} 일반교수학의 발전에 영향을 받아 밀레니엄 전환기에는 새로운 정치교수학 구상들이 추가되었다. 이들은 여전히 목표, 내용, 방법 등에 대해 계속 진술하고 있었지만, 새로운 강조점을 제시했다. 예를 들어, 틸만 그라메스^{Tilman Grammes, 1998}는 "의사소통 교과교수법"을 제시했는데, 이는 수업의 주된 과제를 생활세계, 정치 및 사회과학에서 다양한 지식 형태(=분야 논리)를 이해하고 의사소통이 가능한 상황에서 전달하는 것으로 보고 있다. 왜냐하면 수업에서는 다양한 논리가 충돌하기 때문에 의사소통이 필요하기 때문이다. 관계 및 의사소통의 과정으로 수업을 이해하는 비판적-의사소통적 일반교수법의 영향이 뚜렷하게 드러난다.^{Terhart, 2019 참조} 2001년에 처음 출간된 볼프강 잔더의 저작 『정치의 발견-자유 누리기』²⁰¹³도 자유의 실현을 정치교육의 원초적 의미로 이해하면서 새로운 강조점을 제시한다. 특히, 정치교육이 남녀 학생들의 개인적인 인식과 사회에 대한 이미지, 즉 "머릿속에 떠오르는 세계"^{Sander, 2013: 151}를 고려해야 한다는 통찰이 중요한 의미를 지니는데, 이는 구성주의적 일반교수법에서 영감을 얻은 것이다.^{Terhart, 2019 참조} 결국 2007년부터 안드레아스 페트릭^{Andreas Petrik, 2013}에 의해 '발생학적 정치교수법'이 제시되었다. 이 접근 방식은 시뮬레이션된 기원 상황(사회 건설)을 수업의 중심에 두고, 완성

> 정치교수법의 최소한의 합의로서의 보이텔스바흐 합의

> 밀레니엄 전환기 이후의 새로운 구상

된 지식을 제시하는 것이 아니라 능동적인 발견 과정을 연출한다. 일반적인 발생학적 교수법과 '가르침의 예술 교수법'[9]의 영향이 뚜렷하게 드러난다.

현대의 다른 남녀 교수법 학자들도 각각 가치관 형성, 인정의 중요성 또는 정치이론의 중요성과 같은 특정 주제에 초점을 맞춘 학술 저서를 발표했다. 이 저서들은 때때로 정치교수학 구상의 특징을 나타내기도 하지만, 일반적으로 그렇게 받아들여지고 있지는 않다.

4. 비판과 영향사

개론서들은 개관을 가능하게 한다

정치교수학 구상의 복잡성과 추상성은 일반적으로 유효한 진술을 하기 위해 구체적인 수업 상황으로부터 눈을 돌려야 하기 때문에, 이러한 개념이 다양하게 번역되고 요약되어 수업 설계에 보다 구체적으로 적용되는 결과를 초래했다. 일선 교육현장과의 관련성이 떨어진다는 비판에도 불구하고 정치교수학 구상은 변형된 형태로 명맥을 이어 가고 있다. 이와 관련하여, 정치교육의 역사, 주요 논쟁 및/또는 수업계획의 구상들에 대한 개관을 제공하는 개론서는 중요한 역할을 하고 있다. 이에 해당되는 저작들로는 예컨대 1983년에 출간된 발터 가겔Walter Gagel의 『정치교육 교수법 입문』, 최근에

---

9. '가르침의 예술 교수법'(독일어: Lehrkunstdidaktik, 영어: The Art of Teaching) 은 학습극의 형태로 설계되는 수업을 말한다. 문화와 교육과정의 측면에서 중요한 범례적 핵심 주제를 집중적으로 다룬다. 특히, 교수법적 연극 수업에서 학생들은 저명한 학자나 위인이 당대에 어떻게 새로운 통찰력을 얻고 중요한 발견을 했는지 재연을 통한 이해를 시도한다. 이 접근 방식은 학교의 학습 과정을 교육과정으로 응축하는 데 초점을 맞추기 때문에 학습극 수업의 미학적 차원도 중요한 역할을 한다[스위스 가르침의 예술 교수학회(Gesellschaft für Lehrkunstdidaktik) 누리집(lehrkunst.org/index-lehrkunst-2/#) 참조].

는 요아힘 데트옌의 『정치교육: 독일에서의 역사와 현재』가 있는데, 두 개론서 모두 독자적인 구상은 제시하지 않고 있다.[Gagel, 1983: 9; Detjen, 2013: XI] 또한 지빌레 라인하르트Sibylle Reinhardt의 『정치교수학』[Reinhardt, 2018: 9]은 '핸드북'에 가깝다고도 볼 수 있다. 세 저서 모두 정치교육의 목표, 내용, 방법을 설명하고 있으며, 나름의 강조점을 설정하여 구상에 대해 공식화된 요건을 충족하기는 하지만 대안적인 전체 이미지[Sander, 2005: 26f]로 제시하지는 않았으며, 오히려 더 통합적인 성격을 지닌다.

때때로 개론서들에서는 정치교수법 구상과 정치교수법 원칙의 밀접한 연관성이 강조된다. 이 경우에 구상은 특정 원칙의 기원으로 이해된다. 예를 들어, 쿠르트 게르하르트 피셔의 경우 사례 중심 접근 방식, 헤르만 기제케의 경우 갈등 중심 접근 방식을 학습할 수 있다. 그러나 각 학자의 구상에 대한 설명은 항상 정치교수법 원칙에 대한 하나의 특정 해석만 포함하고 있다는 점에 유의해야 한다. 예를 들어, 힐리겐에게 문제 지향은 항상 인류의 생존이 달려 있는 실존적 도전이며, 슈미더러에게 학생 지향은 단순히 학생들이 즉흥적으로 표현하는 관심사에 대한 지향이 아니라 학습 과정의 출발점으로서 학생들의 사회적 위치를 고려하는 것을 의미한다. 왜냐하면 슈미더러에 따르면 학생들이 먼저 인식하고 이해해야 그들의 '객관적인' 관심사가 분명해지기 때문이다.[May/Schattschneider, 2014 참조] 또한 특정의 정치교수법 원칙에 초점을 맞추더라도 구상들에는 다른 원칙도 포함된다.

> 구상과 교수법 원칙의 관계

정치교수법 원칙이 교육 실무에 미치는 중요성에 대해 현재의 정치교수법에서는 다양한 견해가 존재한다. 어떤 이들은 원칙을 수업을 위한 계획과 성찰의 도구로 보고, 수업에서 가능한 한 포괄적으로 실현되어야 한다고 주장하는 반면[Sander, 2013 참조], 다른 이들은 원칙을 구상으로 이어지며 정치적인 것에 대한 차별화된 학습 경로를 설명하는 비교적 뚜렷한 수업 구성의 방법으로 본다.^{May, 2015; Reinhardt, 2018} 참조

5. 정치교수학 구상의 기능과 미래

구상의 실천 관련성 '학문적 장르'로서의 정치교수학 구상도 비판에 노출되어 있다. 흔히 과도한 이론적 연관성이 학문적 논의의 특징으로 알려져 있지만, 구체적인 수업 활동에는 거의 기능적이지 않다. 일반교수학 모델과 관련하여 힐베르트 마이어Hilbert Meyer는 "휴일 교수학"^{Jank/Meyer, 2008: 36}이라는 용어를 고안해 냈는데, 그것은 일반교수학 모델이 비현실적인 이론적 가정에 기반을 두고 있으며 교육 실천에는 유용한 관련성이 거의 없다는 이유 때문이었다. 이에 따라 한스 요아힘 리스만Hans Joachim Lißmann과 프리츠 잔트만Fritz Sandmann은 1987년 정치교수학에 대해 다음과 같이 확언했다. "교사가 교수학 구상에 대해 고민하는 것이 왜 가치가 있는지에 대한 질문은 아직 충분히 공론화되지 않았다."^{Lißmann/Sandmann, 1987: 87} 정치교수학 구상을 실제로 적용하고, 이를 바탕으로 수업계획을 개발하려고 할 때에도 그 노력이 그만 한 가치가 있는지에 대한 의문이 생긴다. 틸만 그라메스는 관련 실험을 검토한 후 구상에 따른 수업계획이 "어떤 식으로든 변별력 있는 결과로 이어지지 않았다"는 결론에 도달한다.^{Grammes, 1998: 201, 각주 12} 그러나 그의 비판에는 그 원인이 구상 자체에 있는지 아니면 단순히 교육 실제에 대한 연역적 **추론** 때문인지 불분명하다. 게다가 보이텔스바흐 전문가 토론회 이후 1978년 뮐하우젠에서 논의된 가족정책에 관한 수업계획의 출판은 이에 대한 반례反例를 제공하고

있다.Schiele/Schneider, 1980 참조

모든 비판에도 불구하고, 정치교수학 구상이 정치교육의 목표, 내용, 학습 경로 및 조건들 사이의 함의 맥락을 일차적으로 이론적 측면에서 설명하고 있지만, 그렇다고 하더라도 정치교수학의 실제적 관련성은 매우 크다고 할 수 있다. 정치교수학 구상은 특정 민주주의 이해, 시민상, 사회상, 정치 이해, 인간상 및 교육 이해의 배경에서 정치교육의 어떤 목표, 내용 및 학습 경로가 적절한지 명확하게 함으로써 정치수업을 계획하고 분석·평가하는 데 도움을 줄 수 있다. 이미 학부 과정에서 정치교수학 구상을 탐구하는 것은 앞으로 교사가 될 대학생들이 정치교육이라는 수업과목을 위한 교육적 이해를 발전시키는 데 기여할 수 있다. 교육 실제는 기술적이고 조직적 측면의 배경 조건들, 학급관리, 이질성, 리듬화 및 기타 요인들로 의해 발생하는 여러 가지 의사결정에 대한 제약으로 특징지어지기 때문에Wahl, 1991 참조 교육 실제에서 학문적으로 뒷받침되는 교과교수학적 결정을 내리기 위해서는 교육에 대해 명확하게 이해할 필요가 있다.

> 구상의 실용성 살리기

또한 1960년대와 1970년대 정치교수학의 전성기에 집중적으로 이루어진 이론적 논의, 1990년대 정치교육의 민주주의 이론적 토대에 대한 이론적 논의, 그리고 21세기 초에 이루어진 구성주의, 비판적 정치교육 또는 교육과 역량 개념 등에 대한 논의는 민주주의 이론적, 교육이론적, 학문이론적 토대에 대한 논의가 정치교수학을 얼마나 알차게 만들 수 있는지를 보여 준다. "확고한 이론적 관점을 집중적으로 (…) 견지하기"Terhart, 2019: 416 위해서는 정치교수학 구상을 새롭게 개발할 필요가 있다. 이는 정치교육에 대한 실무 관련성의 중요성 너머에도 적용된다. "수업을 이론적으로 관철하는 것이 시종일관 (장래의) 교사들을 위한 실제적인 활용을 염두에 둘 필요는 없다. 수업 이론은 엄밀한 학문 관점에서도 인식론적 가치를 지닌다."앞의 책

> 학문에 기반한 구상의 인식론적 가치

정치교수학 구상과 원칙의 아킬레스건은 경험 연구이다. 간혹 경험 보고서, 사례와 사건을 발견할 수 있지만, 이는 경험 연구에 기준에 부합하지 않는다. 기껏해야 안드레아스 페트릭[Andreas Petrik, 2013]의 '발생학적 정치교수법'이 논증 분석을 활용한 개인의 교육과정에 대한 모범적인 연구를 통해 경험적 기초 닦기를 보여 주고 있다. 페트릭은 구상을 기반으로 하는 수업의 맥락에서 학생들의 역량 개발 및 정치화 과정이 어떻게 이루어지는지 보여 줄 수 있다.[10] 그러나 전반적으로 개념적으로 작업하는 정치교수법은 주제에 대한 질적·양적 접근을 소홀히 하는 경우가 많아서 오늘날에도 정치교수법 구상에 대한 연구가 실제로 어떤 모습일지는 여전히 불분명하다. 새로운 구상은 민주주의 이론과 사회 이론의 근거 외에도 이러한 구상에 의해 고무된 수업 실제를 경험적으로 파악하는 것을 염두에 두어야 한다.

> 정치교수학의 아킬레스건: 불충분한 경험 연구

따라서 정치교수학에서 기존의 경험 연구들은 구상에 관한 고찰이 아니라 정치교수학에 적절하지 않은 비非"토착적 개념"(요한 프리드리히 헤르바르트), 학문적 모델 및 이론(주관적 이론, 암묵적 지식 체계, 자기 이미지, 공급과 사용 모델 등)을 출발점으로 삼는다. 물론,

> 경험 연구를 통한 구상적 고찰

---

10. 페트릭의 '발생학 정치교수법'은 가까운 공간의 프로젝트와 제도 사례에 대한 권력, 이데올로기 같은 범주적 분석을 결합함으로써 정치가 무엇인지를 해명하고자 하는 접근 방법이다. 그가 고안한 마을 건설(Dorfgründung) 학습 사례는 많은 학교와 교사교육의 정치적 사고 방법과 교수법 입문에서 활용되고 있다. 이 사례에서 학생들은 상상 속의 버려진 산촌 마을에 정주하게 되면서, 마을을 건설하기 위해 어떻게 결정하고, 자원을 분배하고, 경제적 과정을 조직하며, 교회 공간에 다원적인 의미 체계를 통합할 것인지 등에 대해 구상해 나가야 한다. 이런 과정에서 잠재적인 가치 지향성을 깨닫게 되고, 정치의 기본 방향성을 구축하고, 근거를 제시하며 협상하며 민주적 절차를 통해 협력하는 것을 배운다. 그 결과 이런 경험을 사회복지제도 개혁, 동성애, 시장 자유화 등과 같은 거대한 정치 사례에 전이할 수 있는 역량을 기른다. 이러한 전체를 개관할 수 있는 소우주(마을 건설)에 대한 분석을 통해 권력, 법, 이해관계, 의사결정 절차 등을 경험으로 익힐 수 있게 된다는 것이다[Petrik, A.(2009), Die genetische Politikdidaktik als Lernprozessdidaktik, In Polis H. 4, p. 11].

이 연구들이 -교과교수학적 연구이길 원한다- 구상에 관한 고찰을 하지 않는 것은 아니거나 또는 규범적인 정치교수학 구상의 배경에서 해석되어야 한다. 예를 들어, 정치교육에서 운영 가능한 다양한 역량 모델은 구상의 목표 차원과 충분히 연결될 수 있으며, 복잡한 '공급과 사용 모델'^{공급과 사용 모델, 독일어: Angebots-Nutzungs-Modellen, 이 책 V부 「역량중심 수업」 참조}의 맥락에서 연구될 수 있다.

정치교수학 구상은 앞으로 어떻게 전개될 것인가? 비관적인 해석에 따르면 구상을 기반으로 하는 정치교수학 작업의 미래가 위태로워질 수 있음을 두려워한다. 왜냐하면 **증거기반**[11]이 학교교육학과 교과교수학의 새로운 금쪽같은 표준이 되었고, 구상들은 이 점에서 지금까지 해결되지 않은 결함을 가지고 있기 때문이다. 그러나 낙관적인 관점에 따르면, 정치교육은 변화하는 세계에 직면하여 교육 실제에 대한 구상적 고찰과 이에 기반한 행동지침에 의존하고 있다. 또한 이러한 구상은 경험 연구의 중요성에 대한 중요한 자극을 제공할 수 있다.^{Terhart, 2019 참조}

---

11. '증거기반'(독일어: Evidenzbasierung, 영어: evidence-based)이란 최상의 정보라고 확인하기 위해서 학문적 지식, 경험적 데이터 또는 경험적으로 입증된 효과가 판단의 근거가 된다는 것을 의미한다.

3. 라인홀트 헤트케
   Reinhold Hedtke

정치교육의 전공학문 기초: 입장과 논쟁

전공학문은 학문적 지식을 생성·검증·사용하며, 학교 교과목은 사회가 전수할 가치가 있다고 여기는 실용적이고 학문적이며 규범적인 지식을 전달한다. 전공학문은 학문 체계의 역사적 진화 과정에서 다소 자율적이고 우발적으로 생겨나고 사라지며 분화된다.^{Mittelstraß, 2005: 237 참조} 학교 교과목은 한 사회가 교육체계를 통해 대표할 사회의 지식에 대한 우발적인 정치적·문화적 논쟁의 결과로 형성된다.^{Sander, 2010: 31-33 참조} 일반적으로 학교 교과목은 한 사회의 지배적인 자아상과 사회적으로 중요하다고 인정된 지식 및 사회의 권력관계를 표현한다.^{Popkewitz, 1997 참조} 아래에서는 교육 개념에 머무르게 되는 교육학이 아닌, 정치교육을 위한 교과 관련 학문에 관해 논의한다.

정치교육은 그 목표, 장소, 확립된 실천 방식과 정치교육이 근본적으로 참조하는 지식 체계에 의해 구성된다. 사회과학 지식은 풍부하게 존재하며, 정치교육은 이를 선택적으로 활용한다. 선택은 학문과 세계, 전통과 혁신, 지향성의 필요성과 그 사회와 교육체계를 형성하는 정당성에 대한 관심 사이에 존재하는 공개성과 우연성 사이의 긴장 관계 속에서 이루어진다.

이와 관련해서는 선택한 지식에 구조와 일관성을 부여하고, 형태와 타당성을 갖추는 것이 중요하다. 이러한 방식으로 전공학문적 기초는 학교 교과별 지도 원칙과 목표에 따라 선택, 조정 및 배열된다. 이러한 구성 과정은 학교 교과목 간 위계 구조와 의무성에 있어서의 과목별 위치, 개별 학문 분야의 특성과 그 필요성에 대한 설명 요구의 범위와 정당성, 다른 지식 형태의 관련성, 그리고 확립된 학교 교과목 특유의 실천 방식, 문화 및 규준에 대한 이해에 기반한다. 일반적으로 과정과 구성은 논란의 여지가 있다.

<aside>선택된 지식</aside>

1. 사회과학, 사회 그리고 정치

정치교육의 전공학문적 기초 역시 대부분 갈등적인 사회적 지식 생산 과정에서 비롯되며, 동시에 학교, 수업 및 교사교육에서 지식을 습득하고 활용하는 사회적 실제를 구성한다. 논쟁의 핵심은 어떤 영역과 분야에서 어떤 학문적 지식을 선택해야 하는가(교육적 관련성)에 관한 것이다. 또한 사회, 정치 및 경제에서 실용적인 지식을 선택할 것인지 여부와 어떤 실용적인 지식을 선택할 것인지도 결정해야 한다._{지식의 다원성은 Grammes, 2009 참조} 정치교육을 위한 지식과 역량을 선택하는 것 자체가 정치적 성격을 띤다. 이는 또한 선호하는 지식 체계를 관철시키기 위한 교과교수학 지식 정치이기도 하다.

<aside>지식에 관한 논쟁</aside>

전공학문적 기초에 대한 다양한 입장은 교육, 정치교육의 주요 관점(들)과 대상 영역(들), 정치교육에서 학문적, 실제적, 생활세계적 지식 형태와 주체의 정당성 및 위계에 대한 서로 다른 개념에 기초하고 있으며, 특히 인식론, 학문이론, 방법론, 분과학문 입장에 기초

<aside>교육에 대한 생각</aside>

한다.

    교육과 관련된 학문 지식은 무엇보다 사회과학, 특히 법학에서 기대된다. '사회과학'은 "인간 공동생활의 질서와 조직을 다루는"[Lehner, 2011: 14] 학문 분야로 요약할 수 있다. 마찬가지로 '사회 연구'라는 학습 영역의 대상은 '인간의 사회적 공동생활'로 이해할 수 있다.[Sander, 2010: 39] 사회과학에는 경제학, 경영학, 사회학, 사회심리학, 사회인류학이 포함되며, 가장 최근의 분과학문으로 정치학이 있다.

이견과 합의   사회과학 영역에서는 학문적이고 실용적인 문제를 해결하기 위한 다양한 아이디어가 서로 경쟁하고 있다(다원성, 논쟁성). 동시에 이러한 아이디어들은 대개 암묵적으로 일련의 학제적 혹은 초학제적 공통 용어, 개념, 원칙, 가정 및 통찰력을 사용하여 작업한다.[Lehner, 2011: 416f; Hedtke, 2019 참조] 이에 대한 예로는 행위자, 공동선, 제도, 권력, 시장, 규범, 질서, 국가, 체제, 교환과 경쟁 등이 있다. 예를 들어, 사회과학의 고전적인 중심 사상에는 사회적 규칙성에 대한 가정, 학문과 그 대상 영역의 복잡한 얽힘, 실제의 사회적 구성(피터 버거[Peter Berger], 토마스 룩크만[Thomas Luckmann]), 학문에 의한 실제의 구성 및 사회의 자기 계몽 등이 포함된다.

다원주의적 학문   각각의 사회과학은 방법론적·이론적으로 **내재한** 다원적 구조를 가지고 있다. 예를 들어, 정치학이나 경제학, 사회학에서 사용되는 국가 개념은 **각각 하나씩만** 있는 것이 아니라, 각각 복수형으로 존재한다. 각 분과학문은 공통된 사회과학 방법론에서 영감을 얻지만, 각기 다른 강조점을 두고 있다. 사회과학의 구조에서는 정치교육의 주도적인 분야도, 특정 영역이나 특정 학교 교과목의 구조도 도출할 수 없다.

2. 전문영역, 분과학문 그리고 교과목

인지심리학적 개념으로서의 전문영역은 [역자: 정치교육이] 역량 지향으로 전환하는 과정에서 널리 사용되기 시작했다. 프란츠 E. 바이네르트는 예컨대 문제 해결을 위한 관련 전문영역별 지식을 포함하여 야구, 체스, 자연과학, 물리학 등과 같은 의미 있는 과제 영역을 설명하는 데 이 개념을 사용한다.^{Weinert, 2001: 47-50 참조}

전문영역은 통례적으로 학교 교과목과 분과학문의 동의어로 사용되며, 전문영역과 분과학문이 일치하면 전문영역의 개념은 불필요해진다.^{Sander, 2011: 11f. 참조} 일부 교과교수법 학자들은 볼프강 클라프키가 말한 학문 지향 원칙을 사실상 분과학문 지향 원칙으로 대체하고 있다.^{Klafki, 1996: 167-169 참조} 그 배경에는 정치교육은 정치라는 학교 교과목 및 정치학과 주로 관련되어 있고, 경제교육은 경제라는 학교 교과목 및 관련 학문으로서의 경제학과 연관되어 있다는 생각이 깔려 있다.^{Oberle, 2017: 24; Loerwald, 2020: 245-247 참조} 이 경우, 학교 교과목의 지식 체계는 원칙적으로 관련 학문의 지식 체계와 일치하지만, 이것이 관련 학문의 지식 체계를 그대로 옮기는 모방적 교수학으로 귀결되는 것은 아니다. 정치교육 또는 경제교육은 본질적으로 관련 학문의 분야별 지식을 고려하여 결정되고 정당화된다.

> 학교 교과목의 분과학문적 질서

교과교수법학회GFD는 (교수법의) 전문영역을 사회과학의 경우와 같이 더 넓은 범위의 유사 과목군으로 규정하고^{GFD, 2009 참조}, 과목 관련, 전문영역별, 학제 간, 초학제 간 표준 및 역량을 구분한다. 그 결과, 일련의 사회과학적 역량이 사회과학이라는 전문영역을 구성한다. 이는 교육에 대한 전문영역별 개념을 기반으로 정당화되어야 한다. 전문영역으로 분류된 학교 교과목은 **과목별** 교육과 역량을 통해 **전문영역별** 교육과 그 역량을 촉진한다는 점에서 공동의 책임을 진

> 사회과학이라는 전문영역

다. 교과교육은 일반교육에 명확하게 기여해야 한다.

분과학문은 계속해서 역동적으로 발전하고, 분화하며 융합하거나 새롭게 형성된다. 반면, 수업 시간표는 고정되어 있고, 실로 개혁에 저항적이다. 분과학문과 학교 교과목은 역사적이고 우연적인 구성물로, 사회정치적 이해관계와 갈등 속에서 생겨났다. 일련의 주요 분과학문은 학교 시간표에 전혀 포함되지도 않았고, 사회과학은 뒤늦게 오늘날까지 얼마 안 되는 자리를 차지하기 위해 투쟁하고 있다.

[표 1] 사회과학 영역의 문제 관련 구조

	사회과학, 제도, 생활세계 지식
교과교수학 핵심 문제: 형성 지향	1. 주체들은 어떻게 자율적이고 책임감 있게 사회에서의 공동생활을 형성해 가는 법을 배울 수 있는가? (성숙) 2. 지식과 능력이 사회·정치·경제 측면에서 생활양식의 자율적인 형성에 기여할 수 있는가? 3. 지식과 능력이 사회·정치·경제 분야에 대한 판단 능력과 행동 능력을 어떻게 형성하고 촉진할 수 있는가?
사회과학적 사고에 대한 역량중심의 근본 문제: 학문 지향	1. 사회과학적 서술과 분석은 어떻게 완성할 수 있는가? 2. 사회과학 데이터, 모형, 이론으로 무엇을 어떻게 설명할 수 있는가? 3. 사회과학, 제도, 일상 지식은 어떻게 작동하는가? 4. 사회과학 지식은 어떻게 활용되고 적용될 수 있으며, 또 되어야만 하는가?
사회의 근본 문제: 문제 지향	1. 사회적(정치, 사회, 경제, 법) 질서는 어떻게 가능한가? 2. 사회는 어떻게 변화하는가? 3. 사회는 어떻게 형성되어야 하는가? 4. 누가 어떤 원칙과 규칙에 따라 무엇을 결정해야 하는가? 5. 어떻게 실현 가능성을 형성하고 공유하도록 해야 하는가?

출처: Hedtke, 2011: 53 [그림 2]를 변형한 것임

3. 정치교육 거장들의 관련 학문 분야

교육 관련 지식

거장들은 정치교육에 의미 있는 지식을 사회과학에서 폭넓게 끌어냈다.^{Grammes, 2011 참조} 예를 들어, 발터 가겔Walter Gagel은 사회과학

교육과 개인이 자신의 환경에서 인지적 지향성을 갖는 데 도움을 주는 사회과학 지식의 일상생활에서의 중요성에 대해 명시적으로 언급했다.[Gagel, 2000: 11-20 참조] 또한 베른하르트 주토어는 "정치적인 것에 대한 교과교수법"과 "형식적 객체 정치"[Sutor, 1984 I: 26-27]에 의해 구성되는 학교 교과목이 사회과학의 여러 분야와 관련되어 있음을 강조한다. 그는 "정치경제학"[Sutor, 1984 II: 162]을 지지하면서 경제시민과 공민은 교수학적으로 분리할 수 없다고 강조한다. 마지막으로 볼프강 힐리겐은 사회과학과 법학을 언급하면서 근본적인 문제 해결에 기여하는 사회과학 지식이 정치교육에 중요하다고 여긴다.[Hilligen, 1985: 41, 105 참조]

관련 학문에 대한 학문이론 논의 역시 '정치교육의 거장들에게는 여전히 당연한 것이었다.[Hilligen, 1985: 74-93; Sutor, 1984 I: 29-54 참조] 반면에 요즘의 학문이론 분석은 미흡하고 지나치게 단순화되어 있거나 완전히 결여되어 있다.

일련의 남녀 교과교수학 학자들은 정치교육의 사회과학 전통을 견지하고 있다.[Autorengruppe Fachdidaktik, 2011; Engartner et al., 2021] 이에 비해 다른 학자들은 정치교육의 전공학문 기초를 단일 학문 방식으로 이해하고, 주로 정치학에 초점을 맞추는 경향이 있다.[Detjen et al., 2012; Oberle, 2017] 경제 과목 교수법에서도 유사한 논쟁이 지배하고 있다.[이 책 VI부 「경제 학습」 참조]

사회과학의 전통

3.1 정치교육의 정치학 관점

역량 지향과 그에 따른 분과학문, 전문영역 및 학교 교과목의 동등화 과정에서 정치교육과 경제교육에서는 정치학 또는 경제학에 초점을 맞춘 구상들이 등장했다. 이러한 구상들은 교육이론적 기초를 포기하고 (과목별) 교육에 관한 개념을 주로 관련 학문 분야로부터 논증하며, 인지심리학적 개념을 사용하고 전공학문의 지식 구조를 대변한다. 예를 들어, 정치교육을 본질적으로 "정치적 사실과 교과교수법에 의해 선택되고 구조화된 정치학적 인식을 전달하는 과정"으로 보고 있다.

주도적 분과학문 정치학
"정치학은 정치를 그 '핵심'으로 이해하는 정치교육의 중심적 관련 학문이다."^{Oberle, 2017: 25} 정치를 이해하는 데 도움이 되는 정치 지식은 정치학의 하위 분야인 정치사회학, 정치심리학 및 학제 간 정치문화연구와 정치경제학을 포함하는 정치학에서 비롯된다. 앞의 세 학문은 정치교수법에 정치교육의 조건에 대한 정보를 제공해야 한다.^{같은 책, 26 참조} 그 밖의 관련 학문으로 사회학, 경제학, 법학도 언급되고 있다.

이러한 경향에서는 교과 지식을 원칙적으로 객관적으로 정의할 수 있으며, 지식 및 판단 역량의 측면에서 구체적으로 관찰 가능하고, 학습 결과를 측정함으로써 경험적이고 체계적으로 검증할 수 있다는 지식 개념이 지배적이다.^{Detjen et al., 2012: 9-34 참조} 정치학에는 잠재적으로 중요한 전문 지식과 능력이 원칙적으로 존재한다. 그렇다고 해서 정치학 지식의 다원성과 논쟁성이 배제되는 것은 아니다. 중요한 것은 전공학문 지식을 전달하고 역량 습득을 최적의 상태로 촉진하는 것이다. 다양한 지식 형태 간의 매개 문제는 발생하지 않으며, 해석적, 주체 지향적, 지식 비판적 접근 방식은 배제되는 경향이 있다.^{Grammes, 2011: 37 참조}

통합학문
이러한 정치교수학은 사회과학 통합이 학문 내에서 보장되는 것으로 보며, 에른스트 프라엔켈Ernst Fraenkel에 기대어 정치학의 자기 묘사로서 통합학문이라는 개념을 받아들인다. 정치학은 "정치적인 것의 규명"^{Massing, 2002: 37}을 위해 사회학, 경제학 또는 법학과 같은 다른 학문 분야를 끌어온다. 그 결과 사회과학적 정치교육 담론은 거의 수용되지 않았다.^{Weißeno/Massing, 2020}

그러나 패러다임적으로 다원적인 분과학문인 정치학에서 통합의 과제는 오늘날 거의 공감을 얻지 못하고 있으며, 따라서 교과교수법의 문제로 남아 있다.[Münch, 2012: 451] 이것만으로 정치교육에 대한 정치학적 구상에 반대하는 것은 아니지만, 민주주의에 대한 국제적 담론을 포함하여 관련 학문과의 연관성을 시의적절하게 고려하는 것에는 찬성한다.

이와 함께 정치교육은 사회과학 학습 영역에서 공백을 감수하게 되는데, 이는 사회교육의 핵심인 사회, 경제교육의 핵심인 경제, 법교육의 핵심인 법률의 개념적 대응물이 정치교육 분야에 정착하지 못하기 때문이다. 결국 정치교육은 사회과학 영역을 정치학적인 정치 영역과 경제학적인 경제 영역으로 나누는 이분법에 결탁한다. 다른 사회과학 분야는 부차적인 것이 된다.

3.2 정치교육의 사회과학적 관점

정치교육의 사회과학적 관점은 정치, 사회, 경제, 법 등 전체 사회적 공동생활에 대한 근본적인 질문과 문제를 규명하는 데 중점을 두며, 특히 정치학, 경제학, 사회학 및 문화학 지식을 포함한다.[Autorengruppe, 2011: 164f; Hippe, 2010 참조] 이 관점은 다양한 사회과학 분야의 접근 방식을 사용하며, "교수학적 의도로 사회, 정치, 법 및 경제의 복잡성을 줄이고 조직화하는 데"[Henkenborg, 2011: 126] 적합한 기본 개념 Walter Gagel의 통합 모델을 선호한다.

선도학문 분야로서의 사회과학

사회과학 지식은 인간 공동생활의 질서와 조직의 **특정** 문제를 더 잘 설명하고, 이해하고, 처리하는 데 도움이 된다. 정치교육은 사회과학 지식을 사용하여 질서, 변화, 가치와 이해관계, 문제와 갈등, 의사결정의 원칙과 규정 및 실현 가능성이라는 다섯 가지 사회적 근본 현상과 기본 문제를 탐구한다.[그림 1]; Henkenborg, 2011: 127f. 참조] 이러한 관점에서 지식은 문제와의 관련성 및 문제 해결에 대한 기여를 통해 중요성을 얻으며, 그 학문 출처는 학교 및 학교 밖 교육과정에서 부차적 의미를 지닌다.

문제 지향의 초학제성 필요한 것은 문제 지향적이고 과목별 교수법에 따른 초학제성이다. 초학제성은 특히 학교별 전문영역의 지식 등 직업·제도 형태 및 생활세계 형태의 사회과학 지식을 교육과정에 활용 가능하게 하며, 이러한 지식을 서로 연관시키고, 반영하며 상대화(관계화)한다.[Grammes, 1998: 57-108 참조] 이러한 식으로 교육주체는 사회적 공동생활의 중심 문제를 이해하고, 설명하고 해결하는 방법을 배워야 한다.

또한 여기에는 학습자의 주관적 지식, 사회적 인지 및 표현, 도식, 범주, 발견술 및 스크립트도 포함된다.[Grammes, 2009: 156-158 참조] 지식에 대한 이러한 접근 방식은 정치, 경제, 사회에 대한 주관적이고 경험에 기반한 접근 방식의 다양성을 밝혀 주며, 이해를 지향하는 실천에서 지식 형태를 의사소통적이고 창의적이며 주관적으로 의미 있는 방식으로 서로 연관시킨다.[Lange, 2011: 98-101]

지식의 상호 연관성은 지식의 상대화를 의미하며, 사회 문제와 가능한 해결책에 대한 다양한 관점을 보장하고, 다양한 합리성을 나타내며, 실용적인 해석학을 요구하고, 이러한 차이점이 (전공)학문적 합리성을 위해 사라지는 것을 방지한다.[Grammes, 2009: 148f. 참조]

지식 형태 사이의 매개 정치교수학은 지식을 전달하는 형태를 연구할 뿐만 아니라 다양한 형태의 지식 사이를 매개하고 지식의 우연성, 양면성, 관점성을 다루기도 한다. 이러한 불확실성에 대처하는 능력은 사회과학적 정치교육의 핵심 역량이다. 이는 특히 학문적 지식의 경우 더욱 그러하다.[Krebs/Szukala, 2021 참조]

결국 비판 교육으로서의 정치교육은 단순히 사회과학 지식의 타당성에 대한 주장을 받아들이는 것이 아니라, 각각의 문제라는 시각에서 그것을 성찰한다. 또한 정치교육으로서 비판적 정치교육은 학문과 지식 생산의 경제화 및 정치화, 특히 정부와 기업 조직의 이익을 위한 지식 정책의 도구화의 배경을 탐구한다.^Weingart, 2003: 137-141 참조

사회과학적 접근 방식은 통합의 방법론이 아직 만족스럽게 개발되지 않았다는 점을 인정해야 한다.^Franke/Pohl, 2020: 391 참조 교직과정은 충분히 다학제적이고 통합적으로 구성되어 있지 않다. 그러나 차이점을 제쳐두고 사회과학의 공통점에 집중하는 것이 학위 프로그램과 수업 모두에서 하나의 해결책을 제공할 수도 있을 것이다.^일치의 원리; Hedtke, 2019 참조 결국 사회경제 교육을 위한 통합적 사회과학 커리큘럼은 이미 마련되어 있다.^Hedtke, 2018 참조

그럼에도 불구하고 통합적 접근 방식은 사회과학 교과목과 커리큘럼의 다학제적 현실에 직면해 있다.

공통점에
집중하기

4. 사회과학 교육의 실제

교육 실제는 커리큘럼과 학습 매체에서 주로 문제와 주제 중심의 모습을 보인다. 사회과학 영역의 과목 문화는 다차원적이고 다학제적이다. 학교별 영역 지식은 주로 사회, 정치, 경제 및 법률의 주제 영역과 관련이 있다. 교육 주제는 여러 사회과학 분야의 지식을 바탕으로 탐구되어야 한다. 독일과 유럽 사회과학 학습 분야에서는 정치학, 사회학, 경제학, 법학 분야의 지식이 다양한 조합으로 학교 교과 구조를 구성하고 있다는 자기이해가 지배적이다.

학교별 영역 지식은 압도적으로 다학제적, 초학제적 전통에 기반을 두고 있다. 전반적으로 볼 때, 정치교육의 사회과학적 관점은 수십 년 동안 제도적으로 광범위하게 정착되어 왔으며, 근본적인 변화는 없을 것으로 보인다.

다학제적
과목 문화

이것이 좋은 것인지, 계속되어야 하는지는 교과교수학이나 교육정책에서 논란이 있다. 비판은 주로 경제 과목 교수법과 경제 단체들로부터 나오고 있으며, 이들은 사회과학 분야에서 경제를 분리하고 별도의 경제 과목을 만들려고 한다. 분과학문성이 과목 구성의 원칙이 되려면 사회과학 영역에서 적어도 정치, 경제, 사회, 법이라는 네 개의 과목을 만들어야 할 것이다. 이것이 교육에 도움이 될지 여부는 논란의 여지가 상당히 많다. 아무튼 학습자들이 현재와 미래를 살아가야 하는 복잡한 상황을 이해하고 변화시키는 것이 더 쉬워지기는 어려울 것이다.

4. 주잔 게스너
Susann Gessner

정치교육의 교육이론 토대

1. 교육이론 관련성

정치교육은 **교육**이라는 개념에 주목하면서 학습자들이 "사회적 [그리고 정치적: 저자 삽입] 세계를 이해하고 판단하며 비판 및 변화시킬 수 있게 하는 것"을 목표로 한다.[Autorengruppe Fachdidaktik, 2017: 8] 정치교육은 정치 혹은 정치적인 것이 무엇을 의미하는지를 결정할 뿐만 아니라 교육에 대한 근본적 이해에 대한 물음도 포함하고 있다.

빌헬름 폰 훔볼트의 고전적 정의에 따르면, 교육은 "가장 일반적이고 가장 적극적이며 가장 자유로운 상호작용을 통해 우리 자신을 세상과 연결하는 것"[Humboldt, 1986[1793]: 34], 즉 "공명共鳴 현상"[Rieger-Ladich, 2020: 51]으로 이해될 수 있다. 교육을 통해 사람들은 세상을 탐험하고 경험과 이해의 가능성을 넓힌다. 이런 의미에서 정치교육은 "세상에 대한 사고와 행동을 형성하는 것"을 목표로 한다.[Detjen, 2013: 4] 따라서 교육은 개인의 능동적이고 자기성찰적인 발달 과정으로 설명된다.[Stojanov, 2006: 19f. 참조]

교육의 과정을 내용적·개념적으로 어떻게 규정하고 파악할 수 있

교육의 특징 는가에 관한 물음은 오래전부터 교육학, 철학, (교과)교수학 및 사회학 담론의 주제였다. 교육에 대한 모든 이론적 개념은 다음의 세 가지 특징의 이해를 기반으로 한다.

1) 교육은 주체의 개별적 활동이고,
2) 교육은 사회 및 세상과 상관관계를 맺고 있으며,
3) 교육은 미리 규정하거나 결정할 수도 없는 잠재성을 지닌다.

Rendtorff, 2016: 120 참조

이러한 교육의 특징은 독일과 유럽의 정신사뿐만 아니라 교육적 사고의 초문화적 전통에서도 찾아볼 수 있다.Sander, 2018 참조

따라서 교육과정은 단순한 지식 내용의 습득과 문화 자본의 인지적 전수 그 이상의 의미를 갖는다. 오히려 교육과정은 "사람들이 기존의 수단과 가능성으로는 대처하기에 충분하지 않은 경험을 할 때 일어난다. 이러한 이해에 따르면, 교육과정은 기존의 세계 관계와 자기 관계의 형상이 문제를 다루는 데 적합하지 않을 경우, 근본적으로 새로운 세계 관계와 자기 관계의 형태나 형상을 형성시키는 데 그 본질이 있다".Koller, 2006: 196

자기 관계와 세계 관계

따라서 교육과정은 지식을 다루는 방식이 근본적으로 바뀌고 자아와 세계에 대한 **새로운** 개념이 형성되는 고차원적인 학습 과정으로 이해할 수 있다.같은 책, 197 참조; Koller, 2012 참조 교육은 청소년들이 "개방적인 방식으로 자신의 (지적, 실용적, 미학적) 잠재력을 개발하고, 서로 다른 것들을 비교 검토하면서 서로 연관지어 결론을 도출하고 새로운 질문을 제기할 수 있도록 해야 한다. 여기에는 문제에 대한 호기심과 관심이 깨어 있는 한, 알지 못하는 것은 항상 발전의 시작이며 (또 그럴 수 있다는) 경험, 무한하고 결정적이지 않으며, 지식을 개발

하고, 공동으로 검토하고 더 발전시키기 위해 다른 사람이 필요하다는 경험도 포함된다."^{Rendtorff, 2016: 212}

특히, 정치교육(과 정치교육 교수법)에서는 교육이론 연관성이 중요하다. 왜냐하면 전달 방식에서 중요한 것은 교육이론 연관성을 "자의적인 권력의 도구로 변질되도록 방치하는 것이 아니라, 오히려 (…) 표준화를 위한 모든 시도에 **대안적 준거점**을 제시하는 것"이기 때문이다.^{Rucker, 2019: 109} 정치교육을 위해서는 성숙, 해방, 자기 인식과 같은 규범적·계몽적 개념이 가장 중요한 교육 목표로 제시될 수 있다. 여기서 성숙은 자율성의 의미에서 이해되어야 하는데, 이는 주체가 사회에서 스스로를 유지할 수 있는 능력을 말하며, 사람들이 자신의 이성을 사용하고 지성을 이롭게 사용하는 방법을 배우는 데서 표현된다.^{Autorengruppe Fachdidaktik, 2017: 13 참조} 그러나 교육에 대한 (부르주아) 계몽주의적 이상과 함께 개인이 사회규범 뒤로 사라진다고 경고하는 회의적이고 비관적인 비판도 등장한다. 이러한 점에서 배운 것과 경험한 것에 대한 성찰은 교육과정에서 매우 중요하며, 학습한 내용이 단순한 정보 수준에 머물지 않으려면 스스로가 배운 것을 파악하고 이해해야 한다.^{Rendtorff, 2016: 121 참조; 또한 Adorno, 2006 참조} 따라서 정치교육은 "(…) 구체적인 정치적 의견을 제시하지는 않지만, 그럼에도 불구하고 정치와의 특정한 관계를 전달한다는 점에서 형성적 효과를 가져야 한다. 정치교육은 반성적이고 합리적인 이해와 체계적인 지식을 바탕으로 하지만, 새로운 경험과 새로운 지식에도 열려 있어야 한다."^{Sander, 2019: 206}

> 교육이론적 관련성

2. 정치교육의 교육 잠재력

정치교육에서는 인식과 (복잡성) 경험의 긴 교육과정을 어떻게 시작하고 지원할 수 있는지가 중요한 문제이다. 이는 생산적인 교육과정과 세계 및 자기 관계의 발전 가능성을 촉진하기 위한 것이다.^{학습이론과}
관련하여 예를 들어 Zimbardo/Gerrig et al., 2008 참조

정치 학습과 정치교육

정치 학습과 정치교육은 구분되어야 한다. 학습이론 패러다임에 기반한 정치 **학습**은 확인된 오해나 불확실한 개념을 인지적으로 더 나은 개념으로 대체할 수 있는 방법을 묻는다. 학습과 교육은 교육과정이 학습 과정과 밀접하게 연결되어 있다는 점에서 서로 연관되어 있다. 기술을 습득하고 지식을 받아들인다는 의미에서 학습은 교육의 목적에 이르는 수단으로 이해할 수 있다.

정치**교육**은 정치 및 민주적 기본 지향을 개발하는 것이다. 이는 정치적 문제가 **어떻게** 분류되고, 특정 시점의 개인의 생애사적 배경 및 실제 행동과 밀접하게 연관되어 있는지에 대한 질문과 결합되어 있다. 이러한 기본 지향성은 "[…] (예를 들어 홀로코스트 혹은 이주민의 상황에 관한) 지식의 전달을 통해 직접적으로 영향을 받을 수 있는 것은 아니다. 정치교육은 이러한 정치적 기본 지향성이 형성되는 경험적 배경을 고려해야 한다."^{Nohl, 2009: 301}

따라서 정치교육은 현재의 지식, 해석 그리고 사회적 공동생활의 규칙을 전달하는 것뿐만 아니라, 개인이 "삶의 방식이 위태로울 때 그 구조와 지배적인 규칙을 **변형**시킬 수 있도록 하는 것"^{Peukert, 2015: 46}이 중요하다. 정치교육은 "파괴적인 메커니즘의 변화를 통해 모든 사람에게 삶의 가능성을 열어 주는 사회의 상태에 도달하는 것"^{같은 책, 61}에 관한 것이다.

학교 정치교육 또는 그 제도적·구조적 형태에 대해서는, 그것이

어린이와 청소년에게 발달 잠재력을 발굴하고 발달 과제를 생산적으로 처리할 수 있는 교육적 환경 조건을 얼마나 제공하는지에 대한 의문이 제기되고 있다. 이러한 의미에서 행동할 수 있는 능력을 배양하기 위한 긍정적인 준거점은 첫째, 정치교육의 학습자 자체와 둘째, 성숙이라는 교육적 개념이다. 개인과 관련하여 성숙은 사회 및 정치 참여의 조건으로 이해될 수 있다. 정치적·사회적 관점에서 성숙은 민주적 문화의 발전을 위해 중요하다. 성숙을 위해서는 독립적 사고를 가능하게 하고, 이를 장려하는 개방적인 교육과정이 필요하다.^{Strenger, 2019: 147 참조} 정치교육에 대한 이러한 교육이론 이해와 인간은 성숙해질 수 있다는 믿음을 전제로 한 언급은, 예컨대 극우 포퓰리즘의 확산과 사회적 불평등의 증가와 같은 사회적 문제 상황의 맥락에서 불안감을 줄 수 있다. 정치교육을 통해 규범적으로 바람직한 것이라는 의미에서 개인의 태도와 사고방식에 영향을 미칠 수 있기를 바라는 것은 아닌가? 하지만 정치교육은 그것을 해낼 수 없다. 왜냐하면 민주적 사고방식과 태도는 협박, 조작, 세뇌, 조장에 의한 공포와 압력 (예컨대 나쁜 성적, 도덕적 압력 행사, 미래에 대한 두려움 유발) 등 폭력의 방법을 사용하지 않는 한 직접적으로 만들어지거나 변화될 수 없기 때문이다. 특정 태도와 관점을 고무하기 위해 **직접적인** 규범적 영향을 미치려는 모든 시도는 자신의 입장 표명이나 논쟁 없이 단순히 긍정하는 방식으로 받아들여진 위험을 내포하고 있다. 교육이 이루어지는 과정은 **간접적**으로만 촉발될 수 있다. 특히 정치교육은 정치 문제에 대한 다양한 과학적 이해(개념과 이론)와 관련하여 학생들의 다양한 주관적 관점을 전달하는 데 중점을 둔다.

기준점인 성숙과 학습자

교수학의 과제

3. 교수학의 함의

정치교육 과정은 정치교육의 수신자인 학습자의 주관적 관점과 정치 및 사회 문제에 대한 다양한 과학적 이해 사이를 중재한다. 이러한 의미에서 정치교육은 "교육적 경험의 가능성을 목표로 하는 특정 학습 집단에 맞춰 세상의 여러 분야와의 만남을 준비함으로써"[Autorengruppe Fachdidaktik, 2017: 109] 그러한 역할을 수행한다. 이러한 중재 과정을 통해 사고와 교육의 과정이 촉발될 수 있다. 이를 위해서는 학습자가 자신의 생각과 학문적 관점과의 대립을 개인적으로 의미 있는 획득으로 경험할 수 있는 정치교육의 환경이 필요하다.

정치**교육 과정**에서 피교육자는 단순히 우연적인 지식의 객관적 수용자로만 고려되는 것이 아니라, 교육의 과정을 공동으로 구성하는 주체로 인식된다. 학습자는 논증하고 논쟁하며 협상함으로써 무엇이 정치적인가를 공동으로 결정한다. 민주적으로 구성된 사회에서는 학생들이 사회에서 자신의 입장을 시험해 볼 수 있는 공간이 제공되어야 한다.

<small>학교 정치교육</small> 학교의 정치교육 또한 청소년들이 일반적인 지식뿐만 아니라 다른 신념을 가진 사람들과 만나 사회적 공동생활의 주요 문제에 대해 논의하고 경험을 나눌 수 있는 공간이 될 수 있다.[Nohl, 2018: 77 참조: 추가로 Dewey, 2011 참조] 특히 수업에서는 사회정치적 주제에 대한 다양한 관점이 투명하게 드러나고, 태도 또한 협상될 수 있다.[Gessner, 2014: 293 참조] 이러한 정치교육의 궁극적인 목표는 "정치 문제가 각 개인에게 얼마나 밀접하게 관련되어 있는지, 그리고 겉으로 보기에는 추상적인 정치 문제에서 자신의 모든 삶의 실질적인 문제를 새롭게 인식하는 것이 중요하다는 것을 모든 사람이 느끼도록 하는 것이다".[Bourdieu, 1992: 17] 정치교수법의 관점에서 볼 때, 이는 청소년들에게 사고 습관을 철저

히 돌아보게 하고 정치 문화와 전통에 몰두할 수 있는 지적 수단을 제공하는 것이다. 학생들은 정치적 내용이 하향식으로 전달되고 절대적인 것이 아니라, 해석과 협상이 가능하다는 것을 알게 된다. 특히 청소년들에게 정치교육은 새로운 시작, 재구성, 방향 전환이라는 청소년기의 특수성을 잠재력으로 활용할 수 있는 기회의 장이 될 수 있다.^{Koller, 2006: 198f.; Busch, 2001 참조}

이러한 교육 요건을 충족하기 위한 가장 중요한 원칙으로 **이해**를 강조할 수 있다. 안드레아스 그루슈카^{Andreas Gruschka, 2019}도 수업의 목표로 이해에 초점을 맞추고, 이를 위해 내용에 중점을 두어야 한다고 주장한다. "그렇다면 본질적인 것, 근본적인 것, 조직 원리, 접근을 가능하게 하는 것 또는 범례적인 것에 집중할 수 있게 해 주는 구상들(이론, 패러다임, 방법, 핵심 개념)은 무엇인가?^{같은 책, 141f.} 정치교육은 처음부터 이해를 지향하도록 되어 있는데, 그 이유는 공동 수업은 공동의 접근 과정을 이끌어 낼 수 있는 수업이라는 사회적 상황에서 교과별 개념과 개별적 해석 사이의 상호작용을 형성하는 임무를 제대로 수행하기 위해 학생들의 관점을 고려하고 포함해야 하기 때문이다.^{Combe und Gebhard, 2012b: 224ff. 참조} 이때 중요한 것은 학생들의 다양한 가정과 전제 조건(서로 다른 접근 방식)에 대한 질문, 다른 한편으로는 주제에 대한 차별화된 이해와 관련된 전공학문적 고려 사항이다. 마찬가지로 중요한 것은 수업에서 상호작용이 어떻게 이해를 지향할 수 있는지에 대한 질문이다. 콤베와 게브하르트^{2012a: 9f.}는 다음과 같은 해결책을 제안한다.

"더 많은 해석학, 더 많은 해석과 다양한 해석을 좀 더 집중적으로 다루는 작업이 수업에 포함되어야 한다. (…) 자신의 생각과 선입견은 주제에 대한 최초의 인지적 접근을 가능하게 할 수 있지만, 객관적 통찰을 더 발전시키는 데 방해가 될 수도 있다. 따라서 자기

> 최우선 원칙인 이해

자신과 세상에 대한 뿌리 깊은 해석도 의문시되고 어느 정도까지는 자극을 받아야 한다. 일반적으로 다른 사람과 낯선 것에 의한 자극은 이해를 위한 지진계이다."

각기 다른 전제 조건을 가진 모든 학생들이 한 과목의 공통된 의미를 구성할 수 있게 하려면 보편적 토대가 마련되어야 한다. 따라서 커리큘럼의 내용은 정치적 사고와 행동의 더 높은 수준의 개념, 예를 들면 "정의란 무엇인가? (…) 정당한 정치적, 종교적 또는 과학적 권위의 특징은 무엇인가?" 등의 질문과 관련되어야 할 것이다.Strenger, 2017: 115

내용의 선택과 준비 내용의 선택과 준비는 교과교수법의 핵심 문제 중 하나이다. 수업 주제의 선택은 정당화되어야 한다. 물론 수업을 구성할 때에는 그 **내용**뿐만 아니라 **방법**도 중요하다. 수업을 구성하는 방식에 따라 사람 간의 관계뿐만 아니라 내용에 대한 사람의 관계도 발전시켜 갈 수 있다. 이에 대해 교수학에서는 특히 범례 학습의 원칙이 복잡한 주제 영역을 이해하기 위한 학습 방법으로 논의되고 있다. 범례 학습에서 중요한 것은 백과사전적 포괄성이 아니라 교과목의 '기본적' 또는 '근본적' 측면이다.Sander, 2014: 13; 추가로 Fischer, 1993 그리고 이 책 Ⅲ부 「범례의 원칙」 참조 여기서 대상[학습 주제와 내용]과 학습자의 관계는 "단순히 적응하는 관계가 아니라, 독립적인 판단을 형성하기 위해 비판적으로 성찰하는 관계로 생각된다."Sander, 2014: 13

정치 교수학 개념과의 관계 교육에 대한 이론적 접근 방식은 최초의 –좁은 의미의– 정치교수법적 개념에서 특히 볼프강 클라프키의 범주적 교육 개념[12]과 관련하여 이미 확립되었다. "우리는 주관적 (형식적) 순간과 객관적 (물질적) 순간의 통일성을 다른 사람들에 대한 친밀한 경험이나 이해 속에서 직접적으로 인식하게 되는 현상을 교육이라고 부른다. (…) 따라서 교육은 현실이 인간에게 범주적으로 개방되었다는 점과, 바로 이를 통해 인간 자신이 수행한 범주적 통찰, 경험, 체험 덕분에 그 자신이 이 현실에 개방되었다는 이중적 의미에서 '범주적 교육'이다."Klafki, 1959: 294f.

이러한 교육 이해와 관련하여 헤르만 기제케[Hermann Giesecke, 1974]는 예컨대 권력, 이해관계, 역사성과 같은 정치적 범주를 사용하여 현재의 정치적 갈등을 분석하는 데 중점을 두는 정치교수학을 발전시켰다.같은 책 참조; 추가로 Juchler, 2011 참조

롤프 슈미더러의 '학생들의 이익[관심사]을 위한 정치교육' 개념에서도 교육이론적 함의를 찾을 수 있다. 그는 다음과 같이 서술한다.

"그렇지 않으면 수업의 '수신자', 즉 교육과정과 수업의 대상일 뿐인 학생이 학습 과정의 주체가 된다. (…) 학습은 외부에서 결정된 조건화 대신에 탐구적 (질문하는) 자기주도성과 자기활동성을 통해 전반적으로 자기 결정적이고 자기 책임적으로 이루어진다. 핵심적인 교수법적 질문은 다음과 같다. "학교 생활 동안 종종 묻혀 버린 자기 인식과 환경 인식에 대한 필요성은 어떻게 다시 활성화될 수 있는가?"Schmiederer, 1977: 108f.

"개인뿐만 아니라 사회적 공동결정과 민주적 참여에 대한 요구의 형태로 사회를 변혁시키는 데 초점을 맞추는"Hedtke, 2011: 185 해방적 교

---

12. 범주적 교육 개념(Der kategoriale Bildungsbegriff): 클라프키의 교육이론에서 핵심 개념은 교육(Bildung) 용어이다. 교육은 현재와 미래의 인류 핵심 문제에 대한 역사의식, 모든 사람의 공동 책임에 대한 통찰과 이를 극복하는 데 참여하려는 의지를 목표로 한다. 교수학적 결정의 접근 방식에서 클라프키는 두 가지 서로 다른 교육, 즉 실질 교육과 형식 교육을 구분한다. 여기서 실질 교육이란 지식의 습득과 세계의 파악을 뜻하고, 형식 교육이라는 용어는 주체가 스스로 형성하는 차원, 즉 주체의 '내적 힘들'(예컨대 육체적, 정신적, 미학적 힘)의 발달과 교육을 가리킨다[손승남(2004), 「남명 조식의 '경의' 교육사상과 클라프키(Klafki)의 '도야' 사상 비교연구」,『교육사상연구』제15집, 9 참조). 범주 교육은 이 두 가지 접근 방식(형식적 요구와 실질적 요구)을 모두 고려하는 개념이다. 따라서 클라프키의 교육론에서 중요한 점은 주체와 세계의 부단한 상호작용이라는 것이다.

[그림 1] 사회과학의 기본 개념

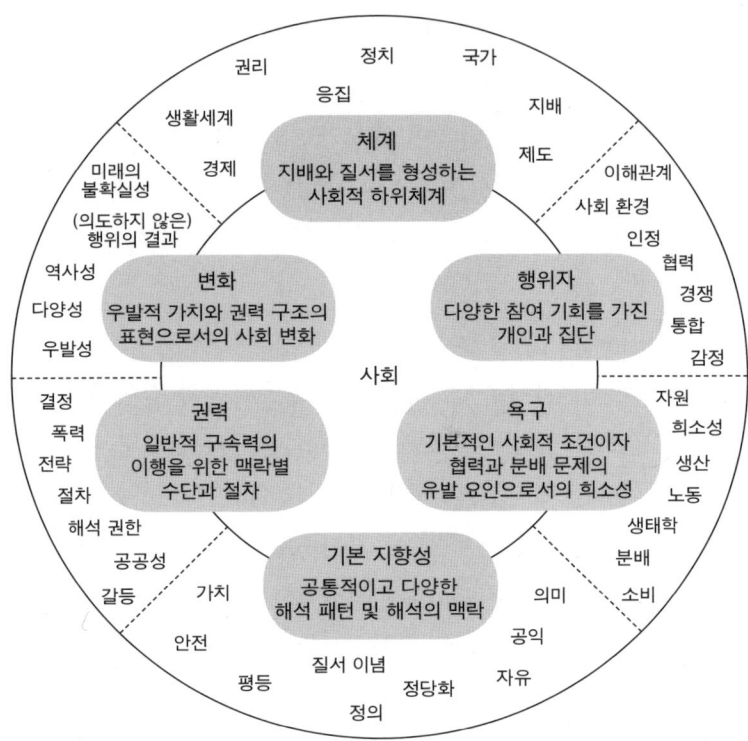

출처: Autorengruppe Fachdidaktik(2011: 107)

육과정이 어떻게 가능해질 수 있는지는 여전히 정치교육에서 논의되고 있다.

기본 개념

현재 교수학에서는 학생들에게 수업 주제에 대해 비판적이고 성찰적으로 접근할 수 있도록 하기 위해 **기본 개념**의 구상에 대한 논의가 이루어지고 있다. 기본 개념은 "학생들이 정치에 대한 자신의 경험을 구조화하고 해석하는" 근본적이고 복잡한 관념 영역으로 이해된다.[Sander, 2013: 97f.] 기본 개념은 전공 분야의 지식을 결정하고 구조화한다. 교수학적으로 기본 개념은 정치교육 분야에서 "교과 지식의 핵심"을 형성한다.[같은 책, 98] 교수학적 관점에서 중요한 것은 학생들이 기존 아이디어를 교과의 기본 개념과 결합하는 것이다. "대안적인 개념과 사회과학의 지식에 대한 논의"[같은 책, 100]를 통해 학생들은 개념적 아이디어를 더욱 발전시켜서 자신의 판단에 포함시킬 수 있다. [그림 1]은 이를 설명하기 위한 기본 개념의 모델이다. 이 역동적 모델은 6개의 상위 개념을 각각의 맥락 조건과 연결한다. 이러한 연결은 긴장 관계, 위계적 관계, 조건 구조와 종속 관계로 특징지어진다. 정치교육에서는 각 주제에 따라 관련 개념과 개념 간의 관계 유형이 반영된다. 이러한 의미에서의 정치교육 과정을 시작하기 위한 필수적인 전제 조건은 사회과학의 핵심 분야들을 다루는 것이다.

4. 전망

인간은 계속해서 다시 시작할 수 있는 능력을 지니고 있으며, 따라서 쇄신을 통해 세상에 연속성을 부여한다. 그러나 이 목표는 설교, 설득, 심지어 세뇌를 통해서는 달성될 수 없다. 정치**교육**은 사회 정치적 담론에서의 지식 전달과 교육을 넘어 근본적으로 인간의 자유로운 사고를 촉진하는 임무를 가지고 있다. 정치교육은 궁극적으로 "대담하고 개방적이며, 항상 위태롭고 수정이 필요한 과정"[Peukert, 2015: 43]이다.

새로운 경험을 교육과정의 기회로 더 정확하게 정의할 수 있는 방법은 무엇인가? 예를 들어, 사회적·역사적 상황과 관련하여 교육과정을 다루어야 하는 전형적인 도전적 과제가 있는지, 그리고 이를 설명하는 데 적합한 개념은 무엇인지 질문할 수 있을 것이다.[Koller, 2006: 197 참조] 이에 대한 예로는 두 가지 관점 변화를 언급할 수 있다. 첫째, 인류세라는 지질 시대 개념과 관련하여, 인간의 행동은 복잡하게 변화하는 지구의 조건을 결정하는 요인이 된다. 이러한 문제에 접근하기 위해 교육과정은 어떻게 구성되어야 하는가? 이는 인간과 동물, 인간과 대상, 인간과 기술의 관계와 같은 인간과 비인간의 관계를 통합하는 교육적 사고에는 어떤 결과를 가져오는가?[Friedrichs, 2020 참조] 둘째, 교육이론적 담론의 구조적 측면과 관련해서는 자율적인 (주체)교육에만 초점을 맞추지 않고 "타인과 관련된 상태"[Rendtorff, 2016: 65]에 집중하는 자기 및 세계 관계를 어떻게 개념화할 수 있는지 -젠더 이론의 관점에서- 문제를 제기할 수 있을 것이다.

II.
정치교육의 실제

1. 노르베르트 노이스
Norbert Neuß

취학 전 교육기관의 정치교육

정치 학습과 정치사회화는 실제로 언제 시작되는가? 이것이 유치원에 다닐 나이와도 관련이 있는가? 이 질문에 답할 때 중요한 것은 정치 학습이 무엇인지에 대한 이해이다. 유아교육 분야와 관련하여, 정치 학습은 정치 구조, 목표 및 개념에 대한 인지적 지식보다 덜 중요하다. 오히려 유치원에서 중요한 것은 민주주의와 관련된 목표를 추구하는 교육 전략이다. 교육Erziehung을 사회의 기능으로 이해한다면, 사회질서와 교육Erziehung에 대한 이해 사이에도 연관성이 있어야 한다. 이러한 의미에서 최근 몇 년 동안 다양한 주제 분야가 유아교육에서 더욱 주목을 받고 있다. 먼저, 어린이집에서의 아동 참여와 편견에 대한 태도와 같은 주제를 언급할 수 있다. 지구 환경 변화의 배경에서 **지속가능성**이라는 주제 또한 사회적, 교육적으로 중요한 이슈로 떠오르고 있다. 세 가지 주제는 모두 유아교육 및 아동교육에서 매우 중요한 역할을 하기 때문에 일부는 연방주별 유아교육계획에도 반영되어 있다. 여기에 두 가지 최근의 발전이 추가된다. 첫째, 유아교육기관에서 다루어지는 부모의 극단적인 세계관에 대한 대처 방법이고, 둘째, 아동권리를 헌법에 명시하는 것이다.

_{교육전략}

1. 성숙과 참여

계몽주의 이후의 교육 목표

아동의 성숙과 독립성을 증진하는 것은 교육의 핵심 목표이다. 이 목표는 계몽주의 시대와 불가분의 관계에 있다. 계몽주의 시대의 관심사이자 열망이었던 **성숙**은 1784년 독일 철학자 임마누엘 칸트가 다음과 같이 부정적으로 정의했다. "미성숙이란 다른 사람의 지도 없이 자신의 오성을 사용할 수 없는 상태이다. 이러한 미성숙의 원인이 오성의 결여가 아니라 다른 사람의 지도 없이 스스로 오성을 사용할 결단력과 용기의 결여에 있는 것이라면, 그것은 '자기 책임'이다."Kant, 1983: 9 성숙은 사람들이 스스로 또는 지원을 받아 자신, 사회 및 세상을 이해하고, 그에 따라 자율적인 결정을 내리며 책임감 있게 행동할 수 있는 능력을 갖추는 것으로 이해할 수 있다. 이 목표가 교육자들의 행동에 직접적인 영향을 미친다는 것은 일상에서 자주 목격할 수 있다. 어린이집에서 참여적 사고의 기초는 상황 접근법의 발전과 함께 마련되었다. 이는 유치원의 내부 및 외부 개방이라는 개혁을 수반했다. 예를 들어, 외부 개방은 부모의 참여나 지역사회 중심의 작업을 포함한다. 반면, 내부 개방은 집단 구조의 개방을 의미한다. 열린 개념은 공간적, 개념적, 인적 계획을 아동의 놀이 및 발달 요구에 맞게 조정함으로써 문화적 학습 기회의 다양성을 보장하는 교육적 주장을 실현하려고 한다.Zimmer, 1995 참조

참여

지난 10년 동안 유아교육 분야에서도 **참여** 주제가 집중적으로 다루어졌다. 이에 대한 법적 근거는 1990년 독일연방공화국이 서명하고, 1992년 4월 5일 독일에서 효력이 발생한 「유엔아동권리협약」에서 마련되었다. 제12조는 다음과 같이 명시하고 있다. "당사국은 자신의 의견을 형성할 능력이 있는 아동에게는 본인에게 영향을 미치는 모든 문제에 대해 자유롭게 의견을 표현할 권리를 보장하고, 아

동의 연령과 성숙도에 따라 그 의견에 적절한 비중을 부여해야 한다." 이러한 요구를 강조하기 위해 2021년 1월부터 정부의 법안이 제출되어 아동의 권리를 기본법(헌법)에 명시하고, 이를 통해 아동의 정치적 참여를 증진시키며 모든 사회적 결정에서 아동의 복지를 고려하도록 하고 있다. 이 법안이 통과된다면, 예를 들어 도시와 지방자치단체는 건축계획(예컨대 도로, 주거지역 등)을 수립할 때 아동의 의사를 더 많이 고려해야 할 것으로 예상된다. 또한 국가는 아동친화적 생활조건과 아동의 동등한 발전 기회(핵심어: 아동 빈곤)를 위해 더 많은 노력을 기울여야 한다.

참여에 대한 권리는 (부분적으로는 구속력이 없는) 연방주별 유아교육계획 및 어린이집 법률에 다양한 방식으로 반영되어 있다. 참여라는 주제는 예컨대 바이에른주 학교교육 및 육아 계획안에서 매우 포괄적으로 다루어진다. "관여라는 협력, 공동 설계 및 공동 결정의 의미에서의 참여를 의미한다. 참여는 협렵적 관계와 대화에 기반을 두고 있다. 참여는 개인의 생활과 공동체에 영향을 미치는 모든 문제에 대한 계획과 결정을 공유하고, 현안을 함께 해결하는 것을 의미한다."바이에른주 2012년 교육정책시행계획, 389 교육 목표로 "민주주의에 참여할 수 있는 능력과 의지"같은 책, 390가 명시적으로 언급되며, 더욱 세분화된다. 참여의 긍정적인 영향은 언어 능력과 같은 다른 교육 영역과 관련하여 강조된다. 다른 교육계획들도 참여의 개념을 반영하고 있다.

교육계획에의 착근

참여를 주제로 다루는 교수학습 자료집은 이미 2001년 '독일청소년연구소DJI'에서 개발되었다. 자료집 『참여, 어린이 놀이?』는 참여가 "놀이적인 방법을 포함하고 있거나 창의적으로 실험하고, 개발하고, 함께 무언가를 만들어 낼 수 있는 충분한 자유를 제공하는 방식으로 설계되었을 때" 특히 효과적이라고 강조한다. 구체적으로 유치원

교수학습 자료와 방법

에서의 참여는 어린이 회의, 어린이 총회, 어린이 의회, 조별 회의, 위원회 및 참여 프로젝트를 통해 이루어져야 한다.

민주주의 어린이집

한센, 카누워, 슈투르첸헤커[2011, 2013]를 중심으로 하는 저자 단체는 '민주주의 어린이집' 학습 모델을 개발했다. 예를 들어, 저자들은 직무연수 과정에서 어린이집 관계자들과 함께 참여를 어린이집에서 구조적으로 정착시키기 위해 작업하고 있다. "민주주의 교육은 이미 어린이집에서 관계자들과 어린이들 간의 권력분배를 공론화해야 한다. 지금까지는 성인 '지배자'가 항상 최종 발언권을 가졌던 반면, 민주주의 어린이집에서는 어린이 '국민'이 (함께) 결정할 수 있는 사항이 무엇인지가 명확하게 규명된다."[Hansen, 2012: 29] 민주주의의 기구 및 조직과 유사하게, 아동의 공동결정권이 명확히 선언되고 또 이것이 해당 「어린이집-규정」[1]에서 합의에 따라 채택되는 「어린이집-규정」 제정회의가 있어야 한다. 이 규정의 목표는 교사들의 재량권을 줄이고 어린이들의 참여를 독려하는 것이다. 한 예로 「어린이집-규정」 13조는 위생에 관해서 다음과 같이 규정한다. (1) 어린이는 기저귀를 찰지 또 찬다면 언제, 누구에 의해 그렇게 할지를 공동 결정할 권리가 있다. 그럼에도 어린이집 교사들은 한 어린이가 기저귀를 차야만 한다고 결정할 권리를 여전히 가지고 있다.[Hansen, 2012: 30] 그리고 교사는 언제 어린이가 기저귀를 차야만 한다고 스스로 결정해도 좋은지를 명확히 하는 세부 시행규칙들이 뒤따른다. '의복', '규칙', '식사'와 같은 다른 의사결정 영역과 행동 영역은 그에 상응하는 조항들에 따라서 "법적으로" 규제된다. 이러한 「어린이집-규정」은 교사

---

1. 독일에서 어린이들은 대부분 학령 전기에 어린이집을 방문한다. 그들은 어린이집에서 처음으로 공동체를 경험한다. 또한 참여, 어린이 권리, 다양성, 민주주의 등의 주제를 다루며, 다양성과 민주주의를 경험한다. 「어린이집-규정」은 일반적으로 어린이, 부모, 전문가 등이 함께 일하고, 살아가기 위한 방법들을 규정한다 [https://www.der-paritaetische.de/ 참고].

팀에서 집중적인 토론과 협상 과정을 거치고, 교육적인 아이디어를 검토하는 참여적 방법으로 간주된다.

  이러한 참여 접근법이 매우 진보적이고 민주주의를 구축하는 것처럼 보인다고 해도, 몇 가지 비판적인 논평을 하지 않을 수 없다. 우선 「어린이집-규정」의 조항을 확정함과 동시에 교육 행위의 규제, 형식화, 관료화가 이루어진다는 것에는 반론이 제기된다. 다양한 요인과 상황에 따라 교육 행위가 달라지기 때문에, 모든 상황에 맞춰 규정이나 조항이 만들어질 수는 없다. 또한 규정이나 조항은 위반과 제재에 관한 규칙들을 포함해야만 할 것이다. 규제와 형식화의 위험

  또한 취학 전 교육에서 역량 있는 어린이 이미지도 중요하지만, 취학 전 아이들의 인지와 언어 역량을 참여 교육학의 기초로 고려하는 것이 중요해 보인다. 그러나 취학 전 아이들은 예를 들어 구조적인 지식이 형성되어 있지 않기 때문에 만약 아이들이 어린이집의 재정이라든가 인사에 관한 결정에 참여해야 한다면, 그 결정이 다른 영역(예: 교사, 재단 등)에 어떠한 결과를 초래할지에 대한 예측 능력은 없다. 아이들은 결과구조의 복잡함으로 감당하기 어려운 결정에 참여하게 될 경우와 교사가 스스로 설정한 요구에 따르기 위해서 참여하게 될 경우 위험이 따른다. 따라서 아이들은 성인의 목표를 위해 도구화될 수 있다. 한편 참여에는 항상 책임이 뒤따른다. 그래서 어떤 영역에서 아이들에게 책임을 부과할지, 책임을 부여해도 되는지에 대한 논의가 진행되어야 한다. 성인의 목표를 위한 도구화의 위험성

  제시된 접근 방식은 이 주제가 해결할 수 없는 교육학적 난제라는 사실을 거의 다루지 않는다. 즉, 교육학 목표로서의 **성숙**과 **참여**는 해결되지 않는 교육학적 난점을 지닌다. **성숙**은 교육 목표로서 공식화되고, 다양한 방법을 통해 지원되어야 한다. 그러나 동시에 성숙과 참여를 위한 교육은 이미 청소년의 무능함을 전제로 한다. 그런

데 교사가 원하는 결과는 오직 청소년에 의해서만 도출될 수 있다.

또한 참여의 적극적인 강조와 민주적 역량의 조기 촉진을 통해 반교육적인 아동기 및 교육의 이미지가 부활되는 것은 아닌지 비판적으로 질문할 필요가 있다. 반교육[2]은 모든 불평등을 완전히 없애고, 교육하는 사람들의 권력 남용을 막아야 한다고 요구한다. 왜냐하면 어떠한 인간도 교육을 필요로 하지 않았기 때문이다. 아이들은 태어나면서부터 자기 결정을 할 수 있고 스스로 책임감을 지니고 있으며, 자주성에 대한 권리를 갖는다. 그러므로 교육은 필요하지 않다.$^{\text{Braunmühl, 1989 참조}}$ 그런데 여기서 무엇보다 중요한 것은 교육학적 근본 문제를 명확하게 하는 것이다. 아이들은 점점 자기 결정 능력을 제대로 발휘하게 되고, 성숙하며, 책임감을 지니게 된다. 다른 한편으로는 일상생활에서 많은 일들이 성인들에 의해 규제된다. 그래서 아이들이 사실 그대로 통찰하고 함께 책임을 공유할 수 있는 영역에서 결정권과 책임의식을 가질 수 있도록 하는 것이 중요하다.

> 균형 잡힌
> 책임 이양

2. 취학 전 교육에서의 반편견 접근법

유아학교에서 편견 인식 교육은 반편견 접근법에 기초한다. 특히 1980년대 중반 루이스 더먼 스파크Louise Derman-Spark가 미국 캘리포니아에서 공동 개발한 반편견 접근법에 근거를 둔다. 이 접근법은 세 살에서 다섯 살 어린이의 일상 경험과 관찰을 통해 그들에

---

[2]. 반교육이란 교육학에 대한 이론 중 하나로, 비교육학적인 개념을 포함한다. 반교육은 어른과 어린이의 전통적 태도, 특히 부모나 교육적으로 권력을 행사하는 것에 대해 비판적으로 바라본다.

게 이미 고정관념과 편견이 있음을 보여 준다. "편견이란 사회 현실을 볼 때 편협함으로 특정 측면만 보고, 많은 부분이 배제되는 것을 의미한다. 반편견 접근법의 '반反'은 그러한 일방적인 견해에 대한 거부를 나타낸다. 긍정적인 시각으로 본다는 것은, 일반적으로 배제되거나 무시되는 측면을 고려하기 위해 의식적인 노력을 한다는 것이다."Wagner, 2003: 34 그것의 핵심은 어린이집의 인간관계에서 문화적 차이를 고려한다는 것이다. "너는 뚱뚱해" 또는 "저 사람은 흑인이야"와 같은 배제와 평가절하의 과정은 어린이가 이미 유아학교에서 구별을 지각하고 또 사람의 특정한 모습이 상이하게 평가된다는 것을 알고 있음을 보여 준다. 이 접근법에 따르면 이것은 다음과 같은 결과를 초래할 수 있다. 어린이는 자신이나 자기 가족과 구별되는 사람들에 대한 고정관념과 편견을 대개 직접 접촉을 통해서가 아니라 사회적으로 통용되는 관념들과의 접촉을 통해서 받아들인다. 예를 들어, 어린이는 영화나 그림책 등에 등장하는 관념들을 통해서 받아들인다. 이에 최근 독일에서는 『말괄량이 삐삐』 같은 어린이 책이 언어적으로 각색되었고, '니그로 킹'과 같은 인종차별적인 용어가 예컨대 '남쪽 바다의 왕'으로 바뀌었다.

반편견 교육은 고정관념, 편견, 차별과 같은 사회적 문제들에 대해 고려하여 교육적으로 다뤄진다. 예를 들어 교수자들은 어린이집에서 특정 어린이의 가족 간 사용하는 언어와 억양이 다른 어린이들로부터 놀림을 받게 되는 이유라는 것을 알게 됐다. 특히 서아프리카 부족의 가족 언어를 사용하는 어린이는 이따금 말을 하지 않았고, 있던 자리를 피해 다른 곳으로 갔다. 상황 분석을 바탕으로, 교수자들은 어린이들이 자기가 속한 그룹에서 어떤 언어를 사용하는지 그들과 논의했다. 원칙은 유사성에 기초하여 차이점을 다루는 것이었다.Wagner et al., 2006: 19f. 참조 차이점의 주제화는 차이를 강조하는 비

예시

교문화적 의미에서 생각된 것이 아니다. 반편견 교육의 목표는 문화 다양성과 그 밖의 다른 다양성을 "정상적인 상황"으로 보는 것이다. 이 정상적 상황은 일상 속에서 주제로 다루어져야 하며, 동시에 그것은 아이들이 자신의 생애사적 배경 속에서 함께 형성하는 것을 포함한다.

교육 전문가 양성 교육

바그너Wagner, 2008는 이러한 자기 및 실천에 대한 성찰을 위한 전제들이 교사교육에 통합되어야 한다고 주장한다. 왜냐하면 반편견 교육의 단초가 교사와 유아학교에 있기 때문이다.같은 책, 217f. 참조 유아학교가 개방적이고 의식적으로 구별에 대처하고, 모든 가정을 위한 공간이 되려면 먼저 재구조화되어야 한다. 상호문화교육의 잘 알려지고 낡은 전략과 구조는 근본부터 변화해야 한다. 그래서 변화는 교사교육에서 시작되어야 한다.같은 책 참조 브렌다 게인Brendah Gaine과 얀커 판 퀼런Anke van Keulen 2000은 어린이집의 구체적 작업과 관련해서 편견 인식 교육의 전략과 기본 원칙을 담은 핸드북을 출간했다. 이 책의 목표는 교사가 양성과정을 통해 반차별적이고, 다양성을 존중하며 접근하는 방식을 알고, 편견에 대처하는 행동 방식과 방법을 알게 하는 것이다.

부모의 극단주의에 대한 대처

최근 교육학의 실천 영역을 살펴보면, 부모들의 극단적인 세계관이 주제로 다루어지고 있다. 부모들이 왓츠앱WhatsApp[3] 그룹이나 학부모 회의 또는 방문 상담 등에서 인간의 존엄성을 존중하는 인도적이고 민주적인 공동생활의 목표에 명백히 배치되는 발언이라든가 경멸적이고, 명예를 훼손하고, 성차별적이고, 정치적으로 극단적인 발언을 하면, 유아교육 기관에서는 무엇을 어떻게 해야 할까? 이러한 의사 표현에 대한 즉각적인 개입이라든가 거부 외에도, 교육학적

---

3. 메신저 애플리케이션.

행위의 기본 가치를 유아교육기관의 이념, 부모와의 돌봄 계약에 문서화하는 것이 합리적인 듯하다.

3. 전망

어린이의 초기 정치적 사회화와 관련해서, 무엇보다 민주주의를 촉진하는 교육 전략들이 있다. 이 전략을 적용할 때, 구체적인 행동 분야의 특수한 조건, 교육적 조치의 아동 발달적 적절성에 대한 요구, 교사진의 교육 스타일의 다원성 등이 고려되어야 한다. 특히 편견을 대하는 참여적 교육을 시행할 때, 요구와 적용에 대해 한쪽 면만 보여 주는 교육을 주의해야 한다. 포함할 수 있는 내용은 전술한 목표를 가지고, 통합할 수 있을 것이다.

2. 케르스틴 폴
Kerstin Pohl

학교 수업과목으로서의 정치교육

과거의 정치교육 정치교육Politische Erziehung은 언제나 학교의 주요 과제이다. 단도직입적으로 말해, 정치교육은 근대 학교의 '설립 동기'이다.Sander, 2013: 115 그러나 20세기 중반까지 지배적이었던 정치교육은 —바이마르공화국 말기를 제외하고Busch, 2016 참조— 오늘날 말하는 정치교육Politische Bildung, 즉 정치적 자기형성과 동떨어졌다. 과거의 정치교육은 무엇보다 기존 정치 체제와 현존하는 권력관계를 유지하기 위해 학생들을 현 체제에 순응시키는 데 기여했다.

오늘날의 정치교육 **과거의 정치교육**Erziehung과 달리 **오늘날의 정치교육** 개념은 정치 체제의 요구뿐만 아니라 개인들에 주목한다. 개인들은 정치교육을 통해 정치적으로 성숙하는 데 필요한 지원을 받게 된다. 그와 동시에 정치교육은 언제나 성숙한 개인이 기존 정치 체제를 변혁하고자 하는 가능성을 포함하고 있다. 정치교육은 "규범적인 잉여"Massing, 2011: 125를 생산한다. 민주주의는 그러한 규범적 잉여에 의존하고 있다. 왜냐하면 헌법 현실에서 민주주의 헌법 규범에 올바르게 부응하고 또 새롭게 대두되는 도전에 직면하여 헌법의 규범을 더욱 발전시키기 위해, 민주주의는 끊임없이 발전해야 하기 때문이다. 이를 위해 민주주의는 판단력과 행위 능력을 지닌 시민을 필요로 한다. 이와 마찬가지로 개인들이 자신의 정치적 성숙을 달성하기 위해서는 민주주의가 필요하다. 성숙한 개인과 민주주의는 정치교육의 주요한 규범적 준거이며 동시에 서로 관련되어 있다. 따라서 정치교육은 개인들의 정치적 성숙과 민주주의의 계속적 발전에 기여한다.

1. 학교의 정치교육 과목

정치교육을 수업 원리로 삼으면 충분할 것인가, 아니면 독자적인 수업과목으로의 정치교육이 필요한가라는 질문에 대해서 각 연방주는 다양한 반응을 보였다.^{이 책 Ⅱ부「학교의 범교과적 과제로서의 정치교육」참조} 주변의 독일어권 국가에서 독립된 수업과목으로서의 정치교육의 필요성에 관한 논의가 최근에야 강화되고 있으나, 주정부 교육문화부장관 협의체KMK는 1950년대에 이미 이러한 질문에 긍정적으로 답했다. 「정치교육의 원칙Grundsätzen zur politischen Bildung」은 "정치교육은 모든 과목의 교수 원칙"일 뿐만 아니라 "이러한 지식의 전달과 현재의 문제에 대한 논의를 위해, 다른 과목에서 가능하지 않을 경우, 7학년부터 특별 수업[범교과 학습] 시간에 교육을 제공할 것을 권장한다"고도 명시하고 있다.^{Kuhn/Massing/Skuhr, 1993: 151에서 인용. 이 책 Ⅰ부「정치교육 역사」참조} 동독에서도 1950년 7월 사회주의통일당SED 제3차 전당대회에서 '현대 연구Gegenwartskunde' 과목의 도입을 결정했고, 1957년에는 그 교과목명을 '공민과公民科, Staatsbürgerkunde'로 변경했다. 그러나 공민과 수업은 계속해서 정치교육Erziehung을 지향하고 있었다.^{같은 책, 참조; Detjen, 2013: 199-208 참조}

아래에서 주로 살펴볼 독일연방공화국의 경우, 정치교육은 모든

수업과목
또는
교수원칙?

과목의 이질적 명칭과 형태로 인해 어려워진 수업과목 정체성

연방주에서 점차적으로 수업과목으로 자리 잡았다. 그러나 다른 과목들과 비교할 때 정치교육 과목의 정체성 형성은 여러 가지 이유로 오늘날까지 어려움을 겪고 있다. 위에서 인용한 주정부 교육문화부장관협의체KMK의 결정은 각 주에게 과목의 명칭을 자유롭게 정할 수 있도록 하고 있다. 이로 인해 한편으로 **사회과**Sozialkunde, **정치**Politik, **정치교육**politische Bildung, **현대과**Gegenwartskunde 또는 **사회과학**Sozialwissenschaften과 같은 다양한 과목명이 생겨났다. 정치교수법 및 청소년과 성인을 위한 정치교육학회GPJE[2004: 12]의 제안에 따라, 아래에서는 이 과목들을 '**정치교육**Politische Bildung'으로 명명하기로 한다. 또한 연방제의 교육체계에서 과목 간의 통상적인 차이를 훨씬 뛰어넘어 연방주마다 과목 내용의 강조점이 달랐다. 정치 외에도 경제, 사회, 법은 정치교육의 대표적인 하위 영역으로, 거의 항상 다양한 비율로 과목에 통합되어 있다. 일부 연방주에서는 교과적으로 더 특화된 직업교육의 체계뿐만 아니라, 일반교육 학교에서도 이러한 분야를 위한 별도의 수업과목이 개설되어 있다. 예를 들어, 바이에른주의 법Recht 과목이나 최근 바덴뷔르템베르크주의 **경제, 직업 및 대학공부 길잡이**Wirtschaft/Berufs- und Studienorientierung 과목, 그리고 노르트라인베스트팔렌주 실업학교에서는 **경제**Wirtschaft 과목이 운영되고 있다. 시간이 지나면서 내용의 강조점이 자주 바뀌었으며, 이로 인해 과목명이 변경되기도 했다. 그 결과, 당시까지 아마도 가장 일반적인 과목명이었던 **사회과**Sozialkunde를 **정치와 경제**Politik und Wirtschaft 같은 과목명으로 대체하거나, 심지어 노르트라인베스트팔렌주와 같이 인문계 중등학교 김나지움에서의 변화된 우선순위를 **정치-경제**Politik-Wirtschaft라는 과목명으로 명확히 하고, 이후에 용어 순서를 **경제-정치**Wirtschaft-Politik로 변경하여 더욱 강조하는 연방주의 수가 증

가하고 있다.노르트라인베스트팔렌주 교육부 Schulministerium NRW oJ.; Pohl, 2019a 참조

또한 다양한 통합과목이 있다. 부분적으로 정치교육은 역사 과목과 통합되고 있다(예컨대, 라인란트팔츠주의 직업 김나지움 또는 최근까지는 베를린의 일반 학교). 무엇보다 김나지움이 아닌 학교 형태에서는 **사회론**Gesellschaftslehre 과목이 자주 가르쳐지며, 이 과목에서 정치교육은 **지리**Geographie와 **역사**Geschichte 같은 사회과학 학습 영역의 두 가지 다른 과목들과 통합되고 있다.이 책 II부「학교의 범교과적 과제로서의 정치교육」참조 초등교육에서 정치교육은 **사물수업**Sachunterricht[4] 과목의 일부이다. 사물수업 교수법학회GDSU의 관점의 틀에 따르면 정치교육은 자연과학, 지리, 역사 및 기술 과목의 관점과 함께 수업 과목을 구성하는 사회과학적 관점의 일부이다.GDSU, 2013 참조

| 통합과목 |

직업학교에서 정치교육은 독일어 과목과 함께 "모든 직업 분야의 일반교육 영역에서 가장 중요한 기둥 중 하나"이다.Besand, 2014: 61 그러나 많은 연방주에서 시간 배정이 적고, 교육과정에서는 경제와 법에 관련된 내용이 지배적인 경우가 많으며, 특히 이러한 내용이 학년별 기말시험에서 주를 이루기 때문에 좁은 의미에서의 정치교육은 **사회과**Sozialkunde 수업과목에서 중요하게 다루어지지 않는다(직업학교에서 정치교육의 과목명은 대부분 사회과이다).같은 책, 64-73 참조

| 직업학교의 정치교육 |

---

4. 1970년 초에 도입된 독일 초등학교의 '사물수업(Sachunterricht)'은 어린 학생들이 체험형 탐구활동 등을 통해 세계와 생활환경에 관련된 다양한 기초지식과 경험을 습득하는 사회·과학 계열 통합과목이다. 사물수업의 주요 교과 내용에는 '신체와 건강', '자연과 환경', '민주주의와 사회', '미디어와 문화', '지리와 교통', '인간과 공동체', '자연과 기술', '동물과 식물', '시대와 역사' 등이 있다[배지혜 (2021), 독일 초등 1-4학년 사물수업 교육과정의 교과 역량과 역사 영역 학습 내용 분석」,『역사교육연구』제39호, 227-268].

2. 다양한 수업과목의 도전

정치교육을 위한 교사교육 정치교육 과목은 교사들에게 정치학, 사회학, 경제학과 법에 대한 지식을 요구한다.^{Oberle/Pohl 2020 참조. 이 책 1부 「정치교육의 전공학문 기초」, II부 「정치교육을 위한 교사교육」 참조} 역사적 관련성과 윤리적 문제도 정치교육 과목의 모든 내용에서 중요한 역할을 한다. 이처럼 매우 다양한 수업과목을 가르치는 정치교육 교사들은 대개 모든 관련 분야를 학문적으로 전공하지 않았고, 따라서 자신의 부족한 지식으로 인해 정치교육에 큰 부담을 느끼고 있다. 교사가 과도하다고 느끼는 이러한 요구는 사회 과목(사회학) 혹은 역사/사회과와 같은 통합과목에서 더 많이 증가하고 있다.^{Busch et al., 2020 참조} 하지만 한편으로는 정치교육에서 수업과목의 범위 확대는 복잡한 사회와 정치의 주요 주제를 다루고 다양한 관점에서 바라볼 좋은 기회를 제공하기도 한다.

수업의 전문성 부족 교사들은 종종 관련 학문을 대학에서 전혀 전공하지 않았고, 이로 인해 정치교육 과목에 이질감을 느끼면서 가르치고 있다. 괴크부다크 외^{Gökbudak et al., 2020: 2}는 「정치교육의 네 번째 순위」라는 글에서 다음과 같이 말한다. "노르트라인베스트팔렌주 관련 통계자료들은 정치교육 과목이 전문 교사들에 의해 매우 불충분하게 다뤄지고 있음을 보여 준다. 교사 인력 상황이 오랫동안 너무 좋지 않아서 사람들은 정치과목의 독보적 특징은 교과 전문성 수준이 어디에서나 다른 교과에 비해 월등히 나쁜 수준이라는 것이라고 말한다. 여러 정황들이 대부분의 연방주에서도 이런 상황은 별로 다르지 않다는 것을 말해 준다."

대부분 적은 수업시수 정치교육은 적은 시수 때문에도 문제가 되고 있다. 또한 여러 주간의 시수 차이가 크다. 괴크부다크 외^{Gökbudak et al.}는 김나지움 학교 형태가 아닌 중등교육 I단계에서 정치교육은 수업 시수 중 1.1%(바이에른주)에서 3.7%(노르트라인베스트팔렌주) 사이라고 보았다. 그리고 김나지움의 경우 중등교육 1단계의 수업 시간 배분율은 0.5%(바이에른주)에서 4.4%(헤센주) 사이다.^{같은 책, 18, 15 참조} 정치교육은 종종 1단위의 수업과목으로 운영되고, 빨라야 9학년부터, 심지어 10학년부터 시작되기도 한다.^{같은 책, 37 참조}

현재 정치교육의 중요한 과제는 정치교육의 범위가 상당하다는 것뿐만 아니라, 정치교육이 언제나 가능한 한 시사적이어야 한다는 요구 사항이다. 정치 교과서만큼 시의성이 빨리 떨어지는 교과서는 없다. 그래서 정치교육에서 교과서는 학습 과정을 구조화하기 위한 **주요 매체**가 아니라 **보조 매체**로만 사용할 수 있다.^{Langner, 2010: 433 참조} 특히 교과서가 정치 구조에 관한 기초 텍스트와 함께 문제 중심의 예시적인 내용을 교재의 중심 내용으로 다루려고 한다면, 그 교과서는 수년에 걸쳐서 연속으로 활용하기 어려운 경우가 많다. 하지만 'Wochenschau', 'Praxis Politik und Wirtschaft', 'Politik betrifft uns' 같은 다양한 출판사의 온라인 자료 혹은 정치교육을 위한 연방 및 주 정부의 자료와 같은 정기 간행물로 발행되는 교육 매체가 염가로 배포되고 있다.^{이 책 V부 「포괄적이고 개별화된 정치 학습」 참조} 정치 기관과 이익집단들 역시 수업을 위한 다수의 자료를 제공하고 있다. 이때 특히 이익집단은 이러한 자료를 활용하여 자신들의 이익을 선전하고 있다.^{Engartner, 2013 참조}

따라서 교사들은 학교 과목 수업으로서의 정치교육에서 많은 도전에 직면해 있다. 그리고 그 해결의 방향성은 정치교수학에 기반을 둔 교육관, 즉 핵심적 내용에서 논쟁의 여지가 없고 지난 수십 년 동안 학술적 논의를 통해 정립된 교육관에서 얻을 수 있다.^{Pohl, 2016: 553-554; Sander, 2013: 35, 그리고 이 책 Ⅱ부 「정치교육을 위한 교사교육」 참조}

내용의 시의성

3. 정치교수학에서의 교육관

서론에서 이미 언급했듯이, 정치교육은 정치교수학의 관점에 기초해서 개인들의 정치적 성숙과 민주주의의 계속적 발전을 위해 기여한다.

정치적 판단력 형성

따라서 정치교육에서 가장 중요한 것은 아니지만 한 가지 중요한 목표는 **정치적 판단 역량** 또는 **정치적 판단력 형성**이다. 비록 정치적 판단에 대한 평가는 수업 실천적 측면에서 어렵고, 판단 역량을 경험적으로 측정하기 위해서 현재 단지 초보적 모델화와 경험적 측정만이 마련되어 있지만[Manzel/Weißeno, 2017 참조], 정치적 판단은 항상 사실 판단과 가치 판단으로 구성된다는 데에는 합의가 존재한다. 즉, 정치적 판단은 학생들이 윤리적 또는 도덕적 기준에 따라 내리는 평가와 경험적 사실에 관련되는 서술적 진술로 구성되어 있다는 데 합의가 존재한다는 것이다.[GPJE, 2004: 15 참조]

민주주의 이해와 정치적 행위 역량의 목표

민주주의를 바라보는 관점에 따라서 **행위 역량** 또는 **행위 지향**도 마찬가지로 정치교육의 중요한 목표이다. 행위 역량에는 두 가지 요소가 있는데, 그것은 **행위 능력**과 **행위 의지**로 지칭된다.[Massing, 2011: 153 참조] 정치 역량 모델에서 이 요소들은 두 가지 역량 차원에 상응한다. 그것은 **행위 역량**, 동기와 사고방식이다.[Detjen et al., 2012 참조] 우선 정치교육이 학생들의 행위 능력 함양에 이바지해야 한다는 데에는 이견이 없다. 이러한 목표에 도달하기 위해 행위 지향성에 초점을 둔 교육 방법이 우선시되고 있는데, 이러한 방법의 적용에서 학습자는 자신의 행위 능력을 연습할 수 있어야 한다. 한편 정치교육에서 '행위할 준비 자세'를 촉진한다는 것은 학생들이 정치적 행위에 동기를 부여받거나 더 나아가 수업에서 실제 정치적 행위를 위한 직접적 자극을 받아야 한다는 것을 의미한다.[이 부분에 대한 논쟁은 Pohl, 2019b 참조] 이러한 맥락에서 이미 1990년대 말에 과거 1960년대에 이뤄졌던 논의가 다시 전개되었다. 그것은 어떤 이상적인 시민상이 정치교육에 적절한가에 관한 논의였다. 우리는 학습자를 대의민주주의의 틀 안에서만 유권자로서 영향력을 행사하는 성찰적인 관중으로 양성하고자 하는가? 혹은 우리는 학습자들을 가능한 한 모두 지속적이고 한결같이 정치적으로 참여하는 능동적 시민으로 만들고자 하는가? 우리는 과연 구체적인 시민상을 설정해도 되는가? 어쩌면 그것은 자신의 시민적 역할을 스스로 찾을 수 있는 학생의 자유, 심지어는 정치적 절제(=무관심)를 선택할 학생의 자유를 제한하는 것은 아닌가?Sander, 2013: 49 참조 그 해답은 학습이론적이고 실용주의적 논거에서뿐만 아니라, 무엇보다 민주주의적이고 사회 이론적 신념들에 의해 결정된다는 것이 논의 과정에서 금세 분명해졌다. 하지만 정치적 참여에서의 사회적 편견에 대한, 그리고 포퓰리즘에 대한 최근의 정치학적 인식을 배경으로 최소한의 합의는 도출되었다. 그 최소 합의에 따르면 정치적 절제(=무관심)의 선택은 "민주적 정치 질서를 거부하는 표현"같은 책, 참조이 아니고, 또 "무기력과 방향 상실의 감정, 즉 자신의 이익과 입장을 공적으로 관철하려는 능력의 부족이나 증오에서"같은 책, 50 참조; Pohl, 2019C 참조 나온 것이 아니라면 정치교수학의 교육관에 배치되지 않는다.

이상적 시민상에 관한 논의

아울러, 정치교육의 교육관에서 주요한 핵심은 **보이텔스바흐 합의**이다. 이 합의는 강압 금지, 논쟁성 원칙, 학생들이 정치 상황을 분석하고 자신의 이익을 위해 정치 상황에 영향을 미칠 수 있는 능력을 요구한다. 보이텔스바흐 합의 40주년을 맞아 **비판적 정치교육**을 요구하는 학자들의 반론과 우익 포퓰리즘을 고려하여 최근 몇 년 동안 특히 보이텔스바흐 합의에 대한 많은 논의가 있었다.Frech/Richter, 2017; Widmaier/Zorn, 2016 참조 보이텔스바흐 합의가 실제로 근본적인 정치

규범적 핵심인 보이텔스바흐 합의

적·사회적 논쟁의 주제화를 막을 수 있는지는 여전히 논란의 여지가 있으며, 일부 교사들은 보이텔스바흐 합의에 따라 수업 시간에 자신의 정치적 입장을 표현할 수 없다고 생각하거나, 심지어는 "정치수업에서 극단주의적 입장들도 동등한 권리를 갖는 것으로 다루어야 한다"[Oberle et al., 2018: 58]고 주장하기도 했다. 하지만 정치교수학에서는 보이텔스바흐 합의가 "학교 정치교육에서 상호작용적 행위를 위한 최소한의 합의로 공식화된 기본 원칙"[Reinhardt, 2020: 15]이라는 것에 대해서는 매우 광범위한 동의가 있다.

정치교수학의 핵심 원칙들

그 밖에도 학교 정치교육을 위한 중심적 원칙들이 있다. 이 원칙들은 모든 학문적 차이를 넘어서 그리고 실제에서 등장하는 수업 과목의 형태와 무관하게 교육에 대한 이해를 형성한다. 이런 정치교수학적 원칙으로 문제 지향, 범례성, 학생 지향과 학문 지향 등이 자리매김하였다. 이 원칙들 및 논쟁성과 행동 지향에 관해서는 이 책의 Ⅲ부에서 다루고 있으므로 여기에서 별도로 설명할 필요는 없다.

3. 볼프강 잔더
Wolfgang Sander

학교의 범교과적 과제로서의 정치교육

1. 정치교육: 하나의 과목 그 이상

20세기를 거치면서 정치교육이 독립적인 수업과목으로 도입된 것은 정치교육의 프로필을 만들고 전문화하는 데 있어 중요한 행보였다.^{이 책 1부 「정치교육 역사」 참조} 그러나 학교의 과제로서의 정치교육은 과목보다 오래되었을 뿐만 아니라, 체계상의 이유로 이 과목 자체에만 국한될 수 없다. 읽기 역량을 포함한 (모국어) 언어교육에 독일어 수업이 필수적이지만 다른 과목들과 학교 생활의 언어적 상황에서도 촉진되는 것처럼, 정치교육은 그 과목을 넘어 학교 학습의 다양한 영역에서 실효를 거둘 수 있고, 또 그래야만 하는 일반교육의 한 차원이다([그림 1]).

> 일반교육 차원의 정치교육

[그림 1] 학교 정치교육의 형태

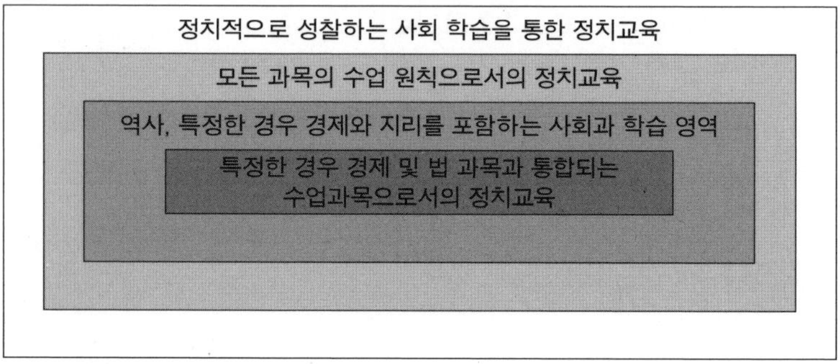

정치적으로 성찰하는 사회 학습을 통한 정치교육
모든 과목의 수업 원칙으로서의 정치교육
역사, 특정한 경우 경제와 지리를 포함하는 사회과 학습 영역
특정한 경우 경제 및 법 과목과 통합되는
수업과목으로서의 정치교육

출처: 저자의 구성

2. 사회과 학습 영역에서의 정치교육

독일에서 학교 수업과목인 정치교육은 역사와 지리 과목과 함께 '사회과학 과제 영역'으로 연계되어 있다. 일부 독일 연방주에서는 종교, 윤리 및/또는 철학과 같은 추가 과목이 포함되기도 하는데, 여기서는 더 이상 논하지 않기로 한다. 독일에서는 사회과학 과제 영역에서 정치교육이 독립 과목으로서 마찬가지로 독립 과목인 역사와 지리 또는 지구과학과 함께 가장 광범위하게 확산되어 있다. 그럼에도 불구하고 대부분의 연방주에는 일부 학교 유형에서 (종교와 윤리, 철학을 제외한) 학습 영역의 모든 과목을 한 과목으로 합친 통합과목들이 있다.^{Brühne, 2014 참조} 이러한 학교 유형에는 대부분 1970년대에 생겨난 통합형 종합학교인 게잠트슐레Gesamtschule 또는 최근 실업계 중학교인 하우프트슐레Hauptschule와 레알슐레Realschule의 병합으로 생겨난 학교 유형이 있다. 오스트리아의 경우, 일반 학교에는 '지리와 경제' 과목 외에도 '역사와 사회 또는 정치교육' 과목이 있으며, 일부 직업학교에는 네 가지 하위 과목을 포괄하는 통합적 해

통합 과목

법이 있다.

이러한 통합적 해법은 새로운 조건하에서 오랜 전통이 있으면서도 갈등으로 점철된 논의와 맞물려 있다. 이미 1960년에 독일 주정부 교육문화부장관회의KMK는 인문계 중등학교인 김나지움Gymnasium 12학년과 13학년의 역사, 지리, 정치교육(사회과) 과목을 '공동체론 Gemeinschaftskunde'이라는 명칭의 통합과목으로 합치기로 결정했으며, 1962년에는 이 새로운 과목에 대한 주정부 교육문화부장관회의 KMK의 지침서가 발간되었다. '공동체론' 수업은 참여한 전문교과 교사들에 의해 다양한 형태로 가르쳐질 수 있었는데, 예를 들어 시대별 과정, 통합 과정 또는 서로 조정된 과정으로도 진행될 수 있었다. 어떤 경우에든 이 과목은 김나지움 졸업자격 시험인 아비투어Abitur에서 공통 성적이 주어졌으며, 아비투어 시험과목으로도 선택할 수 있었다. 그러나 '공동체론'은 개념적 토대가 약했고, 학문적 기초나 적절한 교사교육도 결여되었다. 또한 일부 과목, 특히 정치교육의 지배를 우려하는 역사수업의 저항이 있었다. _{개별 과목들의 저항}

마지막에 언급한 쟁점은 10년 뒤 완전한 통합과목을 계획했던 헤센주 교육문화부의 전기중등단계 사회 과목 교육과정을 둘러싼 갈등의 한 측면이기도 했다. 이 갈등에서 과목 간의 차이는 1968년 이후 (과목의 목표 설정에 반영된) 서독 사회의 격렬한 정치적·문화적 양극화와 헤센주 정부여당이었던 기민당CDU의 교육정책을 겨냥한 양극화 및 동원 전략의 정당정치적-전략적 측면과 맞물려 있었다._{Mambour, 2007: 128ff; Schreiber, 2005 참조} 10년 넘게 지속된 이 갈등의 격렬함은 오랫동안 그야말로 트라우마처럼 교육정책에 영향을 미쳤고, 그 당시 교과교수법 전문가들의 분화된 논의를 덮어 버렸으며,_{예를 들어 Schörken, 1978 참조} 수십 년 동안 사회과학 과제 영역에서 과목 간 상호 관계의 문제에 대한 건설적인 해법을 차단했다. _{헤센주 교육과정을 둘러싼 갈등}

이 문제에 대한 학문 논의도 1970년대 이후에는 다시 잠잠해졌고, 정치교육 관련 교과교수법은 각각 해당 전공에 집중하며 인접 학문 분야의 발전에 거의 주목하지 않았다. 이는 최근에 들어서야 다시 바뀌기 시작했다. 정치교수법 및 청소년과 성인을 위한 정치교육학회GPJE는 2009년 오스트리아 빈에서 개최된 제10차 연례학술대회에서 정치교육과 그 인접 과목들 간의 관계에 관한 주제에 여러 세션을 할애했고,^{Juchler, 2010 참조} 2010년에는 역사, 지리, 정치, 경제 분야의 교과교수법 연구를 위한 학제적 학술지『사회과학 교수법 학술지zdg』⁵가 창간되었다. 그리고 기존 통합과목의 실제를 기반으로 경험을 공유하고 통합적 해결책의 개발을 목표로 하는 '사회과학 과목 네트워크'가 형성되었다.^{www.ngewi.de 6}

> 학제적
> 학술지

그러나 아직까지는 완전히 통합된 사회과학 과목과 관련하여 관련 과목 간에 널리 수용되고 있는 충분히 다듬어진 이론적 기반이 결여되어 있다.^{Sander, 2017 참조} 좀 더 자세히 들여다보면, 관련 교육과정과 교과서가 오히려 부가적으로 구성된 것으로 판명되는 경우가 많다. 왜냐하면 대부분 예정된 주제들이 명확하게 관련 과목 중 한 과목에 귀속될 수 있기 때문이다. 다른 모델은 개별적 수업계획과 관련되어야 하는 제한된 수의 주제 또는 문제 영역에 대한 내용적 지향성을 나타낸다. 예를 들어 이러한 접근 방식은 미국의 사회

---

5. zeitschrift für didaktik der gesellschaftswissenschaften. 한국 학계의 『사회과교육연구』, 『사회과교육』, 『시민교육연구』 등과 유사한 학술지로 이해할 수 있다. 원문에서 명사를 대문자로 사용하고 있지 않아서 여기서도 그대로 소문자를 사용한다.
6. 홈페이지에는 "통합적 사회과학 과목들(integrative gesellschaftswissenschaftliche Fächer)을 강화하라!"는 구호 아래 상호 협력을 통해 시너지 효과를 창출하기 위한 통합적 사회과학 과목들과 교사들을 강화하기 위한 네트워크임을 밝히고 있다. 여기에는 대학 역사, 지리, 정치, 경제 과목의 교사 양성 과정, 교직후 보자 세미나(대학 졸업 후 수련 학교에서 수업하면서 연수기관에서 연수받는 과정으로 이 과정을 거쳐 양 기관의 평가를 통과해야 정식 교사가 될 수 있음), 교사 연수 과정의 전문가들이 가입하여 활동하고 있다

연구Social Studies 구상을 특징으로 한다. **사회연구**는 아래의 열 가지 주제 분야를 다룬다.^{NCSS, 2010}

> 사회연구

- 문화
- 시간, 지속성 및 변화
- 인간, 장소 및 환경
- 개인의 발달과 정체성
- 개인, 집단 및 제도
- 권력, 권위 및 정부
- 생산, 분배 및 소비
- 과학, 기술 및 사회
- 글로벌 연결
- 시민의 이상과 실제

독일에는 위와 같은 해법에 대해 클라프키Klafki가 자신의 일반교육이론의 중심에 두었던 '핵심 문제'라는 개념이 자주 언급된다.^{Klafki, 1991}

> 핵심 문제

하지만 이러한 접근 방식은 사회과학 통합과목의 구체적인 커리큘럼 구조에 대해 아직 많은 것을 말해 주지 않는다. 여기서 제기되는 핵심 문제는 관련된 과목들의 **학문적 다양성**이 어떻게 하면 여러 과목 중 한 과목이 우위를 점하거나 전공에 대한 호사 취미가 되지 않으면서 **다중관점적** 통합과목의 기초가 될 수 있는가 하는 문제이다.^{자세한 것은 Sander, 2017} 이 문제와 밀접하게 관련된 것은 이러한 통합과목을 위한 교사교육의 구상에 대한 질문이다.

다른 한편으로, 사회과학 학습 영역에서 연관성이 전혀 없는 과목들의 병존이 널리 확산되어 있는 교육 현실은 전적으로 받아들이

> 연결되지 않은 공존의 관행

기 어렵다. 이 학습 영역에 속한 과목의 내용 영역이 상당히 겹치고 인접 과목의 관점을 고려하지 않으면 많은 과목을 적절하게 이해할 수 없다는 것은 분명하다. 예를 들어 유럽통합, 경제체제, 경제정책, 세계화 또는 평화정책과 같은 정치교육의 전형적인 문제 영역은 역사적·지리적 측면의 모든 관련성에 대한 언급 없이는 의미 있게 다룰 수 없다. 반대로, 정치적 관점을 완전히 무시한 역사나 지리 수업은 과목별 관점에서는 받아들여지지 않을 것이다. 정치로부터 자유로운 중세시대도, 기후보호에 대한 비정치적인 해법도 있을 수 없다.

협력과 네트워크화 따라서 완전한 통합을 목표로 하지는 않더라도, 사회과학 학습 분야에서 과목 간의 긴밀한 협력과 네트워크화가 필요하다.^{Sander, 2010 참조} 이를 위해서는 최소한 이러한 과목들에 대한 커리큘럼 개발의 조기 조정, 과목별 학교 커리큘럼 및 주제 계획에 대한 학교 내부 협력, 그리고 전체 학습 영역에 대한 정기적인 학제적 프로젝트의 실행이 필요하다.

3. 다른 과목의 수업 원칙으로서의 정치교육

물론, 사회라는 학습 영역을 넘어서 학교의 다른 과목들에 있어서도 그 대상 영역은 정치적 함의를 지닌다. 이는 다양한 과목, 다양한 주제 그리고 심지어는 다양한 시대에 따라 정도의 차이가 있을 수 있다. 또한 이는 다른 과목을 그 과목과 무관한 논리에 종속시키는 것, 즉 인위적으로 정치화함으로써 외재적 목적을 위해 도구화 **정치에서 완전히 자유로운 과목은 불가능하다** 하는 것을 뜻하지 않는다. 하지만 완전히 정치와 무관한 과목은 있을 수 없다. 왜냐하면 한 사회에서 인간의 **모든** 형태의 생각과 행동은 규제가 필요한 공통적인 문제로 선언되어 각양각색의 각각 연결된 갈등을 포함하는 정치의 대상이 **될 수 있기** 때문이다.^{Sander, 2013: 58ff.} ^{참조} 요즘 우리가 목도하고 있듯이, 바이러스, 히잡, 자동차의 동력기술, 소셜 미디어 플랫폼의 비즈니스 모델 또는 독일어 정서법의 복수형 규정처럼 비정치적으로 보이는 현상도 이러한 방식으로 고도로 정치적인 것이 될 수 있다.

수업 원칙으로서의 정치교육이란 이러한 정치적 연관성을 의도적으로 모든 학교 과목의 대상영역에서 주제화하고 성찰하는 것을 말한다.^{Autorengruppe Fachdidaktik, 2017: 195ff. 참조} 수업 원칙으로서의 정치교육은 교과목으로서의 정치교육보다 오래되었고, 이를 언급하는 것은 종종 정치교육을 위한 독립 과목을 도입할 필요가 없다는 주장의 근거로 사용되었다. 오스트리아에서 1978년 처음 의결된 「정치교육에 관한 기본 규정」이 그 일례인데, 이 규정으로 학교에서의 정치교육 제도화에 대한 오랜 논쟁이 끝이 났고 정치교육은 수업 원칙으로 설계되었다. 그러나 정치교육을 수업 원칙으로 축소하는 것은 상당히 큰 전문성 문제를 야기한다. 왜냐하면 각 과목의 교사들은 대부분 그들이 받아온 교육의 측면에서 사회과학 및 정치교수학의 방법론에 익숙하지 않기 때문이다. _{전문성 문제}

이는 수업 원칙에서도 범교과적 협력이 필요하다는 것을 지적하는 것이기도 하다. 범교과적 협력은 한 학년의 여러 교과에서 각각 무엇이 다루어지고 있는지에 대한 정보를 서로 서로 공유하는 것에서부터 시작하여 (예컨대, 사회과학과 자연과학 간의 환경정책에 대한) 주제의 구체적인 조정을 거쳐 (예컨대, 정치수업과 종교수업 간의 이슬람주의에 대한) 범교과적 프로젝트로까지 확장된다.

정치교육 교수법에는 수업 원칙에 대해 짧지만 실로 지속적인 연구와 출판의 전통이 있다. 그동안 수십 년에 걸쳐 정치교육에 대한 많은 학교 과목들의 기여를 주제별로 정리한 일련의 논문 모음집이 _{지속적인 연구 전통}

출판되었으며, 이들 논문은 수업 원칙의 실질적인 구현을 위한 제언을 내놓고 있다. Ulshöfer/Götz, 1975; Sander, 1985; Nonnenmacher, 1996; Deichmann/Tischner, 2014; Pohl/Höffer-Mehlmer, 2021

4. 정치적으로 성찰하는 사회 학습을 통한 정치교육

제도로서의 학교는 가르침의 장소일 뿐만 아니라, 동시에 언제나 수업 중이나 수업을 떠나서도 청소년들이 -동급생, 교사와 권위, 학교제도의 공식적·비공식적 규칙, 자신의 생활세계에서 익숙한 것과 낯선 것과의 관계 속에서- 사회적 경험을 하는 장소이다.Sander, 2013; 137ff. 이 점에서 학교는 개인들의 사적 생활세계와 사회를 연결해 주는 연결고리이기도 하며, 이러한 상황에서 학교가 항상 사회화하는 효과를 갖는 것은 불가피하지만, 이러한 상황에 의도적으로 대처하면서 교육적 효과를 기대할 수 있다. 마찬가지로 학교가 학생들을 **정치적**으로 사회화하고 길러내는 것 또한 피할 수 없는 일이다. 왜냐하면 학교는 필연적으로 사회적 공동생활, 갈등 관리 방법 가령 법적 규정, 요구의 정당성 그러나 동시에 참여와 자기효능감의 가능성에 대한 기본적인 구상을 전달하기 때문이다. 후자에는 학급평의회와 학생회 같은 공식적인 참여 가능성도 포함된다.Autorengruppe Fachdidaktik, 2017: 205ff. 참조

이러한 경험들은 성찰될 경우에만 정치적으로 **자기형성적인 교육**이 될 수 있다. 따라서 성찰은 정치교육 수업과목의 중요한 과제가 되어야 한다. 여기서는 예컨대 다음과 같은 문제들이 논의되고 심화될 수 있을 것이다. 즉, 누가 어떤 이유로 학교체계 안에서 무엇을 결정하는가? 어떤 기준에 따라 권위는 정당하고 필요하다고 여겨질 수

있는가? 학교 내 참여는 정치적 질서로서의 민주주의와 어떤 점에서 연관되며, 어떤 점에서 다른가?

5. 결론: 커리큘럼 네트워크로서의 정치교육

학교에서의 정치교육은 의심할 여지 없이 중요한 만큼 상대적으로 수업시수가 적은 교과목 그 이상일 수 있다. 이상적으로 정치교육은 인접한 사회과학 과목들과 다른 과목의 수업 원칙으로 그리고 학교라는 제도 안에서의 사회적 경험에 대한 성찰적 학습과 연계되는 커리큘럼 네트워크로 계획되고 구현되어야 한다. 이러한 방식으로 정치교육은 학교의 특유한 정체성 형성을 위한 매력적인 제안이 될 수 있다.

4. 미하엘 마이
Michael May

정치교육을 위한 교사교육

1. 연방공화국의 정치 교사교육의 발전과 구조

정치교육 수업을 하는 교사들을 양성하기 시작한 것은 인문계 학교에서 정치교육 과목을 도입하게 된 것과 밀접하게 연관되어 있다. 1950년대와 1960년대에 이루어진 정치교육의 공고화는 교사 자격을 취득하기 위한 대학과정의 개설을 이끌어 냈다.^{Detjen, 2007: 111-124, 130 참조} 그러나 1950년의 주정부 교육문화부장관협의체KMK가 하나의 통일된 과목 명칭에 합의할 수 없었고, 이를 독일 연방주들에 위임했다는 사실은 통일된 대학과정의 개설을 어렵게 만들었다. 이로 인해 지금까지도 다양한 과목 명칭이 혼재할 뿐 아니라, 교과 내용도 서로 다른 모습을 띠고 있다. 이것은 교육연방주의[7]와 함께 교사교육을 위한 대학과정의 설계에도 많은 영향을 미치고 있다.

> 다양한 과목명

우선 정치교육에 대한 전공 내용과 정치교육을 위한 교수학습 방법에 대한 내용은 주정부 교육문화부장관협의체KMK 요구가 기준

---

[7] 독일은 16개 주로 구성되어 주마다 서로 다른 교육정책과 법이 존재하기 때문에, 교사교육을 위한 대학과정의 설계에 서로 영향을 미치지 않는다는 것이다.

이 되었다. '사회과Sozialkunde, 정치Politik, 경제Wirtschaft' 과목의 학문은 기초와 방법 및 정치학, 사회학, 경제학, 교과 교수학습 방법의 영역에 무게중심을 두고 있다.^(KMK, 2019a: 59 참조) 실제로는 종종 정치학이 '중심적 관련 학문'이고^(Oberle/Pohl, 2020: 509), 다른 교과목이 거기에 추가 된다. 그러므로 정치교사 교육과정은 종종 대학교의 상이한 학부들에서 이루어진다. 정치교수법 내에는 무엇이 전공과 교사교육의 '핵심'이어야 하는지 논란이 있지만, 교과적 전문성의 중요성은 경험적으로 명백할 뿐만 아니라 대다수의 전공교수학자들이 이를 인정하고 있다.^(Oberle/Pohl, 2020 참조)

   정치교사 전공과정의 중점

전공과정에서 내용의 다양성은 구조적인 수준을 보인다. 볼로냐 개혁[8]이 학사-석사 시스템의 전환으로 국제적인 경쟁과 비교 가능성을 보장하려고 했지만, 그 결과는 모자이크 같은 어설픈 절충으로 나타났다. 특히 각 주들은 국가고시 전공과정의 유지와 학사과정과 관련해서 서로 다른 방향을 보여 주고 있다. 김나지움, 게마인샤프트슐레, 레알슐레 등 학교 종류에 따라서도 서로 다른 구체적인 방향을 제시하고 있다. 전공과정에는 실습 단계를 통합하기 위한 다양한 모형도 있다. 또한 각 주들은 교직 실습을 강화하기 위한 경향이 나타나고 있다. 장기실습(실습학기), 학교실습 연구과정, 다른 곳에서 하는 현장실습 등 다양한 모델이 도입되고 있으나, 이에 대한 비판도 제기되고 있는 상황이다. 실습 단계 구분에 대한 전공 교수학습 방법 관련 논의는 이제 시작이라고 할 수 있을 정도이다.^(Hedtke, 2020; May, 2021 참조)

   정치교사 전공과정의 다양성

---

8. 볼로냐 프로세스라고도 한다. 볼로냐 개혁을 통해 독일의 연방정부와 주들 그리고 고등교육 기관들은 수십 년 만에 고등교육 개혁을 수행하게 되었다. 1999년 이탈리아 볼로냐대학교를 시작으로 이 개혁 과정은 학습 과정의 질을 향상시키고, 고용 가능성을 높이기 위해서, 국제적으로 수용되는 학위를 만들었다[독일연방교육연구부(BMBF) 홈페이지].

교사교육의
두 번째,
세 번째
단계
　　교사교육의 두 번째 단계인 수습교사제는 첫 번째 단계의 연장선이라고 할 수 있다. 장기실습 모델을 도입한 주들은 예비교사의 실무 수습 기간을 단축하였다.^Monitor Lehrerbildung, 2013 참조 장기실습은 일반적으로 18개월에서 24개월 동안 진행된다. 장기실습은 학과 전문교육 과정으로 전공수업 세미나와 지도교사의 연구수업과 참관수업을 비교하는 방식으로 진행된다.^KMK, 2012 참조 교사교육의 세 번째 단계는 전통적으로 연방정부가 진행하고 있는 교육과정 재구성 작업 및 정치교육 수업을 위한 교사연수와 교사 추가 교육이 있다.

　　여러 학과와 교사의 후속 교육을 위한 기관들, 그리고 소수의 대학들^Monitor Lehrerbildung, 2020 참조은 편입한 학생들의 중도 교직 입문을 위한 양성 과정을 담당하기도 한다. 물론 교직에 입문하려고 하는 사람들을 위한 양성 과정은 교사 수급이 원활하지 않은 자연과학 교과들에 해당되는 것이며, 정치교육 교과들은 크게 관련이 없다.

2. 정치과목 교사교육을 위한 주정부 교육문화부장관협의체의 내용적 지침

　　학과 전공과 전공 학생들의 특성은 교사교육에 영향을 미친다. 통합전공이기 때문에 학과 전공과 전공 학생들의 특성은 –가능하면 실천적으로– 전공학습의 구조뿐만 아니라 교사교육 과정에서 획득해야 하는 역량에도 반영된다. 전공 학습과 직무 교육과정은 매우 역동적이고 가변적인 상황에서 교수학습 방법을 다룰 수 있도록 해야 한다.^Oberle/Pohl, 2020 참조

교육 과학의
역량 분야
　　교육학에 대한 주정부 교육문화부장관협의체KMK의 표준은 '교수', '교육Erziehung', '평가' 및 '혁신'의 네 가지 역량을 제시한다.^KMK,

²⁰¹⁹ᵇ 정치과목을 위한 교수법의 전문화는 주로 역량 영역 '교수'와 '평가'에서 세 단계를 심화시키고 구체화한다.^(KMK, 2019a)

정치교사의 교육을 위한 첫 번째 단계는 전공학문의 능력이 중요하다. 다음으로 행동 영역을 준비하기 위한 전공 교수학습 방법 능력이 중요하다. 학습할 때 내용의 비율과 배분은 참여한 전공학문에 따라 달라지지만¹⁺참조, 교과 교수학습 방법에서는 –간략히 말하면– 정치 교수학습 방법에 등장하는 개념들(철학/목표, 내용, 방법), 경험적 인식에 기초하는 교수학습 과정의 계획, 실행, 진단이 중요하다. 즉 수업이 중심이 되는 것이다. 그리고 다중 전문가 팀과 디지털화와 같은 횡단적인 주제들도 전공 학습에 포함된다.^(KMK, 2019a: 58)

> 첫 번째 단계

두 번째 단계는 첫 번째 단계에서 습득한 전공교수학적 능력과 결부되어 있다. 앞에서는 "첫 경험"이 주제였지만, 두 번째 단계가 끝날 즈음에 예비 교사는 학교 일상에서 필요한 역량들에 가급적 광범위하게 "숙달"되어야 한다.^(KMK, 2019a: 58) 세 번째 단계를 위한 전공 특유의 지침은 문화부장관협의체 지침에서 찾을 수 없다. 다만 보편적인 의미에서 "교사로서 전문적이고 개인적인 역할을 더 발전"시켜 나가기 위한 지속적인 교육(연수)이 필요하다고 되어 있다.^(KMK, 2019a: 59)

> 두 번째 단계

전체적으로 볼 때, 기본적인 전공 소양은 주로 첫 번째 단계에 대응한다. 이에 반해 전공교수학은 처음부터 끝까지 중요한 역할을 한다. 즉 모든 단계에서 대체로 동일한 역량들이 전수된다. 다만 1단계에서는 이론과 사례를 통한 실습의 준비 과정이 강조되고, 2단계와 3단계에서는 "수업 실천에서의 응용"이 강조된다. 전공 연구와 직업 소양을 위한 학습의 과정은 먼저 교직 수행에 필요한 이론적이고 실습적인 학습에서 시작해서 실제적이고 유연한 문제 해결로 진행하려고 노력한다.

3. 전문적인 교사 행동에 대한 접근법

학문적 접근 방식에는 여러 가지가 있으며, 각 접근 방식에는 전문성에 대한 고유한 개념이 있다. 교육과학에 대해서는 역량중심적, 구조이론적, (직업-)생애사적 접근 방식이 특징이며, 이는 정치교수학에 관한 논의에서도 찾아볼 수 있다.^{Cramer et al., 2020}

세 가지 주요 접근법

1) 인지심리학적으로 정향된 역량중심적 단초는 전문가 패러다임의 발전으로 이해될 수 있다. 이 단초는 무엇보다 전공적 및 전공교수학적^{II부 참조} 그리고 교육학적 지식, 신념, 동기의 습득과 유연한 적용에 초점을 맞춘다. 전문성은 교사들이 교직 수행에서 제기되는 요구들에 대처하는 데 필요한 인지적 전제들과 관련된다. "교사교육의 목표"는 교과에 상응하는 지식의 습득과 구축이다.^{König, 2020; 정치교수학에 관해서는 Weschenfelder, 2014 참조}

2) 사회학적으로 정향된 구조이론적 단초는 교직 수행에서의 행동 문제에 초점을 맞춘다. 이 행동 문제는, 예를 들어 경직된 수업 루틴에 의해 과목의 교육 내용이 가려질 때 또는 교사들의 행동이 피할 수 없는 교육학적 모순(예를 들어 자유와 강제, 친밀과 거리두기)에 의해 실패에 직면할 때 발생한다. 이런 접근법은 정치교수학에서 오랜 전통이 있으며, '판단력'이나 '해방'의 문제 등을 통해서 구체화된다.^{Kessler, 2021; May, 2014; Petrik, 2009 참조} 그럴 경우 교사교육은 행동에서의 딜레마 상황에 대한 반성과 균형을 촉진하는 것을 의미한다.^{May, 2014 참조}

3) (직업-)생애사적 접근은 전문성을 (직업-)생애사적 발달 과제에 대한 평생에 걸친 노력의 결과로 이해한다. 여기서는 생애사적인 경험이 직업적 발달 과제의 해결에 어떻게 영향을 미쳤

는지 그리고 발달 과제의 해결 노력이 교사의 생애사에 어떤 영향을 미쳤는지에 관심을 보인다. 더불어 세대별 특성, 각자의 학교 경험, 직업 선택 동기, 스트레스 경험, 위기 상황 등에도 관심을 기울인다. 교사교육에서 생애사적 성찰은 예비 교사의 전공 및 교직과정 경험에 영향을 미치기 때문에 필요하다. 또한 이 접근법은 정치교수학 영역에서는 "교사교육에 대한 반성으로부터 최초의 교수학적 이론에 이르는" 과정을 제안한다.^{Besand, 2009: 51}

언급된 세 가지 단초 이외에 정치교육학 분야에서는 교사의 주관적 이론의 역할을 강조하는 단초도 두드러지게 나타난다. 이 단초에 따르면 교사의 행동을 위해 결정적으로 중요한 것은 학문적인 이론이 아니라 교사가 어떻게 이 이론을 이해하고 주관적 이론으로 변형하는가다. 이 접근법은 예를 들어 정치과목 교사에 대해서 그들의 정치교육관^{Allenspach, 2012 참조}이나 "일상적 철학"^{Henkenborg, 2006}을 연구한다. 최근의 연구들은 암묵적인 (즉, 이론적으로 의식되지 않은) 지식과 사회적 관행을 더 강력하게 고려한 위에서 교사의 전문화된 행동을 이해하려 한다. 그러므로 전문성의 자리는 이론이 아니며, 전문성은 직업적 행위 자체의 루틴 속으로 이전되었다. 여기서 전문화는 교사가 자신의 암묵적 지식이나 사회적 관행을 의식함으로써 직업 루틴을 해결할 수 있게 되는 것이다.^{Kessler, 2021 참조}

주관적 이론과 암묵적 지식

4. 교사교육: 주제와 방법

대학과 그 밖의 교육기관에서 교사 전문성이 어떻게 길러질 수 있는지에 관해서는 주정부 교육문화부장관협의체KMK 지침이나 교사교육에 대한 학문적 접근 방식들도 명확히 설명하지 않는다. 교과교수법적 커리큘럼들에 대한 전체적 조망은 존재하지 않는다.Oberle/Pohl, 2020 참조

주제   주제와 관련하여 문화부장관협의체 지침과 대학교에서의 실천 사이에는 분명히 중첩되는 지점이 있다. 정치교수학자들을 대상으로 하는 한 인터뷰 연구에서 정치교수학적 구상들, 원칙과 방법, 경험적 인식, 수업계획, 학습 조건(학생들이 지닌 개념) 등이 주제로 언급되었다. 반면 거기서 "사회화의 여러 측면, 타자성과의 관계 맺음 및 포용, 개인적 성과평가 그리고 지원 전략 개발 등은 (…) 매우 부차적인 역할"을 한다.Oberle/Pohl, 2020: 512

수업계획   전공수업계획안이라는 주제는 정치 교사교육의 중요한 영역이라고 할 수 있다. 이 주제에 대해서는 오래전부터 출판물과 수업계획안 지침서가 있긴 하지만, 교사에게 수업계획안 작성을 어떻게 가르쳐야 하는지를 다루는 학문적으로 정초된 교수학은 없다. 또한 정치 교직전공 학생과 정치교사의 실제 수업계획 방식에 대한 연구도 발전되지 못했다. 그리고 거기서 교수학적 환원이 "일상적인 수업계획 사고에서의 결정적 약점"Grammes, 2015: 219으로 간주될 수 있다.

대학교의 교수법   전체적으로 볼 때, 우리는 정치교수학 교사교육에서 실제로 사용되는 방법에 대해 아는 바가 별로 없다. 가능한 방법들Cramer u. a., 2020 참조에 대한 풍부한 발견에서 보면, 특히 사례연구May, 2014와 생애사적 반성Besand, 2009 참조 또는 수업계획 및 교수기술 워크숍Grammes, 2015 참조, 교수가 지도하는 모의수업과 그에 대한 수업 성찰이 제안된다.Reinhardt, 2009 참조 특히 마지막의 모의수업은 모델에 기초한 모방적-함축적 학습을 가능하게 한다. 그리고 어떤 접근법을 취하느냐에 따라서 위의 방법들 중에서 특정한 것이 선호된다. 그런데 교사교육

의 실제를 다루는 몇 안 되는 출판물들은 대개 여러 상이한 방법들의 조합을 보여 준다.^{May, 2014; Petrik, 2009; Reinhardt, 2009 참조}

교사교육을 위한 새로운 요구는 더 풍부하고 확대된 실습 단계를 요청한다. 실습 단계를 동반 지원하기 위해서는 특히 교과적으로 최적화된 코칭 개념이 개발되어 있는데^{Achour, 2015 참조}, 이 개념은 교사교육의 두 번째와 세 번째 단계로 이행하는 가교 역할을 할 수 있을 것으로 보인다. 그러나 문화부장관협의체 지침을 제외하면, 이러한 실습 단계에서의 교직과정에 대한 체계적인 통찰은 아직도 존재하지 않는다.

> 실습 단계

III.
정치교육 교수법의 원칙

1. 안드레아스 페트릭
Andreas Petrik

수신자 지향

1. 개념: 민주주의 및 학습이론의 근원

수신자 지향은 학생 중심, 주체 중심 그리고 개인 발생 중심의 정치교육 접근 방식을 포괄한다. 학교 밖 청소년과 성인 정치교육 과정은 필연적으로 참가자 중심이 된다.^{Schelle, 2005; Hufer, 2017 참조} 반면, 학교교육의 맥락은 의무교육, 커리큘럼, 성적 등으로 인해 학생들과 구조적으로 융해될 수 없는 긴장 관계에 놓여 있다. **정치교수법** 측면에서 볼 때, 이는 단지 **일반교수법**의 초점, 즉 교사중심주의에 반대되는 **학생들의 능동적인 참여**가 문제되는 것이 아니다. 모든 정치교수법의 원칙과 방법은 학생의 능동적 자세를 지향한다.^{Reinhardt, 2018 참조} 간략하게 말해서 주체 지향성(수신자 지향이라고도 할 수 있음)은 "수업과 관련된 주변 조건"^{Hedtke, 2011: 184}일 뿐이다. 그러나 진정한 교과교수법적 원칙은 특정 내용구조를 출발점으로 삼고 이를 적절한 학습 경로와 연결한다는 특징이 있다.

발터 가겔^{Gagel, 2000}은 모든 주요 정치교수법의 원칙들이 포함되는 세 개의 기초적인 내용구조를 다음과 같이 분류했다. 사회과학적

| 가겔에 따른 세 가지 기초적 내용구조 | **문제**(→ 문제 지향, 학문 지향), 제도적 **사례** 또는 **갈등**(→ 범례 학습, 논쟁성), 실제 **상황**이 그것이다. 수신자 지향은 정치적 행동(→ 행위 지향, 실용주의) 또는 딜레마(→ 도덕적 학습)를 구현하지 않는 상황적 접근법에 초점을 둔다. 수신자 지향은 "상호작용하는 사람들"의 상호적인 "의미 해석"에 집중하는 반면, 사례는 이미 '외부로부터' – 흔히 제도적 기관에 의해서 – "해석된 사건"[Gagel, 2000: 87ff.]이다. 수신자 지향은 주로 롤프 슈미더러[Rolf Schmiederer, 1977]의 학생 지향, 에두아르트 슈프랑어[Spranger, 1963]의 개인 발생적 지향에 의해 구체화된다.

슈미더러의 접근법과 슈미더러는 수신자라는 개념을 사용하지 않았을 것이다. 왜냐하면 그는 학생들이 수업의 '수신자', 즉 대상일 뿐이며, 따라서 "학습 과정의 주체"가 되어야 한다고 비판했기 때문이다.[Schmiederer, 1977: 108ff.] 슈미더러[같은 책, 82ff.]는 주어진 사회 조건에 대한 "적응"을 요구하거나 유도하는 "긍정적인 분위기의 수업"에 명시적으로 반대했다. 그의 교수법적 기본 태도는 성찰 없이 받아들인 규범, 가치 및 역할로부터의 "해방"[Hufer, 2017]이며, 사회정치적 대안에 대한 개방성을 지향한다. 따라서 슈미더러[1977: 89ff., 172ff.]는 가족, 주거, 여가, 파트너 관계, 성性, 학교, 직업 세계와 같은 "상황 분야"와 "경험 영역"에 대해 학생들의 탐구하는(질문하는) 자발성과 자율성에 중점을 두었다. 이에 반해 "정치제도나 정치 참여"를 위한 노력은 학생들이 정치에 간접적으로만 영향을 받기 때문에 이미 "타협"이라는 것이다. 방법론 측면에서 슈미더러는 **사회학적 사고방식**을 훈련하기 위해 범례적인 일상 사례를 분석하는 것을 선호한다.[같은 책, 82ff., 92ff., 152] 그의 목표는 "자기인식"으로, 자신의 가치관을 비판적으로 검토하는 것이다(판단 형성). 그의 행동 관련성은 다소 "약한" 편이다.[Hedtke, 2011: 181ff., 186ff.] 이로써 지빌레 라인하르트[Sibylle Reinhardt, 2018: 110ff.]가 연관성이 있는 것으로 다뤘던 학생 지향 원칙과 행동 지향 원칙 간의 분업적 구분이 설득력을 얻 |

는다. 하지만 그 밖의 모든 다른 원칙들이 교과교수법적으로 제시된 학생 중심 방식에 "활용될" 수 있는지 의문이다.^{Haarmann/Lange, 2013: 21} 예를 들어 제도적 사례 연구나 갈등 분석 또는 계획적인 상황의 시뮬레이션 등은 대체로 학생들과 직접 관련된 문제들을 다루지 않고 오히려 자신 또는 삶과의 거리두기를 요구하기 때문이다. 학생 지향 원칙은 다른 원칙들과 마찬가지로 정치 관련 주제에 모두 적합한 것은 아니다. 개념적으로 오늘날 프랑크푸르트학파를 기반으로 한 이른바 비판적 정치교육은 착취, 무력감, 규제 완화 및 사회적 불평등에 반대하는 주체 지향적 교육을 옹호한다.^{Lösch/Thimmel, 2010 참조} 이 밖에도 **시민의식** 접근 방식은 정치와 경제에 대한 생활세계적 접근 방식을 연구하고 기본 방향을 구상하고 있다.^{Haarmann/Lange, 2013 참조}

> 비판적 정치교육

마르틴 바겐샤인Wagenschein으로부터 영감을 받은 슈프랑어^{Sprangers, 1963: 12ff.}의 개인 발생적 접근 방식은 정치적인 것에 접근하기 어렵고 추상적인 특성에 초점을 맞춘다. 그는 권력, 권리, 자유, 평등의 개념들과 같은 정치적 기본 현상들을 미시 세계와 거시 세계를 잇는 다리로 간주한다. 이러한 현상은 이미 사회적 환경 속에서 경험될 수 있고, 제도적 맥락으로 조심스럽게 옮겨지거나 그에 적응될 수 있다. 슈프랑어는 슈미더러와 마찬가지로 처음에는 가족, 학교, 직장 등에 대한 사례 분석에서 시작했지만, 나중에는 정치적 기원 상황으로서 섬 위에 가상의 국가를 세우는 것과 같은 **사회적 실험**의 교육적 효과를 강조한다. 슈프랑어는 이러한 접근 방식을 "건설적"이라고 불렀는데, 그 이유는 "이성은 -적어도 마음속으로는- 스스로 구성할 수 있는 것을 완전히 이해할 수 있기 때문이다."^{같은 책, 60} 슈프랑어는 이로써 발생 원칙의 사회구성주의적 토대를 명료화했다(→ 구성주의). 슈미더러와 마찬가지로 **우리 자신 안에 내재하는 정치적인 것을 발견**하는 것은 "맹목적으로 복종하려는 대중의 확산"^{같은 책, 53}에

> 슈프랑어: 개인 발생적 접근법

대응하기 위한 것이다. 주로 넥트Negt의 노동자 교육 개념에 기반한 "해방적" 주체 지향과 바겐샤인이 말하는 소위 "시민적(부르주아적) 변형"Hufer, 2017: 151을 구별하는 전통적인 방식은 사실상 동일한 목표를 가진 방법론적 분업이다. 두 접근법 모두 특정한 목표 추구 정치화의 기회를 통해 **아래로부터의** 민주주의 강화를 추구한다. 개념적으로 그리고 실질적인 수업 방식과 관련해서는 특히 **의사소통적 교과교수법**Grammes, 1998과 **발생적 정치교수법**Petrik, 2013a이 발생적 원칙을 받아들였다.

의사소통적, 발생적 교과교수법

2. 정치에 대한 주관적 접근법 연구

두 가지 관찰은 학생 중심 교육의 강화를 지지한다. 첫 번째는 수업에서 과도기적 성격의 주체적 해석으로서의 "담론 배제"이다.예: Grammes, 1998: 102ff.; Schelle, 2003; Hess/Ganzler, 2007; Petrik, 2013a: 83ff. 참조 두 번째는 주체적인 해석의 여지를 제한하고 "시민들에게 동기부여를 하는 기술"을 무력화하는 표준화와 점검이다.Hedtke, 2011: 185ff. 참조

연구의 접근 방식

주관적 해석 패턴은 주로 인터뷰, 설문지 또는 개념도槪念圖를 통해 수집하여 과목별 내용에 대한 주관적 연관성을 파악하고 교사의 진단 및 협상 기술을 향상시킨다.예: Schelle, 1995; Richter, 2009 참조 연관성이 없는 많은 개별 연구 외에도 '시민의식' 연구 프로그램이 주목할 만한데, 이 연구는 '사회화', '가치 정당화', '욕구 충족', '사회 변화' 및 '통치의 정당화'라는 핵심 개념에 초점을 맞추고 있다.Lange, 2011: 13 주로 "학문에서 파생된" 범주적이고 지식 지향적인 접근 방식과는 명백히 대조적으로, 의미의 기본 이미지는 가능한 한 선입견 없이 파악되어야 한다.Haarmann/Lange, 2013: 21ff. 참조

두 번째 연구 방향은 콜버그Kohlberg의 도덕성 발달 단계에 기초하여 주관적인 정치 관념의 발전 과정을 조사한다. 예를 들어 권력, 민주주의, 공공 영역, 자유, 평등과 같은 기본적인 정치 현상에 대한 **연령별** 해석이 탐구되었다.^{Oser/Biedermann, 2007 참조} 수업 관련 교육과정 연구는 학습자 유형^{Schelle, 1995 참조}에 대한 이전 인터뷰 결과를 상호작용적 접근 방식으로 확장한다. 수업 녹취록은 학생들이 "자기 자신이 되는" 순간과, "자신의 목표를 추구"^{Hericks, 1998: 293 ff}하는 순간을 "진정한 순간"으로 조사한다. 주관적 의미와 그에 따른 학습 동기는 인간관계, 성性, 권위로부터의 해방, 직업의 발견 등과 같은 회피할 수 없는 발달 과제를 해결함으로써 -슈미더러가 말한 바와 같이- **내재적으로** 생겨난다.^{Oerter/Dreher, 2002 참조} '정치화 유형'에 대한 교육과정 연구는 '이념', '가치에 근거한 세계관'과 같은 성장 과제들에 초점을 맞추고 있다.^{같은 책} 마을 만들기 시뮬레이션Dorfgründungssimulationen에서 청소년의 논거의 단면을 살펴보면, 잠재적으로 보수적이거나, 민주-사회주의적이거나, 녹색당과 같이 매우 개혁적이거나, 시장과 자유주의적인 가치를 중시하는 네 가지 형태로 재구성된다.^{Petrik, 2013b 참조} 여기에 요즘에는 우익 포퓰리즘 성향의 불평등적 가치관을 수용하는 청소년도 등장했다.^{Petrik/Köhler/Hentschel, 2018 참조; 2020년 이후 사회통합연구소의 추적 연구} 교사들은 이러한 학습자 유형을 바탕으로 할 때, 정당화된 자기 위치 설정으로서의 정치적 정체성 확립, 다원주의적 관용성 그리고 참여 동기를 더 합목적적으로 북돋울 수 있으며, 또한 반민주적 시각을 민주주의의 궤도로 되돌리는 데 기여할 수 있다.

성인 정치교육에서 전기傳記 연구는 '안정적인 요소'이다.^{Nittel, 2018: 145} 연구의 대상은 주관적인 흔적, 이야기, 해석 패턴의 형태인 **삶의 이야기**와 객관적인 측면으로서의 **삶의 경로**(경력 패턴, 지위 변화, 예상 가능한 전환점 등)이다. 전기 연구는 한편으로는 상대적으로 새로운

주관적 정치관의 발전 과정

정치화의 유형: 네 가지 기본 정치 성향

전기 연구

원칙인 **평생학습**을 통해서 의미를 얻었으며, 다른 한편으로는 성인 교육 수업들이 자율 참여를 바탕으로 이루어지다 보니 참가자들의 필요와 사전 지식 그리고 의식 구조에 크게 좌우된다. 연구 분야는 기업에서의 직원들의 경험, 예를 들어 협력 작업을 하는 경우에 해당되고, 청년 실업의 경험도 다루며, 시민대학 교장들의 성과, 상이한 문화권 사람들의 만남 또는 유대인과 아랍인 간의 이해 진작 프로그램에도 활용된다.^{Nittel, 2018 참조}

"**부적절한 개념**" 학교 정치교육에서 특정의 주관적 정치 관념을 "부적절한 개념"^{Reinhardt, 2018: 47ff. 참조}이라고 표현하는 것은 여전히 논란의 여지가 있다. 주체 지향적 관점에서 이러한 평가는 학습이론적 측면에서 부적절한 것으로 여겨진다. 왜냐하면 학문적인 정확성이 아니라 "내적 타당성"^{Haarmann/Lange, 2013: 27}이 정체성 형성에 영향을 미치기 때문이다. 다른 한편으로 정치교육자들은 민주주의 공동체를 불안정하게 만들 수 있는 사고방식에 직면하고 있다. "동질성이라는 환상"(주관적 의미 유대감)의 극우주의적 변형이 가장 분명한 예이다. 그러나 "자율성의 환상"(주관적 의미 해방) 또한 정치적 무관심이나 사회적 약자들을 위한 최소한의 국가적 책임을 거부하는 움직임을 조장할 수 있다.^{Petrik, 2013a: 224ff.} 이렇게 파급력이 큰 잘못된 판단들에 대해 분명하고 조직적으로 문제를 제기하는 경우에만 그것들은 변화가 이루어질 수 있다.

3. 이해관계 지향과 소외 사이의 교수 전략

풀뿌리 민주주의에 참여하는 학습자들이 정치나 민주주의와 거리가 먼 목표를 추구한다면, 어떻게 해방^{Emanzipation}과 민주화를 달성할 것인가? 이들의 주관적 이해관계가 사회적 불평등, 극단주의 또는 기후변화와 같은 객관적 문제와 상충하는 경우 이는 자신의 관심사를 억제하기 때문인가, 아니면 실질적으로 그 문제로부터 거리를 두기 때문인가? 학생 중심의 **자유방임적** 접근 방식은 점점 더 개인화되는 사회와 집단적 해결책을 요구하는 위험사회 사이의 모순을 재생산한다. 일상생활과 너무 가까워지면 "분리와 우려의 함정"이 생기고 "자기 참조성"이 강화되어 "문화적 자기 증거의 침식"에 기여할 수 있다.Ziehe, 1996 참조 특히 디지털 세계의 정보 확산과 확증 편향으로 인해서 민주주의를 하나의 역사적 단계로 이해할 수 있도록 "낯선 관점에 대한 요구"같은 책가 필요하다. 즉, 민주주의는 우리가 고통스럽게 쟁취했고 또 계몽과 책임감을 통해 끊임없이 쇄신하고 안정화시켜야 하는 하나의 역사적 단계임을 이해시켜야 한다. 아래와 같은 교수학습 전략이 여기에 도움이 될 수 있을 것이다.

"낯선 관점에 대한 요구"

1. **자기 탐구**: 학교 성적으로 인한 압박감과 같은 자신의 현실적인 문제들을 설문지 등을 통해 짚어 본다.Reinhardt, 2018: 114ff. 참조

2. **일상적인 이론에 관한 교육**: 민주주의에 대해 그림, 마인드맵, 개념도 등을 활용하여 자기 생각을 제시하고, 토론하고, 전문적인 민주주의 관련 개념들과 비교한다.Lange/Haarmann, 2013: 27ff. 참조: Richter, 2009도 참조

3. **생활 주변 사례 분석**: 장벽 붕괴 직후 일상생활에서 동독 이주민들과 서독 시민들 사이에서 발생했던 사회적 갈등을 사례별로 되짚어 본다.Breit, 1991 참조 비슷한 사례로 핵가족과 공동체 생활의 사회적 환경을 살펴봄으로써 자신의 상황을 인식하고, 역할 놀이를 통해 사회적으로 다른 관점을 이해하는 훈련을 할 수 있다.Bischoff, 2012 참조

4. 갈등 요소가 내재된 일상적인 역학 관계가 담긴 시나리오(흔히 힘 있는 자와 의존적인 자 사이의)로 **역할극**을 해 본다. 여러 선택지가 포함된 역할극을 하면서 익숙하지 않은 역할과 행동양식을 맡아 봄으로써 해방의 기능이 작동하는 것을 알 수 있다(가능한 형태: 브레히트의 교육을 위한 작품들 또는 보알의 포럼 연극이나 보이지 않는 연극).
5. **사회적 실험**: 이는 근본적인 사회정치적 현상을 직접 체험할 수 있는 원초적 모델 상황에서 작업한다. 예를 들어 인종차별 경험으로서의 '파란 눈'[www.diversity-works.de/workshops/blue_eyed_workshop/] 또는 가치 대립 및 민주화 모델로서의 '마을 만들기 Dorfgründung'가 이에 해당한다.[Petrik, 2013: 284ff., 296ff. 참조]

2. 토마스 골
Thomas Goll

문제 지향

칼 포퍼는 "모든 삶은 문제 해결의 연속이다"라고 말했다.^{Karl R. Popper, 1994: 255} 이는 정치적인 삶을 말한 것이다. 데트옌은 정치의 핵심은 "공공의 문제, 즉 정치적 문제를 다루고 해결하는 데 있다"라고 했다.^{Detjen, 2013: 329} 따라서 정치교육은 문제 지향적 접근에 기반을 두는 것이 합리적이다.

정치교수법 전문가들에 따르면 문제 지향은 가장 많이 언급되는 교수법의 원칙이다.^{Pohl, 2016: 532 참조} 정치교육은 두 가지 이유로 문제 중심으로 설계되어야 한다.^{Goll, 2020: 185f.; Hodel, 2017: 120 참조}

문제 지향의 정당화

1) 내용적: 문제와 그 해결 과정은 정치의 대상인 동시에 정치교육의 대상이다. 따라서 문제 지향의 경우, 정치교육의 교수학습 과정의 계획은 정치적 문제를 기반으로 하며, 이를 학습 내용의 핵심으로 삼는다. 그러므로 다루게 될 정치적 문제들의 선택은 수업계획의 핵심 과제이므로 때문에 특별한 정당성이 필요하다.

2) 방법적: 정치적 문제를 선별하여 학습의 중심으로 삼음으로써

교수학습 과정의 방법론적 형태에 대한 결정도 이루어진다. 수업에서의 문제 다루기는 문제를 해결하는 사고력을 목표로 하며, 성공할 경우 학습자의 판단력과 성숙도를 높은 수준으로 촉진한다. 그러나 이는 교수학습 과정이 결코 (그럴듯해 보이는) 문제 해결로 끝나서는 안 되며, -정치 그 자체와 마찬가지로- 열린 상태를 유지하지 위해 항상 문제를 제기해야 한다는 것을 의미한다.

1. 내용 차원

일반적으로 어떤 상태나 실상이 바람직하지 않거나 불쾌한 (초기) 상태 A와 좋은, 또는 적어도 더 나은 (최종) 상태 E로 인식되는 경우, A에서 E로의 전환이 쉽게 가능하지는 않지만 어느 정도 시급성을 가지고 있는 상태는 문제가 있는 상황으로 규정할 수 있다.[Breit, 2005: 108 참조] 동시에 그것이 상당한 긴박성을 지니고 있는 경우가 문제 상황이다.[Gagel, 2000: 94] 따라서 힘들고 위험한 상태나 상황이 모두 문제인 것이 아니다. 그것이 문제로 인식되고 그로 인해 커다란 어려움이 발생하기 때문에, 그에 대한 개선이 절박하게 필요할 때 문제가 되는 것이다. 따라서 예를 들어 일상생활에서 내리는 위험스러운 결정은 언제나 그 결정을 바꾸는 것이 가능해 보이거나, 그 결과를 뒤집을 수 있거나, 또는 최소한 그에 대한 관리가 가능하다고 판단되는 경우에는 문제로 인식되지 않는다.

> 핵심은 문제의식이다

이는 정치 영역에도 적용된다. 하지만 정치 영역은 개별 주체의 판단 또는 결정에만 내맡겨져 있는 것은 아니다. 왜냐하면 사회 문제를 처리하는 방식으로서 정치는 다음과 같이 정의될 수 있기 때문이다. 즉 정치는 "일반적으로 구속력을 가지며 사람들이 더불어 사는 것을 규제하는 결정과 운영의 메커니즘을 이루는 사회적 행동이다."[Bernauer, 2009: 32] 사회적 행동으로서[Meyer, 2003: 48 참조] 정치는 언제나 사회와 관련이 있다. 따라서 정치적 문제도 "객관적으로 주어진 것이 아니라"[Reinhardt, 2005: 93] 사회적으로 구성된다. 문제는 존재하는 게 아니라 만들어지는 것이다. "사람들이 어떤 상황을 현실이라고 정의하면 그것은 현실적인 결과를 낳는다."[Thomas/Thomas, 1928; Knoblauch를 인용, 2005: 138] 다르게 표현하면, "상황을 문제로 정의하는 것은 이미 정치적 행위"[Gagel, 2000: 94]이다.

이러한 근본적인 관찰은 정치교육에서 정치적 문제를 다루는 데 다음과 같은 직접적인 영향을 미친다.

첫째, 문제나 갈등이 없는 사회는 이상 사회에서나 존재한다. 현실에서 실존을 안정적으로 유지하며 제한적인 공적 재화를 분배하기 위해서는 언제나 약속을 통해 규칙을 정해야만 한다. 갈등의 소지가 상존하지만 항상 구속력을 기반으로 문제의 처리를 하는 정치적 행동은 이러한 특징 때문에 경제와 문화 및 사회 통합 차원의 행동들과 함께 사회의 생존력을 확보하는 "보편성을 지닌 기본 기능"[Meyer, 2003: 44ff.]이다. 정치는 문제 지향성을 매개로 하여 수업에서 사람들이 함께 살아가는 기본 양태로 이해가 되어야지, 낯선 것 또는 자신의 삶에 강제로 떠맡겨진 대상으로 이해되어서는 안 된다. 이로써 사회 구성과 관련된 기본적인 문제 상황은 동시에 발생적 학습 과정 또는 실험적 사고와의 연결고리 역할을 하며[Petrik, 2013: 133 참조], 이러한 체계 안에서 정치적인 것의 본질에 대한 근본적인 통찰을 할 수 있다.

둘째, 사실이나 상황은 그러한 것으로 인식되어 해결책을 요구할 때부터이다. 즉 그에 대한 "행동의 당위성"[Gagel, 2000: 97]을 지니게 되면서부터다. 정치적 문제는 "갈등 요소가 포함된 개인적 또는 사회

정치적
행위로서의
문제 정의 적 선택 과정의 결과"이며, 따라서 "분석이나 묘사가 어려운" 것이다.^{Ackermann et al., 2010: 32}

그렇다고 모든 개별 주체 또는 사회적 주체가 동일하게 정치적으로 효과적인 방식으로 정치적 문제를 정의하고 이를 정치 과정에 반영시키는 능력을 지닌 것은 아니다. 민주주의의 비판적 이론은 정치적 의지 형성 과정 및 의사결정 과정들이 선택적이라는 점을 올바르게 지적한다. 이는 정당 또는 사회단체의 체계에도 적용된다. 모든 이해관계를 똑같이 반영하기는 어려우며 모든 주체의 갈등 관리 능력이 동일하지도 않다. 이에 따라 정치학에서 나오는 비판적인 의견에 따르면, "결국 정치에서 중요한 것은 해결을 필요로 하는 현실 문제들이 아니라 오직 정치의 문제이다."^{Schmidt, 2008: 266}

문제가 실제로 존재하는 것을 알았다고 해도 그 문제를 해결하기 위한 행동에 관한 지침이 주어지는 것은 아니다. 왜냐하면 만약 그 문제가 그렇게 해결될 수 있다면 그것은 문제가 아니기 때문이다. 문제는 항상 올바른 해결 방법이나 그것을 위한 정치적 실행력에 관한 "불확실성"^{Gagel, 2000: 94}과 관련되어 있다. 그러므로 그것이 진정한 정치적인 문제가 되기 위해서는 "정치적 결정 과정의 의제로 끌어들이는 작업이 필요하다". 즉 원칙적으로 정치적 행동을 통해 해결할 수 있는 것으로 정의될 때에만 진정한 정치적 문제가 된다.^{Ackermann et al., 2010: 32} 이것 또한 정치의 본질에 대한 근본적인 통찰력 중 하나이다.

정치 운영
체계의
중심에 있는
문제점들 원칙적으로 모든 정치적 문제는 수업의 주제가 될 수 있다. 문제 지향성의 맥락에서 볼 때 정치는 정치학적으로 "정치 운영 체계"^{Ackermann et al., 2010: 32ff.}에 기초하여 관련 분석을 할 수 있는 영구적이며 종결되지 않는 문제 처리 과정이다. 해결되어야 할 문제들이 정치의 사회적 기능의 핵심 즉 사회의 생존 능력을 강화하고, 사회의

'생존'과 동시에 사회 내에서의 더불어 살기 위한 조건을 향상시키고 '좋은 삶'에 기여하고[Hilligen, 1985: 35] '공익' 개념에 포함될 수 있는 행위를 실천하는 것과 같은 핵심 기능들과 관련되어 있는 특별한 통찰을 얻을 수 있다.[Weißeno et al., 2010: 151ff. 참조] 첫 번째 선택 기준은 정치의 사실적인 기본 조건에서 출발하는 반면에 두 번째 선택 기준은 정치의 규범적 차원인 정당성에 초점을 맞추고 있다. '좋은 삶'이라는 말은 생각에 따라 갑론을박의 대상이고 시대와 연결되어 있기 때문에 규범적 접근 방식에서는 사회적·정치적 문제들은 사회적으로 구성된 것이라고 언급하고 있다. 따라서 규범성에 대한 통찰이 없는 문제 지향성은 그 대상을 결여한 상태라고 하겠다.

특히 적합한 문제 상황들을 찾아내기 위해 볼프강 힐리겐은 다음과 같은 시도를 한다. 즉, "생존을 위해 중요한" 내지는 "근본적이고 실존적인 문제들"과 연관된 다음과 같은 단어를 열거한다. '상호 의존', '대량 생산', '대량 살상 무기', '환경 파괴', '대중 매체 경험'.[Hilligen, 1985: 33; 185] 이 개념은 기초적이고 해방적인 욕구(예를 들어 안보)를 통해 확립되었으며 '기회와 위험'이라는 의미의 생존과 관련된 함의를 담고 있다(욕구 충족 대 기아, 평화 대 살상, 자결自決 대 억압).[Hilligen, 1985: 189] 전문 교수법적 논의는 거기에 기초해서 저 목록을 확충하고 변경한다.[Breit, 2005: 117; Reinhardt, 2005: 95 참조] 주토어Sutor는 다른 방식을 택했는데, 문제 해결에서 "객관적으로 주어진 목표 관련 갈등의 구성 요건"을 고려하여 아래의 세 가지 '핵심 문제'를(문제의 정식화라고도 표현할 수 있다) 제시하는데, 이는 "자유로운 법치 국가의 행위 지도 원리인 자유와 정의 그리고 평화"에 관련된다.

> 힐리겐: 실존적 문제

> 주토어: 문제 해결을 위한 '핵심 문제'

- 다원주의 사회에서 개인적, 정치적 자유가 정치적 질서를 통해 어떻게 가능한가?

- 사회적 정의가 현재와 같은 자유로운 산업사회의 조건 아래에서 어떻게 가능한가?
- 민족들 간의 사회적 균형과 각 국가의 자아상에 따른 자유의 존중 속에서 국가 간의 평화는 어떻게 가능한가?[Sutor, 1984: II/118]

이 두 사람의 사고방식을 서로 조화롭게 만드는 것은 가능하다. 정치적으로 특히 연관성이 있는 문제가 발생하면 개인과 사회 집단은 자신의 생존과 자유 또는 정의감과 행복을 위한 노력 등이 위협받는다고 느끼고 그에 따라 정치적 해법을 촉구하며 그것의 실행을 위해 노력한다. 이러한 문제를 수업 시간에 다루는 것은 특히 성과가 큰데, 그러한 수업을 통해 정치가 사회적 문제에 대해 구속력을 지닌 해법을 제시함으로써 생존과 관련된 과제를 수행하고 있다는 사실을 알 수 있기 때문이다.

2. 방법 차원

정치적 문제가 수업의 한가운데로 들어오게 되면 그것은 특별한 학습의 기회이기도 하지만 동시에 도전적 과제이기도 하다. 그것은 성장의 좋은 기회이지만 동시에 버거운 위험 요소를 동반한다. 문제 해결적 사유는 성공과 연관해서 매우 많은 전제 조건을 요구하며, 실행과 관련해서는 요구 수준이 높기 때문이다. 학습 심리학 문헌들에 따르면 문제 해결을 위한 사고는 학습자의 자립성을 높여 줄 뿐만 아니라 판단 능력과 행동 의지 또한 고취하는 것으로 나타난다.[Breit, 2005: 109f. 참조] 그러한 능력과 의지는 저절로 생겨나고 존재하는 것이 아니다. 문제 중심 수업의 학습 효과를 기존 방식 수업과 비교

학습 기회와 도전적 과제

한 메타 연구 분석에 따르면 흔히 알려진 생각과는 달리 문제 해결을 위한 전략이나 전문 지식을 직접 가르치는 편이 문제 기반의 프로젝트 수업 형태보다 효과적인 것으로 나타났다. 문제 중심의 학습은 학생 중심의 소규모 그룹 형태로 교사는 단지 학습에 동반할 뿐이며, 학생이 실제 문제를 다루고 스스로 문제 해결을 위해 필요한 지식과 능력을 습득하는 것이 목표이다. 그러나 이런 문제 중심 학습은 토대가 되는 기본 지식이 이미 있는 경우에만 성공적일 수 있다. "문제 기반 학습의 성공은 지식 개발이 아닌 지식 응용에 그 핵심이 있다."[Hattie, 2009: 211] 그리고 여기서는 기존의 수업 방식과 비교할 때 특히 방법상의 능력(기량)과 지식의 깊이, 또 그것이 지속성을 지니고 자리를 잡는 방식이 강하게 촉진되었다.[같은 책, 210ff.] 문제에 기반한 수업 활동은 그러므로 문제 해결을 위한 기본 지식의 선행적 습득 내지는 최소한의 집중적인 동반적 습득과 더불어 진행되어야 한다. 학습자가 문제 해결을 위한 능력이 있다고 스스로 느낄 때 문제와 마주할 동기부여가 가장 활성화되기 때문이다.[같은 책, 48] 하지만 제기된 문제가 너무 단순해서는 안 되는데[Breit, 2005: 111], 그 이유는 동기부여에 부정적인 영향을 미치기 때문이다. 동기부여가 되지 않으면 자발적 학습은 성공하지 못한다. 달리 말하면, 수업 시간에 문제 해결을 위한 사고를 훈련하는 것은 전적으로 학습자의 참여 동기에 달려 있다.

문제 지향성의 강점

또한 정치적인 문제는 학습자가 처리 대상으로 받아들이고 해당 사안에 관한 배경 질문을 함으로써 그 해결 과정이 시작되는 것이다. 따라서 정치적 문제를 수업에서 다루는 모든 형태는 "문제의 구성", 즉 문제의 "발생 과정" 분석에서 시작되어야 한다.[Gagel, 1986: 219f.] 하지만 정치적 문제는 매우 복잡한 특성이 있으므로 이런 방식은 수업을 통한 문제 해결을 가로막을 수 있다. 그래서 가겔은 문제를 선택할 때, 의식적으로 다양한 접근 가능성을 위해 "연관성"과 "유의미성" 사이의 긴장을 활용할 것을 추천한다. 연관성은 학습자의 생활세계와 연관을 가지며 사회적 학습에 초점이 맞춰지고, 유의미성은 사회적 차원을 강조하며 그리하여 정치적 학습을 목표로 삼는다.[같은 책, 107ff.] 이 두 가지 관점은 서로 관련이 있기 때문에, 연관성을 통한 접근은 -사회적 유의미성에 대한 관계와 더불어- 가능한 문제 해결의 개인적인 결과에도 관여하게 된다.

문제 지향적 교수학습 과정의 기본 구조

문제 중심 수업을 위해 제안한 진행 형태를 개관[Breit, 2005: 112; Gagel, 211 ff.; Grammes, 1999: 208; Janssen, 1997: 20f.; Reinhardt, 2005: 99]해 보면, 많은 상이성에도 불구하고 세부적으로 -문제를 제기하는 도입 단계와 메타 커뮤니케이션 단계를 제외하면- 다음과 같은 원칙적인 3단계가 발견된다.[Sutor, 1984: II/72 참조]

1) 상황 분석(무엇?): 어디에 문제가 있는가? 문제의 외연은 어느 정도인가? 문제의 발생 배경은 어떠한가? 문제로 인해 영향을 받는 사람은 누구인가? 관여하고 있는 사람은 어떤 이해관계를 가지고 있는가?
2) 가능성에 관한 논의(정치적으로 무엇이 가능한가?): 해결책과 관련된 어떤 구상이 제시되어 있는가? 어떤 해결책이 또한 가능할 것인가?
3) 판단 형성/결정을 위한 논의(어떤 실천이 필요한가?): 제시된 해결책을 실행할 때 어떤 결과를 예측할 수 있는가? 해결책이 어떤 사람에게 어떤 의미를 지니는가? 나/우리의 현재 상황은?

이때 수업 시간에 정치적인 문제를 다루는 방식은 교수법적 관점에 따라서 상이한 뉘앙스를 지닐 수 있다. 가겔[Gagel, 1986: 208]은 교사의 역할 형태나 학생의 독립 수행의 정도에 따라 교수법 모델 사이에서 정보제공이나 발견, 결정 등을 향한 "교수법적 이행"이 존재한다고 했는데, 이 말은 옳다. "분석적 교수 과정"은 예를 들어 "문제 상황", 즉 "학생의 경험과 관찰을 통해 접근 가능한 문제가 있는 상황"에 적용하는 것이 가능하다. "사회 연구"는 "문제 해결"을 위해 "문제 서술" 내지는 "문제 이해" 작업부터 시작한다. "정치적 문제 해결 과정"은 결국 "문제 구성"에서 출발한다. 문제 지향성을, 라인하르트가 피력했듯이[Reinhardt, 2005: 99], 단지 "문제 연구"와 동일시하는 것은 따라서 정치교육 분야에 문제 지향성에 입각한 작업의 가능성에 대해 제한된 관점을 나타내는 것이다. 슈틸러[Stiller, 1988: 205ff.]는 이런 이유에서 문제를 다룰 때 다면적인 방법을 활용하는 것이 가능하다는 점을 명확하게 하기 위해 "문제 중심 학습"이라는 개념을 사용한다.

3. 슈테판 뮐러
Stefan Müller

논쟁성[1]

도전과제들

교수법 원칙으로서 논쟁성 원칙은 교사와 학습자 모두에게 어려운 과제이다. 논쟁성 원칙은 자신의 관점에 영향을 미치며 이유와 그에 대한 논거를 제시할 것을 요구한다. 보이텔스바흐 합의는 논쟁을 제한하는 것의 위험성을 이렇게 언급한다. "다양한 관점이 무시되고, 선택 사항이 억압되며, 대안이 논의되지 않은 채 방치되면, 이는 세뇌Indoktrination의 길로 들어선 것이다."Wehling, 1977: 179

다음의 내용을 통해, 교화의 위험성을 어떠한 방식으로 적절히 다루는 것이 필요한가, 또 논쟁성 원칙에 기반한 교수법 원칙을 통해 개인의 성숙을 지향하는 교육 경험의 지평을 어떻게 확대할 수 있을 것인가를 다룬다.

우선, 논쟁성은 먼저 해결되어야 하는 하나의 문제를 보여 준다는 인상을 받을 수 있다. 그러나 교수법 원칙으로서 논쟁성 원칙은 하나의 다른 가능성을 제공한다. 즉 그것은 사회에서 벌어지는 논쟁에 대해 질문하는 것을 목표로 삼는다. 교수자와 학습자에게 도전

---

1. 논쟁성 원칙에 대해서는 이 책의 'Ⅱ부 정치교육의 실제'(p. 93) 참조.

이 되는 경험은 다음과 같은 것이다. 즉, 논쟁적인 것은 정치적·사회적 실제 현실에서 자연스러운 일반적인 것이지 예외적인 것이 아니라는 것이다. 논쟁성에 대한 지식 및 그것과의 관계 가능성은 정치교육 경험을 위한 생산적인 기회를 만드는데, 왜냐하면 그러한 과정을 통해 사회적 자유가 형성 가능하다는 것이 명료해지기 때문이다. 이것을 통해 정치교육에서 논쟁성 원칙 자체가 목적이 아니라는 것이 드러난다. 오히려 논쟁성 원칙은 사회적 자유의 형성을 가능하게 한다. 정치교육은 이러한 개인의 성숙으로서의 목적에 대해 논의한다.^{Autorengruppe Fachdidaktik, 2016: 21} 하지만 바로 이 점에서 이러한 논쟁 원칙은 교화나 주입의 형식, 즉 성숙의 제한을 통해서 손상될 수 있다.

자유와 성숙

1. 논쟁성: 전통적인 교수법적 접근

논쟁성 원칙은 오랫동안 정치교육의 특성을 형성하는 데 영향을 미쳤다. 요아힘 데트옌은 1950~1960년대 정치학에서 논쟁성 원칙에 대한 요구를 중요한 특성으로 강조했는데, 이에 대한 내용적인 연관성은 바이마르공화국에서 발견된다.^{Busch, 2106; Pohl/Will, 2016 참조}

논쟁성 원칙에 대한 흔적은 더 오래전으로 거슬러 올라간다. 중세 시기에는 가톨릭 성인 승인 시에, 일부러 반대 의견을 표현하는 척하면서 자신의 입장을 관철시키기 위해 노력하는 **악마의 대변자** advocatus diaboli 역할을 하는 인물이 있었다. 특정한 권력의 이익을 관철하기 위해 찬성 혹은 반대 입장이 연합하거나 적대적으로 행위했던 사례가 여기서 연구될 수 있다.

더 거슬러 올라가면 서로 조화될 수 없는 상반된 관점의 대립을 목표로 하는 논거에 대한 소크라테스식 찬성 반대 논쟁 방법을 도입한 플라톤의 대화까지 이른다. 이러한 대화 방식은 사고의 계발을 가져오는 교수 방법적 원칙을 보여 준다. 이러한 계획적인 구성(세팅)은 지금까지 몰랐거나, 별로 선호하지 않았던 의견을 경청할 수 있게 한다. 하나의 관점이 심도 있게 형성된 후 그에 대한 논박이 제시된다. 이러한 상황에서는 참여자들이 직접 보고 함께 생각하는 방식이 가능해진다. 전체 상황은 다음과 같은 방식으로 조직된다. 즉 그러한 방식은 학생이 타인에 의해 근거가 제시된 관점의 선택과 중요하고 광범위한 관점의 제시를 통해 독자적인 관점을 형성하도록 지원하는 데 기여할 수 있다.

제시하고
함께
생각하기

논쟁성 교수법 원칙을 특징짓는 특정한 구조는 결정적으로 칸트를 통해 간결하게 공식화되었다. 강제[외부에서 결정된 선택]를 통해서 어떻게 자유로운 인간을 기를 수 있는가? 이렇게 **타인에 관해서 결정된** 교사의 선택을 통해 학습자의 **자기 결정적** 성숙을 지원해야 한다는 주장은 오늘날까지도 논쟁 요건의 도전이자 해결해야 할 문제이다. 문제는 논쟁의 원칙으로 인한 자기 결정의 취약성에 있다. 플라톤의 대화편에 나오는 정교한 수사학적 기법 때문에 학습자 역시 권력에 의해 조종당할 수 있다는 것을 분명히 보여 준다. 이러한 과정에서, 학습자들에게 하나의 특정한 의견이 강요될 수 있는 위험성이 상존한다.

이러한 문제와 연관된 한계는 성찰이라는 방식으로 새롭게 논의된다. 성찰을 통해 하나의 해법을 마련하려는 움직임이 나타나고 있는데, **타인의 결정을 통해 자기 결정**에 이르는 변증법적 체제에서의 핵심은 성숙을 지향하는 교육 경험의 핵심을 형성하고 있다.[Adorno, 1971; Müller, 2020]

타인의
결정을 통한
자기 결정

2. 교수법 원칙으로서의 논쟁성

논쟁성 원칙은 사회에서의 정치적 공존이라는 난해한 문제들을 다룬다. 논쟁성 원칙의 특별함은 단순히 차이뿐 아니라 서로 타협될 수 없는 관점이 연계되어 다뤄진다는 점이다. 정부와 야당, 경영자와 노동자, 기관과 기관의 업무 대상자는 기본적으로 서로 대척되는 관계에 있다. 일반적으로 상반되는 관계성은 심각한 논쟁을 유발하는데, 특히 젠더 문제나 종교 문제에서 그렇다. 논쟁적일수록 긴장이 증가하는데, 그것을 통해 사회 구성에 관한 결정에 영향을 미치는 본질적인 문제에 관한 토론이 이뤄지기 때문이다.

<small>전제 조건</small>

이를 통해 논쟁성 원칙의 형성은 다음을 결정한다. 즉 가지고 있는 어떤 지식이나 검증된 해결 가능성이 다음 세대에 전달되어야 하고, 어떤 실패 경험이 다음 세대에 전승되어야 하는지 또는 되어서는 안 되는지, 그러한 과정에서 어떤 (다른) 관계 방식이 발견될 수 있는지를 결정한다. 이를 통해 논쟁성 원칙은 학습자의 계몽을 촉진할 수 있다. 그런데 이것은 다음과 같은 몇 개의 전제 조건을 요구한다.

2.1 각자의 고유 의견과 전문성

정치교육은 두 개의 서로 다른 대상 범위를 포함하는 하나의 긴장 영역에 위치한다. 즉, 정치의 영역과 교육의 영역을 포함한다. 정치교육은 성숙의 관점에서 이 두 영역을 결합한다.^{Sander, 1996: 30}

이는 **교수자**에게 사회의 정치와 교육에 대한 전문적인 지식과 거리두기를 요구한다. 이로부터 교수자 자신의 입장과 학문적 관점을 알고 구분할 수 있어야 하는 어려움이 발생한다. 이러한 요구는 "교수자의 개인적인 관점과 학문이론적 배경, 정치적 의견은 상대적으로 덜 중요해진다"라는 주장에서 명확해진다.^{Wehling, 1977: 179}

<small>교수자의 도전 과제</small>

정치교육 교사에 대한 조사연구 결과에서 볼 수 있는 바와 같이, 개인의 고유 의견을 금지하는 것은 학생들이 지나치게 축약되고 오해된 답변을 하도록 만든다.^{Oberle, 2017 참조} 하지만 논쟁성 원칙은 전문적으로 계획된 교육에서 학습자가 특정 견해를 갖도록 하는 것을 금지함으로써 성숙의 추구를 목표로 하는데, 그렇게 하지 않으면 학습자에게 사고할 수 있는 선택지가 없어지는 결과가 나타나기 때문이다. 이것은 교수자로 하여금 개인적으로 가지고 있는 자기 확신에 대해 숙고적 관점을 통한 거리두기를 하도록 요구한다. 하나의 전문화된 정치교육은 숙고의 관점을 통해서 명확히 나타나는데, 즉 개인의 자기 확신에 대한 거리두기뿐 아니라 선택된 논쟁 관점으로부터의 거리두기를 통해서도 그 특성이 나타난다.

학습자의
도전 과제

학습자에게도 논쟁성 원칙으로 도전 과제가 생겨난다. 교수자가 새로운 논거와 함께 제시한 낯선 관점은 학습자의 고유한 관점에 의문을 제기한다. 이를 통해 논쟁성 원칙은 다음과 같은 것을 목표로 하는데, 즉 교육적 경험으로서 사회적 논쟁을 확대하고 독자적 사고, 독자적 행동, 독자적 판단 가능성을 확장할 기회를 제공한다. 즉, 이러한 과정은 학습자의 관점이 바뀌는 경험을 통해 촉진된다.^{Jehle, 2017 참조} 학습자 집단의 이질적인 구성이 관점의 변화를 위한 가능성을 제공하는데, 즉 서로 다른 관점이 함께 혹은 개별적으로 제기되고 논의될 수 있는가에 따라 관점의 변화에 영향을 미칠 수 있다. 이처럼 근거가 제시된 서로 다른 관점에 기반한 지식에서 고유한 생각, 행동, 판단 능력이 확대되고 더 나은 논거가 제시될 수 있다.

2.2 사안 내에서 그리고 사안 자체에 대한 논쟁성 원칙

정치교육은 사안 내에서의 논쟁성 원칙과 −성찰적으로− 사안 자체에 대한 논쟁성 원칙을 가능하게 해야 한다는 요구에 직면해 있다. 이것은 분리되어 있으면서 교육 경험 형성의 측면에서 서로 연관되어 있는 논쟁성 원칙의 두 가지 영역과 관련되어 있다.

거리두기 가능성

첫째, 사안 내에서의 논쟁은, 예를 들어 역사, 출현, 기능의 측면에서 학습 대상자가 정치적으로 서로 공존하기 위한 목적 아래에서 탐색되고 발견될 수 있다. 둘째, 사안 자체에 대한 논쟁은 이러한 모든 것을 의문시할 수 있다. 정치적으로 서로 공존하는 것을 형성하기 위한 역사, 출현, 기능은 그 자체로 이미 논쟁적인 성격을 가지고 있는 분석이나 설명과 연계되어 있다.^{Ritsert, 2017}

이에 따라 사회 내에서의 사회에 대한 계몽은 논쟁성 원칙에 기반한 지식에 의존한다. 이를 통해 정치교육의 경험은 사회적으로 보장된 자유의 심화 및 확대를 위해 중요한 기능을 할 수 있는데, 정치교육 참여자는 어떤 체제와 절차가 그것을 위해 기여할 수 있는지 (혹은 그럴 수 없는지) 토론할 수 있기 때문이다.

2.3 논증 의무

논쟁에서는 갈등하는 관점이 등장한다. 이러한 갈등하는 관점의 유지를 위해 모든 참여자에게 높은 수준의 능력이 요구된다. 여기에서 교수자와 학습자에게 공히, 각자의 규범적인 가정들에 대해 숙고하는 것을 포함하는 논증 의무를 통해서 중요성이 분명히 드러난다.^{Müller, 2020a: 42f.} 그러한 논증 의무를 통해서 타인과 자기 자신의 규범적인 가정들이 드러나고, 비로소 의문시되고 토론될 수 있다.^{Scaramuzza, 2018: 87f. 참조} 논증 의무는 수업이 내포하고 있는 목적 측면에서도 중요하다. 최종적으로 논쟁을 해소할 수 있는 하나의 의견일치가 이뤄질 수 있는가? 혹은 논쟁점을 수용할 수 있고 그것과 공존할 수 있는 차이를 인정할 수 있는가?^{Sander, 2009 참조} 정치교육의 경험은 각자의 고유한 규범적 관점을 성찰적으로 의문시한다는 데 있다. 이 관점들은 수정 가능해지고 이를 통해서 확장된다.

신념, 유용성 혹은 성숙

논증 의무는 실행하기 어려운데, 그것은 규범적인 지향점이 정치교육 경험의 형성에 큰 영향을 줄 수 있는 다양한 논증 가능성(원칙)에 뿌리를 두고 있기 때문이다. 그러기 때문에 각자의 고유한 신념(심정윤리)의 원칙, 유용성(공리주의)의 원칙, 성숙의 원칙에의 정향은 각각 다른 가능성을 제공한다.^{Müller, 2020b 참조}

이것은 교육 경험의 형성을 위한 공간을 요구하는데, 그러한 공간에서 개인의 고유한 일반적인 입장이 자유롭게, 또한 공격받을 수 있다는 불안감 없이 발표될 수 있다. 그러한 가운데 논거 의무[논증 의무]에서 서로 다른 관점이 그저 한 개인의 관점으로 치부되지 않을 수 있다.

3. 논쟁성 원칙의 함정

학습자의 성숙을 의도하는 다른 원칙들과 마찬가지로 논쟁성 원칙은 단축되거나, 중단될 수 있고, 도구화될 수 있다. 여기서는 논쟁성 원칙을 표방하긴 하지만 동시에 이를 단축하거나 도구화할 수 있는 네 가지 함정이 제시된다.

- **남용**: 논쟁성 원칙을 남용하려는 시도는 보이텔스바흐 원칙이 제시된 이후에 계속 생겨나고 있다. 최근에도 그러한 시도가 있었는데, 즉 보이텔스바흐 원칙의 관점에서 교사로 하여금 불안과 위협을 느끼게 하고, 그 원칙을 편파적으로 남용하려는 시도가 있었다.^{Reinhardt, 2019 참조} 정치교육 교수법 분야에서도 개별적 입장에 반하

는 다른 입장을 거부한다는 측면에서 논쟁성 원칙에 대한 회의감이 표현되었다.^{Widmaier/Zorn, 2016 참조} 이러한 매우 상이한 방식의 남용은 성숙을 지향하는 논쟁성 원칙의 여러 측면을 명확하게 보여 준다. 논쟁성 원칙은 직접적으로 수용할 만한 관점뿐 아니라 공유되기 어려운 질문이 제기될 수 있는 관점도 포함한다. 이를 통해 단순히 호응을 얻지 못하는 입장을 다루는 것을 넘어, 그러한 입장이 왜 공유될 수 없는가에 대한 논거 제시도 목표로 한다.

• **논쟁성 원칙의 연출**: 수업에서의 논쟁성 원칙에 대한 경험적 분석의 결과는 의도하거나 의도하지 않았던 다양한 유형의 논쟁이 연출되었다는 것을 보여 준다.^{Grammes, 1996 참조} 이러한 "인위적 학교 지식"의 문제는^{Grammes, 1996: 153} 이러한 명목상의 논쟁이 학습자가 논쟁 사안에 대해 독립적으로 논쟁하는 것을 제한한다는 것이다. 이것이 정치교육에서 하나의 핵심적인 연구 분야를 형성했다. 수업에서 논쟁성 원칙이 어떻게, 무엇을 통해 시작되고, 지원되고 혹은 손상될 수 있는가에 대한 이해의 실마리를 제공하는 경험적인 연구가 필요하다.

• **임의성**: 논쟁성 원칙은 모든 의견이 임의적으로 병존할 때 무력화될 수 있다. 왜냐하면 관점들이 동등한 수준에서 연계됨으로써 논쟁의 최종점이 아닌 하나의 시작점을 형성하기 때문이다. 논쟁성 원칙은 서로 심각하게 대조되는 관점이 각각의 강점에서 지각될수록 좀 더 근거 있게 참가자의 자립적인 작업을 촉진할 수 있다. 이를 위해 논쟁의 상이한 측면들을 도입하는 것이 도움이 된다.^{Abschnitt 4 참조}

• **찬반 토론**: 찬반 토론은 논쟁성 원칙이 수업에서 광범위한 형식으로 제시되고 있는 것을 보여 준다.^{Reinhardt, 2018: 96; Engartner/Hedtke/}

Zurstrassen, 2020: 122 참조 찬반 토론이 생각, 행동, 판단 능력의 확장에 기여하는가에 관해서는 쉽게 답하기 어려운데, 여기서는 단지 상반된 의견이 나란히 나올 가능성이 크기 때문이다. 사회적 실제 상황은 아주 제한된 수준으로만 단순하게 두 가지 측면으로 양분될 수 있다. 이와 반대로 찬반 입장이 서로 뒤섞이거나 공존하거나 대립되는 방식의 질문이 입장의 구분을 위한 가능성을 열어 준다. 각 관점이 상이하게 대립하기 때문에, 혹은 대립함에도 불구하고, 서로 공유하고 수용하는 부분과 이에 따른 상호관계가 발견된다. 그에 더해 각각의 관점 내에서 그럴듯한 근거들이 발견된다. 이러한 측면에서 찬반 토론들은 더 차별화되고 분화될 필요가 있는 논쟁성 원칙의 최소한의 형태이다.

4. 논쟁성 원칙: 성찰적 거리두기의 조직화

논쟁 형성하기   다음의 검토 질문은 수업에서 논쟁을 교육 경험으로 조직하고 형성하는 데 도움이 될 수 있다. 즉 사전 준비 및 사후 준비 단계에서, 논쟁적 관점들에 대한 지식과 작업 그리고 탐색이 정치교육 경험을 가능하게 하는지, 가능하다면 얼마나 가능하게 하는지를 검토할 수 있다. 모든 질문은 **타인의 결정**을 통해 **자신의 결정**이 이뤄지는 변증법적 구조에서, 즉 교육을 통한 제도적 조건 아래에서 성숙의 지원을 목표로 한다.

- 주제 영역에서 어떤 논쟁적 측면을 내가 알고 있는가?(모르고 있는가?)
- 사안에서 어떠한 논쟁적 측면이 다뤄질 수 있는가?(다뤄질 수

없는가?)
- 사안에 대해서 어떠한 논쟁적 측면을 다룰 수 있는가?(다룰 수 없는가?)
- 사안의 어떤 측면이 연계될 수 있는가?(연계될 수 없는가?)
  - 구조적 근거와 원인의 측면
  - 논쟁 역사 형성의 측면
  - 사회적 기능과 효과의 측면(예: 사회적 연계, 배제의 메커니즘, 차별의 정당성)
  - 행위의 가능성, 행위 가능성을 제한하는 측면
  - 상이한 전공학문적 관점의 측면
- 어떠한 일반적인 논거의 가능성들이 제공될 수 있는가?
- 어떠한 일반적인 대답의 가능성들이 허용될 수 있는가?
- 수업에서 어떤 목표를 추구하는가? 합의 혹은 인정?

종합하면, 논쟁성 원칙은 교수자가 자신의 개별적 확신에 대한 성찰적 거리두기를 목표로 삼는다. 이는 학습자의 관점들을 확대할 수 있는 학습 내용 선정과 구조화를 근거 있게 시도하기 위한 것이다. 이는 단순히 관점들을 양적으로 다루는 문제가 아니다. 그보다는 조화될 수 없는 것으로 보이는 관점들의 상호적, 병립적, 대립적 관계를 교육 경험으로 제공하는 질적인 물음이 중요하다. 이는 학습자의 자유를 가능하게 하고, 이를 통해 사회적 자유의 가능성을 확대하기 위한 것이다. 이것이 논쟁성 원칙의 강점이자 동시에 논쟁성 원칙에 제한을 가져올 수 있는 특성이다.

4. 틸만 그라메스
Tilman Grammes

범례의 원칙[2]

1. 개념과 전통

범례의 원칙은 "모든 교수(가르침)의 구조적 요소"이다.^{Scheuerl, 1964: 81} 범례는 학습자에게 사례에 대한 학습을 가능하게 하는데, 범례는 특별한 예시로서 일반적인 것을 추론할 수 있는 기능을 하기 때문이다. 따라서 범례의 원칙은 실체나 어떤 구체적이고 중요한 요소들

---

2. 사례로부터 배우는 것을 의미하는 사례학습은 귀납적으로 구체적인 명시적인 사례에서 출발하여 추상적·보편적인 것을 도출하는 "사례원칙(Fall-Prinzip)"에 기반한 학습을 의미한다. 즉, 사례학습은 인식적 구조 형성에 도움을 주어 유형이 비슷한 다른 사례를 이해하고 판단할 수 있도록 하는 것이다. 보편적인 것을 내재한 특별한 것으로부터 보편적인 것을 명확히 이해하면 새로운 특별한 것을 이해할 수 있게 된다. 이를 위해 사례들은 갈등, 권력, 이해관계, 공공성, 권리, 법, 결정, 제도, 이념, 인간 존엄, 경쟁, 시장, 민주주의 질서 등 "근본적인 것을 내재한 카테고리"나 "시대의 당면한 핵심적 문제"를 내재하고 있어야 한다(Grammes, 2005: 93-97, 104). 사례학습에서 교사는 현실을 정확히 비춰 줄 수 있는 보편적인 것을 이해하는 데 효과적인 사실적 모델 사례를 발굴할 필요가 있다[장준호(2021), 「시민교육의 전문성은 무엇인가?」, 『한·독사회과학논총』 2021년 겨울, 121 참조].
범례란 모범(귀감)으로 삼을 만한 사례라는 뜻으로 사례를 범례로 번역하기도 한다. 다양한 사례를 모두 다루기 어려우니 그 사례들 중에서 모범이 되는 사례를 선정하여 다룬다는 의미이다.

을 지칭하는 것이 아니라, 하나의 관계적 개념으로서 교수법적 대표성의 상태, 즉 구체적인 것과 추상적인 것, 관점과 개념, 사례/예시와 원칙/규칙/법/일반성의 관계에 대한 것이다. 이를 통해 모든 수업 내용이 하나의 범례로서 교육적 효과를 지닌 것으로 보일 수 있는데, 수업 내용이 무엇보다 요소로서 일반적인 내용을 나타내고, 근본적이고 기본적인 관점을 전달한다는 측면에서 그렇다. 범례성은 교수법 분석의 다섯 가지 기본 문제에서 첫 번째를 차지한다. 해당 내용은 어떤 일반적인 상황, 어떤 일반적인 문제를 보여 주고 있는가를 묻는 것이다.^{Klafki, 1999; Meyer/Meyer, 2007: 67ff.; May/Pohl, 29ff. 참조}

<small>일반적인 것에 대한 기여</small>

현대 학문과 관련된 지식의 폭발적 증가는 자료와 암기의 부가적인 병치를 통한 백과사전식 지식 처리를 무가치한 것으로 만들었다. 이로 인한 불확실성은 넘치는 자료와 과도한 업무량으로 인해 점점 더 교육의 위기로 인식되었다. 제2차 세계대전 이후 시대의 슬로건은 "적을수록 더 많다", "빈틈을 남기는 용기", "백과사전식 접근보다는 심화/철저함", "일정한 학습 속도 대신 우회와 실수에 대한 권리"이다.^{1951 튀빙겐 선언 참조} 풍부한 이해를 동반하는 학습 촉진에 필요한 학습 속도에서의 유연성과 개인화를 위해서는, 수업 교안에서 지엽적 부분을 제외하고 학습 요소를 집중화함으로써 시간적 여유를 보장해야 한다.

<small>지식의 폭발적 증가</small>

범례의 원칙에 대한 논의는 먼저 주로 자연과학 과목에 초점을 맞추고 있다. 왜냐하면 자연과학 과목에서 특별한 사례(실험)와 일반적인 자연법칙의 관계가 더 명확하게 보이기 때문이다.^{Wagenschein, 2010 참조} 사회과학 과목들의 경우 범례적 교수학습의 선택 및 구성 원칙은 섬 형성, 씨앗의 힘, 지식의 응축 또는 의미 있는 '뿌리내림'과 같은 언어적 이미지를 통해 모호하게 설명되고 있다.

<small>언어적 이미지</small>

하나의 결정적인 교수법적 자극은 1968년 프랑크푸르트학파의 비

경험적 접근법 판이론과 노동조합의 정치교육에서 나왔다.^{Negt, 2016: 78-99 참조; Hufer und Hafeneger 참조} 오늘날까지 영향력 있는 경험적 접근법은 노동법적 또는 기술정책적 갈등을 주제로 하여 학습자의 소외되고 파편화된 일상적 해석 패턴을 주관적으로 의미 있는 경험을 통해 깨뜨리는 것을 목표로 한다. 범례적인 것의 양면성은 현재의 사례가 누군가에게 (주관적 관련성, 관심 및 동기)뿐만 아니라 어떤 것에 대해서도(사회에서의 객관적 중요성) 관련성이 있어야 한다는 점에 있다.^{Giesecke, 1979: 183 참조; Gagel, 2000: 149-180}

사회과학 모델 범례의 원칙은 사회과학 모델 "경제 원칙"에 기여하는 "범례적 관념들"로서 체계적으로 논의되었다.^{Wilhelm, 1967: 305-308} 베른하르트 주토어^{Sutor, 1971: 233-264 참조}는 아리스토텔레스에 기반한 실천적 정치학의 관점에서 범주 형성과 양심 형성에 기여하는 범례적 교수법을 공론화했다. 그 이후로 논의는 정체된 상태이다. 범례의 원칙은 사회과학 교육, 특히 가르침의 예술 교수학에서 새롭게 다루어졌다.^{Leps, 2006: 55-74 참조} 발생학적 정치교수법에서는 미시 세계와 거시 세계를 연결하는 다리로서의 기본 현상은 범례의 원칙을 구체화한다.^{Petrik, 2013, 6장 참조}

2. 교수법적 대표성의 위기

디지털과 알고리즘 무엇이 범례적인 것인지에 대한 규정에서 현재의 불확실성은 교수법적 대표성의 일반적 위기에 기초하고 있다. 디지털 네트워크 사회에서 기계적 알고리즘은 점점 더 중요한 정보의 선택을 받고 있으며, 이는 예전에 구텐베르크 세계에서 저자, 편집자 및 교수법 학자와 같은 이른바 **문지기**Gatekeeper의 손에 달려 있던 교육적 핵심 과제였다. 디지털화와 세계화의 조건에서 교육의 일반성에 대해 질문하는 사회학적 시대 진단은 특수한 사회를 관찰한다.^{Reckwitz, 2019 참조} 여기서 범례는 표본 추출이나 확률 계산에 의해서 대체되고, 이로 인해 범례적인 것은 보통의 것이 되고, 모든 것은 고유성을 주장한다.^{Dörpinghaus, 2020 참조} 수업 문화에서 전지적 교사 역할(**여행자 교실**)은 점차 디지털 지식 공유 공간(**시민 교실**)으로 전환되고 있으며, 여기서 교사의 전문성은 동료 학습공동체, 그룹 작업, 자유작업 동아리, 또는 학생 발표로 대체되고 있다.^{Torrau, 2020; Grammes, 2012 참조}

그러나 학습 체계로서의 다원적 민주주의는 시민들의 집단적·사회적 기억으로서 공유된 최소한의 대화 지식을 요구한다. 예를 들어 임의적으로 바꿀 수 없는 헌법과 같은 범례(사례, 패러다임)는 공공의 소통을 위해 세대를 넘어서는 참고 사례로 역할을 하며, 이러한 범례는 비판과 대안을 표현하는 데 필요한 전제 조건이 된다. 범례의 원칙은 "의사소통의 보편적인 전제의 일반화로서" 일반교육에 대해 생각해 보도록 요구한다.^{Tenorth, 1994: 99f} 이러한 시민적·민주주의적 정치 리터러시의 표준은 논란의 여지가 있는 공개 토론을 통해서만 형성되며 지속적으로 면밀히 검토하고 재구성해야 한다.

사회적 기억과 표준

3. 인식론: 개별 현상과 사회적 총체성

범례의 원칙은 필연적으로 개인 학습과 사회 학습을 연결하는 사회과학의 인식론에 기반하고 있다. 정치교육에서 범례적인 것은 사회적 총체성의 "전체"로도 볼 수 있으며, 이는 모든 사회적 인식의 출발점이자 생활세계의 틀을 형성하며, 그 안에서 모든 개별 경험이 비로소 정리된다. 쿠르트 게르하르트 피셔^{Kurt Gerhard Fischer, 1993, 1960; Sander, 2017}는 정보와 정보에서 도출된 후천적인 결론으로서 인식, 그

통찰 교수법

리고 예를 들어 "모든 인간은 평등하다"는 전제처럼 선험적으로 사고의 전제가 되는 근본 통찰들을 구분했다.

사회과학의 인식론 사회과학의 실증주의 논쟁을 반영하는 정치교수법적 논쟁은 사회적 총체성을 인식할 수 있는 기본적인 가능성과 인간 인식의 상대성에 관한 것이다.

- (칼 포퍼의) 비판 이성주의 학문이론 및 사회 이론과 다원주의 이론에 기반을 두고 있는 정치교육의 자유주의 혹은 사회 구성적 입장에서 보면 총체성의 인식 가능성은 항상 부분적이고 잠정적으로 가능하다.
- 비판 정치교육의 관점에서 범례 학습에서의 일반성은 "모든 사례의 전체가 아닌, 개별 '사례'의 '예시'에서 추출될 수 있는 전체 사회, 사회의 체제, 상호 연관성"을 말한다.Schmiederer, 1977: 150 개별적 영역과 과정은 그러한 것이 "사회적 연관성 속에서 이해되고 또 그것으로부터 도출되거나 설명될 때" 비로소 제대로 이해될 수 있을 것이다.Negt, 2016

후기 근본주의 이론 신물질주의, 행위자-네트워크 이론, 과학 기술 연구 등과 같은 후기 근본주의 이론은 인간-기술-자연-동물의 관계를 새롭게 결정하고 정치교수법으로 탐구한다.Friedrichs, 2020 전체와 부분의 관계는 데카르트의 재현주의와 매개의 논리에서가 아니라, 논쟁의 과정적 논리, 소실점 없는 관계주의 결합(내재론)의 논리 속에서 정돈된다. 일반성의 규범은 의문시되고 **다중**多衆(수량, 다수)의 논리로 대체된다. 범례 기반 정치교육은 정치 학습 교실의 성격을 가지고 있는 집단적 민주주의 실험공동체가 하나의 "중단의 예술"Friedrichs, 2020: 195을 연습하는, 그리고 프로젝트 방식의 "사건 발생"을 가져오는 관리된 사회적 행위라고 할 수 있다.

4. 학습이론: 인지 구조와 개념적 전환

범례 학습은 일반적인 것을 보여 주는 하나의 특별한 것에서 일반적인 것이 구체적으로 명확해질 때, 일반적인 것이 하나의 핵심 개념, 규칙, 문제로서 새로운 특별함을 다시 인식할 수 있게 될 때 인지학습이론과의 연계 속에서 하나의 "맥박"처럼 이상적으로 실현된다.^{Hilligen, 1991: 33} 귀납적·연역적 지식 형성 사이의 상시적 교체, 발견 학습과 지향성 학습의 상시적 교체의 상황에서 인지적 구조가 만들어지고 재조직된다.^{Gagel, 2000: 181-270} 학습된 행동 방식을 유사한 구조의 상황과 과제로 옮기는 전이는 자동적으로 발생하지 않는다. 경험 학습 연구 성과에 따르면 충분히 숙고되지 않은 전이는 잘못된 유추의 형성으로 이어질 수 있다. 그러나 '아버지 국가'와 같은 오해, '학급대표선거=연방의회선거', '연방의회=유럽의회'와 같은 잘못된 이해는 사회정치 학습 과정에서 거쳐야 하는 과도기적 단계일 수 있다.

그와 다르게 교육학과 사회 현상학 학습이론은 범례인 것을 수업에서 "사회적 개념 전환의 단계"로 간주되는 자극, 교란 또는 혼란에서 범례를 더 강하게 찾는다.^{Petrik, 2013 참조} 대체로 학습자는 학습 과정의 마지막 단계에서 내용을 하나의 범례로 인정할 수 있는지 왜 그렇게 될 수 있는지, 다시 말해 무엇을 일반적이라고 할 수 있는지에 대해 평가할 수 있다. 이것은 정치과목 수업에서 일반화라는 하나의 독립적인 단계를 요구한다.

(여백주: 맥박 명제 / 전이와 언어 유추 현상 / 개념 전환)

5. 발생적 지식 형성과 사례 원칙

범례 학습은 발생학 원칙과 연관되어 있는데, 이것은 지식 형성의 하나의 특정한 양식을 서술한다. "무질서하게 뒤섞여 있는 결과물의 이해를 위한 길은 그것이 지나온 이력에 관한 연구를 통해 이루어진다."[Dewey, 1993] 발생학적 학습 환경에서 사회적·정치적 지식은 원칙적으로 불확실하고 논쟁적이고 가설적 지식의 형태로 나타난다.

학생의 질문 학생의 질문은 종종 범례에 기반한 학습의 기회를 가져온다. 고전적인 발생학적 학습 환경(표본)은 예를 들어 "우리는 하나의 마을공동체를 만든다"와 같은 학습극처럼 로빈슨 크루소식 모험소설의 변형들인 것이다.[Petrik, 2013]

범례의 원칙은 사례 원칙과 밀접하게 관련되어 있다. 사례 분석이 "이해할 수 없는 개념적 곡예" 없이 어떻게 범주와 통찰을 이끌어 낼 수 있는지는 슈피겔 사건[3]의 사례에 근거해서 분명히 드러낼 수 있다.[Engelhardt, 1964 참조] 종종 간과되는 것은 사례들은 특별 사례와 일반 사례의 관계를 다르게 나타낸다는 것이다.[Gagel, 2000 참조]

- 적용 혹은 예증 사례로서 완결된 사례는 어떤 주어진 이론이나 사태를 증명하고 일목요연하게 드러내야 한다.
- 행위 특성이 있는 전체 과정으로서 미완성 사례의 연구는 명확하게 범례 학습의 대상이 된다. 현실은 그것의 구체적 표현에서 분석의 대상이 되며, 그리하여 "고찰의 대상 자체가 이미 어떤 추상성을 드러내지 않는다".[Schmiederer, 1977: 149] 미완성 사례는 하나

---

3. 1962년, 독일의 주간지 《슈피겔(SPIEGEL)》의 편집자 7명이 '국가 반역'으로 체포되어 언론의 자유에 대한 가장 큰 공격으로 간주되었던 사건. 추후 근거가 없는 것으로 밝혀져 당시 국방부 장관이 사임했다.

의 인식의 추가적 가능성을 내재하고 있다(교수법적 "생산성").

실제 수업 상황에서 범례는 예시적인 예(사례)의 선택과 동일시되며, 일반적이고 필연적으로 추상적인 것을 결정하는 반작용, 즉 질서 개념은 무시된다. 학습에서의 어려움은 하나의 개별 사례에서 의도되었던 일반성을 학생 스스로 발견할 수 없다는 것에 있다. 이는 학습자에게 일반적인 것과 특별한 것이 구분되지 않기 때문이다. 종종 두 사례에 대한 대조적 비교, 즉 이중 사례 원칙은 유사성과 차이성에 대한 인식을 통해 일반적 인식과 관점을 가능하게 한다. 대조적 사례는 낯설게 하는 효과를 유발할 수 있으며, 이를 통해 일상생활에서 **당연하게 받아들여지는** 관점이나 문화적 질서의 자명함을 본보기적으로 드러내고, 비판을 가능하게 하며, 대안으로 나아갈 수 있는 길을 열어 준다. 이러한 예로는 성별이나 연령에 대한 서로 다른 문화적 코딩이 있다. 이러한 이중 사례 원칙은 1989년까지 서독 정치교육의 민주주의와 독재의 체제 비교에서, 혹은 동독 국가 시민 교과의 사회주의와 자본주의 비교 수업에서 수업 실천의 구조를 구성했다. 하지만 이중 사례 원칙을 통해서 고전적이고 순수한 사례와 아직 열려 있는 최신의 '혼합된' 사례를 연관시키는 가능성 -예를 들어 고대 헌법과 현대 헌법을 연관시키는 것- 은 거의 없다.

이중
사례
원칙

6. 커리큘럼에 따른 접근 방식: 초등학교 정치교육의 핵심 커리큘럼과 규준

바이마르공화국에서 근대 정치교육이 시작된 이래로, 시사 이슈는 동기를 부여하는 모범적인 학습 기회로 여겨져 왔다.[Busch, 2016 참조]

시의성
원칙
"정치교육의 교재는 상대적으로 교체 가능하다." 시의성 원칙에 대한 간결한 표현으로 쿠르트 게르하르트 피셔[Fischer, 1993]는 정치교육의 내용이 끊임없이 빠르게 변화하고 있으며, 동시에 정치에 대한 인식의 출발점이라는 사실에 주목한다.

시의성 원칙은 명확한 근거에 기반한 범례 학습 내용의 선택 및 배열을 어렵게 만든다. 사회과학 과목의 교육과정 이론에서는 범례적인 교수법적 표현과 커리큘럼의 구조화를 위해 다양한 접근 방식이 사용되어 왔다.[Scheuerl, 1964 참조]

6.1 개념과 모델

현재의 사례들이 끊임없이 바뀌더라도 이를 다루는 개념적 도구들은 일정하게 유지될 수 있다. 이러한 일반적 도구는 정치교수법에서 범주, 관점, 기본 또는 전문 개념으로 서로 다르게 불린다. 전문

아이디어의
네트워크
용어는 아이디어의 네트워크를 형성하기 위해 연결되어야 하는 매듭과 같다. 하지만 교육 실무에서 용어는 종종 부가적이고 유행어처럼 남아 있다.[Petrik, 2013] 사회과학 모델은 이해를 돕는 범례 역할을 해야 한다. 정치 순환 주기, 경제 순환 주기 혹은 사회적 역할 및 정체성 모델이 그러한 사례들이다. 이러한 모델 사례나 전형의 특별한 경우는 이념형이며, 이는 사회학적 구성물로서 탐구 목적에 사용된다. 실제 수업에서 영향을 미칠 수 있는 이념형은 행동경제학에서 경제적 인간을 말하는 **호모 오이코노미쿠스**나 역할 이론에서 말하는 사회적 동물인 호모 소시올로지쿠스 혹은 정치학 이론의 다양한 시민 모델이다.

6.2 핵심 문제와 미래의 문제

영구적인 화두로 떠오른 갈등은 구조적 문제로 응축된다. 그리고

이 문제는 근본적 정치적 물음으로 정식화될 수 있다. '무엇이 쟁점인가?'라는 포괄적 질문을 통해 볼프강 힐리겐[Hilligen, 1991: 21, 1961년 처음 출간]은 '위험과 기회'를 포함하는 '도전'인 실존적 핵심 문제로 글로벌 상호의존성과 환경 파괴를 언급한다. 행위와 구조의 상호관계에 대한 통찰, 그리고 예를 들면 기후정책에서 개인 행위의 의도하지 않았던 구조적 효과에 대한 통찰은 범례적이다. 미시적 영역에서 개인 행위는 그것의 세계적 일반화 원칙에 대해 체제적인 거시 영역에서 평가될 수 있다. 이러한 시대의 전형적인 핵심 문제들에 대한 다양한 목록을 볼프강 클라프키Wolfgang Klafki가 제시했고[Meyer/Meyer, 2007: 122 참조], 이는 발생학적 정치교수법에서 10개의 사회정치적 기본 갈등으로 제시되었다.[Petrik, 2013: 156-160 참조; 이 책 Ⅲ부 「수신자 지향」, 「문제 지향」 참조]

행위와 구조의 상호관계

6.3. 행위자와 실천된 행동 패턴

권위주의 체제와 독재 정권의 정치교육Erziehung에서 황제, 지도자, 국가정당과 같은 개인숭배는 대체로 범례 교수법 환원의 부정적인 형태를 보여 준다. 민주주의 사회에서 모범적 롤 모델은 더 이상 남성 영웅이 아니라 남성이나 여성 모든 사람('일상의 영웅'), 즉 원칙적으로 각자의 개성을 지닌 모든 사람이 된다. 그들은 살아 있는 일상의 시민성에 기초해 수행된 행동양식을 제시한다.[Sutor, 1971] 자유로운 토론, 사안에 대한 논쟁, 민주적이고 평화로운 갈등 규칙이 그러한 사례들이다. 탈식민지 정치교육은 글로벌 남반구의 행위자를 통해 **사망한 백인 유럽 남성**Dead White European Males의 과도한 대표성을 해체한다. 정치교육의 수업 교실에서 국가집단적 행위자라는 단어의 언어적 사용을 통해서 나타나는 교수 방법적 연역, 즉 "우리 미국인(터키인, 중국인)"이라는 표현에 대한 이견이 제기된다. 대안적 요구는 교수법적 "회복"(한스 글뢰켈)과 다양한 관점의 차별화를 통

롤 모델

해 나쁜 추상화와 일반화를 수정할 수 있고 이를 통해 '전체의 진실'을 드러낼 수 있다.

6.4. 기본 이론과 고전 텍스트

포스트모더니즘의 "위대한 서사의 종말"(장 프랑수아 리오타르) 이후에도 정치교육에서 고도의 추론 기능을 가진 텍스트는 범례적[모범적] 텍스트로 인용될 수 있다. 여기에는 실용적인 대중 과학 서적의 사회 진단이나 정치이론이 포함되며, 이는 다량의 인식된 현상을 의미 있게 재구성하는 이념적 기초지식을 전달한다. 정치수업을 위한 표준적인 고전 텍스트의 성격을 가지고 있는 문헌 목록은 1949년 이후의 모든 개정 사항이 수록된 기본법[헌법]처럼, 민주주의 이론의 영역이나 발생학적 출처의 비판적 편집본으로 저작 자료 목록에 제시되어 있다.

6.5. 가변적 구조와 방법들

변화하는 일상의 최신 사례들은 꾸준한 방법론적 접근을 통해 공개될 수 있다. 정치 교과서에 나와 있는 방법론이 그러한 사례이다. 민주주의 사회의 기본적 의사결정 절차와 그에 내재된 의미는 언어의 문법에 비유할 수 있는 제도와 관련된 정치적인 것의 "문법"을 형성한다.^{Grammes, 2012 참조} 방법론적 절차는 정치교육의 단계적 구조에서 모범적이고 범례적인 자기주도적 학습 경로로 설계할 수 있다.^{Reinhardt, 2018 참조}

일반교육 모든 학교 과목의 차원에서 범례의 원칙은 교육의 일반성과 세계 경험의 다양성을 과목 이기주의와 분과학문의 백과사전식 표현에 대해 교육이론 관점에서 정당화할 것을 요구한다.^{Tenorth, 1994}

다양성 다양한 학교문화 안에서 학생이 (정치과목) 교사를 자신에게 중요한 모범적인 역할 모델로 경험할 수 있다면, 이를 과소평가해서는 안 된다. 예를 들어, 정당의 적극적인 당원이나 사회단체의 헌신적인 회원, 또는 교실에서 눈에 띄는 소외된 사회집단의 대표자로서, 예컨대 성소수자LGBT, 흑인권리운동단체BLM 또는 환경단체FFF와 같은 사회운동의 일원으로서 말이다.

7. 수업 사례: 모범적 실제 모델과 변형

교사 스스로도 교과교수법의 직업문화를 위해 모범적인 참고사례(**우수/최우수 사례**)가 필요하다. 정치교수법에서 성찰의 전통에서는 질적으로는 높은 수준이지만, 흩어져서 출판된 수업보고서가 많이 있다.^{Busch, 2016 참조} 이러한 자료는 여전히 '보물상자'로 인식되는 경우가 너무 드물어, 교과교수법 참고문헌이나 디지털 아카이브에서 수집되어 주석이 작성되어 계속 개발되고 있다. 일례로 『교수법 가방 Der didaktische Koffer』이 있다.^{Martin-Luther-Universität Halle-Wittenberg 출판}

국제적으로 소개된 자료인 「**시사점과 학습연구**Lesson and Learning Study」는 '기본권'이나 '선거'와 같이 자주 반복적으로 다뤄지는 내용을 다루는 수업의 교수법 유형들과 교수법의 최적화를 위한 절차를 제공하지만 아직 정치교수방법으로 다뤄지지 않고 있다.^{www.walsnet.org 참조}

시사점 탐구

'가르침의 예술 교수학'은 교사들이 참여하는 가르침의 예술 워크숍에서 인류의 근본적인 문제에 초점을 맞추는 학습극을 개발하고 있다.^{www.lehrkunst.org; Petrik, 2013; Leps, 2006; Grammes, 2004 참조}

가르침의 예술 교수학

5. 알렉산더 보니히
Alexander Wohnig

행동 지향

행동 지향의 교수법 원칙은 정치교육에서 중심적인 역할을 한다. 이 원칙에는 교육 주체들이 자신에게 주관적으로 의미 있는 지식을 자율적으로 습득하고 행동할 수 있도록 하는 교육적·교수법적 원칙이 표현되어 있다. 주체 지향, 참여자 지향 등으로 불리는 이 원칙은 "정치적, 민주적 과정에서의 행동의 의미에 해당한다. 모든 민주 국가 시민의 정치 체제 및 시민 사회에 대한 참여의 권리"[Reinhardt, 2009: 105]이다. 이러한 행동 지향에 대한 이해의 정치교수법적 정당화는 첫째, (특히 주체의 참여 요구에 대한) 민주주의 이론, 둘째, 주체 이론(subjekttheoretisch: 학습자의 인지적 관심이 중심이 되며, 이는 교수법 접근을 정당화함), 셋째, 학습이론(학습·성찰 및 행위·활동의 일치) 측면에서 가능하다. 이 점들에 대해서는 아래에서 다루기로 한다. 첫 번째 정의를 바탕으로, 아래에서는 정치교육에서 경계가 뚜렷하지 않은 두 가지 행동 지향 수준을 설명하고 구별할 것이다.

> 정당화

> 두 가지 수준의 행동 지향

(1) 행동 지향 원칙은 정치교육의 특정한 **방법**에 해당하는 원칙으로 이해되는데, 이러한 원칙이 좋은 정치교육을 위해 필수적이라는 데에는 합의가 이루어져 있다(협의의 개념). 이 수준은 이러한 측면

은 교육학적 교수법적 그리고 학습이론적 정당성에 중점을 둔다.

(2) 행동 지향 원칙은 흔히 '정치적 행동', '정치적 참여'나 '정치적 활동'이라는 개념을 사용하면서 정치 대상에 대한 접근 방식이나 형태, 정치교육 **목표**로 설명된다. 이 접근 방식은 정치교수법적 개념, 특히 갈등이 중심적인 개념에 내재되어 있기 때문에 개념적인 성격을 가지고 있다.Nonnenmacher, 1999와 Wohnig, 2021a 참조 민주주의에서 정치교육은 시민들의 협력적 삶의 유지에 관한 대등하고 상호적인 협상과 결정 과정에 대한 동등한 접근성을 상징적 핵심으로 하는 정치적 행동의 개념 형성에 대한 참여를 요구한다.Richter, 2016 이에 민주주의는 대상자들이 이러한 개념(광의의 개념) 형성에 참여할 수 있는 역량을 키우는 역할을 해야 한다.

이러한 이해에서 다시 정치교육에 대한 다음과 같은 관점이 나타나는데, 즉 정치교육을 (유권자로서 선거 참여 능력의 신장, 학교 밖 활동을 위한 역량 신장과 같이) 이후의 정치적 행동을 위한 예비 입문 교육으로 이해하는 측면과 정치적 행동 자체를 정치적 행동 역량 신장이라는 목표를 추구하는 교육적 교수법적 관점으로 서술하는 것이다. 이러한 관점은 민주주의 이론적 근거에 초점을 맞추고 있다.

1. 방법으로서의 행동 지향 원칙

정치교육의 실제에서 행동 지향 원칙은 정치교육이 목표로 하는 정치 행동 및 참여 **능력**(학술적 입장에 따라 행동 역량이라고도 함) 함양이라는 목표에 도달하기 위한 방법으로 이해된다. 정치교육에서 정치 역량에 관한 논쟁은 다음의 네 가지 측면으로 서술되는데,

| 행동 역량 | 이는 교수학습 과정의 교과 관련 측면을 개괄적으로 설명한다. 즉 정치적인 행동 역량, 교과 지식, 정치적 판단 역량, 정치적 태도 및 동기가 그것이다. 행동 역량 내에 의사소통적 정치 행동의 역량과 참여적 정치 행동의 역량이 구분되는데, 이러한 것들은 행동을 지향하는 수업을 통해 증진될 수 있다. 그러한 역량에는 표현하기, 논증하기, 협상하기, 결정하기가 있다. 여기서 수업은 "정치적 실제 행동의 한 부분으로서 참여적으로 결정하기를 단지 제한적으로만 증진할 수 있다"는 점이 강조된다.^{Massing, 2012}

| 학교 수업 계획 | 행동 혹은 참여 **능력**, 행동 역량의 목표는 학교 수업계획의 학습 단계에서 중점적으로 적용되는 방식으로 계획된다. 행동 역량의 조정을 위해 찬반 토론이나 설정된 토크쇼와 같은 방식의 시뮬레이션 방법이 권장된다. 이러한 방법을 사용할 때 관건은, "표현하기, 논증하기, 토론하기, 협상하기, 구체적 판단 질문에 대해 결정하기"와 같이 위에서 언급된 역량들을 지원하기 위한 의사소통적인 정치적 행동을 가능하게 하는 것처럼, 지식을 토대로 행동적으로 다루는 것을 가능하게 하는 것이다.^{Achour et al., 2020: 52} 또한 "갈등을 다루고, 관점을 채택하고, 타협점을 찾는 능력"과 같은 민주주의 관련 기본 역량에 관한 훈련에 매진해야 한다. 그런 관점에서 이해되는 행동 역량은 방법 역량과 긴밀하게 연계되어 있고, 이는 정치과목 수업의 구체적 방법과 연계되어 있다. 서술된 다양한 방법이 서로 연계 없이 별개로 다뤄지면 그것 자체가 목적이 되는 위험이 발생한다. 그러한 방법이 수업 과정들을 위한 하나의 전체 개념과 연계되고, 정치교수법 목적에 영향을 미치면 방법들의 의미가 적절히 발전된다.

| 시뮬레이션 방법 | 몇 년 전부터 교육 주체의 행동 역량을 증진하기 위한 시뮬레이션 방법이 크게 주목받고 있으며, 특히 상황극 방법에 많은 관심이 집중되고 있다.^{Petrik/Rappenglück, 2017} 이 방법이 정치 학습과 정치 참

여에 미치는 영향은 현재 연구되고 있으며, 긍정적으로 강조되고 있다.^{Schedelik, 2018} 상황극을 통해 정치적 지식과 정치적 판단력의 형성이 이뤄지고 실습될 수 있다는 것이 인정되었다. 이러한 것은 하나의 보호된 교육 공간에서 일어난다. 즉, 행동은 정치적·사회적 실제에 대해 어떠한 영향을 미치지 않은 채, 행동 역량의 강화를 위한 동기 요인으로 이용될 수 있고, 이는 정치적 행동을 위한 능력 강화를 가능하게 하는 것으로 이해되고 활용될 수 있다.

위에서 제시된 지빌레 라인하르트Sibylle Reinhardt의 정의에 따르면 "행동 지향적 수업에서 학습하는 주체의 행동은 활기 있고, 활동적이며 주도적이다".^{Reinhardt, 2009} 행동 지향 수업은 감정 및 실제 행위를 수반한 인지적 과정에 연계되는데, 여기서 학습은 하나의 전체적인 것으로 간주되고 행동하는 주체(학습자)가 수업 과정의 중심에 위치한다. 덧붙여, 행동 지향성은 공동의 협동학습이 합의를 필요로 한다는 점에서, 그리고 행동 지향 수업은 실제 정치적·공동체적 관점에서 하나의 예비 교육적 기능을 요구한다는 점에서 민주적이다. 그러한 수업은 "독립성, 활동성, 협동성, 의사소통, 생산성, 책임 수용이라는 특성이 있기 때문"이다. **학교에서의 학습**

좁은 의미에서 방법으로서의 행동 지향은 적어도 간접적으로 목적으로서의 행동 지향을 의미한다. 어떤 교육적으로 보호된 공간에서 행동 지향 형태로 학습 대상자의 행동 연계가 수업 과정에서 처음부터 가능하다면, 정치적·사회적 행동은 연습될 수 있고 학습 상황이 아닌 상황에서도 정치적·사회적 책임이 쉽게 수용될 수 있다. 이것이 '정치적 행동'이라는 목표가 사회정치적 토론이나 숙고의 실제 상황에서 연습될 수 있다는 것을 의미하는 것은 아니다. 그보다는 다음에 제시된 경우와 같은 상황에서 그렇다.

2. 목표로서의 행동 지향 원칙

정치에 대한 접근   행동 지향은 정치교육의 '전략' 혹은 '개념'으로, 즉 정치에 대한 구체적인 접근 방식으로 간주된다. 모에글링Moegling에 의하면 이러한 관점에서 행동 지향 원칙은 "수업 혹은 수업 밖의 상황에서 가능한 한 자기주도적으로 행동하는 것, 독자적인 정치적 행동 혹은 타인 행위의 분석을 포함한다."Moegling, 2007: 100 과제 기반 연구와 학교 밖 정치 행동 참여가 그러한 경우에 해당한다. 행동 지향 원칙에 대한 이러한 입장은 "정치적 행동 상황들을 수반한 경험을 가능하게 하는 것"Moegling, 2007: 105을 목표로 한다. 이러한 방식으로 행동 지향 원칙이 매우 폭넓게 이해되면, 방법에만 초점을 맞추는 입장에 대한 비판이 제기될 수 있다. 실제의 정치적 행동을 수반한 경험을 가능하게 하는 것, "주체적 행동, 정치적 행동"을 가능하게 하는 것이 그 핵심이다.Nonnenmacher, 2011: 83

실제 정치적 행동   정치교육에서 시뮬레이션 행동은 습득한 지식 및 형성된 판단력 및 교육적 공간에서 이러한 지식이나 판단을 활용한 안전한 경험의 표현을 위한 방법으로 간주되는 반면, 실제 정치적 행동은 학교 밖에서도 학습 기회이자 정치교육의 목표로 설명된다. 정치적 행동은 학습자가 판단 형성이나 시뮬레이션 행동을 넘어 정치적·사회적 개방 상황에서 실제로 행동할 기회를 얻음으로써 학습 내용을 배우는 것이다. 여기서 핵심적인 것은 이러한 행동이 자발적으로 일어나고, 학교에서 의무적으로 행해져야 한다는 요구는 없다는 것이다. 이는 하나의 실험으로 이해되고, 무엇보다 숙고를 위한 기회로서 정치교육의 시작점이자 대상으로 간주되며, 이것에 연계되어 갈등에 대한 성실한 분석이 행해진다.정치교육 수업에서 정치적 행동의 정당성의 조건에 대한 내용 참조, Nonnenmacher, 2011 라인하르트의 관점에서, 행동 지향 원칙은 민주적 개방성, 즉 민주적 상징주의의 이행에서 '실제성'에 근접할 뿐 아니라 Reinhardt, 2009, 그것 자체가 실제의 정치적 행동이다. 라인하르트의 관점에 따라 그리고 학교와 관련하여, 개별 학습자뿐 아니라 하나의 그룹으로서, 그리고 학교 밖의 체제라고 할 수 있는 정치적 행동에서도 학습이 이뤄진다.

이러한 정치적 행동 역량에 대한 이해는 갈등에 초점이 맞춰진 정치교육에 대한 이해와 밀접하게 관련되어 있다. 다원주의적 민주주의 사회에서 피할 수 없고 긍정적으로 인식되어야 하는 정치적·사회적 갈등은 정치적 공동 결정과 정치적 행위에 대한 동의의 기회를 열어 준다. Giesecke, 1972 정치적 행동 역량은 행동 자체에만 기반을 두는 것이 아니라, 정치 사회적 갈등에 대한 분석과 정치적 판단 형성에 기초를 두고 있다. 따라서 행동 지향 원칙은 정치적 지식 습득·자신의 이해관계 인식·정치적 판단력 형성·정치적 행동이라는 일련의 정치교수적 목표의 일부이다.

<small>정치교육의 갈등 중심적 이해</small>

그러나 순서가 반드시 고정되어 있는 것은 아니다. 행동 지향 원칙이라는 목표를 실제 정치적 행동의 경험으로 이해하는 정치교육은 정치적 행동을 정치적 지식 습득을 위한 동인으로 정의할 수 있다. 행동에 대한 성찰은 새로운 학습 및 교육을 위한 동기들을 제공하고 경험한 권력 체제와 지배체제를 분석하는 방식으로 정치에 접근할 수 있는 통로를 열어 준다. 따라서 성찰 단계, 그리고 대상과 내용에 대한 언급은 학교 안팎에서 정치적 행동을 가능하게 하는 행동 지향적 프로젝트와 절차의 '아킬레스건'이라고 할 수 있다. Reinhardt, 2009 행동과 사고, 행동과 성찰 사이의 관계는 교수법적 방법론으로 확립되어야 한다. 민주주의 이론 및 학습이론의 관점에서 이러한 입장은 존 듀이의 "반성적 사고 경험"에 대한 개념으로 정당화할 수 있다. "까다로운 정치교수법 개념은 활동과 성찰, 행동에 대

한 비판적 자기 점검, 비판적 판단의 형성에 대한 잠재적 필요성의 통합에서 출발해야 한다."^{Moegling, 2007}

규범적 틀   정치교육의 상황에서 정치적 행동의 평가를 위한 규범적 틀은 정치교육이 지향하고 있는 목표인 민주주의이다. 이는 한편으로는 민주주의 원칙이 존중되고, 기본권과 인권, 평등과 자유와 같은 민주적 가치와 규범 및 법적 기본 조건들이 정치적 행동을 통해 촉진되고 행동에서 표현된다는 것을 의미한다. 즉, 이러한 행동 지향의 목표는 민주화이다.

사회적 행동, 정치적 행동   또한 사회적 행동과 정치적 행동의 구분도 강조되어야 한다. 사회적 학습과 사회적 행동은 정치적 학습과 정치적 행동의 토대이자 예비 단계로 볼 수 있지만, 특히 민주주의 학습의 개념이 확장되는 배경에서 구분하는 것이 합리적이다. 사회적 학습은 공동체 행동과 함께 살아가는 사회적 기술을 개발하는 것을 목표로 하며, 예컨대 분쟁 해결이나 학교에서의 사회교육 실습 형식으로 훈련된다. 반면, 정치교육은 정치 사회적 갈등들의 분석, 판단 능력, 정치적 행동 능력의 함양을 목표로 한다. 정치교육은 정치적인 것의 핵심, 즉 정치적 갈등들을 주제로 한다. 이러한 측면에서 정치적 행동 지향 원칙은 개인적 판단을 기반으로 이러한 갈등 상황에 개입하는 능력을 의미한다. 정치적 행동은 사회정치적 조직 및 기관의 체제와 법과 제도에 영향을 미치는 것을 그 목표로 한다. 이를 위해 정치교육에서 대상의 명시적인 정치적 차원과 정치적 형성 및 행동 가능성에 초점이 맞춰져야 한다. 빈곤의 정치 사회적 문제는 생활필수품 기부와 같은 방법을 통해서는 정치적으로 충분히 다뤄지기 어렵다. 이러한 문제 발생의 근원적 조건이 되는 정치·사회·경제 체제의 분석에 기반해 정치적 행동을 통해 다뤄야 하며, 이러한 분석은 체제의 변화 혹은 유지를 위해 투입되어야 하는 정치적 행동의 근거가 된다. 하나의 집단에서 함께 행동하는 사회적 행동, 역량은 정치적 행동 능력의 일부분이지만 정치적 행동 능력과 동일시해서는 안 된다. "사회적 그리고 일상적 행동은 연결된 일반 규칙의 생성 과정에 초점이 맞춰져 있을 때 정치적인 것이라고 할 수 있다."[Lange, 2007]

행동 지향 원칙을 넓은 의미에서 증진하고 청소년들의 정치적 행동을 학습과 교육의 기회로 이해할 때 학교와 학교 밖 정치교육 파트너의 협력은 새로운 길을 열어 준다. 학교 밖 정치교육은 정치적 행동의 경험을 가능하게 하는 것을 목표이자 전문성 개념의 핵심으로 파악한다. 학교 밖 교육기관은 정치적 행동을 집중적으로 수행하고 정치교수법 과정을 실제로 구성할 가능성들을 제공한다.[Wohnig, 2020] 여기서 정치적 행동은 첫째, 정치교육의 목표로서 실제 상황에서의 실제적 행동으로 이해되며, 둘째, 그러한 목적에 도달할 수 있는 경로로 이해된다.[Wohnig, 2021]

학교 밖 정치교육

'행동 지향 원칙'이라는 목표에 핵심적 영향을 미치는 요소는 불평등이다. 이것은 특히 인종, 계급, 성별 등의 상이한 불평등 범주들의 동시성과 중첩성이 명확하게 나타나는 교차적 관점 Perspektive der Intersektionalität에서 그렇다. 단지 정치적 행동이 경험적으로 사회에 불평등하게 분포되어 있다는 것이 아니다.[Bödeker, 2012] 민주적 정당성의 문제를 제기하는 것, 정치교육에서 더 심각한 것은 정치 및 정치적 의문들, 주제들, 문제들, 갈등들을 다루고 판단하고, 동시에 이러한 결과를 공공에 공개할 수 있는 권리가 있다는 확신이 불평등한 사회로 인하여 손상되고 있다는 것이다.[Bourdieu, 1982] 개인 역량에 기반해 성공적으로 행동할 수 있다는 기대를 의미하는 자기효능감 개념의 관점에서 공감할 수 있는 것은 첫째, 이러한 자기효능감이 정치적 참여 권리들을 인식하는 데 핵심적이고, 둘째, 자기효능감에 대한 경험적 연구가 보여 주는 것과 같이 자기효능감은 개인의 정치적 행동 경험

불평등

에 의해 긍정적인 영향을 받을 수 있다는 것이다.[Quintelier/van Deth, 2014: 168] 무엇보다 불평등의 영향을 직접 경험했던 개인들이 정치적으로 말하고 판단하고 행위할 수 있는 권리가 있다고 느끼지 못하고 있다는 진단 결과는 정치교육의 가능성에 대한 시사점을 제시한다. "정치적 행동 지향 원칙"과 "실제적·정치적 행동"을 그 목적으로 이해하는 정치교육의 잠재력은 그러한 경험의 공간을 창출하고, 동행하며, 또한 자기성찰적으로 정치적 행동을 학습 및 교육 기회로 파악하게 하는 것에 있다.[Wohnig, 2021c 참조]

6. 잉고 유흘러
Ingo Juchler

학문 지향

1. 개념 정의

학교에서의 가르침과 배움은 포괄적인 의미에서 언제나 학문적인 지식에 근거를 두었다. 그러나 독일의 학교 수업을 학문에 기초하도록 결정한 시기는 1970년대 초반이 되어서였다. 이러한 학문 지향적 전환에는 일련의 급격한 사회정치적 사건과 분석이 선행되었다. 1957년의 이른바 스푸트니크 쇼크는 냉전 시대 기술 분야에서 소련에 뒤처질 수 있다는 두려움을 미국에 불러일으켰고, 이후 서방 세계의 학교와 대학교에서 전례 없는 교육 확장을 촉발했다. 독일연방공화국의 교육정책도 게오르크 피히트Georg Picht와 랄프 다렌도르프Ralf Dahrendorf의 사회과학 출판물과 1960년 후반의 학생저항운동에 힘입어 서서히 움직이기 시작했다. 피히트는 '독일의 교육 재앙'에 대한 연구에서 서독이 교육 분야에서 방향 전환을 하지 않는다면 다른 산업 국가들보다 경제적으로 뒤떨어지게 될 것이라고 주장했다.^{Picht, 1964 참조} 다렌도르프는 교육 기회 분배의 현저한 불균형과 관련하여 주로 시민권으로서의 교육에 관심을 가졌다.^{Dahrendorf, 1965 참조}

학문 지향적 전환 이전의 사회정치적 사건들

|독일
교육
위원회| 1970년, **독일교육위원회**는 교육제도를 위한 정교한 '구조적 계획'을 통해 이러한 사회정치적 과제를 해결하고자 했다. 학교교육에서 학술 지향이 핵심적인 특징으로 규정된 것이다. "현대 사회에서의 삶의 조건들을 감안하면 교수학습 과정은 학술 지향에 기초할 필요가 있다."^{Deutscher Bildungsrat, 1970: 33} 학교교육에서 학문 지향이란 "교육의 대상이 자연, 기술, 언어, 정치, 종교, 예술 또는 경제 분야에 속하는지 여부에 관계 없이 그 조건성과 확실성이 학문에 의해 인식되고 전달되어야 한다"는 것을 의미한다.^{같은 책} 이와 관련하여 수업에서 학습 대상과 학습 방법의 학문적 지향은 각 연령대에 관계 없이 적용되어야 한다. 따라서 오늘날에도 주정부 교육문화부장관협의체KMK가 인정하는 수업 설계는 "과학적 지식의 상태"를 기반으로 해야 한다.^{KMK, 2020: 6 참조}

학교에서의
학문 지향

수업
원칙

이러한 이유에서 학문 지향은 하나의 수업 원칙을 구성한다. 학문 지향을 바탕으로 한 교수학습 과정은 교육 내용과 수업에 그것을 전달하는 방식들을 최신의 학문적 지식수준에 맞추어 객관적으로 가르치는 것을 강조한다. 이 과정에서 학생들은 학문적 지식이 잠정적인 성격을 지니고 수정 가능하며 반론을 통해 논의가 지속되어야 한다는 점을 성찰할 필요가 있다. 하지만 "학문이 지닌 부족한 점 때문에 사실에 관한 지식을 제공하는 학문적 행위 자체가 불필요한 것은 아니다."^{Keil, 2019: 896} 이러한 배경에서 학생들은 예를 들어 인간으로 인해 생겨난 기후변화 등과 같은 사실에 대한 과학적으로 생성된 연구 결과와 가정된 '대안적 사실'을 구별하는 연습을 해야 한다.

학문 지향적 수업은 나이나 학교의 유형 또는 교육과정과 관계없이 이루어지지만, 학생들을 위한 학습 심리학적 전제들을 염두에 두어야만 하기 때문에 초등학교에서의 학문 지향에 입각한 교수학습

과정은 함축적으로 실시된다. 중등교육 1단계에서는 그 내용이 더욱 명확해지며, 인문계 고등학교에 해당하는 중등교육 2단계에서는 학문에의 입문 과정으로서 학생들의 수학 능력을 향상시키기 위한 목적을 지니게 된다.

2. 교수법적 원칙으로서의 학문 지향

2.1 특성과 방식

실제 수업에서 학문 지향은 시범 학습이나 행동 중심의 유형과는 달리 지속적으로 지켜야 하는 교수법 원칙이다. 그러나 학습자가 생활세계에 대한 일상적 지식에서 학문에 기반한 주제에 적절한 이해로 전환하는 것은 점진적인 과정이다. 학생들은 특정 수업 내용에 관해서 주관적인 믿음과 모든 사람이 이해할 수 있는 합리적인 근거들을 가진 의견을 구별하는 방법을 점차 배워 간다. 이러한 방식은 이미 초등학교부터 적용이 되는데, 초등학교에서 개별 과목들의 틀 안에서 통합적으로 정치교육이 이루어지고 있다. 1970년대부터 사회 과목의 개념에는 학문 지향적 과목의 개념이 나타나며, 이는 이전에 학문적인 의미에서 대체로 비판 없이 가르쳐졌던 향토학 과목을 대체하게 되었다.^{Kaiser, 2010: 20ff. 참조}

점진적 과정으로서의 학문 지향

고학년 단계에서의 정치교육과 같은 과목에서 학문 지향은 중요한 척도로 작용하여 교수법의 단순화와 학생 중심 방식을 통해 교육 내용이 진부하게 흐르는 것을 방지한다. 또한 학문적 지식수준에 기초한 정치수업은, "개별 과목을 단지 대학에서의 전공별 학업에 대한 입문 정도로만 이해하고 해당 전공들에 관한 지식수준을 고등학생들의 수준에 맞도록 낮춰서 전달하는 것이 목표인" 베끼기용 교

|발견 학습, 탐구 학습| 수법을 의미하는 것이 아니다.^{Glöckel, 2003: 230f.}

학생들이 교육 내용과 관련하여 학문에 기초한 접근과 이해를 가능하게 하는 능력을 주의 깊게 기르기 위해서는 특별한 방식의 찾아가는 과정과 연구하는 학습이 필요하다. 그러기 위하여 학생들은 스스로 탐구하며 설명하고 근거를 제시함으로써 학문적 기반을 지닌 지식에 기초하여 목표로 하는 방법을 표현하는 능력을 기를 수 있게 된다. 학생들이 자신의 모든 지식 습득 과정을 동료 학생이 납득하고 확인할 수 있도록 논증에 입각하여 제시한다면, 그들은 학문 분야에서 적용하고 있는 (새로운) 지식을 통해 근거를 보여 주는 방법을 이행하고 있는 것이다. 이때 그들이 반드시 '꼬마 사회과학자'가 될 필요는 없다. 이 경우에 교육적 접근은 놀이와 같은 연구 방식들과 연수 및 답사 그리고 프로젝트나 사회 연구, 미래 공작소와 같은 복합적인 학습 계획을 위한 방식들을 제공한다.^{Ziegler/Jung, 2010 참조}

|정치 수업의 특징| 정치수업의 학문적 규정성을 위해서 정치 교수학습 과정이 특별한 방식으로 이행되는 몇몇 특성이 존재한다. 이러한 정치교수법의 특징들은 다른 과목 교수법이나 일반교수법 측면에서도 기본적으로 중요하지만, 학문 지향성을 기반으로 하는 정치 교수학습 과정을 계획하고 수행해 갈 때는 필수적이다. 정치교육의 학문 지향성은 학교 교과목 간의 연관성을 통해 구성된 동시에 다양한 시각을 바탕으로 한 작업을 중시하며 학생들의 비판적인 사고 능력 배양을 목표로 한다.

2.2 학제성

정치교육에서 학문 지향과 특히 관련이 있는 첫 번째 특징은 통합과목으로서의 학교 교과목의 특성에서 비롯된다. 예를 들어 독일어나 수학 또는 생물 등과 같은 다른 교과목과는 달리 정치교육은 학문적 관련 분야만을 언급하는 것이 아니다. 정치학이 "관련 학문을 모으는 기능을 함으로써 특별한 위치"를 차지하고 있기는 하지만^{Massing, 2007: 32}, 통합 교과목을 위해서는 사회학이나 경제학, 법학이나 역사학과 같은 또 다른 관련 분야도 중요하다. 정치교육에서는 경제 메커니즘이나 역사적 조건 또는 법제도와 사회 그리고 환경 분야의 주제들이 모두 서로 연관된 광의의 정치 개념으로부터 출발할 필요가 있다.^{GPJE, 2004: 9f. 참조}

>통합 과목으로서의 정치 교육

학문에 기반을 둔 정치수업을 해야 할 정치교육 내용을 다루는 분야로는 경제와 역사, 사회나 법 관련 주제들 이외에도 생태 관련 질문들이나 환경 정책 또는 제3세계 주제 등과 같이 학제적으로 접근해야 하는 내용도 포함된다. 또한 정치적인 것은 순수 문학이나 교양 예술, 영화와 음악, 연극 등에도 반영된다. 이는 또한 학문적 지평을 넘어 학문적 관점을 필요로 하는 정치수업에 유익한 학습 기회를 제공할 수 있다.

2.3 다중관점

정치교육에서 학문 지향적 작업은 무엇보다도 ―다른 학교 교과목들에서와 마찬가지로― 교사가 수업 시간에 다루어야 할 교육 내용에 대한 다양한 학문적 견해와 관련하여 다양한 관점에서 수업을 구성하도록 요구한다. 또한 학교 정치교육에서 다뤄지는 수업의 내용은 보통 정치 여론 분야에서도 논쟁의 대상이 되곤 하는데, 민주주의는 다양한 정치적 견해와 입장이 존재한다는 특징이 있기 때문이다. 인간의 존재는 '다원성의 사실'을 전제로 한다. 즉, 한나 아렌트^{Hannah Arendt}에 따르면 "지구상에는 한 사람만 사는 것이 아니라 많은 사람이 살고 있으며 그들로 세상이 이루어진다."^{Arendt, 2001: 17, 279} 따라서 이러한 인류학적 기본 조건은 공적인 정치 공간이 생겨나는

>'다원성의 사실'

전제 조건이며, 이 공간에서 다양한 정치적 견해들이 서로 만나게 된다.

정치교육에서의 이러한 '다원성의 사실'은 보이텔스바흐 합의에 의해 고려된다. 즉, 학문과 정치에서 논쟁적으로 논의되고 있는 것은 정치교육에서도 찬반양론의 입장을 가지고 다루어야만 한다.^{이 책 III부 「논쟁성」 참조} 교사들은 이러한 수업 요건을 충족시키기 위해서 때로는 큰 수고를 감수해야만 한다. 상이하고 개별적으로 논쟁 가능성이 있는 교육 내용의 선별이 어렵게 이루어지는 상황에서 정치 주제를 가지고 학생들이 합리적으로 논쟁하기 위한 교수법의 학문 지향성 원칙을 감안할 때 수업 내용의 준비와 관련한 다양한 관점은 필수 요소이다.

> 수업 구성에 대한 요구

2.4. 비판적 사고

학문 지향은 학생들이 인식의 과정에서 다양한 정치적 의견, 관점 및 방향을 받아들이고, 이를 교육 대상으로서 비판적으로 검토하여 최종적으로 해당 정치적 주제에 대한 독립적인 정치적 판단에 도달하도록 요구한다. 그리스어에서 유래한 '비판'이라는 용어의 의미는 바로 '판단의 기술'이라는 능력을 의미한다.

> 정치적 판단력

정치교육에서 정치적 판단력에 관해 상이한 개념 정립들이 이루어지고 있지만^{Massing, 1997; Juchler, 2012 참조}, 정치적 판단력은 일반적으로 학교에서의 정치교육을 위한 상위의 목표이기 때문에 정치수업에서 학문적 기반을 지닌 완성도 있는 지식의 습득을 위해서는 비판적 사고에 관한 한나 아렌트의 다음과 같은 설명이 교훈을 준다. "비판적 사고는 모든 다른 사람들의 입장을 살펴볼 수 있어야만 가능하다. 비판적 사고는 늘 외로운 작업이지만 모든 다른 사람으로부터 고립되는 것은 아니다. 다시 말해 비판적 사고는 언제나 외롭게 이루어지지만, 상상력을 통해 다른 사람들과 함께하며 공공을 위한 잠재력을 지니고 모든 방향으로 열려 있는 공간 안에서 움직인다."^Arendt, 1998: 60

아렌트는 비판적인 사고는 '홀로 조용히' 모든 사람에 대해 성찰함으로써 가능하다는 점을 명확히 한 것이다. 동시에 비판적인 사고는 납득과 검토가 가능한 타인들의 정치적 견해와 입장이 포함된 다양성을 필요로 한다. 학생들은 우선 상이한 입장들에 관해 비판적인 검토를 한 후에 자신들 스스로의 정치적 판단을 정리하고서 이러한 스스로의 입장을 타인들에 대해 적절한 근거를 바탕으로 표현할 수 있어야 한다. 학생들은 시민으로서 자신들의 논거에 포함된 정치적 논점들을 성찰함으로써 결과적으로 정치적 판단 능력을 정치적인 공공의 장에서 검증할 수 있게 된다. 이러한 정치적 내용에 대한 성찰의 태도는 정치 현황에 관한 이해뿐만 아니라 학술 기반 정치수업을 통해 훈련했던 의견들과 관심사 그리고 역학 관계와 관련된 이념에 대해 비판적인 배경에 관한 질문들과도 연관이 있다. 또한 그것은 바로 지금과 같은 "사실보다는 감성과 신념에 호소하는 시대"에 기준으로 삼을 수 있는 이정표로서의 의미를 가진다.^Friedrichs, 2019: 13ff. 참조

3. 학문 준비 교육

모든 종류의 학교와 단계에 따라 실시하는 정치수업에서의 학문 지향과 중등교육 2단계를 위한 학문 준비 교육은 구별되어야 한다. 교육에서 교육 주제를 학문적 지식수준에 맞추어 다루는 것을 목표로 하는 학문 지향과는 달리, 인문계 고등학교 상급반의 학문 준

대입 준비 교육

비 교육은 대학 공부를 위한 학생들의 수학 능력 배양에 초점을 맞춘다. 중등교육 2단계의 학문 준비 교육의 방향성은 학생들이 이전 학년에서 기초를 닦은 과목별 지식과 방법론적 능력치에 따라 달라진다. 정치 분야 조사 내용을 스스로 계획하고 다양한 출처를 통해 그 내용에 관해 자신이 정보를 수집하며 다양한 관점에서 그것들을 다루고 여러 가지 방법을 활용하여 연구 결과를 발표하는 작업은 이미 중등교육 1단계에서 이미 낮은 수준에서 연습한 상태여야 한다. 인문계 고등학교 상급반인 중등교육 2단계에서는 신문, 잡지 또는 전문 서적들과 인터넷을 활용한 학술 조사에 적합한 작업 기술, 다양한 텍스트와 통계, 도표, 삽화, 그림, 영화 등과 같은 각종 자료를 다루는 방식, 그리고 포트폴리오나 전문 작업, 미디어 등을 활용한 연구 결과의 소개 등에서 그 복잡함의 정도와 내용상의 깊이가 향상되는 것을 경험하게 된다. 이러한 과정에서 학생들은 해석학적, 경험적인 추정 및 판단의 방법과 연역법 및 귀납법을 배우고 응용하게 되며, 이렇게 익힌 추정 및 판단 방법을 대학 학업 시에 계속 활용하게 된다.

중등교육 2단계에 적합한 학문 준비 교육에 대한 지향은 예를 들어 행동 지향과 같은 다른 교수법적 원칙과 모순되거나 경쟁하지 않는다.^{Moegling, 2006 참조} 학생들이 중등교육 2단계의 정치수업을 통해 대학 학업과 관련된 지식과 능력의 습득을 준비하는 것은 중요한 의미를 지니는데, 다른 교과목들도 마찬가지지만, 정치교육 과목은 "학교에서의 교육 실천의 목표와 전제 그리고 실현 가능성"을 통합함으로써 정리하는 기능을 수행한다. "(학문적) 지식 습득을 위한 새로운 가능성을 여는 작업은 학교 교과목의 대상과 질문, 방법론과 구조적인 문제 해결 방식의 선택과 이러한 과정에서 사용되는 개념과 범주들로 구성된 전문적인 시각을 수용함으로써 이루어진다."Hahn, 2008: 160f. 정치수업에서 이렇듯 학문 준비 교육과 관련된 전문적 시각을 갖추기 위해서는 특히 학제성, 다중관점 그리고 비판적 사고 등의 교수법 주제가 매우 중요한 의미를 지닌다.

IV.
정치교육의 과제 영역

1. 페터 마싱
Peter Massing

제도 학습

최근 몇 년 동안 정치교수법에서는 '제도 학습'을 새롭게 개념화하려는 일련의 시도들이 이루어지고 있다.^{Gagel, 1989; Sutor, 1990; Sarcinelli, 1991; Grammes, 1994; Deichmann, 1999; Massing, 2010; Weber, 2015} 공통된 목표는 인지적 지식만을 추구하는 제도학에 대한 정당한 비판이 정치교육에서 사회제도와 정치제도를 배제하여 정치 현실을 놓치는 결과를 초래하는 것을 막는 것이다. 중요한 것은 1960년대에 지배적이었던 '낡은' 제도 연구를 되살리지 않으면서 제도적 관점을 되찾는 것이다.

> 정치교육에서 제도적 관점의 회복

정치교육을 위한 '제도 학습'을 정치수업에 어떻게 통합시킬 수 있는가라는 교과교수법적으로 중요한 문제는 두 가지 차원의 답을 필요로 한다. 내용의 차원에서는 정치제도와 사회제도가 무엇인지, 그리고 이러한 제도에 대한 학습에서 어떤 요구 사항이 도출될 수 있는지를 명확히 해야 한다. 학습 과정의 조직 차원에서는 교수법적 접근 방식을 제시해야 한다.

1. '제도'의 개념

정치제도와 사회제도가 무엇인지 이해하기 위해서는 개별 학문을 살펴보아야 한다. 그러나 이것이 문제가 없는 것은 아니다. 제도의 개념은 사회과학에서 이론을 형성하는 개념 중 하나이며, 최근에는 '제도주의의 르네상스'라고 말할 수 있지만, 제도라는 개념에 대한 통일된 정의는 찾을 수 없다.[Massing, 2010 참조] 반면, 정치제도를 개념적으로 이해하고 실용적으로 접근하려는 시도가 중요해지고 있다. 따라서 사회과학에서는 제도의 정의가 완전하다고 주장하지 않고, 이를 다양한 수준에서 구분하고 있다.

제도의 개념

좁은 의미에서의 정치제도: 정부(국가원수, 내각, 부처), 의회, 행정부, 법원, 연방 및 지방자치단체 기관.
사회정치제도: 정당, 단체, 대중매체, 시민사회단체(예컨대 자원봉사단체, 자조집단, 시민권익단체), 협회 등.
구속력 있는, 특히 법적으로 표준화된 사회적 행동 패턴: 헌법, 법률, 선거, 다수결 원칙 등. 이러한 제도는 일반적으로 구속력 있는 결정을 내리고 이행하기 위한 규칙 체계이기 때문에 정치적이다.[Göhler, 2006: 212]
역사·문화제도: 기념관, 박물관, 전시회, 역사공방歷史工房, 극장 등.
교육·학문제도: 학교, 대학교, 전문대학, 도서관 등.
경제제도: 기업, 경제 연구소, 고용 기관 등.[Massing, 2010: 227]

2. 제도 학습에 대한 요구 사항

2.1 실제로 작용하는 제도의 중심 개념에 대한 가정은 개별 학문

의 거의 모든 제도 이론적 접근 방식에서 발견된다. 그러므로 제도는 의미 또는 의미의 맥락을 구성한다. 따라서 정치교육에서 제도 학습에 주어진 과제는 학생들에게 제도가 의미를 구성하고, 개념에 기초하며, 제도의 실제 구성과 행동은 그 개념에서 가늠할 수 있다는 점을 명확하게 설명하는 것이다.[Gagel, 1989: 83] 정치교육에서 제도의 의미에 대한 질문은 매우 중요하다. 그렇다고 해서 제도의 조직구조와 기능에 대한 질문을 소홀히 해도 된다는 뜻은 아니다. 오히려 정반대로 이러한 질문을 통해 의미에 대한 질문이 비로소 가능해진다. 그러나 교육은 진정한 정치제도 연구의 가장 중요한 문제인 이 지점에 도달해야 한다.[Sutor, 1990: 325 참조]

제도에 대한 질문의 의의

2.2 정치교육은 제도는 항상 사람들에 의해 만들어졌으며, 따라서 사람들에 의해 새롭게 만들어질 수 있다는 점을 전달해야 한다. 제도는 이해관계를 충족시키고 이해관계를 관철시키기 위해 존재한다. 그러므로 제도는 이해관계의 관점에서 분석될 수 있다.[Greven, 1983: 519] 제도의 형성, 즉 제도화 과정은 이해관계를 관철시키는 데 기여한다. 이는 일반적으로 권력과 지배가 개입되는 갈등 과정이다. 즉, 제도는 이해관계의 측면 외에도 항상 권력이나 지배의 측면을 가지고 있다. 따라서 정치교육에서 제도 학습은 이해관계와 지배라는 측면에서 제도의 특성에 주목해야 한다. 그래야만 "이해관계와 지배의 특성을 분석할지 여부와 그 이유"에 대한 질문이 정당화되고 의미를 지니게 된다.[Sutor, 1990: 326]

이해관계와 지배의 특성에 대한 분석

2.3 최근의 정치학 논의에서는 정치제도(Polity, 정체), 정치 과정(Politics, 정치), 정치 내용(Policies, 정책)을 상응하는 개념으로 이해하고 있다. 제도 학습은 수업 과정에서 정체Polity 차원의 일부로서의 정치제도를 정치 과정(정치Politics) 및 정치 내용(정책Policies)과 연관시킬 수 있어야만 정당화될 수 있다.[Deichmann, 1999: 239]

내용과 과정에 대한 연관성 제시하기

1 | 제도 학습 177

요약하자면, 정치교육에서 '제도 학습'을 대한 세 가지 요구 사항을 공식화할 수 있다.

- 제도 학습은 제도의 의미에 대해 물어야 한다. "제도를 정신적으로 결속시키는 것이 무엇인지 알지 못한다면, 우리는 제도에 대해 아무것도 알지 못하는 것이다."Guggenberger, 1985: 499
- 제도 학습은 제도의 이해관계와 지배의 특성에 대해 탐구해야 한다. 이것은 모든 제도 비판의 기초이다.
- 제도 학습은 정치제도를 정치 과정 및 정책 내용과의 연관성 속에서 설명하고 분석해야 한다. 그래야만 정치 현실의 복잡성을 적절하게 파악하고 전달할 수 있다.

그러나 '제도 학습'이라는 정치교수법의 본래 문제에 대해서는 아직 논의된 것이 아니다. 제도는 통상적으로 추상적이고 일상과 동떨어져 있어서 젊은이들의 인지 구조에 직접 통합될 수 없다. "따라서 정치교육에서는 생활세계의 주관성과 정치적·제도적 객관성 사이의 연관성을 명확히 하고 투명하게 만드는 방법을 보여 주는 것이 중요하다."Sarcinelli, 1991: 50

<small>생활세계에 대한 연관성 제시</small>

3. 교수법적 추론의 원칙

앞서 언급한 내용과 관련해서는 경험 지향, 문제 지향, 내부 지향, 행동 지향이라는 상호 연관된 교수법 추론의 네 가지 원칙이 제시된다.

경험 지향: 이 원칙은 일상과 정치 사이의 다리를 놓는 학습 과정을 시작하는 것이다.^{Gagel, 1989} 여기서는 근본적으로 서로 다른 두 가지 접근 방식, 즉 주체 중심 접근 방식과 객체 중심 접근 방식을 생각해 볼 수 있다.

일상과 정치의 가교로서의 경험 지향

주체 중심 접근 방식에서는 수업이 청소년들의 일상 경험에 직접적으로 연결되어 이를 의식하게 한 다음, 학생들을 사회제도 및/또는 정치제도와 관련된 과제 기반 상황에 놓이게 한다. 따라서 '미시적 세계에서 거시적 세계'로의 다리는 본질적으로 제도를 통해 구축된다.^{Grammes, 1995}

객체 중심 접근 방식은 반대의 방법을 취한다. 이 접근 방식은 중심적인 정치제도의 수준에서 시작한다. 교수법의 과제는 생활세계에 대한 정치제도의 중요성을 학생들의 경험 지평으로 끌어들여서 학생들이 자신이 제도에 의해 어떻게 '영향을 받는지'를 인식하게 하고 추상성과 거리감에도 불구하고 정치제도를 '이해'할 수 있게 하는 것이다.^{Deichmann, 1999: 23}

문제 지향: 제도는 그 자체로 정치교육의 대상이 될 수 없다. 제도가 교육 내용이 되려면 정치적 문제가 필요하다. 문제 지향적 접근 방식은 중요한 정치적 논쟁을 분석함으로써 얻을 수 있다. 정치적 의사결정 과정을 예로 들어 정치제도의 구조와 기능을 탐구하고, 그 의미, 이해관계 및 지배의 내용에 대한 질문에 답하고, 정치의 절차적·실질적 차원에서 제도의 연결, 네트워크 및 상호의존성을 분석할 수 있다. 문제 지향 원칙은 정치 행위자와 관점과 정치에 영향을 받는 사람의 관점을 모두 이해할 수 있게 해 준다.

정치적 논쟁 분석을 통한 문제 지향

내부 지향: 이는 주로 행위자들의 관점을 통해서 이루어지는 제

사례 연구와 시뮬레이션을 통한 내부 지향

도에 대한 접근 방식을 의미하며, 이 접근 방식은 그들의 행동에 대한 관찰과 행동 범위 및 제도적 제약 사이의 긴장 관계 속에서 그들의 태도, 관심사 그리고 동기를 분석하는 데 중점을 둔다. 학생들은 무엇보다 직접적인 사례와 만남, 사례 연구 또는 시뮬레이션 방법을 통해 이를 접할 수 있다.^{Grammes, 1994: 183 참조}

행동 지향: 이 원칙에는 제도와 관련된 여러 측면이 포함된다. 내용 측면에서 행동 지향은 제도적 실천, 제도의 행동 및 제도 안에서의 행동을 의미한다. 정치교육의 목표로서 행동 지향은 학생들이 스스로 제도에 접근할 수 있도록 하는 능력과 학생들의 참여를 유도하는 방법의 사용을 의미한다.

결론적으로 확실히 말할 수 있는 것은, 제도가 배제된 정치교육은 불가능하다는 것이다. 정치에 대한 이해를 증진하고 정치적 맥락에 대한 통찰력 제공을 목표로 하는 정치교육은 사회제도 및 정치제도를 포함하고 명시적으로 다룰 경우에만 가능한다. 제도 학습은 개념, 분석, 범주적 이해, 개념 형성, 그리고 특히 방법론적 다양성을 위한 노력을 요구한다.

4. 사례: 연방헌법재판소

연방헌법 재판소: 정치적 논쟁의 대상

이제까지 논의한 내용은 연방헌법재판소를 일례로 간략하게 설명된다. 이를 통해 정치적 논쟁의 대상이 되어 왔고 지금도 여전히 논쟁의 대상이 되고 있는 정치체계의 중심적 제도에 초점이 맞추어지는데, 이는 정치교육의 논쟁성 원칙에 부합하는 것이다.

연방헌법재판소라는 제도에서는 본질적으로 기본권 국가[1]의 개념이 구체화된다. 이는 개인이 국가에 대해 자연권, 즉 국가 이전의 권리, 특히 국가가 간섭할 수 없거나 명확하게 규정된 조건 아래에서만 간섭할 수 있는 자유권을 갖는다는 것을 의미한다. 기본권은 국가가 부여하지는 않지만, 여전히 국가 자체에 근거를 두고 있는 권리이다. 기본권은 모든 국가 활동이 '법의 유보' 아래에 있는 사회의 부분 영역을 정의한다. 또한 법률 제정자에게는 이러한 기본권의 본질적 내용을 위태롭게 하는 법률을 제정하는 것이 금지된다. 기본권 국가라는 개념을 실현하기 위해서는 헌법에 명시된 제한이 준수되고 있는지 여부를 단독으로 결정할 수 있는 권한이 있는 연방헌법재판소와 같은 제도가 필요하다.

<small>기본권 국가의 이념</small>

따라서 정치교육에서 연방헌법재판소를 다루기 위해서는 헌법재판소의 구조와 기능 외에도, 헌법재판권이 "서구 민주주의에서 가장 순수한 형태와 가장 포괄적인 방식으로 실현되는"^{Laufer} 이념과 그 이론적 뿌리, 역사적 전제 조건을 명확히 하는 것이 기본적이다.

연방헌법재판소의 권력과 이해관계의 특성은 법과 정치의 관계에 대한 문제에서 일반적인 수준으로 반영된다. 이것이 근본적으로 (그 본질에서) 서로 다른 두 가지 행동체계를 의미하는가, 아니면 법은 응고된 정치에 불과한 것인가? 정치적으로 효과적인 모든 권력이 자신의 정치적, 사회적 사상을 적용 가능한 법으로 만들려는 시도가 법을 정치의 목적이자 산물로 만드는 것인가? 모든 법체계는 사회적 권력과 지배 관계, 그리고 특정 이해관계와 가치의 표현인가? 국가의 구조에 영향을 미치고 최종 판단을 통해 정치 과정을 상당 부분 규제하는 헌법적 관할권은 법의 근본적인 정치적 성격을 어느

<small>정치와 법의 관계에 대한 문제</small>

---

1. 독일연방공화국 헌법인 「기본법(Grundgesetz)」제1조 3항에 따르면 '기본권 국가(Grundrechtsstaat)'라는 용어는 무엇보다 모든 국가 권력은 직접적으로 적용되는 법률로서의 기본권에 구속된다는 것을 의미한다.

정도로 정치화하는지, 또는 정치를 합법화할 수 있는지를 둘러싼 논쟁은 이와 같은 배경에서 이해해야 한다. 연방헌법재판소는 정치적 분쟁에 대한 사법적 판단의 문제를 분명히 인식하고 있으며, 따라서 사법적 자제를 위해 노력하고 있지만, 궁극적으로 정치적 분쟁이 재판소에 회부되었을 때 이를 거부하는 것은 재판소의 재량권에 속하지 않는다. 이러한 맥락에서 재판관 후보자가 정당 교섭단체의 비례대표성에 따라 협상된다는 점도 중요하며, 이는 때때로 공개적인 논란을 일으키기도 하지만, 이러한 '정치적 문제'는 법원의 구체적인 결정에는 거의 영향을 미치지 않는다.

구체적인 수준에서 연방헌법재판소의 모든 결정을 면밀히 검토하여 어떤 이해관계가 더 강하게 또는 덜 강하게 고려되는지, 전혀 고려되지 않는지 또는 각각의 결정이 사회의 권력 분배에 어떤 결과를 가져오는지 확인할 수 있다. 예를 들어, 독일군의 해외 파병에 대한 연방헌법재판소의 판결이나 '유로화 위기'에 대한 판결은 의회의 권력 강화로 이어졌다.

연방헌법재판소라는 제도의 사례는 '정체Polity, 정치Politics, 정책Policy' 차원 사이의 긴장관계에서 정치의 복잡성을 설명하는 데에도 사용될 수 있다. 한편으로 연방헌법재판소는 '행위자'로서 정치적 의사 형성과 결정 과정에 영향을 미치고, 다른 한편으로는 정치적 관계의 점진적인 해체가 법적 관계로 전환되고, 의회에서 중재된 결정이 연방헌법재판소로 이전됨에 따라 정치적 과정에 어떤 결과를 초래하는지에 대한 의문이 제기된다.

네 가지
교수법
개발 원칙의
적용
가능성

교수법 추론의 네 가지 원칙은 연방헌법재판소의 사례에도 적용될 수 있다. 정치교육이 제도로서의 기관들이 각각의 결정을 통해 제도와 그 행동에 대한 접근성을 높이려고 시도한다면, 낙태를 금지하는 「형법」 제218조, 독일연방군의 해외 파병, 바이에른주 학교 교실 내 십자가 부착 의무, 독일국가민주당NPD 금지, 안락사 등에 대한 최근의 판결만으로도 경험 지향 접근 방식과 문제 지향 접근 방식을 서로 관련 지을 수 있다. 각각의 판결과 그 근거에 대한 분석, 다수에 의한 결정과 소수 의견의 비교, 그리고 특별한 의사결정 방법과의 대조를 통해, 행위자(판사)의 행동이 중심에 있는 내부 지향성이 드러나며, 이들의 재량과 법과 정치 사이의 경계가 나타난다. 동시에 내부 지향성은 예를 들어 법원의 의사결정 과정에 초점을 맞춘 역할극이나 시뮬레이션 게임 등을 통해 수업에서 행동 지향의 가능성을 열어 준다.

2. 모니카 오베를레, 헬마 쉐네
Monika Oberle, Helmar Schöne

정치교육 대상인 정치 과정

1. 들어가기: 정치의 개념과 정치 과정

정치의 세 가지 차원

정치학에서는 정치의 개념을 정의하는 근간으로 형식이나 구조, 과정, 내용, 영어로는 Polity(정체, 정치체제, 정치 제도), Politics(정치 과정), Policy(정책)라는 이른바 정치의 세 가지 차원이 확립되었다. 이에 따르면 정치는 정치 구조 Polity의 틀 안에서 이루어지는 정치 과정 Politics 속의 정치 내용 Policies을 논의[검토]하는 것이다. 정치의 세 가지 차원으로 작업하는 것은 정치교육에도 장점으로 작용한다. 사회적 사건과 정치적 사건은 복합적이다. 세 가지 차원을 통해 우리는 종합적인 그림을 놓치지 않고도 특정 관심사에 집중할 수 있기에 정치를 더 쉽게 이해할 수 있는 분석 도구를 제공받는다. 세 가지 차원은 또한 사회적 공동생활을 위한 구속력 있는 규칙을 마련하는 것을 정치의 가장 우선적 과제로 보는 정치의 기능에 대한 정의와도 양립할 수 있다. 따라서 정치는 "사회 전체를 위한 구속력 있는 (…) 결정을 준비하고 실현하기 위한 활동의 총체"[Meyer, 2012: 37], 또는 "집단 내에서 그리고 구성원들 사이에서 일반적으로 구속력이 있는 규칙 및 결정을 (…) 수립하고 집행하는 것은 목표로 하는 활동"으로 이해할 수 있다.^{Patzelt, 2013: 22} 일반적으로 구속력이 있는 규칙의 형성은 정치의 내용Policies과 관련되고, 정치의 구조Polity에서 전개된다. 이러한 규칙에 대한 탐색과 노력은 정치 과정Politics에서 이루어지며, 의사 형성 및 결정 과정 그리고 실행 과정으로 구분될 수 있다. 정치에 대한 이러한 이해는 사회 행위와 정치 행위를 구별할 수 있게 해 준다. 예를 들어 노숙자에게 식사를 제공하고 난민을 상대로 언어교육을 하는 것은 공동체적 문제를 해결하기 위한 사회 행위인 데 비해, 노숙자와 난민의 상황을 해결하기 위한 구속력 있는 결정을 위한 청원, 시위, 투표 등은 정치 행위이다. 어떤 행위가 더 가치 있고, 바람직한가는 이로써 결정되는 것은 아니다. 하지만 이러한 구별은 교육에서의 노력이 전적으로 사회 학습과 사회 행동을 목표로 하는지, 또는 정치의 요소도 고려한 것인지를 인식하는 데 도움이 된다.

사회적 행위와 정치적 행위의 구분

2. 정치 과정과 정치교수법

사회 학습과 생활 지원을 넘어서 좁은 의미의 정치에 초점을 맞춘 정치교육은, 1990년대에는 "정치교육의 핵심인 정치"라는 공식 공식이 만들어졌다.^{Massing/Weißeno, 1995} 정치교육의 목표는 학생들의 정치에 대한 판단력과 실천 능력을 증진하는 것, 그리고 그 기초로서 학생들의 정치에 관한 지식(개념에 관한 지식)을 증진하는 것이었다.^{Detjen et al., 2012 참조} 정치 판단의 대상은 세 가지 차원에서 포괄적으로 설명할 수 있어야 한다. 즉 정치 판단력은 항상 정체Polity, 정치 과정Politics, 정책Policy과 관련되어야 한다.^{같은 책, 53}

정치 교육의 핵심: 정치

|제도학 대신 거버넌스| 정치학과 정치교육에서 제도화된 정치기구를 다루는 데에는 한 가지 공통점이 있다. 정부에 관한 연구가 오랫동안 그래 왔던 것처럼, 제도화된 기구 연구에서도 기구의 형식과 외형에 일차적으로 초점이 맞춰졌고, 내부의 작동 방식이나 정치적 의사결정 과정은 상대적으로 주목을 덜 받았다. 수업 실무에서 정치제도에 관한 개념도, 다이어그램이 사용되는 것이 이를 상징적으로 보여 준다. 이후에 정치학은 국가 중심 일변도에서 벗어나 **거버넌스** 개념을 통해 그 시야를 넓혀 갔다. 국가 기관의 배경과 환경에서 이루어지는 정치에서의 결정, 즉 정치에서의 의사 형성 과정은 더욱 강조되었고, 여기에는 국가, 사적 경제와 시민사회의 행위자들과의 상호의존성 역시 연구되었다. 특히 헤르만 기제케[Hermann Giesecke, 1965]는 정치교육을 위해서 정치 과정의 범주를 중심으로 자신의 교수법을 전개하였다. 그가 보기에 정치는 갈등이고, 갈등은 정치교육의 주제가 되어야 한다. 갈등은 권력, 이해관계, 합의, 인간 존엄성과 동등한 수준에서 분석되고, 이를 통해 다원화된 사회의 이해관계에 대한 통찰력을 갖게 되고, 민주적으로 갈등을 다루는 학생들의 능력을 함양할 수 있다. 페터 마싱[Peter Massing]은 정치기구를 다룰 때, 정체[Polity]의 수준에 그치는 것으로 충분하지 않다고 지적하였다. "제도 학습은 정치제도를 정치 과정 및 정책 내용과의 연관성 속에서 설명하고 분석해야 한다. 그래야만 정치 현실의 복잡성을 적절하게 파악하고 전달할 수 있다."[이 책 IV부 「제도 학습」 중에서]

정치학과 정치 교수법의 핵심인 정치 과정은 위 본문 왼쪽 여백에 표기됨.

|결핍| 정치교육에 대한 이러한 요구는 그럼에도 거의 수용되지 않고 있다. 예를 들어, 유럽연합에 관한 교과서는 주요 행위자들과 갈등을 소홀히 다루고, 의회의 내부와 의회 밖에서의 정치 과정에 거의 관심을 기울이지 않는다.[Oberle et al., 2021 참조] 심지어 앞서 언급된 내용을 정치 개념에 연관시키고 있는 데트옌[Detjen, et al., 2012]의 경쟁 모델에서도

의회라는 전문 개념을 설명할 때 제안된 개념들을 적용하지 않음으로써, 정치적 행위와 결정을 조명하고 있지 않다. 정치적 기구의 정치적 의사 형성 및 결정 과정에서는 '국회의원', '연구모임', '전문가', '로비스트', '토론' 등과 같은 용어가 필요하다. 그런데도 대부분의 전문용어는 형식적인 규칙이나 구조를 다루고 있다.^{Weißeno et al., 2010: 139;}
Schöne, 2017: 97 참조

그러나 개념적인 정치교수법의 관점에서뿐만 아니라, 정치 과정을 주제화하고 논의하는 것이 필요하다. 이 과정이 없어서는 정치에 대한 판단 능력이 불완전하기 때문이다. 정치의 관점에 관한 연구에서, 정치 과정에 대한 지식 부족으로 인한 불만은 시민들과 그들의 정치 대리인들 사이의 이탈을 촉진하는 요인 중 하나라는 주장이 제기되었다. 점차 증가하는 우파 포퓰리즘은 기존의 정치제도와 기구, 그들이 결정하는 방식에 대한 시민들의 불만이 커지고 있음을 시사한다. 포퓰리즘 정당들이 정치적 의사결정권을 정치 기구에서 시민들에게 더 많이 이양해야 한다고 주장하기 때문이다.^{Mounk, 2018;} Müller, 2016 참조

위험: 소외감과 우익 포퓰리즘

3. 정치교육에 걸림돌이 되고 있는 정치 과정에 대한 환멸

여기서 논의되는 정치 과정은 정치적 결정에 이르는 절차, 이러한 목적을 위해 만들어진 정치체제의 내부 및 외부의 절차를 의미한다. 제도화된 정치 과정은 오늘날의 자유민주주의 국가에서는 다음과 같은 특징이 있다. 전문적 결정 과정으로서, 이를 통해 선출된 대표자는 핵심적인 행위자인데, 이들은 다양한 다원주의적 이해관

정치 과정의 특성

계와 조직의 영향에 노출되어 있다. 서로 다른 이해관계는 필연적으로 정치 갈등과 분쟁으로 이어진다. 따라서 반대 의견 관리, 타협점 모색 및 다수결 의사결정은 전형적인 의사결정 방식이다.

정치에 대한 인식 이러한 제도적 현실이 정치적 기능성에 대한 시민들의 규범적 기대와 대조된다는 점을 히빙Hibbing과 타이스-모세Theiss-Morse[1995; 2002]가 보여 주었다. 이들은 정치 기구에 대한 인식을 설명하면서, 정치적 결과가 결정적이라고 생각하지 않고 그 과정에 대한 시민들의 인식이 중요하다고 보았다. 이때 정치 과정이 시민들이 용인하는 범위에서 이루어졌는지에는 두 개의 결정적인 요인이 있다. 절차의 효율성, 절차에서의 정의 또는 공정성이 그것이다. 급하게 서두르지 않고 신속하고 직접적으로 내려진 결정은 효율적인 것으로 여긴다. 절차적 정의는 의사결정 과정에서 영향을 받는 모든 사람의 이해관계를 고려하고, 그 결정이 누구에게도 유리하지 않을 때 달성된다. 정치 과정에서 결정권자는 시민의 관심사에 대해서 중립성, 정직성과 존중을 표해야 한다. 그러나 히빙과 타이스-모세에 따르면 절차적 공정성에 대한 열망은, 시민들이 정치 과정에 직접 참여하는 것을 의미하지는 않는다. 갈등, 이해관계 사이의 경쟁과 타협은 아무도 원치 않는다. 이러한 인식에 의거하여 제도화된 정치기구에 대한 상이한 신뢰의 차이를 설명할 수 있게 된다. 공개된 무대에서 행동하고 논쟁하는 기관 및 조직 -예를 들어 정당과 의회- 은 예컨대 헌법재판소보다 신뢰도가 낮다.[Shell, 2019: 93 참조]

예비교사의 과정 인식 집단토론 분석 결과, 쉐네[Schöne, 2010]는 정치의 의사결정 과정에 대한 비판이 예비교사들의 정치 기구에 관한 인식에서도 중요한 부분을 차지한다는 점을 발견했다. 이들 사이에서도 다양한 이해관계가 있는 행위자들을 고려해야 하는 길고도 지루하고 불투명한 의사결정 과정에 대한 불만, 갈등과 충돌에 대한 편견이 만연해 있었다. 반면 집단토론에서 정치에서의 갈등과 타협의 상호작용을 가치 있게 판단하는 비중은 매우 적었다. 그리고 이익집단 또는 정당의 중재 기능에 대한 인식도 높지 않았다. 다양한 이익집단 사이의 차별화는 시도되지 않았고, 대신 전문화된 정치의 결정 과정 전반에 대한 거리감이 표출되었다.

이러한 '과정에 대한 환멸'은 제도 개혁의 필요성에 대한 반응이라기보다는 합의와 이해관계의 동질성과 효율적인 의사결정에 대한 희망, 다른 한편으로 민주적 통치에 내재하는 논의 과정과 타협 모색 사이의 근본적인 모순에 대한 표현이라 할 수 있다. 절차를 규율하는 정치의 절차 규칙과 제도에 대해서는 관심과 이해가 부족하다. 크리스티안 뵈저-슈네벨Christian Boeser-Schnebel, 2014은 한편으로는 효율적인 거버넌스에 대한 대중의 규범적 기대와 민주적 의사결정 과정의 전형적인 특성 사이의 간극을 교사들에 대한 설문조사를 통해 확인하였다.

> 과정에 대한 환멸

4. 정치교육에서 정치 과정의 발전에 대한 접근

정치교육은 정치의 과정을 목표로 다루어야 하며, 이를 위해서는 광범위하고 다양한 접근 방식이 마련되어 있다. 정치 과정의 성격은 특히 페터 마싱Peter Massing, 1995이 정치교육에 도입한 정치순환주기에 대한 분석도구에 의해 강조된다. 정치순환주기는 문제의 공식화, 논쟁, 결정, 평가와 반응과 같은 순차적 범주를 통해 구체적인 정치 과정의 주요 단계를 구체화하고, 정치의 근본적인 불완전성과 개방성을 노출한다. 정치순환주기 연구에서는 문제 지향성과 갈등 지향성 같은 정치교수법의 원칙들이 연계될 수 있다. 범주적으로 확장

> 정치 순환주기 분석도구

된 정책주기^{같은 책, 87}에는 이해관계, 행위자, 권력, 법, 가치 및 이념 등과 같이, 핵심 질문으로 전환되어야 하는 범주들이 포함된다. 이를 통해 정치 과정의 복합성과 상호연관성을 체계적으로 분석할 수 있다. 그러나 예비교사들의 경험에 따르면, 이들은 이러한 정치순환주기가 경직되어 있고 이를 통한 작업에 지나치게 많은 시간이 소요된다고 여기게 된다. 정치순환주기가 정치교육에서 유의미한 성과를 거두기 위해서는 많은 실습이 필요하다. 무엇보다 정치 과정이 불투명하게 남아서, 마치 블랙박스의 데이터가 공개되지 않는 것과 같은 위험성을 내포하고 있다. 예를 들어 의회를 연구할 때, 본회의에만 집중하고 교섭단체 및 연구모임에 주목하지 않는 것처럼 말이다.^{Schöne, 2020 참조}

행위자 관점   과정에 대한 환멸이 만연한 상황에 맞서, 정치적 결정이 어떻게 내려지는지에 대한 이해를 제고시키기 위해서는 정치적 의사 형성 및 결정 과정에 대한 행위자의 관점을 내부 지향성^{이 책 Ⅳ부 「제도 학습」 참조}의 측면에서 발굴하고, 이때 타협을 요구하게 하는 이해관계와 입장의 다양성이 강조될 수 있어야 한다. 이를 위해서는 교수법 도구인 모의연습, 답사 또는 정치 여행 및 전문가 대담 등이 적합하다.

시뮬레이션 게임   정치 시뮬레이션 게임은 행동, 경험, 문제, 갈등, 과정 중심의 교육 및 학습 방식이다.^{Petrik/Rappenglück, 2017 참조} 예를 들어, 의회 내의 의결 외에도 다양한 상임위원회의 작업을 시뮬레이션할 수 있으며, 이 외에도 로비 집단이나 언론이라는 행위자도 포함할 수 있다.

시뮬레이션 게임은 특히 정치 과정과 관련하여 정치의 복잡성을 단순화하고 이해하기 쉽게 만드는 데 도움이 된다. 또한 정치적 타협점을 찾는 데 그 필요성과 어려움에 대한 통찰력을 제공한다. 적절한 주제를 선택함으로써 학습자가 살고 있는 세상과 정치를 모범적으로 연결하고 경험을 바탕으로 지속가능한 방식으로 지식을 전달하는 역할을 한다. 이에 더해 이러한 놀이에 기반한 접근법은 정치에의 관심을 불러일으키고 높인다. 정치적 시뮬레이션 게임의 효과에 대한 실증적 연구 결과를 살펴보면^{Oberle/Leunig, 2018; Oberle et al., 2020 참조}, 학생들이 "의회를 내부에서 이해"하도록 돕기 위한 이와 같은 방식의 잠재력이 확인된다.^{Schöne, 2017: 95} 후속적인 설문에서 참가자들은 정치 과정과 정치의 작동 방식에 대해 더욱 깊이 이해할 수 있었다고 말한다. 이런 학습 경험은 정치의 세 가지 차원 모두와 관련이 있다. 참가자들에게 특히 인상적인 것은 정책Politics 차원과 관련하여 얻은 통찰력이다. 다양한 이해관계와 행위자들이 공동의 결정, 타협 또는 정치적 '해결책'에 도달하는 것이 얼마나 어려운지 이해할 수 있게 되고, 토론, 논증 및 언어적 수사가 정치적 의사결정 과정에 얼마나 중요한지 알게 된다. 이를 통해 정치에 대한 일반화된 편견을 재고하게 되는 것이다.

현장학습과 견학

정치 여행 또는 견학을 통해 참가자들은 학교 밖 학습 장소에서 정치 현실에 대한 구체적이고 감각적인 경험을 할 수 있다. 여기서 정치행위자에게 직접 질문할 수 있고 (예컨대 의회에서의) 작업 과정을 관찰할 수 있다. 여기서 중요한 것은 참가자의 철저한 준비, 질문 문항 작성, 대담자 선정 및 복습이며, 이때 경험한 것은 항상 '현실의 일부분'에 불과하다는 것을 간과해서는 안 된다.^{Detjen, 2007: 63} 논쟁성 원칙의 관점에서 그리고 다양한 이해관계에 대한 통찰력을 획득하려면 서로 다른 행위자들과의 대화가 중요하다. 예를 들어 다양한 의원들(연방의회, 주의회), 유럽연합의회나 유럽연합집행위원회 같은 여러 기구와 다양한 로비 집단, 비정부기구와의 대화는 더 깊은 통찰력을 갖게 해 준다.^{Weber, 2015 참조}

전문가 설문조사는 견학하면서 하나의 활동으로 수행할 수 있지만, 교실이나 학교 외의 교육기관에서도 수행할 수 있다. 특히 '접근

| 전문가 설문 조사 | 하기 어려운' 정치에 무관심한 사회집단을 선정할 때는 이러한 사적 교류는 일상과 정치 행위자의 다양한 관점에 대해서 새로운 통찰력을 갖게 함으로써 정치 과정을 더 쉽게 이해할 수 있게 한다.

    교육 실천과 교육 정책에서 좁은 의미의 정치교육은 제도 학습을 의미하고 생활세계, 학생 및 행동 지향은 사회과 학습이나 민주주의 교육에 속한다는 잘못된 대립(적대감)을 피하는 것이 중요하다. '정치교육의 핵심으로서의 정치'는 위와 같은 좁은 이해를 넘어서며, 정책 차원과 정치 과정 차원을 포함하고, 이로써 문제 및 갈등 지향적인 접근을 포함한다. 정치교육의 중요한 과제는 정치의 의사 형성과 의사결정 과정을 다루는 것이고, 그리고 학습자가 정치의 과정을 그 핵심 범주인 이해관계, 행위자, 권력, 갈등, 합의 등을 중심으로 더욱 잘 이해하고, 판단하고 함께 참여할 수 있도록 하는 것이다.

3. 팀 엥가르트너
Tim Engartner

경제 학습

아리스토텔레스의 『**니코마코스 윤리학**』이래 많은 경제학자가 경제학 학습을 인류 문화화, 사회화의 필수적인 부분으로 여겨 왔다. 그러나 경제 지식의 습득으로 이해되는 경제교육은 20세기에 들어서야 제도화된 교육 환경으로 진입했다. 경제학은 특히 상업학교, 혹은 직업학교에서 다뤄졌는데, 이 학교들은 인문계 학교들보다 오랜 전통을 간직하고 있다. 이러한 전통은 이들 학교에서 가르치는 '일반 경제학', '사회과', '경영학적인 사업 프로세스' 및 '상업 관리 및 조정'과 같은 여러 과목에 반영되어 있다. 2000년대 이후에는 일반 학교에서도 경제교육을 강화하기 위한 교육정책에 대한 요구가 반영되었다. 이는 "경제 지식과 변화하는 경제환경에서 능동적으로 행동할 수 있는 능력은 개인이 사회에 참여할 수 있는 필수적 전제 조건"이기 때문이다.Deutscher Lehrerverband, 독일 교사협회 2000: 1

경제 교육의 강화

1. 경제 학습의 특징

위와 같은 진단은 노동사회, 산업사회, 지식사회 및 지식사회에서 소비사회, 대중매체사회, 여가사회를 넘어 재미사회, 위험사회 및 치료사회로 대변되는 현대 사회의 복잡성이 기본적인 경제 지식 없이는 이해될 수 없기 때문만은 아니다. 왜냐하면 경제학 이론, 경제학의 패러다임과 방법론이 아닌, 이를 "인성 개발, 학문적·문화적 전통 습득, 실질적인 일상의 난관 극복과 사회생활에의 적극적인 참여"Weber, 2008: 53 등 교육의 주요 범주로 전환하는 것이 경제 학습을 특징짓기 때문이다. 이러한 배경에서 경제 학습의 목표는 개개인의 생각의 단초, 결정(구매 욕구에서 소비까지)의 경제적인 행위에 도움이 되는 것이다. 특히 최근에는 경제의 하위 분야로 심리학의 법칙, 공동체의 근본 가치, 주어진 문화 환경, 역사적인 경로 의존성, 정치적 질서 등의 영향력이 커지면서 경제 행위와 밀접한 상호작용이 이뤄지고 있다.Hedtke, 2018; Engartner, 2018: 39-41 참조

경제
학습의
목표

2. 경제 학습의 '학파'

지금까지 경제 학습의 통합된 개념은 제한된 범위에서만 확인할 수 있다. 국제적으로는 경제 학습에 대한 매우 다양한 개념이 존재하지만, 독일어권에서는 대략 4개의 '학파'를 확인할 수 있다.

중심
범주의
이해

1) **범주적 접근 방식**은 독일에서는 볼프강 클라프키Wolfgang Klafki에 의해 확립된 범주적 교육에서 도출할 수 있다. 그는 기본 범주(예: 희소성, 가치 창출 및 효율성), 중심 범주(예: 배분, 제재와 상호의

존), 시스템 범주(예: 효용 최적화, 경쟁 및 이익)와 규제 범주(예: 비용 책임, 법적 확실성 및 사회적 환경)의 이해를 중심으로 둔다.^{Weber, 2001: 7 참조} 1970년대 에리히 다우엔하우어Erich Dauenhauer와 헤르만 마이 Hermann May가 경제교육에서의 범주적 접근법을 전문적인 학습법에 통합시킴으로써 발전에 기여했다. 이후 이 접근법이 보완되었는데, 특히 클라우스-페터 쿠르버^{Klaus-Peter Kruber, 2000}는 범주 체제를 "근거 있는 종합과 반영된 연속"으로 정의하였고, 새로운 분류법에 "다양한 경제교수법 개념 사이의 합의 형성"을 제안하였다.^{Bank, 2011: 295}

2) **질서-이론적 접근 방식**은 경제 학습의 체계를 사회구조의 (가장) 중요한 부분으로 인식하고, 이를 경제활동이 이루어지는 경제 질서에서 찾는다. 경제 질서 −독일에서 이는 항상 사회적 시장경제를 의미한다− 는 일반 인문계 고등학교의 경제교육 내용을 구성하는 기준이 된다.^{Kaminski et al., 2007: 48 참조} 경제 학습에는 질서-이론적 접근의 '아버지'라 불리는 카를 호만스Karl Homanns의 이론이 결정적이었다. "현대의 경쟁 상황에서 제도의 틀은 도덕성의 체계적인 장소가 된다."^{Pies/von Winning, 2004: 2에서 인용} 결론적으로 여기서의 경제 학습의 과제는 신뢰를 상실한 기존의 경제 질서, 즉 경쟁적 시장을 통한 기업의 이윤 창출 시스템에 대한 대안을 제시하는 것이다. 현재 코로나 팬데믹으로 인한 시장경제 질서에 대한 사회적 신뢰의 상실은 70여 년 전에 알프레드 뮐러-아르막Alfred Müller-Armak과 루트비히 에르하르트Ludwig Erhard가 제시한 사회적 시장경제가 현재에도 주류 경제 및 사회질서로 계승·유지되는 기회로 활용되고 있다.^{Müller et al., 2020 참조}

경제 질서에 대한 부정적 인식 불식

3) **분야별 특화된 접근 방식**은 경제교육에 대한 경제적 관점을 갖게 한다. 경제교육에 대한 분야별 접근 방식은 상황 개선에 대한 인지적 관심뿐만 아니라 효율성을 중심 평가 기준으로 삼는 경제적인 관점을 취한다. 따라서 경제 학습은 특정한 경제적 사고방식을 획득

경제적 사고 방식의 습득

하고 사용하는 것을 목표로 한다. 경제적 사고방식이란 어느 때나 사용할 수 있는 보편적인 분석도구를 의미한다. 이 접근 방식은 통합적 경제 역량 모델^(Seeber et al., 2012 비교)에 기반하며, 경제 지식과 사고는 매트릭스를 이용한 역량 기준에 따라 운영된다. 영역별 경제교육의 맥락에서 학생들은 "경제적인 결정의 결과에 대한 분석 또는 평가(결정 및 합리성), 협력에 대한 분석 또는 평가(관계 및 상호작용)와 마찬가지로 정치에 대한 경제적인 판단(체제와 질서)"을 하게 된다.^(Seeber et al., 2018: 65) 역량 지향성이 기반이 되는 학설은, 바덴뷔르템베르크주에서 실시하고 있는 '경제/작업-학문개론WBS' 교과목의 강력한 동기가 되었다.^(Weber, 2015 비교)

학제 간 통합 사고

4) **사회경제적 접근 방식**은 상황-, 생활세계-, 문제-, 학문 지향의 교수 원칙과 다원성, 학문성, 다패러다임성의 요건을 기반으로 한다.^(이에 대해서는 Hedtke, 2014: 313; Guerrien/Jallais, 2006 참조) 이 사회경제적 접근은 경제 질문과 문제 제기가 오로지 정치, 경제, 사회, 역사, 법, 심리와의 연관성에서만 논의될 수 있다는 가정에 기초한다.^(Acemoglu/Robinson, 2019; Engartner, 2018 참조) 이는 신고전파의 경제 기준이 시장조차 역사, 문화와 정치에 강한 영향을 받고 있었기 때문이다. 생존경제, 예를 들어 물물교환 경제, 희소성 경제에서의 시장은 발달한 화폐경제, 정보경제, 디지털경제의 시장과는 다른 사회와 경제의 적법성에 의해 작동된다.^(Engartner, 2019: 40 참조) 직업교육은 사회경제 분야의 용어로도 설명할 수 있다. 순전히 경제적으로만 정의된 직업 훈련과는 달리 (잠재적인) 고용 상황, 즉 작업 프로세스의 가속화, 작업의 '고도화' 및 증대된 이동성 요구 사항을 고려하여 실시한다. 다른 과목의 교수법 질문과 문제로 옮겨 갈 수 있는 사회경제와 교육의 접근 방식과 학문 분야별 접근 방식의 이분법은 한동안 교수법뿐만 아니라 교육정책에서도 논란을 불러일으켰다.^(이 책 I부 「정치교육의 전공학문 기초」 참조)

3. 정치 학습과 경제 학습의 연결선

경제 학습은 정치 학습과 마찬가지로 의사결정 능력, 성찰 능력, 행동 능력을 목표로 하고, 사회과학의 교육이 설정한 교육 목표인 '성숙함'을 지향한다. 경제 학습에서 경제 현상과 과정뿐만 아니라 경제 사고와 패러다임을 정치학·사회학·역사학·문화학의 관점에서 조망한다면, 이는 정치교육에도 실질적인 도움이 된다. 경제 학습과 정치 학습 간의 일치성과 상호 보완성은 다음과 같은 범주적 연결선을 참조하여 식별할 수 있다.

<small>공통된 교육 목표: 성숙함</small>

- 인간은 필요에 따라 움직이지만 동시에 사회규범에 따른다.
- 경제에 의해 주도되는 삶의 여건에서 인간은 일반적으로 충돌하는 이해관계를 조정하는 경쟁 체제에서 행동하게 되지만, 이 체제는 제도와 규제에 종속되어 있다. 말하자면 그 사회의 정치 질서로 구성되었거나 구성될 수 있다.
- 실험을 통한 경제 연구 결과에 따르면, 경제 활동은 특히 공정성, 상호주의와 신뢰에 의해서도 영향을 받는다. 말하자면 민주적으로 구성된 정치 질서의 구성 요소에서도 영향을 받는다.<small>Chopra et al., 2021 참조</small>

과거에는 주로 또는 심지어 배타적으로 정치적으로 형성되었던 삶의 영역이 점점 더 경제적 원리와 패러다임에 의해 형성되는 시점에서, 경제화 과정의 기능 장애에 대한 심층적 검토는 정치-교육적 관점에서도 분명해졌다. 정치 학습과 경제 학습을 연계하면, 경제가 없는 정치 또는 정치가 없는 경제가 성립될 수 없음을 알 수 있다. <small>예: Hippe, 2012 참조</small> 경제 지식이 정치의 의사 형성에서 중요한 의미가 있

<small>정치적 의사결정에서 경제 지식의 중요성</small>

다면, 경제 학습은 정치교육의 필수 불가결한 '주춧돌'이라고 정의할 수 있다. 실업 수당 인상, 통근 수당 감축, 교육 예산 삭감 등 경제와 금융 위기의 그림자가 짙게 드리웠던 2007/2008년 및 2020/2021년도에 기업을 위해 '구제금융 패키지'를 확대할 때, 그 이면에는 언제나 경제 계획, 세금 계획, 금융과 사회정치 분야의 계획이 있었다. 이를 이해하기 위해서는 경제에 관한 기본 지식이 필수적이다. 광고에 현혹되거나 습관적인 소비를 하거나, 충분한 정보 없이 충동적으로 구매하는 경우에는 소비자 교육에서 정치교육이 경제 학습의 자리를 차지하게 된다. 전통적인 경제교육에서 요청하는 '소비자주권'이 원칙으로 전제되어서는 안 되는 것이다. 광고에 이끌리거나 습관에 의해 행동하거나 불충분한 정보에 따라 소비한다는 사실이 인정될 때, 경제 학습은 정치 학습의 방식으로 소비자 교육을 구성하게 된다.^{Galbraith, 2001: 36}

정치 학습과 경제 학습 사이에는 일치되는 부분이 많다. 우선 정치와 경제 학습의 교육 목표와 원칙이 유사하며, 동시에 (교수법적) 원칙과 방법, 체계에 근본적인 유사성이 있기 때문이다. 정치와 경제 학습의 상호 연결된 목표는 다른 모든 사회과학 교수법과 마찬가지로 내재적 성숙함인데, 특히 판단력, 행동 능력, 참여 능력의 강화를 강조한다. 상황에 따라 경중의 차이는 있겠지만, 공통된(교과교수법적) 원칙으로는 상황 지향, 문제 지향, 생활세계 지향과 학문 지향 접근 방식을 꼽을 수 있다. 그리고 범례 지향, 논쟁성과 관점의 변화도 이 원칙에 포함될 수 있다. 또한 경제 학습은 그 방법이나 이론의 측면에서, 또 (수업)실습의 측면에서 정치 학습과 크게 다르지 않다. 교수법과 학습법 모두에 적용될 수 있는 공통적인 방식으로는 사례연구, 모의실습, 찬반 토론, 역할 게임과 시나리오 기법을 들 수 있다.^{Engartner et al., 2021: 133-194 참조}

4. 정규 과목으로 정착한 경제교육

독일연방공화국의 교수요목에서 경제 학습의 비중은 정치교육과 마찬가지로 양적·질적 측면에서 매우 다양하다. 학교 과목명만 해도 각 연방주와 학교 유형에 따라 '사회과Sozialkunde', '사회와 정치Gemeinschaftskunde', '사회과학Sozialwissenschaften', '사회탐구Gesellschaftskunde', '기술·공업Arbeitslehre', '경제와 법Wirtschaft und Recht', '경제와 정치Wirtschaft-Politik', '소비자교육Verbraucherbildung'에 이르기까지 다양하다. 경제 학습이 '지리와 경제' 과목에 포함된 오스트리아를 살펴보면 학교 교과목의 명칭을 포함해 경제교육의 커리큘럼이 얼마나 이질적인지 알 수 있다. 스위스에서는 인문계 고등학교와 직업학교에서 경제 학습을 통합과목('경제와 법')으로 가르치고 있다. 그러나 최근 교육정책의 발전은 사회과학의 하위 분야를 분리하여 '경제학'이라는 단일 과목으로 분리하는 추세이다. 그 이면에는 경제학 교육 내용을 경제학의 주류에 맞춰 강화한다는 의도가 있다.Hedtke, 2019 참조

이는 예컨대 독일 **사회경제교육·과학학회**GSÖBW가 대다수의 독일 학교 시간표와 관련하여 주장하는 정치 학습과 경제 학습의 결합을 목표로 하는 사회경제적 교육의 접근 방식과 상반된다.GSÖBW, 2016 참조 이와 관련해서는 경제체계, 조세 및 재정체계, 보건의료체계, 연금 및 교통체계의 문제는 일반적으로 역사적 발전 경로, 문화적 영향, 법적 규정 및 사회적 맥락을 배경으로 해야만 찾을 수 있는 경제적 **그리고** 정치적 답변을 필요로 한다고 가정된다. 또한 비록 경제 학습이 내용의 측면에서 미시경제학이나 경영학의 요소가 강조되더라도, '노동 세계', '소비', '기업경영' 등과 같은 키워드는 심리학, 사회학, 정치학을 내용적으로 공유할 수 있다는 것이다. 현재의 정치, 경

제, 사회와의 밀접한 연관성으로 인하여 사회과학의 3대 학문인 정치학, 경제학, 사회학에 내재하는 근본적인 사고방식, 범주와 방법론 등의 유사성으로 인하여 오늘날까지도 대부분의 커리큘럼에 체계적으로 연계되고, 개념적으로 분류됨과 동시에 통합 사회과학 과목에 반영되고 있다.

4. 베티나 추르슈트라센
Bettina Zurstrassen

정치교육의 주제 영역인 사회

1. 들어가는 말

사회는 교육 분야에서 다층적인 개념이다. 이 개념은 1. 사회 교과목의 교육 영역을 분류하는 상위 개념, 2. 하위 영역인 사회학의 내용 영역, 3. 정치교육(교원양성 교육도 포함) 및 사회과학 영역 전반에서 사회학적 관점(패러다임, 연구 전통 및 방법)을 지칭하는 용어로 사용된다.

<small>사회는 다층적 개념</small>

1.1 교육 영역으로서의 사회

수업과목을 체계화할 때는 언어학, 문화학, 스포츠학, 자연과학 및 사회과학 영역으로 구분하는 경우가 많다. 사회과학 영역은 정치학, 사회학, 역사학, 경제학, 법학 그리고 지리학 등 하위 영역과 관련된다. 이와 같은 체계화는 구성의 과정인데, 이는 세계의 자연적인 구분을 반영하는 것이 아니라 역사적·사회적 분화 및 구분 과정의 결과물이다.^{Bauman, 2015: 14}

<small>교육 영역과 수업과목은 사회적 구성물이다</small>

사회과학 영역의 공통된 주제 범위와 다른 영역과의 경계조차 논

쟁의 대상이 되고 있다. '사회'라는 용어에 대한 다양한 사회학적 정의의 몇 가지 공통된 특징에 따르면, '사회'는 사회집단, 부분적 시스템, 국민 또는 인류 전체에서 행위자의 인간 행위와 공동생활을 포괄한다.^{Hedtke, 2018: 10 참조} 이는 사회 교과목에서 하위 영역의 다양한 주제별 관점에서 교수법적으로 구상된 교수학습 배열을 통해 개발·분석·평가된다. 이 과정에서 수업과목은 관련 학문(들)의 패러다임, 연구 방법 및 연구 결과를 참고하지만, 이를 그대로 반영하지는 않는다.

1.2 하위 영역 사회학의 내용 영역에 대한 용어로서의 사회

'정체성', '사회 변화', '가족과 생활양식', '이주' 또는 '사회구조 분석 및 사회 불평등'은 교육안에서 하위 영역인 사회학으로 분류되는 내용 영역이다. 주목할 점은 독일의 주 교육문화부들이 최근 몇 년 동안 경제교육에 치우쳐 사회과 내용 영역을 거의 소외시켜 왔다는 것이다.^{Engartner/Hedtke/Zurstrassen, 2021: 15; Müller/Keller, 2020: 11 참조} 그러나 근본적으로 교육안에서 관련 학문에 따른 내용 영역의 분류가 교육이론적으로 여전히 타당한 것인지에 대해서는 의문이 제기된다. 정치교육은 독일의 모든 주에서, 또한 국제적으로도, 전문 영역이 교차적으로 연결되거나 서로 융합하는 특성을 보인다.^{이 책 1부 「정치교육의 전공학문 기초」 참조} 이는 예를 들어 '사회과학Sozialwissenschaften', '사회과Sozialkunde', 또는 '정치·경제Politik-Wirtschaft' 등 독일 각 주의 과목명에도 반영된다.^{Engartner, 2021: 52} 정치교육 과목은 다학제간 융합 과목이다. 이와 관련해서는, 사회 문제를 다루는 분과학문들에 대한 부가적(병렬적, 연속적), 보충적(보완적), 그리고 통합적(교차적) 접근 방식을 구별한다.^{Hedtke, 2005: 53} 수업 시간 연장은 제한적으로만 가능하다는 사실과 같은 실용적인 교육정책적 고려 사항 외에도 교육이론적 고려 사항도 학제적 과목의 개념에 중요한 역할을 한다. 학습자가 다양한 사회 문제와 그로 인해 영향을 받는 삶의 상황에 대처할 수 있도록 지원하기 위해서는 학제적 성격에 상응하는 학제적 접근 방식이 필요하다. 헤트케Hedtke는 이러한 접근 방식으로 학습자를 지원하여 사회에 대한 이해를 위한 적절한 토대를 만드는 것을 "사회과학적 교수법의 공동 과제"Hedtke, 2005: 32로 간주한다. 볼프강 클라프키의 일반교육 이론은 정치교육 과목의 학제적 개념에 큰 영향을 미쳤는데, 그 중심을 이루는 것은 학제적으로만 다룰 수 있는 시대의 전형적 주요 문제이다.Klafki, 1993; Klafki, 2006: 8 참조 이는 정치적, 경제적 그리고/또는 사회적으로 규정된 사회 문제이며 정치교육의 주제가 되는 과제를 설계하는 것이다. 학습자는 시대의 전형적 주요 문제를 탐구함으로써 현재와 개연적 미래의 주요 문제들에 대해 역사적으로 매개된 인식을 얻고, 이를 구체화할 수 있는 능력을 습득하게 된다.Klafki, 1993 참조 클라프키Klafki, 2005: 8-9는 '전쟁과 평화', '생태학적 문제', '세계 인구의 증가', '기계화', '개인의 주체성', 그리고 '나-너 관계'의 현상(예를 들어 정체성 문제, 성별 관계, 자기이익 대 집단이익)뿐만 아니라 '사회적 불평등'을 시대의 전형적 주요 문제로 규정하였다. 이와 관련하여 사회적 불평등은 예컨대 사회계급과 사회계층 간, 남성과 여성 간, 취업자와 실업자 간, 복지사회와 이른바 개발도상국(오늘날의 용어: 글로벌 사우스의 나라들) 간의 다양한 차원을 포괄한다. 클라프키의 일반교육 이론은 폭넓은 지지를 받았지만, 학제적·통합적 교수법 개념과 수업과목에 대한 근본적인 비판도 거듭 제기되었다. 특히, 시대의 전형적 주요 문제는 사회 현실의 실제 복잡성을 포착하지 못하고 개발의 대상이 되어 교사와 학습자에게 과도한 부담을 줄 수 있다는 점이 비판적으로 언급되었다.Giesecke, 2000: 569 참조 또한 학습 내용의 선택에 학습자의 참여가 부족하다는 비판도 제기된다. 어떤 사

> 교수법적 틀로서의 주요 문제

청소년은 사회적 지향이 필요하다

회 문제에 관심이 있는지 열거하도록 요청하는 설문조사에서 청소년들은 수년 동안 시대의 전형적 주요 문제들을 직접 언급하고 있다.^{Schneekloth/Albert, 2019: 57 참조} 또한 클라프키는 모범적인 학습 배열에서 탐구되어야 할 시대의 전형적 주요 문제의 목록을 개방형으로 정의하고, 여러 번 직접 수정하였다. 예를 들어 '팬데믹과 전염병', '이주' 등 새로운 핵심 문제가 추가될 수 있거나, 실제로 추가되었다. 새롭게 등장하는 핵심 문제는 예를 들어 '테러'를 '전쟁, 폭력, 평화'에 대한 논의의 일부로 포함시키는 등 내용적으로 조정될 수 있다.

1.3 정치교육에서 사회학적 관점

또한 교육 분야에서 '사회'라는 개념은 사회과학 영역의 독특한 사회학적 관점 및 연구 방법과도 관련된다. 사회학, 정치학. 경제학은 −사회에서의 행위와 공동생활이라는− 연구 대상이 동일하고, 점점 더 동일한 이론(예를 들어 경제학의 호모 이코노미쿠스, 사회학과 정치학의 합리적 선택이론)과 연구 방법에 의지하고 있지만, 그럼에도 불구하고 서로 다르다. 배타적인 것은 아니지만, 주로 한 분과 학문에서 연구되는 전문 영역에 특수한 사고방식(패러다임), 연구 문제와 연구 전통이 존재한다.^{예를 들어 정치학의 정치체계 연구 또는 사회학의 사회구조 분석, Bauman, 2015: 16 참조} 이러한 요소들은 교과교수법과 교육학에 기반하는 정치교육 과정의 테두리 안에서 다루어진다.

2. 다중관점

(정통)경제학에서는 신고전주의가 여전히 지배적인 패러다임인 반면, 사회학에서는 다중 패러다임주의가 확립되었을 뿐만 아니라 연

구 영역의 자아상의 일부이기도 하다.^(Hillebrandt, 2018: 1 참조) 이러한 연구와 담론의 전통으로 인해 사회학은 때때로 '교수학적 행운'으로 평가되기도 한다.^(Müller/Keller, 2020: 12) 뮐러Müller와 켈러Keller에 따르면, 패러다임은 서로 나란히, 그리고 결합되어 존재하며, 서로 대립되어 토론될 수도 있다.^(같은 곳) 사회학 이론에서는 사회 현상, 구조적 상호관계 및 발전에 대한 설명적 접근 방식이 확립되어 특히 경험적 자료를 통해 개발·검토되고 있다. 대조적인 사회학 이론의 접근법을 비교 분석하거나 수집된 자료들에 대한 다양한 해석을 통해 보이텔스바흐 합의가 요구하는 다중관점을 확립할 수 있다.^(Zurstrassen, 2021: 219 참조) 이렇게 하여 학습자는 다양한 관점에서 사회적 해석 개념을 습득한다. 이를 통해 학습자는 사회 현상과 과정에 대한 서로 다른 관점에 접근할 수 있을 뿐만 아니라, 상반되는 입장과 모호성을 용인하는 연습도 할 수 있다.

> 사회과학 교육의 질적 요소로서의 다중관점

3. 사회학과 성찰 역량:
사회적 행위의 해체, 해석 그리고 변화

바우만Bauman에 의하면 사회학은 주로 형상화Figuration와 상호의존 관계망, 행위의 상호조건화 그리고 행위자의 자유 확장 또는 제한을 탐구한다.^(Bauman, 2015: 18 참조) 사회학적 사고방식과 경험적 연구 결과를 다루는 것은 학습자가 자신의 행동과 다른 행위자의 행동을 해석하고 성찰하는 데 도움을 준다. 한편으로 사람들은 의사결정과 행위의 자유를 가지고 있지만, 행위자가 행동하는 방식은 무엇보다 항상 개인에게 영향을 미치는 전통과 일상뿐만 아니라 (예컨대 준거집단의) 사회적, 문화적 또는 종교적 규범과 가치에 따라 달라질 수

> 사회학적 사고방식과 계몽

있다.^Bauman, 2015: 33, 37 참조 사회과학자이자 사회심리학자인 조지 허버트 미드George Herbert Mead는 '자아(정체성)'라는 개인의 이원성二元性을 '객체적 자아(Me)'와 '주체적 자아(I)'로 설명함으로써 이러한 사회적 과정을 사회학적으로 해석하는 데 크게 기여하였다. '객체적 자아'는 개인이 다른 행위자와의 상호작용을 통해 받아들이는 양심의 사회적 차원이다. 반면에 '주체적 자아'는 자기주장의 사례이다. '객체적 자아'와 '주체적 자아'에 대한 주장은 항상 조절되고 균형을 유지해야 한다. 이것이 성공적으로 이루어졌을 때, 미드에 따르면 사회의 다른 구성원들과의 상호작용에서 발전해 가는 '자아'에 대해 말할 수 있다.^Abels, 2004: 13-40; Sander, 2016

예를 들어 진로 방향에 대한 사회학적 및 (사회)심리학 연구에 따르면 9세부터 어린이는 개인에게 흥미가 있더라도 명성 측면에서 가정 환경의 기대에 부합하지 않는 직업을 더 이상 고려하지 않는 것으로 나타났다. 이러한 선택은 직업훈련에 대한 실제 결정이 내려지기 몇 년 전에 이루어진다.^Gottfredson, 1981: 546 참조

위의 예는 사회학적 사고의 잠재력을 일목요연하게 보여 준다. 즉, 사회학 이론과 경험주의를 알고 해석하며, 이를 사회 현상과 생활 상황에 성찰적으로 적용하고 문제를 제기할 수 있는 능력은 학습자가 자신의 태도의 사회적 차원을 해석하고 성찰하며 변화시킬 수 있게 함으로써 학습자 자신의 정체성 개발과 판단력 및 의사결정 능력을 형성하는 데 도움을 준다.^Schwier, 2015: 153 참조

개인의 태도 변화는 동시에 사회 변화의 요소이기도 하다. 또한 사회학적 사고는 다른 행위자들의 행위와 행동을 사회학적으로 해석하고 이해하는 능력을 촉진시킨다.^Bauman, 2015: 29 참조 이 연구 결과는 취업 위주 수업과 같은 교육과정 및 수업 설계에서의 교수법적 결정과도 관련이 있다.

4. 성숙과 정치적 형성 능력

밀러와 켈러에 따르면, 학습자는 사회학적 사고방식과 경험주의를 다룸으로써 학습자는 사회와 사회성을 주어진 것인 동시에 가변적인 것으로 이해할 수 있게 된다.[Müller/Keller, 2020: 12 참조] 여성의 선거권, 노동자의 권리를 위한 투쟁 그리고 민주주의 국가 형태는 사회적 상황을 성찰하고 분석하며 의문을 제기했던 사람들이 싸워서 이루어 낸 사회 변화의 몇 가지 사례일 뿐이다. 또한 이러한 사례는 사회 변화의 과정이 반복적으로 지체되고 좌절될 수 있는 사회적 관성의 힘을 보여 주는 예시이기도 하다. 그럼에도 불구하고 바우만Bauman에 따르면, 사회와 사회성의 변화 가능성에 대한 이해 없이는 "자신의 삶을 성공적으로 설계하고 공동의 생활 조건을 집단적으로 형성할 수 있는 기회는 더욱 약화된다".[2015: 31] 자신의 삶과 사회 형성의 기회와 도전에 대한 인식은, 아무리 힘들더라도, 민주주의 존립의 근본을 이룬다. 왜냐하면 사회적·정치적 참여는 사회적·정치적 효능감, 즉 개인적 또는 집단적으로 사회와 정치를 형성하고 영향을 미칠 수 있다는 신념에 의존하기 때문이다.[Bödeker, 2012: 27 참조] 그러므로 사회학과 사회학적 사고방식은 항상 민주적 정치교육의 구성 요소이며, 따라서 교사 교육 및 연수의 필수 요소여야 한다.

사회학적 사고방식과 성숙

5. 하인리히 오버로이터
Heinrich Oberreuter

법교육 Erziehung

1. 들어가기

　인간의 모든 공동생활, 모든 사회 그리고 모든 정치체제에는 무엇이 옳고 그른가에 대한 관념觀念이 존재한다. 이러한 관념에 따라 일반적으로 수용되고 필요하며 받아들일 수 있는 것처럼 보이는 행동방식과 공동생활의 규칙이 결정된다. 홉스Hobbes와 칸트Kant 같은 매우 다양한 사상가들에 따르면, 개인은 자신이 스스로에게 기대하는 행동을 자신이 속한 사회집단에 대해서도 해야 할 의무가 있다. 정치사상에서 규범에 대한 구속력 있는 합의라는 개념은 궁극적으로 정치·사회 질서의 근간이기도 하며, 일반적으로 개인의 사회화와 불가분의 관계에 있다. 무엇이 옳은가에 대해서는 다양한 수준의 구속력을 갖는 규범이 존재한다. 사회규범은 일상에서 수많은 행동규칙이나 행동에 대한 기대를 정당화한다. 사회규범의 이행은 상당 부분 관습과 상호작용에 크게 의존하기 때문에 사회규범의 준수는 전제될 수 없으며 언제라도 달라질 수 있다. 반면에 법규범의 구속력은 질서와 내부 평화를 유지하기 위해 필요한 경우 모든 사회 구

규범

성원에게 강제할 수 있도록 제재를 통해 강화된다. 법규범의 구속력은 사실상 달라질 여지가 없다. 왜냐하면 "법의 효력은 법의 집행에 있기 때문이다".^{Kempfler, 2003: 214}

2. 사회규범, 법감정² 그리고 정의감

무엇이 옳은가에 대한 사회적 관념은 법규범에만 국한되지 않는다. 법규범은 행동 패턴을 제시하고 기대에 대한 확신이 생겨나게 하며 통합을 가능하게 하는 사회규범^{Kempfler, 2003: 212-213 참조}, 법감정 및 정의감으로 둘러싸여 있다. 국가의 법질서는 공동생활, 법적 안정성, 사회적 기회균등의 보장 등 개인과 사회의 자율성을 필요 이상으로 제한하지 않는 자유주의적 사회원칙에 기반하는 한, 그러한 관념의 일부만을 규제로 구체화한다. 자유주의 체제에서는 모든 사회생활이 구속력 있는 법규범의 지배를 받지 않는다. 근본적으로 개성의 자유로운 발현은 인간 존엄성의 표현이다! 반면에 독재는 규제의 양과 밀도, 범위가 엄청나게 방대하다는 특징이 있으며, 궁극적으로 제재로 강화되고 정치적으로 강제된 일반적 의무의 영역으로 전체 사회의 정체성을 추구한다(물론 역사적으로 완전히 달성된 적은 없다). 따라서 공과 사, 국가와 사회, 합의(사회규범)와 의무(법규범)를 구분할 수 없게 된다. 이와 반대로 자유주의 법치국가는 이러한 영역들의 구별 가능성과 긴장감 넘치는 공존에 기반한다.

법관념과 법규범

---

2. '법감정'은 "있는 법(무엇이 법인가)과 있어야 할 법(무엇이 법이어야 하는가)에 대한 감정, 법에 대해 가지고 있는 인간의 직관적인 가치감정, 또는 인간이 법적인 문제에 접한 경우 직관적인 결정을 야기하는 법적 근본정조를 말한다"[전해정(2013), 「법감정(法感情)의 인식론적 가능성 연구」, 『법학논총』 제26권 제2호, 190].

3. 전제, 도덕 및 윤리 원칙

법규범의 생성

사회의 형성과 질서에 대한 합의 사이의 연관성은 일반적으로 법규범이 자의적이고 추상적인 설정에서 비롯되지 않는다는 것에 기반한다. 법규범은 인류학적 전제 및 도덕 원칙과 윤리 원칙, 또한 이러한 전제 및 원칙과 관련된 적절한 정치 질서에 대한 관념에서 도출된 결론이다. 모든 법질서에는 시대별로 지배적인 가치가 드러난다. 나치즘에서 법은 개인을 민족공동체의 일부로 여기고 인종주의와 지도자의 독재가 관철되는 데 기여하였으며, 결국에는 지도자의 명령에 의해 완전히 조정될 수 있게 되었다. 사회주의 체제 역시 개인을 집단의 일부로 간주하고 법을 계급투쟁과 일당독재의 당파적 도구로 이해하였으며, 마침내는 중앙당의 정치국이 사실상 최고 입법기관이 되었다. 민주주의는 개인의 자유, 사회의 다원성 그리고 공동생활과 의사결정에 필요한 일반적 구속력과 민주주의 체제에 특유한 개성과 다원성의 조화를 추구하는 법질서와 통치 질서에 기반한다. 민주주의는 긴장감 없는 완벽한 상태에 도달할 수 없다. 그러나 더 중요한 것은 법질서에 선행하는 규범적 원칙들인데, 이 원칙들은 법질서를 특징짓는 동시에 차별화하는 기준이다. 즉, 기본 가치는 기본권의 토대이다.

따라서 법이 형식적 성격만 가지며, 법을 다루는 것은 정치교육의 중심적인 대상 영역에 포함되지 않는다는 견해는 완전히 잘못된 것이다.

정치교육의 중요성

오히려 이러한 견해는 법과 동떨어져 있어 정치교육의 중심 대상인 정치 질서를 소홀히 하고 있다. 이는 특히 독일연방공화국의 헌법인「기본법」에 따른 법과 정치의 관계를 예로 들어 설명할 수 있다. 독일 연방헌법재판소는「기본법」이 규정하는 체제를 "가치기속적 질서"라고 규정하였다.BVerfG, Urt. 25.2.75 in Verb. m. BVerfG 2, 1 (12) u. BVerfGE 39, 67

역사적 경험(바이마르공화국의 가치상대주의, 나치즘에 의한 가치 파괴)으로 인해 인도주의 정신을 국가와 사회에 불어넣어 주는 가장 중요한 원칙들은 영구적으로 설정되었으며, 어떤 경우에도 바뀌지 않는다. 헌법의 우선성을 근거로 하여 어떤 법도 헌법에 반할 수 없다. 따라서 정치는 국민주권을 내세워 이를 무시할 수 없으며, 필요한 경우 헌법재판소는 정치를 제재할 수 있다. 다수결로 표현되는 국민의 뜻보다 중요한 것은 근본 가치와 법의 원칙이다. 이러한 원칙은 전제되어 있고, 정치적 처분의 대상이 아니며 영속적인 구속력을 갖는다. 인간 존엄성, 자유, 생명권 등 기본 원칙은 독일연방공화국의 「기본법」에 명시적으로 포함되어 있으며, 이는 한편으로 그러한 기본 원칙의 타당성에 대한 추가적인 근거를 제공하지만, 다른 한편으로는 무엇보다 「기본법」의 헌법 정책을 특징짓는다.

정치는 「기본법」의 적용을 받는다

하위법은 이 기준을 따라야 한다. 헌법재판소는 규범 통제를 통해 그 여부를 검토할 수 있으며, 이를 통해 전체적인 법질서의 규범적 방향성이 보장될 수 있도록 한다.

4. 법체계의 이해

법적으로 유효한 이러한 원칙들은 법체계에 대한 올바른 이해를 돕는 보다 명확한 몇 가지 설명을 제공한다.

1) 법은 '통치자'의 도구가 아니다(민주주의 국가는 권위적인 정부가 아니라, 국민에 의해서 정당화된 통치제도라는 점은 논외로 한다). 오히려 기본법의 상태는 법치주의에 기반을 두고 있다. 결정적인 물음은 "누가 (예컨대 어떤 정치 집단이) 법을 제정하는가?"가 아니라,

법은 '통치자'의 도구가 아니다

"법을 구속하는 규범적 원칙들이 법률 제정과 법적 관행을 지배하고 있는가?"이다.

2) 근본 가치에 대한 합의가 붕괴되지 않는 한, 기본적인 규범적 구속력에 대한 헌법의 영속적인 보장은 절대로 사회 변화 속에서 시대착오적이 될 위험에 처하지 않는다. 그러나 자유, 인간 존엄성 그리고 다원성이 그 효력을 잃게 되면, 인간 중심의 법질서의 개념도 사라진다. 불법국가로 가는 길이 열리는 것이다. 그러나 이러한 개념이 여전히 유효하다면, 사회 변화는 본질적으로 하위법에서 적응의 문제를 일으킬 뿐이다. 적응은 주어진 상황에서 구체적으로 최적의 해결책을 찾아내도록 유도한다. 적어도 이 생각에 따르면, 근본적인 법적 고려 사항은 사회 변화에 영향을 미친다. 즉, 인간적 사회와 민주주의는 타협의 대상이 되어서는 안 된다. 실제에서도 이러한 근본적 태도의 권위는 결코 포기되지 않는다. 예컨대 연방헌법재판소는 낙태를 합법화한 것이 아니라, 윤리적으로 정당한 예외적인 경우와 근본적으로 생명보호의 원칙을 지향하는 법적 규정의 범위 내에서만 처벌을 면제하였다. 이로써 유효한 법윤리적 원칙이 근본적으로 방어된 것이다.BVerfGE 39, 19 in Verb. m. BVerfGE 88, 203 이러한 중심적 기본 원칙(근본 가치)의 일반성을 고려할 때, 세부적으로는 거의 항상 해결을 위한 다양한 접근이 가능하며, 따라서 하나의 대안이 관철된 이유와 다른 대안도 (더) 적절하지 않은지 묻는 것은 정당하다. 이런 점에서 법은 항상 정치 및 이해관계와 충돌한다. 법은 역동적으로 발전한다. 다만 법체계를 구조화하는 가치에 반하는 발전, 즉 예컨대 원칙적으로 생명보호의 원칙을 지향하지 않는 대안은 저지되어야 한다.

3) 법은 역동적인 사회 발전을 구체화한다. 그러나 법 자체도 이러한 발전에 영향을 받으며, 근본적인 기본 원칙에서는 자기 보존의

체계이지만, 그 자체로는 역동적 체계이다. 법은 정치적·사회적 공동생활에 대한 기본 합의를 형성하는 토대에 대해서만 보수적이며, 예컨대 바이마르공화국에서 다수파가 이러한 토대를 바꿀 수 있다는 법적 견해와 같이 자의적인 정치적 변화의 대상이 되어서는 안 된다. 이러한 점에서 법을 다루는 정치교육은 근본적으로 보수적이라는 1970년대의 교수법 논쟁에서 빈번하게 취해졌던 입장은 더 이상 유지될 수 없다. 오히려 이러한 입장은 "변화의 기회"^{Sandmann, 1975: 102}와 모든 정치체제에서 발견되는 변화와 불변성 사이의 긴장을 가리킨다.

5. 법 문제의 중요성

정치교육이 법 문제를 배제할 수 없는 이유는 법이 일상에서 사람들을 제2의 피부처럼 둘러싸고 있기 때문이다.^{Reimer, 2020: 1171} 개인의 인격 발현의 자유는 보장되어야 하지만, 이는 동시에 사회적으로 수용될 수 있는 방식으로 규제되어 있어야 한다. 따라서 규범은 자유와 질서를 창출해야 한다. 규범의 필요성은 개인이 공공 행정에 공공 부조와 사회복지 서비스를 기대할수록 증가한다. 이러한 공공 서비스 역시 자의적으로 분배되어서는 안 되며, 법적으로 신뢰할 수 있는 방식으로 규제되어야 한다. 법은 먼저 법적 안정성을 통해 행위에 대한 부담을 덜어 준다. 법은 구속력 있는 행동 기준을 정하고, 개인이 스스로 '자신의 권리'를 주장할 필요성을 없애 준다. 권리 주장은 항상 약자에게 불리하고 신뢰성보다는 자의성을 초래할 수 있다.

일반적으로 법은 갈등 해결을 위한 수단으로 정의된다. 그러나 이

> 법은 일상 속 '제2의 피부'이다

갈등 조정과 갈등 회피

에 선행하는 것은 규칙을 고정함으로써 갈등을 예방하는 법의 기능이며, 예컨대 도로교통법에서 사법私法, 그리고 형법에 이르기까지 이러한 규칙의 일반적인 준수는 법적 평화를 보장할 것이다. 규범의 목적은 항상 우선적으로 원활한 공동생활을 가능하게 하는 것이며, 그다음에 비로소 문제를 조정하고 최종적으로 제재를 통해 문제를 매듭짓는다. 항상 중요한 것은 개인이 자신의 권리를 관철시키는 것이지만, 이를 위해 법공동체를 희생시켜서는 안 된다. 이는 물질적 재화(예컨대 사회 서비스)뿐만 아니라 비물질적 재화(예컨대 내부 평화)에도 적용되며, 시민과 국가 간의 관계에서도 적용된다. 법은 국가권력과 다수의 지배를 제한하고 소수와 소수가 다수가 될 수 있는 기회를 보호한다. 합법적인 폭력 사용에 대한 독점을 포함하여 법치국가의 제재 권한은 정부 당국의 권력 행사를 위해 존재하는 것이 아니라 법적 평화의 상태에 있는 시민의 평화를 방해하는 범법자로부터 보호하기 위해 존재한다. 또한 국가 행위의 적법성과 타당성은 그 자체로 사법적 검토의 대상이 되는데, 예컨대 전 국가적인 전염병 상황(코로나!)에서의 감염 예방의 경우에도 마찬가지다.

공적 생활에서와 마찬가지로 사적 생활에서도 법질서가 지속적으로 개인을 둘러싸고 제한하는 것만은 아니다. 법질서의 기능은 분명 개인의 발전 기회를 위한 것이기도 하다. 때때로 법규범은 전반적으로 대체하는 성격을 가질 수 있는데, 예컨대 가족 등 사법의 영역에서 내면화된 규범이 작동하는 한 법적 구성은 결과적으로 종속적인 성격을 유지하며, 개인이 (더 이상) 합의에 도달할 수 없거나 공인된 중립적 제3자의 중재가 필요할 때만 그 의미를 얻게 된다.Reinhardt, 1986: 8 참조

6. 법교육

독일에서 법교육[Frantzen, 1980 참조]과 법률학은 계몽시대의 법교육학 및 도덕교육학 이후 지속되는 전통을 가지고 있다. 이 전통은 때때로 윤리적인 문제에 주목하기도 했지만, 무엇보다 20세기 전반에는 특히 '고객'으로서의 정체성을 강조했으며, 그럼에도 불구하고 '시민의식'의 전달을 잊지 않았다.[Deimling, 1989 참조] 법교육은 항상 정치체제와 동일시하는 데 사용되었다.[Adamski, 1986 참조] 이는 자유민주적 기본 질서의 원칙에 대한 지향에 의심의 여지가 없다는 점에서 수용될 수 있는 것으로 보인다.[Kempfler, 2003: 215 참조] 따라서 법교육은 비판적 분별력[Wathling, 1999: 218 참조]과 정치적 판단 능력[GPJE, 2004: 11, 19, 21-23, 25]을 증진시켜야 한다.

일차적으로 법교육은 가치를 가르치는 것이다.[Limbeck/Johannkemper, 1998: 123-125 참조] 법교육의 목표는 이 글에 설명된 기본적인 관계를 알리고 명확하게 하는 것이다. 이러한 이유로 법교육은 "지식과 가치의 동시 전수"[Fritzsche, 2004: 2 및 Mahler, 2004 참조; Mihr/Rosemann, 2004; Woyke, 2010]로서 인권교육에 더 많은 관심을 기울이고 있다.

> **법교육은 가치를 가르치는 것이다**

"인권교육은 사람들에게 인권을 가르치고 훈련시키기 위한 일련의 교육적 학습 방법이다. 인권교육은 국제적 또는 지역적 인권의 규범·기준·체계에 대한 정보를 제공하며 일상적인 직업적 또는 개인적 환경에서 인권을 보호하고 지원할 수 있는 사람들의 능력과 태도를 향상시킨다."[Mihr, 2012: 2]

「세계인권선언」(1948년 채택)의 전문에는 이미 해당 수업 및 교육의 책무가 명시되어 있다. 민주주의와 인권 교육을 위한 국제회의(1998년 몬트리올 개최)에서는 ─독일의 주州 교육문화부장관협의체(1980년과 2000년)와 유사하게─ 관련 교육 자체가 인권에 포함되었으며, 인권 이해와 민주주의 및 관용을 위한 필수 불가결한 전제 조건으로 간주되었다. 목표는 인지 훈련뿐만 아니라, 역량과 판단력으로 대응해야 하는 새로운 포퓰리즘 권위주의에 맞서[Fritzsche, 2018 참조] 가치관, 행동 성향 및 비판적 잠재력을 함양하는 것이다.[Scherb/Gloe, 2018: 16-17 참조]

법의 규범적 기능 개인은 자신과 법공동체를 위해 법의 규범적 기능을 분명하게 인식하고 평가할 수 있어야 한다. 개인은 법치국가를 형식적 질서가 아니라 정의와 근본적인 윤리 원칙의 실현에 헌신하는 질서로 이해할 수 있는 능력을 습득해야 하며, 이 원칙을 인간적 공동체의 토대로 이해하고 비판적으로 대안들을 검토한 후에 받아들여야 한다. 마지막으로 분명하게 해야 할 점은 법에 대한 정치의 복종과 이를 위해 필수적인 제3의 권력으로서 사법부의 (헌법적) 독립성이다. 법 자체가 중요한 기준이기 때문에 법교육은 이 기준을 현실에 적용할 수 있도록 하는 데 기여해야 한다.

법교육은 법학과 그 체계의 축소판이 될 수 없으며[Perschel, 1988: 577 참조], 일상의 전형적인 문제들(예컨대 매매계약 체결 방법)에 대처하기 위한 단순한 법률 지식도 될 수 없다. 그러나 법률 사건(예컨대 소년법, 청소년 보호, 가족법, 재산법 및 계약법)에 의거하여 심리적·사회적 배경뿐만 아니라 근본적인 법원칙을 명확하게 규명하고[Mickel, 1995: 765 참조], 그것의 역사적·사회적 조건, 잠재적인 효율적 대안 및 공동체의 광범위한 법철학적 토대와의 충돌 가능성에 대한 문제 제기는 전적으로 가능해 보인다. 어쨌든 근본적인 법원칙에 주로 예방적 성격만 부여하는 것은 잘못된 것이다.

법교육은 문화적 가치로서의 법에 대한 인식적 토대 위에서 사람들이 법의 적용 범위, 발전 가능성 및 한계에 대한 지식을 가지고 법질서의 틀 안에서 책임 있는 행동을 할 수 있도록 준비시켜야 한다.^{Hadding, 1998: 188-200 참조} 따라서 법교육은 정치교육의 필수적인 부분이다. 법교육은 정치교육에 반대되는 입장에 설 수 없으며, 정치교육을 대체할 수도 없다.

6. 마티아스 부쉬
Matthias Busch

정치교육 차원의 역사 학습

역사 학습: 다양한 수업과목의 필수 차원

역사 학습은 과거에 대한 지식을 습득하고 해석하기 위한 역량 획득으로 정의할 수 있으며, 과거를 탐구하여 현재를 이해하고 미래에 대한 관점을 발전시키는 것을 목표로 한다. 역사 학습은 역사수업에 국한되지 않으며, 다양한 과목에서 이루어진다. 문학사, 음악사, 과학사, 진화 또는 교회사는 독일어, 음악, 종교 또는 자연과학과 같은 과목의 본질적인 주제이다. 각 과목에서 과거 다루기는 특정 과목의 전문적인 주제를 파악하는 데 본질적인 차원을 형성하며, 독특한 인식적 관심과 과거에 대한 선택적 의존이 특징이다. 또한 각 과목에서 역사 학습은 역사수업과 밀접한 관계에 있으며, 이는 적절한 준거틀, 협력 및 융합수업을 통해 생산적으로 구성될 수 있다.

역사 학습이 **정치**교육의 차원으로서 어떤 특징과 의미를 가지며, 정치교육과 역사교육, 또는 정치수업과 역사수업이 어떤 관계에 있는지는 아래에서 살펴보기로 한다.

1. 정치교육에서 역사 학습의 방법

정치교육에서 과거에 대한 의존은 일반적으로 현재의 정치적 상황이나 현상에 대한 더 나은 이해와 평가에 기여하는 범위 내에서만 이루어진다. 따라서 정치교육에서 과거에 대한 의존은 내용적으로는 선택적이며, 기능적으로는 정치적 현재와 미래의 발전 방향을 이해하는 데 초점이 맞추어져 있다. 특히 정치교육에서 과거를 다루는 방법은 아래와 같이 세 가지로 구분할 수 있다.

1.1 정치적인 것의 역사적 기원에 대한 통찰

먼저, 정치교육에서 과거를 다루는 것은 현재의 정치적 문제 상황, 논쟁 또는 이슈를 이해하기 위해 그 역사성에 대한 이해가 필요할 때 항상 유용하고 필수적인 작업이다. 따라서 역사에 대한 의존은 그 자체가 목적이 아니라 특정 정치 문제에 대한 그 역사적 복잡성을 인식함으로써 적절하게 평가하기 위한 전제 조건이다. 기제케 Giesecke, 1965: 112에 따르면, "역사성"은 단순히 범주적 갈등 분석에서 중심을 이루는 **정치적** 범주에만 포함되는 것이 아니라, "엄밀히 말하자면 (…) 다른 모든 범주에도 적용되어야 한다". 현재의 권력관계, 제도와 법률뿐만 아니라 사회구조, 규범적 관념, 이해관계 및 이데올로기를 역사적 조건과 역사적 변화 속에서 고찰하는 것은 그것의 현상, 중요성 및 의미를 이해하고Sutor, 2005: 356 참조, "그것의 독특한 특징을 (…) 역사적 경험에 대한 반응"으로 인식하는 데 도움이 된다. 예를 들어 중동분쟁이나 세계의 권력관계가 전개되고 있는 현재 상황은 그 역사적 연속성에 대한 이해 없이는 평가할 수 없다. 현재의 반민주적 경향이나 사회적 차별 현상은 그 역사적 뿌리, 그리고 과거의 유사한 발전에 대한 인식이 있을 때, 개방사회에 대한 중요성

> 역사적 기원을 추론하여 현재를 이해한다

과 위험성을 더 빨리 인식하고 분류할 수 있다. 따라서 "특정의 역사적 현상과 경험이 현재에 대해 어떤 의미를 갖는지뿐만 아니라, 현재가 이미 존재하는 역사적 경험에 대해 어떤 의미를 갖는지도 중요하다."^{Giesecke, 1965: 113}

그러나 현재의 사건이나 현상을 이해하는 데 필요한 경우 정치현상의 역사성을 주제로 다루어야 한다는 주장은 정치교육 수업의 부족한 시간 문제에 봉착하게 된다. 현실적인 이유만으로도 정치수업에서 역사적 복잡성은 제한된 범위 내에서만 다루어질 수밖에 없다.

역사적 서사의 구성과 관점에 대한 논의

정치교육에서 역사적 기원은 그 기능에 따르면 역사학적 방법론이나 연대기적 재구성에 대한 요구를 충족할 수 없으며 충족해서도 안 된다. 또한 축소된 역사 다루기는 목적론적 서술이나 실증주의적 지식이 축적될 위험을 안고 있다. 역사적 사실성에 대한 개요식의 '객관적인' 서술은 종종 역사 해석 주권을 둘러싼 기존의 논쟁을 은폐하거나 일방적인 역사관을 전달한다. 이러한 서술은 개개의 사례에서 단순화하거나 도구화하는 방식으로 역사의 진보, 선형성, 발전 목표 및 역사의 적절한 재구성과 해체를 지나치게 단순화한다는 인상을 불러일으킨다. 정치교육의 틀 안에서 시간이 많이 걸리는 역사자료 작업을 할 수 없더라도 이 부분에서 다중관점적, 다중원인적 역사 서술이라는 기본적인 역사교수법 기준이 준수되어야 한다. 보이텔스바흐 합의의 강압 금지와 논쟁성 원칙은 역사적 측면을 주제로 다룰 때도 적용된다. 역사 해석에서 불확실하거나 논란이 되는 부분은 투명하게 설명되어야 하며, 역사적 설명의 다양성이 뚜렷하게 드러나야 한다. 이를 위해 정치교육은 서로 반대되는 입장의 참고문헌을 토대로 하여 현재의 갈등이나 문제 상황의 역사성에 대한 관련성 및 이질적 해석을 -선별적으로라도- 규명하여 정치의 역사적 기원에 대한 모범적인 통찰력을 얻는 게 바람직할 것이다.

1.2 상이성 체험과 인류학적·사회적 인식의 역사적 비교

과거는 현상 유지에 대한 역사적 설명과 정당성 외에도 현재의 "정상성"에 의문을 제기할 수 있는 다양한 사례와 경험을 제공한다. 따라서 역사를 다루는 것은 현재 현상의 역사적 구속성에 대한 관점과 이해를 제공할 뿐만 아니라, 세계와 현재의 조건이 변화할 수 있다는 의식을 뚜렷하게 할 수 있다. 학생들이 자신의 경험 및 생활환경과 상반되게 인지하는 사회질서, 생활방식 및 가치를 경험하게 되면 자기성찰과 학습자의 가능성에 대한 감각이 강화되고 대안적 사고를 촉진시킬 수 있다. 또한 인류학적 또는 범주적 통찰력은 역사라는 거울을 통해 현재의 주제보다 더 접근하기 쉬운 방식으로 개발될 수 있다. "인류학적·사회적 경험의 장"으로서의 역사는 "인간의 자기인식 및 인간 행위의 가능성과 한계에 대한 사회적 경험"[Sutor, 1984: 228]의 기회를 제공한다. 생활방식의 사회적 구성과 세계에 대한 인식 또는 현재의 정치적 규칙과 제도의 의미는 역사적 비교, 또는 그 역사적 기원의 맥락에서 이해할 수 있다. 다른 문화에 대한 공감력과 이해가 증진되는 것이다. 예를 들어 헤로도토스의 헌법논쟁[3]은 영속적으로 작동하는 민주주의 건설의 어려움에 대한 통찰력을 제공하고, 1620년 '메이플라워호' 상륙은 사회 건설과 문화 간의 만남에 대한 통찰력을 제공하며[Leps, 2013 참조], 초기 인류의 모계사회 질서는 사회구성주의적으로 형성된 성별 관계에 대한 통찰력을 제공한다.

역사적 비교에서 오늘날의 기준에 따라서만 역사적 상황을 일방적으로 평가하거나 '시대의 전형'으로 상대화하는 것은 비생산적일 것이다. 당시와 현재를 두드러지게 대조하기보다는 역사적 상황과 사람들의 행위를 당시 그들의 동기, 신념, 관심사 및 관점으로 재구

역사적 상이성을 통한 자기인식과 대안적 사고

차별화된 기준에 따른 역사적 사건의 평가

성하고, 특히 현대적 대안에 대해 질문하는 것이 중요하다.$^{\text{Sauer, 2015: 76}}$
^{참조} 이러한 접근 방식은 학습자 자신이 선택한 사례의 역사성을 인식하고, 당시의 관점과 오늘날의 관점을 비교하여 차별화된 판단을 내리고, 변화를 경험하고 타인을 이해함으로써 현재의 사회 현상과 자신의 가치, 태도 및 행위 선택에 대해 성찰할 기회를 제공한다.

1.3 정치적 주제로서의 역사문화와 역사 해석

현재의 역사 해석의 타당성과 기능의 해체

결국 현대사, 역사정치, 기억문화 그리고 역사 해석은 그 자체로 정치적 현재의 일부이며, 따라서 정치교육의 본질적 주제이다. 문화재, 거리 이름, 정치적 담론 또는 추모일 등 역사적 의미 체험과 해석의 존재는 학습자가 살고 있는 세계를 특징짓고, 현재의 정치적 논쟁과 자기이해의 표현이다. 따라서 역사 서술은 "집단 및 개인의 정체성 작업뿐만 아니라 현재의 정치적 의사소통 과정의 담론적 구성 요소"$^{\text{Hellmuth, 2017: 29}}$이기도 하다. 과거가 정치적 담론에서 해석되거나, 심지어 정치적 행위를 정당화하거나 개인들에게 영향을 미치기 위해 특정 메시지가 주장될 때, 역사적 의미 부여의 타당성과 기능

---

3. 고대 그리스 역사가 헤로도토스(Herodotos)의 대표작 『역사』 제3권(81~84절)은 페르시아 궁중 반란과 캄비세스 2세의 갑작스러운 죽음 후 자국에 가장 적합한 정치체제(헌법)를 논의하기 위해 모인 일곱 명의 제후 중 세 사람, 즉 오타네스, 메가비조스, 다리우스가 벌이는 토론 내용을 담고 있다. 이들은 민주제, 과두제, 군주제의 장단점을 주장한 후에 각각 하나의 국가 형태를 제안한다. 오타네스는 1인의 통치자가 폭군이 될 수 있는 군주제를 반대하고, 평등한 만인이 제비뽑기로 정부를 구성해서 통치하는 민주제를 제안하지만, 메가비조스와 다리우스는 대중은 무식하고 이성적이지 않으며, 1인의 군주만큼이나 권력에 대한 탐욕이 강해져서 결국에는 국가를 차지하기 위해 음모를 꾸미는 악한 사람들 사이에서 분쟁이 일어날 것이라며 반박한다. 이 토론은 군주제를 주장한 다리우스가 다른 4명의 제후를 설득시키며 끝이 난다. 독일에서 이 내용은 '헤로도토스의 헌법논쟁(Verfassungsdebatte bei Herodot)'이라는 용어로 알려져 있으며, 중등학교 정치수업의 토론 주제로 자주 다루어지고 있다[윤비(2014), 「고대 헬라스 세계에서 민주주의(demokratia) 개념의 탄생: 헤로도토스 『역사』 제3권의 이상정부 논쟁을 중심으로」, 『사회과학연구』 제22권 제2호, 42-66 참조].

에 대한 조사는 정치교육의 과제이다. 현재의 논쟁에서 "기독교 서양의 수호"를 요구하고, "바이마르 시절"을 떠올리며 정치 행위자들이 괴벨스Goebbels나 프라이슬러Freisler 같은 나치와 비교되거나, "새로운 함바흐 축제"가 자행될 때, 정치 분석에는 역사학적 설명이 필요하다. 이는 단순히 역사적 문제를 분석하고 신화 만들기를 해체하는 문제가 아니다. 오히려 현재에 대한 역사의 중요성과 정치적 논거로서의 역사를 활용하여 탐구하고, 학습자는 과거의 도구화에 민감하게 반응해야 한다.

또한 역사와 집단기억이 어떻게 구성되는지 분석할 때는 사회 전체의 역사문화도 궁극적으로 정치교육의 주제가 될 수 있다. 역사의 담론적 구성에서는 지배관계가 형성되고 사회적 포용과 배제가 분명하게 드러나며 권력구조가 정당화된다.^{Baricelli, 2013: 95 참조} 다양성을 특징으로 하는 포스트모던 사회에서 예컨대 이주민, 여성, 성 소수자 등의 집단기억이 어느 정도로 존재하는지, 아니면 어느 정도로 공적 담론에서 거부되는지, 그리고 이로 인해 사회적 접근, 소속감·인정·자아실현의 기회가 얼마나 열리는지, 아니면 더 어려워지는지는 정치교육과 역사교육이 다루어야 할 본질적 문제이다.

역사
문화에서
포용과
배제
과정에
대한
성찰

2. 역사교육과 정치교육의 관계

역사교육과 정치교육 또는 역사수업과 정치수업은 밀접한 상호의존 관계에 있다. 이 두 가지는 '사회'라는 주제를 공유하며 현대사나 정치사상사의 경우와 같이 커리큘럼상 겹칠 뿐만 아니라 유사한 교육 목표를 추구한다. 또한 역사교육과 정치교육은 "사회비판적이며 행위 및 참여 능력을 갖춘 해방된 개인"을 목표로 하며[Hellmuth, 2017: 24],

역사교육과 정치교육의 공통점

동일한 방법론과 주요 범주를 사용한다.^{특히 Jeismann 1992; Schörken, 1999 참조} 두 과목 모두에서 특히 지배구조와 이해관계에 대한 통찰력으로 이해되는 정치의식, 사회 경제적 의식, 즉 사회 경제적 불평등에 대한 인식, 또한 사회적 가치와 규범의 재구성 및 평가에 대한 능력으로서의 도덕적 의식은 현재 또는 역사적 문제를 분석하고 평가할 수 있도록 촉진되어야 한다.^{Pandel, 2013: 137 참조} 문제 지향, 논쟁성 또는 다중관점과 같은 교수법의 핵심적인 접근 방식도 두 분과학문에 공통적이다. 현재 독일의 13개 주에는 '사회론Gesellschaftslehre' 또는 '사회과학Gesellschaftswissenschaften'으로 불리는, 정치수업과 역사수업을 다학제적으로 결합하는 통합과목이 운영되고 있다. 초등학교의 사물수업[4]은 역사교육과 정치교육을 자연과학 및 기술적 관점으로 결합한다. 국제적으로도 역사·정치교육을 위한 공통과목이 널리 퍼져 있다. 학교 밖 정치교육에서 역사 학습과 정치 학습의 결합은 추모시설 현장 교육이나 **홀로코스트 교육**과 같은 활동 분야를 구성하는 특징이기도 하다.

교과교수법 담론에서 통합 모델과 개념적 구분

교육현장에서 역사교육과 정치교육의 협력은 널리 펴져 있지만, 그 교수법의 기반은 여전히 논쟁의 대상이 되고 있다. 내용적 측면에서 두 분과학문의 근접성과 상호의존성은 과거와 현재에 걸쳐 다양한 통합 시도, 경쟁 및 영역 간 경계 짓기 경향으로 나타나고 있다.^{Eisenhart, 2014 참조} 1970년대부터 두 교과목의 교수법은 역사교육과 정치교육의 결합 및 협력을 위해 다양한 제안과 모델을 공식화하고 공통점과 차이점을 규명하였다.^{Hedtke/von Reeken, 2005 참조} 그러나 어느 정도까지 인식 방식, 방법론 그리고 주제 범위를 엄격하게 구별 또는 통합할 수 있는지에 대해서는 오늘날까지 의견이 분분하다. 예를 들

---

4. 이 책 Ⅱ부의 「학교 수업과목으로서의 정치교육」(p. 89 각주) 참조.

어 판델[Pandel, 1997: 321]은 서로 다른 관련 학문에 근거하여, 그리고 과학이론적 고찰을 통해 역사·정치교육을 의미 있는 것으로 여기지 않는 반면, 그라메스[Grammes, 1998]는 전공 지식을 전공교수법으로 재구성하여 두 분야의 전공교수법을 구조화된 방식으로 서로 관련시킬 수 있다고 보았다. 헤트케[Hedtke, 2003: 119]도 간학문적 이론에 대한 구상은 "'사회적 의식'이라는 주요 범주"하에서는 가능한 것으로 간주하였다. 역사적·정치적 전공교수법을 위한 제안으로는 최근 몇 년 동안 특히 랑에[Lange, 2009]가 역사·정치 의식 또는 시민의식에 대한 구상을, 헬무트[Hellmuth, 2014]가 역사적·정치적 의미형성의 방법론을 제시하였다. 학교현장에서도 공동의 역사적·정치적 판단력 형성에 대한 개념이 개발·주장되었다.[Kaiser/Hagemann, 2010; Hagemann, 2020]

3. 결론

"정치는 역사 없이 이해할 수 없고, 역사는 정치 없이 이해할 수 없다"[Schörken, 1999: 629]는 말은 논란의 여지가 없을 만큼 통속적이다. 그럼에도 불구하고 교육현장에서의 광범위한 네트워킹, 그리고 정치교육과 역사교육이 공유하는 목표, 주제 및 인식적 관심은 현재까지 철두철미하게 상호 오해와 불신으로 특징지어지고, 역사·정치교육의 학제 간 이론 모델은 아직 완성되지 않았다. 그러나 이러한 개념적 공백과는 별개로, 역사 학습을 부수적이 아닌 필수적이고 본질적인 차원으로 실현하려면 정치교육은 인식론과 방법론 측면에서 역사에 대한 주제별 접근 방식의 기초를 확립해야 한다.

7. 마르쿠스 글로에
Markus Gloe

정치교육으로 민주주의 배우기

1. 들어가기

취약한 정치적 존재 방식으로서의 민주주의

민주주의가 영속하지 않을 수 있다는 점은 다양한 방식으로 알 수 있다. 즉 독립적인 사법부에 대한 간섭을 통한 권력분립의 약화, 국가가 언론의 자유를 제한하고, 비민주적 정당이 성공하고, 포퓰리즘 경향이 확산하고 수용되는 것이 그 예라 할 수 있다. 이러한 사례는 계속해서 나열할 수 있다. '민주주의'라는 용어는 "민주주의와 연관된 좋은 삶에 대한 약속이 실제로 존재하는 현실과 더 이상 관련이 없는 것처럼 보일 때 텅 비고 공허하게" 느껴진다.^{Gloe/Oeftering, 2017: 25} 호스트 비더만Horst Biedermann에 따르면 민주주의는 "지속적으로 새로운 옹호와 지지를 필요로 하는 취약한 정치적 존재 방식이므로 매 세대마다 새로이 만들어지거나 적어도 새롭게 확인되어야 한다."^{Biedermann, 2017: 520} 오스카 넥트Oskar Negt에 따르면 "민주주의는 (…) 날마다 노년까지 계속해서 배워야 하는 국가적으로 구성된 유일한 사회질서"^{Negt, 2016: 10}이다.

인간의 존엄성, 정의, 평등 또는 자유와 같은 민주주의 이념을 구성하는 기본적인 가치들은 학습되고 실천되어야 한다. "기본권을 지향하는 정치적 사고, 판단, 행위는 타협의 대상이 아니며, 확고한 태도를 요구한다."Haarmann u.a., 2021: 2 민주주의 배우기는 이러한 가치에서 파생되는 권리를 활용할 수 있도록 한다. 볼프강 잔더Wolfgang Sander는 다음과 같이 말한다. "민주주의에서 정치교육은 자유를 향한 자극이다. 이는 사람들이 자신의 정치적 권리를 자신 있게 행사하고 성공할 수 있도록 지식과 역량을 전달한다."Sander, 2007: 53

민주주의는 생활 속에서 실천하고 배워야 한다

아래에서는 먼저 민주주의 학습이 성취할 수 있는 목표의 지평을 넓히기 위해, 시민의 다양한 역할을 민주주의의 다양한 모델 안에서 구체화하면서 민주주의의 주요 요건을 먼저 개괄적으로 살펴보고자 한다. 두 번째 단계에서는 제2차 세계대전 이후 민주주의 학습에 관한 여러 가지 접근 방식을 개략적으로 기술한다. 이는 민주적 요구 사항을 위한 서비스 제공자로 이해되었고, 이해되고 있다.

마지막으로 정치교육이 민주적 요구 사항을 위한 서비스 제공자로서 이해되어서는 안 된다는 베르너 프리드리히스Werner Friedrichs의 최근 주장Friedrichs, 2021에 대한 논의에 역동성을 부여하기 위한 장을 마련하였다.

2. 다양한 민주주의 모델에서 시민의 역할

민주주의는 매우 다양한 형태를 취할 수 있다. 그러므로 민주주의를 배우는 모든 사람은 민주주의가 무엇을 의미하는지, 그리고 이러한 민주주의 개념 안에서 시민이 어떤 역할을 하는지 구체화할 수 있어야 한다. 이미 1979년 발터 가겔Walter Gagel은 "민주주의 관념은 일반적으로 바람직하고 근본적인 목표와 정치적 행위의 가치 지향에 관한 진술을 포함한다"라고 했다.^{Gagel, 1979: 18} 정치이론에서는 특히 공론장의 세 가지 상이한 모델이 논의되고 있다. 자유민주주의 이론에서는 공론장의 거울 모델이, 숙의민주주의 이론에서는 공론장의 담론 모델이, 급진민주주의 이론에서는 정치화하는 공론장 모델^{Ritzi, 2014: 180ff. 참조}이 토론되고 있다.

공론장의 거울 모델

공론장의 거울 모델에서 정치공론장은 '아이디어의 장터'라는 의미에서 특히 투명성과 공명성을 창출할 과제를 가진다. 공론장은 정치적인 의사결정권자들에게 행위와 관련된 정보를 제공한다. 시민들은 자신이 어떤 역할을 할지 자유롭게 선택할 수 있다. 즉 관전자 역할을 할지, 또는 중재력을 갖춘 시민의 역할을 할지, 또는 적극적인 시민의 역할을 할지를 선택할 수 있다. 자유민주주의 이론에서는 적극적인 시민들이 많은 상황을 바람직하지 않다고 간주한다. 이들은 너무 많은 자원을 낭비하고 정치 시스템에 부담을 주기 때문이다.^{Ritzi, 2019: 47 참조}

공론장의 담론 모델

숙의민주주의 이론의 정치공론장의 담론 모델에서 공론장의 역할은 무엇보다도 숙의를 통한 합의 생성에 있다. 하버마스^{Habermas}에게 언어적 의사소통과 청중을 배제하지 않는 것이 정치공론장의 구성 요소이다.^{Habermas, 1992: 436 참조} 청중을 배제하지 않는다는 기준을 통해 정치공론장에서 적극적인 행위자들만이 아니라, 대부분 수동적인 수신자인 대중을 고려해야 한다는 점이 분명해진다.^{Ritzi 2019: 64 참조} 정치공론장은 무엇보다 정당성을 촉진하고 확보하는 데 도움이 된다. 모든 시민이 공개적인 토론에 참여할 수 있어야 하며, 이를 통해 의사결정 과정에 동일한 영향을 미칠 수 있어야 한다. 따라서 가능한 한 많은 시민이 정치공론장에 참여해야 한다.

정치화하는 공론장 모델

급진민주주의 이론에서, 정치공론장은 정치적 주체를 구성하고, 이와 함께 정치 그 자체를 정치화하고 가능하게 하는 데 기여한다.^(위의 자료, 69) 급진민주주의 이론의 대표자들은 "공공생활로의 통합을 주체의 지위와 '정치적인 것'의 출현을 위한 구성 요소"^(Ritzi/Zierold, 2020: 30)라고 여긴다. 급진민주주의 이론에서 공론장 모델의 세 가지 핵심적인 요소는 개방성, 평등성, 갈등성이다.

분명한 것은 어떤 공론장 모델을 선호하는지에 따라, 정치교육에서 민주주의 학습 방식에 변화가 있을 수 있다.

3. 민주주의 배우기의 접근 방식

정치교수학뿐만 아니라 학교 교육학에서도 제2차 세계대전 이후 정치교육에서 민주주의에 대한 학습이 어떤 모습일 수 있는지에 대해 다른 이론적 모델과 차별화되는 다양한 접근 방식이 개발되었다.

1) 리트와 외팅거의 논쟁

교육학자 프리드리히 외팅거Friedrich Oetinger에게 민주주의 경험은 민주주의 교육Erziehung의 맥락에서 필수적이었다(외팅거는 테오도어 빌헬름의 필명이다. 그는 나치에 협력했던 것으로 인해, 1945년 이후 외팅거라는 이름으로 출판 활동을 했다.^(Gagel, 1995: 64ff. 참조)). 그는 민주주의 교육Erziehung이 학교 교과목에서 실현되는 것이 아니라 수업과 학교 생활의 원칙으로 실현되어야 한다고 확신한다. 여기서는 국가가 중심이 되지 않고 사람들 사이의 관계가 중심이 된다.

이러한 개념에 대한 중요한 비평가는 테오도어 리트였다. 그는 외팅거의 견해가 정치교육을 "화해, 만장일치, 이해하려는 의지 그리고 기꺼이 도울 준비가 됨"^(Litt, 1956: 20) 같은 핵심어로 축소시키며^(Litt, 1956: 20), 이를 통해 "'정치적인 것'이라는 개념을 사회적인 것으로, 심지어 일

원칙으로서의 민주주의 교육

반적으로 인간적인 것"^{같은 책}으로 새로운 융합을 경험하게 하고 있다고 비판한다. 리트에 따르면 국가의 본질에 대한 통찰력을 연습할 필요가 있다. 이렇게 하는 것이 국가를 경시하거나 악마화하는 것을 피할 수 있는 유일한 방법이다. 리트는 외팅거의 파트너십 교육학이 대인 관계에만 관심이 있을 뿐 정치에서 필수적인 정치적 투쟁에는 관심이 없기에, 국가와의 어떠한 관계도 부정한다고 주장한다.

2) 숙련된 민주주의

민주적 행위 역량과 민주적 학교문화

2001년에 나온 「민주주의 학습과 생활」 전문가의견서^{Edelstein/Fauser, 2001}는 교육계획 및 연구지원을 위한 연방·주위원회BLK의 학교발전 프로그램을 위한 기본적인 사안들과 목표 및 업무추진 틀을 제공하고 있다. 이 프로그램에는 2002년 4월~2006년 12월 사이에 13개 연방주의 총 170개 학교가 참석했는데, 여기에는 일반학교와 직업학교가 망라해 있다. BLK 프로그램은 민주적 행위 능력의 증진 외에도 민주적 학교문화 발전을 목표로 한다. 민주적 행위 능력은 "신뢰할 수 있는 민주적 충성심과 폭력의 거부"로 정의된다.^{Welz, 2005: 181} 민주적 학교문화의 증진은 "지속가능한 질적 발전 과정으로(이해하고), 가능한 한 많은 학교 관계자들(학생들, 교사들, 학부모, 해당 지역의 행위자들)이 참여한다."^{같은 책} 민주주의는 배우고 동시에 살아 숨 쉬어야 한다. 그 이후 많은 프로젝트가 실현되었다.^{여러 문헌과 함께 특히 Beutel/Feurich, 2020 참조} 오늘날 그러한 고려 사항들은 '민주주의 교육학'이라는 용어로 다시 사용되고 있다.^{Beutel/Fauser, 2007; Beutel u. a., 2012}

3) 생활양식, 사회 형태, 그리고 통치 형태로서의 민주주의

게르하르트 힘멜만Gerhard Himmelmann도 비슷한 지향점을 가진다. 그는 민주주의를 단지 조직, 법을 갖춘 통치 형태로만이 아니라 권력분립과 법치주의의 원칙으로 이해해야 한다고 강조한다. 그는 민주주의를 특정한 사회 형태로 보아야 한다고 역설한다. 즉 "자기 스스로의 시민적인 규칙"Himmelmann, 2007: 35을 가지고 있으며, 시민사회 단체, 협회, 노동조합을 통해 관심사를 대표하고 협상하는 특정한 사회 형태이다. 제3의 형태로, 힘멜만은 민주주의를 "사회적, 민주적 행동 성향을 강화"하는 삶의 방식이라고 칭한다.같은 책 연대, 관용, 다양성, 자기조직화와 같은 민주적 가치는 민주주의에서 삶의 형태로서 인간의 공존에 영향을 끼친다.같은 책 이 세 가지 측면과 그 특수성을 고려하지 않고서는 안정된 민주주의는 존재할 수 없다. 힘멜만은 민주주의 학문으로서의 정치학에서 민주주의 학습으로서의 정치교육에 이르는 가교를 마련하고자 노력했다.

| 생활양식, 사회 형태, 통치 형태로서의 민주주의

폴커 라인하르트Volker Reinhardt는 민주주의와 연계된 정치 네트워크 또는 정치와 연계된 프로젝트 개념을 통해 학습자가 세 가지 형태의 민주주의에 접근할 수 있는 가능성을 보았다. 이를 통해 학생들은 민주적이고 정치적인 과정에 대한 지식을 얻고 정치적 판단을 내릴 수 있으며, 정치 및 민주주의 체제의 복잡한 구조에 대한 통찰력과 경험도 얻을 수 있다.Reinhardt, 2017: 210 참조

| 정치와 연계된 프로젝트

4) 시민교육

2018년 유럽평의회는 시민교육Civic Education 또는 시민성 교육 Citizenship Education의 개념에 대한 국제적 논의에 따라 「민주적 문화 역량Competences for Democratic Cultures」의 평가틀을 발표했다. 여기에는 민주주의 학습을 체계적으로 실시할 수 있는 총 20개의 민주적 역량이 포함되어 있다.Europarat, 2016 참조 민주주의는 민주적인 제도와 법 없이는 존재할 수 없으며, 만약 민주주의의 제도와 법이 민주적 문화, 즉 민주적 가치와 태도, 관행에 뿌리를 두고 있지 않다

| 평가틀: '민주적 문화 역량'

면 이러한 제도들과 법들만으로는 민주주의를 보장할 수 없다는 것이다. 이를 분명히 하기 위해 민주주의 문화에 초점을 맞추고 있다.^{Gebauer/Lenz, 2019: 175f. 참조} 따라서 이러한 고려 사항은 사회에서 개개인의 사회적, 정치적 역할 활성화에 목표를 두고 있다.

5) 민주주의 학습으로서의 정치 학습

특히, 여러 정치교수법 대표자(예를 들어 베른하르트 주토어, 페터 마싱, 고트하르트 브라이트)는 숙련된 민주주의 이론과는 거리를 두었으며, 민주주의를 삶의 방식, 사회 형태, 그리고 통치 형태로 구분한 힘멜만의 이론과도 거리를 두었다. 민주주의 교육학은 특히 민주주의에 대한 설득력 있는 정의와 정치 개념에 기초하지 않았다는 비판을 받아 왔다. 세 가지 영역으로 민주주의를 구별하는 것은 정의가 아니라 단지 개념의 적용 차원에서의 분류에 불과하다는 것이다.^{예를 들어 Massing, 2002 참조} 민주주의 교육학의 대표자들과 달리, 정치교육 분야의 일부 행위자들은 "체제에 대한 신뢰는 (…) 기껏해야 사회기구로서의 학교의 부산물이며, 정치수업 설계의 부산물"일 수 있다는 견해이다.^{Massing, 2012: 29}

민주주의 교육학의 대안

이러한 비판을 바탕으로 페터 마싱은 민주주의 학습을 정치 학습으로 이해하는 첫 번째 대안을 마련하였다.^{Massing, 2002 참조} 이를 위해 그는 민주주의 개념을 민주주의 원칙 특성, 민주주의 역량 특성, 그리고 성격 특성의 차원으로 확장한다. 마싱에 따르면, 민주주의 학습은 먼저 민주적 태도, 신념 및 가치를 결합한 전문성 역량과 방법론적인 역량을 연결시키는 민주적 역량의 차원으로 이루어질 수 있다. 그가 비판한 민주주의 교육학 이론에서 전문성 역량과 방법론적 역량은 "중요성을 크게 상실했거나, '민주주의 학습'을 위한 역할에서 중요성이 낮은 것으로 평가되고 있다."^{같은 책, 183}

한편, 다른 이들은 민주주의 교육학 및 정치 학습이론들에서 민주주의 학습을 상반된 것으로 보지 않고, 오히려 각각의 특별함을 강조하면서 공통점을 강화하는 것으로 보았다. 예를 들어, 미하엘 마이Michael May는 민주주의 교육학 프로젝트에서 축적된 생활 주변의 민주주의 경험은 거시 정치 구조의 이해 및 정치수업 과정에 유익하게 작용한다고 강조한다.^{May, 2008 참조}

··· 또는 공통점 강화

6) 민주주의 교육

2018년경부터, '민주주의 교육'이라는 용어는 다른 개념과 구별되는 개념을 설명하는 데 사용되었다. 비록 힘멜만의 민주주의에 관한 세 가지 차원을 바탕으로 하고 있더라도, 그것은 각각의 민주적 관계를 강조한다. 즉 민주적인 것, 민주주의 그리고 민주화^{Haarmann et al., 2020}가 이에 해당한다. 이 개념의 목적은 성숙과 개혁을 촉진하는 것이다. 학습자는 기존의 민주주의 체제를 분석하며, 현실에 비춰 보고, 비판하며, 그리고 스스로 그 속에서 행복한 삶을 꾸릴 수 있도록 구성할 수 있는 위치에 있어야 한다.

4. "민주주의는 정치교육이다"^{Friedrichs, 2020}

지금까지 기술한 접근 방식에서 민주주의 학습은 "작동하는 민주주의를 위한 역량교육 프로그램"으로 분류되었다.^{Friedrichs, 2020: 10} 프리드리히스는 "민주주의의 선구자"로서 정치교육에 대한 이러한 이해 외에도 정치교육의 미학적 교육 형식을 제시할 것을 요구하며, 이를 통해, "정치적 주체성의 형성에 도움이 되는 민주주의에 대한 체계적인 요구가 제기되고, 따라서 사회의 민주화로서의 정치교육의 길을

정치교육의 미학적 교육 형식

열어 준다"고 말한다.$^{같은 책, 12}$ 프리드리히스에 따르면, 미학적 교육형식은 지식 부족이나 능력 부족 등 특정한 결점을 메우는 데 초점을 맞추는 것이 아니라, 로자Rosa의 관점을 빌려 말하면 정치교육은 세상과의 관계를 확립하는 데 성공해야 한다는 것이다. 프리드리히스에 따르면, 공통된 의미를 특징으로 하는 성공적인 민주적 자기 관계와 세계 관계만이 비로소 민주주의를 출현하게 한다.$^{Friedrichs, 2020: 24}$ 정치교육에서 큰 비중을 차지하는 인지 학습 형식 외에도, 미학적 교육 형식이 더 많이 고려되는 것이 바람직하다. 이렇게 했을 때만이 정치교육으로서 민주주의 교육이 "민주주의는 정치교육이다!"$^{같은 책, 25}$라는 말을 정당화할 수 있을 것이다.

8. 무하메드 기라츠
Muhammed Giraz

전문어와 교양어의 촉진

1. 머리말

정치수업은 언어와 텍스트 중심이다. 학생들이 수업 시간에 다루는 정치 관련 학습 내용을 이해하고 표현할 수 있는지에 따라 학습 성과가 크게 좌우되기 때문에, 정치수업은 학생들에게 기초가 잘 다져진 언어 능력을 요구한다. 이러한 맥락에서 학생들에게 특별한 장애물은 수업 시간에 사용하는 언어만이 아니다. 정치수업에서는 비연속 텍스트(그래픽, 도표, 다이어그램 등) 이외에 연속 텍스트(신문기사, 논평 등)가 특히 많이 다루어지기 때문에 수업에서 사용하는 미디어도 중요한 요소이다. 또한 정치 커뮤니케이션 영역에서는 (정치 연설 등) 많은 텍스트 유형과 (정치 토크쇼 등) 상호작용 형식[Girnth, 2010: 13 참조]이 사용된다. 따라서 의사소통 및 정보매체로서 언어는 정치수업에서 핵심이다.

민주주의 체제에서 정치 참여는 언어교육이 수업계획과 개발에 일관되고 체계적으로 이루어질 경우에만 성공할 수 있다. 언어교육은 학생들이 "사회, 정치 및 경제의 현실 영역에서 언어 사용의 의

정치수업에서 의사소통 및 정보의 중심 매체로서의 언어

민주주의
학습과
정치적
판단력을
위한
전제 조건

도와 효과에 대해 비판적으로 탐구하고, 사회적·정치적 의사소통의 다양한 상황 속에서 (…) 능숙하게 행동"[Lutter/Wüste, 2020: 2]할 수 있도록 한다. 언어는 "정치의 단순한 도구가 아니라, 정치적 가능성의 요건에 해당한다. 정치에서 언어는 무엇보다도 언어적 행위를 의미한다. 정치를 구성하는 것은 언어의 행위 능력이다."[Girnth, 2010: 6] 민주주의를 배우고 정치적 판단을 내리는 능력은 언어 없이는 기능할 수 없기에 학교에서 언어의 능숙한 사용은 필수적이다. "교사는 언어 사용 롤모델 역할을 하므로, 교사는 교육언어 능력 향상에 긍정적으로 기여한다."[Giraz, 2020: 79] 여기에는 의심할 여지 없이 정치 관련 전문용어 교육도 포함된다. 정치수업의 교과 내용은 관련 전문용어 없이는 이해할 수 없고, 이러한 전문용어는 교과 수업의 과제 수행에 필요하기 때문이다. 언어에 민감한 정치수업이 적절한 수업 방식 및 동기를 부여하는 학습 환경 속에서 이루어질 때, 생산적이고 수용적인 언어 능력을 향상시킬 수 있다. 이런 점에서 정치교육의 목표 중 하나는 교육적 언어 능력을 횡단적인 과제로 이해하는 것이다. "(…) 학습자는 자신이 이미 알고 있는 일상적 지식을 뛰어넘는 지식을 습득하고"[Detjen et al., 2012: 34], 일상에서의 언어적 의사소통 형식으로는 적절하게 습득할 수 없는 지식을 획득할 수 있기 때문이다. 또한 학생들이 점점 증대하는 다원성에 대처할 수 있도록, 언어교육 분야에서 교사는 자질을 갖추어야 한다.

전문용어

2. 개념 규정

국제학업성취도 비교연구에서 독일이 저조한 결과를 보인 이후, 역량 함양에서 사회적 격차가 나타난 것의 원인이 무엇인가라는 화

두가 던져졌다.^{Artelt et al., 2001: 35-37} 교육정책과 학문적 담론에서 이에 대한 해답을 찾던 중, 특히 주목을 받은 것은 지식 전달에서 언어의 중요성이었다. 이와 관련된 독일어 연구 문헌은 하버마스의 영향을 받아 주로 교양어의 개념에 관련된 것이었다.^{Habermas, 1977: 39 참조} 하버마스에게 교양어는 "문어적 표현의 규율, 그리고 차별화되고 전문적인 어휘를 통해 특징지어지는 언어"^{같은 책}이다. 또한 하버마스는 교양어를 전문용어와 구별한다. 즉, 교양어는 "일반 학교교육을 통해 기초 지식을 습득한 모든 사람에게 열려 있다".^{같은 책}

교양어는 "교육수준이 높은 인구집단이 사용하는 언어이며, 특히 발음, 문구 그리고 (외래어의 빈번한 사용 등) 지적인 어휘들에 의해 일상어와 대조를 이룬다".^{Brockhaus Online Lexikon, 2013} 교양어와 관련해서는 기본적 **대인관계 의사소통 기술**Basic Interpersonal Communication Skills, BICS 및 **인지적 학술언어 능력**Cognitive Academic Language Proficiency, CALP이라는 두 가지 개념이 자주 언급된다. 이는 1970년대 커민스^{Cummins, 1979}가 사용하기 시작했으며, 독일어 연구 문헌에도 자리매김을 하였다. 기본적 대인관계 의사소통 기술은 일상어 능력으로서, 예를 들어 친한 사람들과의 대화 등 문맥에 따른 언어 상황에서 사용된다. 이와 반대로 인지적 학술언어 능력(CALP)은 교육언어 구사력과 비교할 수 있는 인지적·학술적 언어 능력을 말하며, 일상어보다 까다롭고 예를 들어 학교의 의사소통 속에서 맥락에 따라 축소되고 추상화된다. 다수설에 따르면 교육적 성공은 학생들이 인지적 학술언어 능력을 습득하고, 그것을 효과적으로 이용할 때 달성될 수 있다.^{Cummins, 2008: 73 참조} 학생들이 모국어(제1언어)에서 인지적 학술언어 능력을 갖추고 있으면 제2언어에서 학술적 읽기와 글쓰기 능력 함양은 한층 수월하게 진행되며, 학생들은 더 빠르게 실력을 향상한다.^{Cummins, 2000: 173 참조}

> BICS: 기본적 대인관계 의사소통 기술

> CALP: 인지적 학술언어 능력

> 정보
> 텍스트와
> 학습과제의
> 언어적
> 함축

반면에 **구어 또는 일상어**는 "일상적인 생활 현장의 토론에서 사용되며, 공유된 배경지식으로 원활한 의사소통을 위해 언제든지 사용할 수 있는"[Hoffmann, 2019: 1] 언어라고 할 수 있다. 일상적 언어 능력만으로는 교육적 성공을 충분히 달성할 수 없다. 수업 시간에 의사소통의 조건은 대부분 서면을 통해 개념적으로 특징지어지며, 축소된 학습 환경에서 형성된다. 교과서의 정치 관련 정보 텍스트와 학습 과제는 복잡하고 언어적으로 함축된 형식으로 제시되는 경우가 많기 때문에, 근접 언어라고 명명할 수 있는 구어와는 개념적으로 다르다.[Koch; Oesterreicher, 1985: 22] 교양어는, 예를 들어 어휘적·의미론적 분화 및 통사론적·형태론적 분화 등 일상의 의사소통에서는 일반적이지 않은, 특정한 역량을 수업 시간에 학생들에게 요구한다는 점에서 일상에서의 의사소통과 구분된다.

또한 정치수업에서 학생들은 글과 말을 통해 논리적으로 주장하고 근거를 제시해야 한다. 논리적 말하기는 일정한 규칙을 따라야 하며, "논거는 [반드시] 사실에 근거하여 논리적으로 설득력이 있고 공감될 수 있어야"[Leisen, 2018: 11] 한다. 이러한 역량은 저절로 길러지는 것이 아니라 점진적으로 쌓아 가야 한다. 이와 관련하여 문해력과 글쓰기 문화를 중요시하지 않는 가정과 생활환경에서 교육언어 표현을 자주 접하지 못한 학생들은 특히 불리한 상황에 놓이게 된다. 학생들의 사회경제적 지위와 교육적 성공 사이에는 상관관계가 있다.[Reiss et al., 2018] 이런 점에서 특히 학습자의 문화적 자본과 사회적 자본도 중요하다. 이는 점점 더 다원화되어 가는 사회에서 언어에 민감한 교사의 접근 방식이 갈수록 더 중요해지고, 특히 정치수업의 교수법적 계획에 반영되어야 하는 이유이다.

3. 수업에서 전문용어의 역할

교과 내용을 전달하고 전문 지식을 습득하는 데에서 전문용어 능력은 매우 중요하며, 이는 주로 교양어 능력이 갖추어져 있을 때 구축될 수 있다. 학생들은 정치수업을 통해 부단히 전문용어를 접하면서 관련 교재를 읽고 학습해야 한다. 호프만^{Hoffmann, 1987}에 따르면, 전문용어는 "제한된 전문적 커뮤니케이션 영역에서 이 분야 종사자들 간의 의사소통을 보장하기 위해 사용되는 모든 언어적 수단의 총체이다."^{Hoffmann, 1987: 53} 정치언어는 "수많은 전문용어"^{Strauß, 1986: 193}로 구성되어 있으며 "공공 정치 및 제도적 커뮤니케이션"^{같은 책}의 보조 수단 기능을 한다. 이런 점에서 "정치언어는 '일상어나 다른 전문용어와 구별하기 어렵다'는 것을 확인할 수 있다. 정치는 사회생활의 모든 영역을 포괄할 수 있다".^{Girnth, 2010: 12}

또 다른 어려움은 정치 용어에 의미 변화가 일어난다는 점이다. 즉 "역사적 과정의 측면, 정치적 개념의 상황적 구속성 및 이념화 가능성이라는 측면"^{Juchler, 2008: 172}에서 의사소통 문제가 발생할 수 있다.

> 정치 용어의 의미 변화

클라인^{Klein, 1989: 4-6 참조}에 따르면 정치 관련 어휘는 4개 분야로 구분된다.

- 분과 어휘(예: 외교관계)
- 제도 어휘(예: 연방상원)
- 상호작용 어휘(예: 리더십에 대한 주장)
- 이념 어휘(예: 법치국가)

"자신의 이해관계를 표출할 수 있는 기본능력인 표현은 내용적인 언어 능력, 즉 개념에 대한 사실적인 적절함에 대한 지식을 필요로 한다."[Goll, 2012: 206] 따라서 전문적인 학습이 방해받지 않고 해석의 오류 및 발생할 수 있는 장애 요소를 방지하려면 위에서 언급된 정치 용어의 4개 분야는 수업에서 다루어져야 한다. 수업 시간에 정치 역량을 기르는 것이 무엇을 의미하는지를 설명할 때, 그 일부분만 설명할지라도, 학생들의 구술 및 서면 작업을 평가할 때 전문용어가 정확하고 사실에 근거해서 논리적으로 사용되는지 주의를 기울여야 한다. 이는 전문용어가 어휘처럼 학습되어야 한다는 것을 말하는 것이 아니라 "사실 관계를 전문적으로 기술하기 위해 개념을 정확하게 사용"[Weißeno, 2013: 154]해야 함을 의미한다.

교수학습 과정의 장애물이 되기도 하는 전문용어

또한 일반적으로 전문용어는 그 "형태론과 통사론"[Leisen, 2011: 9]으로 인해 특히 복잡하기 때문에 학생들에게 교수학습 과정의 장애물이 될 수 있다. 학생들이 전문 교재를 읽을 때는 예를 들어 다수의 전문용어, 복잡한 단어 조합 및 외래어와 차용어에 직면하게 되는데, 이는 전문 교재에 대한 학생들의 접근을 어렵게 한다.[Leisen, 2018: 11 참조]

그러므로 이러한 전문용어의 특수성은 정치수업에서 고려되어야 한다. "학교교육을 통해 정치 관련 전문용어를 배워야만 매일 일어나는 정치 사건을 적절한 수준에서 이해하고 계속해서 관심을 기울일 수 있기 때문이다. 이를 위해서는 정치 문해력 교육이 필요하며"[Weißeno, 2013: 155], 이를 통해 정치적 행위 및 판단 능력을 촉진시켜야 한다. "정치 관련 전문용어에의 입문은 역량중심 정치수업의 핵심 과제"[Weißeno, 2013: 152]이며, 정치수업을 구상할 때 구체화되는 전문용어는 정치수업에서의 의사소통에 본질적인 것이다. 명확하고 이해가 쉬운 용어만이 학생들의 학습 과정에 긍정적인 영향을 미칠 수 있다. 이러한 지원이 필수적인 이유는 청소년들이 정치인들의 언어를 이해하지 못하는 경우가 많아서 청소년에 관련된 정치적 의사결정에 대한 공감대가 형성되지 못하고 정치와 거리가 멀어질 수 있기 때문이다.^(Arnold et al., 2011: 17) 학생들이 정치적 의사소통에 접근하기 어려운 경우가 많은데, 그것은 정치인들의 간접적인 언어로 인해 "말한 것과 의미한 바가 서로 동떨어진"^(Girnth, 2010: 24) 경우가 빈번하기 때문이다. 그것이 의미한 바는 "추론 과정"^(같은 책)의 도움을 받아서만 도출될 수 있다. 따라서 이에 대해 학생들의 민감성이 필수적으로 요청된다.

전문용어 능력의 개발 및 장려는 여전히 중등교육 2단계와 관련되어 있는데, 전문용어는 예를 들어 중등교육 2단계 사회과학 교과목의 논리적 글쓰기 과제에서 필수적이므로, 중등교육 1단계 교육과정부터 학생들이 배우기 시작해야 하기 때문이다. 논리적 글쓰기 과제는 "(자기 자신의) 입장을 논증적으로 개발하면서 정치 담론에 참여하고 (글쓰기를 통한) 역할 수행"^(MSB NRW, 2019: 7)을 모의적으로 실험하는 것이다. 학생들은 예를 들어 정치연설문이나 정책제안서를 작성할 때 전문용어도 다양하게 사용하고, 다양하게 논증할 수 있어야 한다.^(MSB NRW, 2019: 8) 모든 교과목에서 언어교육을 보장하고 언어 민감성을 살리는 교과과목을 설계해야 한다는 교육정책적인 요청이 여기에 나타나고 있다. 중등과정 I단계 교육에서는 교육언어 및 전문용어를 통한 의사소통도 필요한데, 전문용어를 사용하지 않으면 선거의 기능은 추론할 수 없다는 점을 예로 들 수 있다.

논증 능력의 강화 이외에 학생들은 정치수업에서 말과 글로 입장을 표명하는 방법에 대한 훈련도 받아야 하는데, 이는 예를 들어 수업 및 시험 상황에서 학생들에게 도움이 되도록 (수업 시간의 찬반 토론 등에서) 체계적으로 언어 및 표현에 도움을 줌으로써 이루어질 수 있다.

4. 요약

성공적인 학업의 기초가 되는 언어 능력

학교의 언어 다원성을 감안할 때 언어교육이라는 주제는 앞으로도 중요한 역할을 할 것이다. 성공적인 학업은 학생들의 언어적 전제조건 충족 여부에 달려 있기 때문이다. 독일에서 사회적 배경은 본질적으로 여전히 개인의 교육적 성공을 결정함으로써 학력과 직업 경력에도 영향을 미친다. 모든 학생이 적절하게 문화적·사회적 삶에 참여할 수 있을 때야 비로소 충분한 기회균등이 보장된다.

정치수업에서 특히 언어적 역량은 중요한 역할을 한다. "민주주의에서 정치는 본질적으로 언어를 통해 구성되고, 협상되고, 정당화되고, 중재되고, 합법화되고, 비판되고 거부된다."[Eitz, 2010: 38] 정치적 성숙을 함양하는 데 이러한 능력은 밑거름이 되므로 전문용어 능력과 교육언어 능력은 학교에서 조기에 습득해야 한다. 학생들은 "정치 용어의 다양한 의미 구조를 정치 여론의 과정 속에서 적절하게 활용하는 방법을 배워야 한다".[Juchler, 2010: 195] 더 나아가 "학생들이 정치 분야의 자료를 읽고 이해할 때 어떤 문제에 직면하는지" 알게 해 주는 실증적 자료, "특히 정치적 이해 및 교과목 구상과 정치 문해력 구축에서 정치 관련 개념의 역할과 관련된 실증적 자료"[Juchler, 2008: 181]가 필요하다. 전문용어 교육의 효과에 관한 설문조사에서 그와 관련된 중요한 결과가 나올 것으로 예상된다. 이 부분에서 이미 첫 번째 이론들이 발표되기는 했지만, 정치교수법 연구는 아직 초보 단계에 있다.[특히 Weißeno et al., 2013 참조]

교과목에 통합된 언어교육

또한 교사들은 교과목에 통합된 언어교육으로만 실현될 수 있는 전문용어와 교양어가 지식 전달의 매체로서 얼마나 중요한 역할을 차지하는지에 민감해져야 한다.

언어교육의 과정은 수업계획이 신중하게 이루어져야 성공적으로 시작될 수 있다. 특히 교사에게 요구되는 점은, 교수법에서 언어 행위가 더 큰 비중을 차지하고 학생들이 전문용어와 교양어를 집중적으로 연습하고 적용할 수 있도록 정치수업을 구상해야 한다는 것이다.

9. 아네테 페트리
Annette Petri

감정과 정치 학습

1. 정치의 구성 요소인 감정

정치에서의 감정
정치는 사람들을 이끌고 연결하며 화해시킬 수 있는 잠재력을 지니고 있다. 정치는 희망과 자신감 그리고 신뢰를 준다. 정치는 사람들을 사회에 참여하게 하며 만족과 인정으로 채운다. 하지만 이러한 감정들은 파괴적인 발전과 가장 혐오스러운 사회적 조건을 구성하지 않는가? 비타협성, 무시, 혐오감, 증오 그리고 경멸과 비인간적 폭력 행위를 통해 이러한 감정을 표현하려는 의지는 매우 파괴적인 정치적 감정의 스펙트럼을 보여 주는 사례이다.

인간다운 삶의 시작과 끝에 관한 사회 윤리적 담론은 찬반 논리의 틀에서 충분하게 수행될 수 없다. 오히려 감정이입과 다른 사람들에게 감정적으로 공감할 가능성은 정치적 결정에 필수적이다.

탈진실 시대
일부의 사람들은 최근의 정치 및 사회적 상황을 고려하여 탈진실 시대에 관해 이야기하지만, 광범위한 사람들은 사실을 무시하고 대신 주로 인식된 진실에 따른다. 다른 일부는 건설적인 정치적 감정 관리가 정치와 사람들 사이에 지속가능하고 탄력적인 관계를 구축

하는 유일한 방법이라고 본다.^{Petri, 2018: 11 참조}

특히 정치의 과정적 측면과 관련하여 감정은 정치 커뮤니케이션, 연출 및 동기화의 형식과 불가분의 관계에 있다. 그 외에 다양한 형식적 언어(건축, 음악, 문학, 연극, 추모 장소 및 기념관)를 사용하는 시각예술과 공연예술도 정치적 상호작용의 텍스트 및 이미지 매개 형식만큼 중요한 역할을 한다.^{같은 책, 104ff. 참조}

> 정치 커뮤니케이션의 형식

감정은 정치적 내용과 과정에만 관련된 것은 아니다. 감정은 정체 政體, 즉 국가 형태와 정치 질서의 차원에서도 중요한 역할을 한다. 인간 존엄성의 보편성, 불가분성, 양도 불가능성과 같은 헌법적 규범과 가치는 한편으로는 말로 표현할 수 없는 불의, 폭력, 고통과 같은 집단적 감정으로, 다른 한편으로는 성공적인 사회생활에 관한 생각과 연결되어 있다.

> 정치의 구조적 요소인 감정

이러한 사례들을 고려할 때, "감정은 정치의 소재이다"^{Seyd, 2015: 134}라는 명제나 역사, 정치, 문화, 언어 및 교육학에서 감정에 대한 (재)각성된 관심^{Korte, 2015: 11; Nielsen, 2015: 27; Schwarz-Friesel, 2013 참조}은 현재 정치교수법적 논쟁과 정치교육의 실천에서 같이 나타난다.

2. 정치 학습의 구성 요소인 감정

정치 학습의 주제 영역인 감정과 정치 사이의 연관성은 정치교육이 왜 한동안 더 격렬하고 더 공격적이 되었는지를 보여 주는 한 측면일 뿐이다. 경제적 부족이나 풍요, 참여 기회, 사회적 배제와 같은 감정이 수반되는 경험으로 인해 체념하거나 특별한 방식으로 활성화되는 감정들은 어린이, 청소년, 성인에게 추상적인 순간이 아니라 각자가 처한 사회적 현실의 구성 요소이다. 이는 감정 경험을 다루는 정치에 대한 미디어 수용과 미디어 기반 상호작용에도 같이 적용된다. 결국 미디어 수용과 상호작용의 기능 논리는 감정 경험에 따라 달라진다. 청소년과 성인 정치교육에서 학생 또는 학습자의 역할에는 감정이 작용한다. 이는 특히 정치 학습의 형태 및 형식과 관련이 있다. 다른 학습 참가자들의 명백한 정치적 무관심에 대한 분노, 정치 학습의 제안으로 활성화된 참여 토론에서 자기 행동에 대한 만족, 민주적 투표 과정과 관련하여 나타나는 감정, 자신의 편견과의 대립, 다음 수업 활동에 대한 걱정이나 부모의 감정적 반응에 대한 걱정, 추모 장소를 방문할 때 느끼는 불안감, 당혹감, 혐오감, 죄책감과 수치심에 대한 감정은 학습 과정의 주제가 된다. 모든 감정은 어린이, 청소년과 성인의 정치 학습에 수반되고 형성되며 영향을 준다.

> 정치 학습의 형식

3. 전통적인 해석

"여기에서 터져 나온 것은 질투, 분노, 불쾌함, 악의적인 복수의 반란이었으며, 다른 모든 목소리는 침묵을 강요당했다. (…) 여기에는 감정에 치우친 집단, 맹목적인 파괴적 분노와 같은 것 외에는 아무것도 없으며, 그리고 그들의 증오는 자연과 정신으로 정제된 모든 것에 대한 것이다."[Zuckmayer, 2013: 84] 1938년 3월 히틀러의 오스트리아 빈 침공에 대해 카를 추크마이어Carl Zuckmayer가 설명한 전개는 정치교육에서 지배적인 감정 해석을 특징짓는다. 전문교수법 안에서 감정은 합리성의 지도 방식에 의해 형성된 정치에 대한 논쟁과 함께 주로 합리성이라는 가정을 강화한다. 또한 모든 비합리적인 것과 감정에 대항하여 방어하는 기능이 있다. 따라서 감정에 대한 전문교수

> 정치적 비합리성의 일부인 감정

법적 논쟁은 독일에서 일어난 것에 관한 수치심과 같은 수용된 감정의 자제, 통제 및 개발에 관한 것이다.^{Besand, 2015: 216}

1990년 초에 이루어진 것처럼 감정에 대한 더욱 체계적인 논쟁의 접근 방식은 다양한 충동을 불러일으켰지만, 기존의 지배적인 해석을 거의 변화시킬 수 없었다.^{Schiele/Schneider, 1990 참조}

여기에 설명된 분류는 주로 학교 정치교육에 적용된다. 학교 밖 [비정형] 정치교육의 대표자들은 항상 감정에 더 많은 관심을 기울인다는 점에서 학교 기반 정치교육과는 다른 감정을 다루는 방식을 자신들의 전통에 기인한다고 말한다.^{Widmaier, 2019: 369 참조} 그 이유는 청소년 및 성인교육을 위한 학교 밖 정치교육 환경에서 자발성의 원칙은 고유한 이론적 전통에서 찾아볼 수 있기 때문이다.^{같은 책, 402f.}

                   학교 밖 정치교육의 해석

4. "아무런 맥락 없이 허공에서 생겨나지 않는다": 감정 개념에 대한 접근

인지신경과학의 최근 연구 결과를 바탕으로 다양한 사회과학 분야에서는 지난 몇 년 동안 **감정**과 **이성**의 이분법에 의문을 제기해 왔다. 이는 감정과 이성이 더 이상 양립할 수 없는 대립 요소로 여겨지지 않는다는 점에서 패러다임의 전환으로 볼 수 있다.^{Hammer-Tugendhat/Lutter, 2010; Heidenreich, 2012; Nidsen, 2015; Schwarz-Friesd, 2013} 오히려 감정은 인지적 기능에 속하며, 따라서 인식적 기능으로 여겨지고 있다. 또한 감정은 사회적 매개[중재] 과정의 범주에 속하므로 더 이상 병리학적 충동과 동일시되지 않는다.^{Heidenreich, 2012: 9 참조} 일반적으로 사회과학에 적용되는 것은 특히 정치교수법에도 적용된다. 여기에서도 비합리적인 감정에 대한 논제가 점점 더 의문을 제기하고 있으며, 이

                   인지 신경 과학

인지과정에 대한 감정의 관련성

는 무엇보다 감정을 개념적으로 파악하고자 하는 것으로 이어진다. 이에 해당하는 정의적 접근은 앞서 언급한 전제를 기반으로 감정을 인지 과정과 관련이 있고 사회적으로 매개되는 인지 범주의 요소로 간주한다. 이 해석에서 감정은 다음과 같은 속성을 특징으로 한다. 감정은 아무런 맥락 없이 허공에서 생겨나지 않는다. 감정은 오히려 방향을 제시하고 행동을 매개하는 신념, 판단, 가치 및 소망을 바탕으로 세계와의 (자신의) 관계에 대한 지식을 전달한다.[Petri, 2018: 31ff. 참조] 여기에서 감정의 사회적, 역사적 맥락은 매우 중요하다. 제스처, 표정 및 태도와 같은 문화 특유의 기호를 통해 감정은 다른 사람들과 함께 공유될 수 있고 공감될 수 있다. 인지와 신체는 느끼는 신체적 순간이 있으므로 감정에서 상호작용한다. 결과적으로 특별한 확실성은 감정에서 나온다.[Petri, 2020: 64 참조] 이러한 이해를 통해 감정은 정서나 기분과 같은 현상과 구별된다.[Petri, 2018: 48ff. 참조]

사람들이 사회적 발전에 대해 느끼고 명명할 수 있는 개인적 또는 집단적으로 공유되는 불쾌감은 사회적으로 관련된 가치, 신념, 사회적 욕구 및 판단에 그 기원을 두고 있으며, 이는 다시 각 시대의 사회적 맥락에 내재되어 있다. 인지할 수 있는 불쾌감과 신체적으로 느끼는 불쾌감의 상호작용에서 감정은 무언가 잘못되었다는 것(방향성 수준)과 항의[반대]가 필요하다는 것(행동 수준)에 대한 방향을 제시하고 행동을 중재한다.

5. 정치 학습의 (새로운) 범주인 감정

앞에서 설명한 정치와 감정의 연관성은 변화하는 조건으로 인해 근본적으로 새로운 순간을 나타내지는 않는다. 하지만 감정은 최근 정치교수법 논쟁과 실천 접근에서 주목을 받기 시작하였다. 이러한 맥락에서 주제의 범위와 관련하여 이전의 논쟁과 비교했을 때 변화를 확인할 수 있다. 합리성과 감정의 관계에 대한 지속적인 논쟁[Breit, 2016; Besand et al., 2019; Friedrichs, 2018; Petri, 2018 참조] 또는 정치교육의 목표를 위한 감정의 가치에 대한 질문[Breit, 2016; Petri, 2019b; Wehner, 2019], 예를 들어 감정과 법의 문제에 대한 정치적 논쟁에 대한 견해[Müller-Mall, 2019 참조], 정치적 의사결정 과정을 위한 감정의 중요성 또는 민주주의와 감정의 관계[Heidenteich, 2019a; Manemann, 2020 참조]에서 주로 배제되었던 새로운 주제들이 대두되었다.

이전에는 주로 두려움, 분노, 절망, 증오 및 질투와 같은 부정적인 의미를 함축하는 감정들이 논의되어 왔지만[Besand et al., 2019: 11 참조], 이제는 확신, 희망[Besand, 2019 참조] 또는 공감[Mkayton, 2011 참조]과 같은 감정들이 정치교육의 의제로 떠오르고 있다. 또한 이러한 맥락에서 수치심[Hänel, 2019 참조], 불쾌[Petri, 2019a 참조] 또는 분노[Eis/Metje, 2019 참조]와 같은 특별한 감정을 조장하는 것의 정당성을 논의하기 위한 새로운 주장도 등장하였다. 현재 논쟁에서 특정 사회 집단의 인간 존엄성을 훼손하는 경향과 현상에 대한 감정의 중요성에 대한 질문은 특별한 관심을 받고 있다.[Behrens/Breuer, 2019; Messerschmidt/Fereidooni, 2019; Uhlmann, 2020 참조]

또한 논쟁은 학습자의 수용적 감정의 구체적인 의미와 잠재력에 대한 질문[Gessner, 2019 참조]부터 음악[Kuhn, 2019; Oeftering, 2019 참조]이나 비디오[Straßner, 2019 참조]를 정치교육에 통합하는 과정에서 제기되는 각 학습 환경 일부로서 감정의 관련성에 관한 질문, 교육에 대한 일반적인 계획 및 고려 사항에 관한 제안에 이르기까지 확장된다.[Breit, 2016; Kölzer, 2011; Mkayton, 2011; Petri, 2018 참조] 이러한 고려 사항은 교육학 및 특히 교육심리학에서 얻은 통찰력을 통해 추가적인 자극과 지원을 받는다. 여기에는 학습 대상에 대한 호기심, 기쁨, 행복감, 인정, 불확실성, 두려움 또는 수치심과 같은 감정의 일반적인 의미에 대한 논쟁부터 학습에 도움이 되는 학습 전략과 기억력 수행에 대한 감정의 관련성에 관한 질문까지 다양하다.^{Petri, 2018: 112ff. 참조} 또한 **감정**과 **이성**에 대한 성별 논쟁과 학습생애사에 미치는 영향에 관한 질문은 교육학에서 찾을 수 있다.^{Grotlüschen/Pätzold, 2020: 48 참조}

정치 학습과 감정의 관련성

정치교육의 주제 영역에 대한 관점, 자신의 사회적 현실에서 비롯되거나 학습자가 정치에 대한 능동적 또는 수동적 수용과 상호작용으로 인해 직면하게 되는 감정의 스펙트럼에 대한 지식, 정치교육의 이론과 실천에 대한 결과적인 충동과 함께 감정 개념의 이해 가능성은 다음과 같은 논의를 가능하게 한다. 즉, 정치교육은 감정을 명시적으로 다루어도 되며, 다루어야 하며, 다룰 수 있어야 한다. 그리고 거기에 정치 학습의 범주와 관련성을 부여할 수 있다. 감정과 정치 학습에 대한 활발한 토론은 특히 정치교육 실무에서 감정을 우연이나 파괴적인 힘에 맡기지 않고 학습 과정에 감정을 끌여들여 학습자가 이해할 수 있는 기회를 제공해야 한다.

10. 지빌레 라인하르트
Sibylle Reinhardt

도덕적 학습

1. 가치관, 가치의 변화, 가치에 대한 갈등

도덕적 질문은 사람들이 자신의 행동과 평가를 관련 짓는 규칙에 관한 것이다. 이러한 질문에 대한 답은 개인의 정체성 형성(나는 나 자신을 정당화할 수 있는가? 나는 좋은 사람인가?), 집단에 대한 소속감(무엇이 우리 공동체를 하나로 묶었는가?), 민주주의 체제의 통합적 자아상(자유, 평등, 정의 및 연대의 기본 가치) 형성을 위해 매우 중요하다. 가치는 바람직한 것, 즉 이념 또는 이상이며, 소망을 평가하는 데 도움이 된다. 그 가치들은 선호도나 원하는 대상과 동일시해서는 안 되며, 기존 욕망과 정당한 욕망을 구분할 수 있게 해 준다.^{Thome, 2005: 389 참조} 이러한 인지적 인식은 강한 감정적 의미를 내포하고 있다.^{Joas, 2005: 15; Reinhardt, 2013; Weber-Stein, 2019 참조}

개인의 정체성 형성과 사회적 통합의 확립이 위험에 처한 것처럼 보일 때 가치와 규범에 대한 개별적·집단적 교육과정은 항상 관심의 초점이 된다. 지난 수십 년 동안 모순 없이 안정성을 제공하는 가치체계가 없다는 사실은 "가치관의 변화"로 논의됐다. 벡^{Beck, 1986}의

가치의 변화

개인화 이론은 개인의 삶을 형성하는 제도적으로 가능한 삶의 다양한 방식들을 나타내는 다원화 이론에 해당한다. 벡은 어떤 이의 생애를 기록한 자서전은 "미리 정해진 고정관념에서 벗어나 개방적이고, 결단력에 의존하며, 각 개인의 행동에 과제로 배치되는 것"이라고 보았다.^{같은 책, 216} 제도적이고 생애사적 방식의 원칙은 개인이 자신의 생애를 설계하는 것과 같다.^{시간화를 위해 Rosa, 2012 참조; 단일화를 위해 Reckwitz, 2017 참조} 이러한 선택과 결정의 과제에는 가치지향의 선택도 포함되는데, 전통을 깨뜨리지 않고 집단적 정의에 순응하는 것은 불가능하기 때문이다.

현대 사회의 통합 문제

하버마스^{Habermas, 1992}도 현대 사회의 통합 문제를 "가치, 규범 및 이해 과정을 통해 사회적으로 통합될 뿐만 아니라 시장과 행정적으로 사용되는 권력을 통해 제도적으로 통합"되는 사회로 본다.^{같은 책, 58} 이처럼 다양한 통합 자원들의 공존은 특히 전체 통합에 적합하고 유일한 자원, 즉 사회적 연대가 특별히 위태로운 시기에 폭발적인 힘을 가진다.^{같은 책, 12}

교육과정의 중요성 증가

만약 전통과 다른 선입견이 더 이상 의문시되지 않고 선택의 폭이 넓어지면서 개인의 자율성과 책임을 증가시킬 경우, 체계적인 교육과정이 더욱 중요해진다. 탈인습적 정체성을 지향하는 개별 교육과정은 현대화 과정에서 유일한 기회이다. 개인은 자기 삶을 이해할 수 있는 방식으로 통합하는 동시에 이러한 정체성의 규범적 함의를 통해 새로운 형태의 사회적 통합으로 이동할 수 있다. 이러한 지속 가능한 합의는 갈등이 많은 논쟁을 통해서만 이루어질 수 있다. 따라서 정치교육은 정치적, 도덕적 판단을 촉진하는 것을 목표로 한다.

정치교육의 논쟁성 원칙은 가치에 대한 논쟁을 이끌기도 한다(소년의 할례에 대한 논쟁을 예로 들수 있을 것이다).^{Reinhardt, 2013; 2016 참조}

1) 관습을 통해 결정되지 않은 도덕적 질문들은 주로 가치의 딜레마로 나타난다. 이러한 가치 충돌은 개인, 기관이나 입법자의 의사결정이 필요하다.

2) 어떤 내용에 대한 의견 불일치는 이해관계나 신념이 서로 어긋나 사회적, 정치적 갈등으로 나타난다.

3) 제시된 이유는 주로 다양하고 광범위한 사회적 관점을 포함한다. 이러한 구조적 모순(불일치)은 인지적 부조화를 초래한다.

4) 제시된 이유는 종종 명확하지 않고 혼란스러운 사실 또는 가치에 관한 것이다. 가치에 기반한 결정의 결과, 즉 실제 결과를 고려할 때, 신념윤리는 책임윤리로 바뀐다.

> 논쟁성 원칙은 가치에 대한 논쟁을 이끈다

수업과 사회에서 논쟁 문화는 도덕적 갈등에 대한 네 가지 이해를 수용하고 실천해야 한다. 분쟁 과정을 명확히 하는 것은 합의와 관용에 도달하는 방법이다.

2. 교수법적 접근 방법

도덕적 학습과 정치 학습을 촉진하기 위해 수업에서 시도되는 다양한 방법들이 있다.^{Reinhardt, 1999; 2019a, 10장 참조} 이러한 방법 중 두 가지, 즉 딜레마 방법과 이유와 구조에 대한 성찰 방법은 정치적, 도덕적 판단 형성의 교수 원칙을 구체화한다.

2.1 딜레마 방법

도덕적 딜레마는 수업에서 학생들이 도덕적 문제에 대한 논쟁에 참여하여 자신의 선택을 명확히 하고 정당화의 필요성과 가능성을 경험할 수 있도록 하는 힘을 가지고 있다. 이러한 도덕적 딜레마는

> 도덕적 딜레마

개인이 거의 동일한 가중치를 갖는 (적어도) 두 가지 가치 사이에서 결정을 하도록 하는데, 이런 결정이 다른 가치를 선택하지 않더라도 정당화되어야 한다는 것을 의미한다.

정치화 단계 수업이 개인화 관점에 머무를 경우, 딜레마를 개인의 가치 사이에서 결정하는 문제로 다루는 것은 편협한 태도일 것이다. 도덕적 문제는 답과 틀 조건에 대한 일반적인 정의라는 의미에서 정치적 규제에서 분리될 수 있다. 따라서 정치교육을 위한 딜레마 방법에는 '정치화'의 단계가 포함된다.

1) 개인의 가치 딜레마와의 대결(예: 안락사?)
2) 딜레마의 구조화(행동에 대한 찬성과 반대의 가치)
3) 주장에 대한 성찰(설득력? 가치 또는 사실?)
4) 딜레마의 정치화(법적 가이드라인? 만약 있다면 어떤 것인가?)

예시 예를 들어, 1991년 봄 크리스티네 루터-링크Christine Lutter-Link는 그녀의 수업을 위해 기업가의 딜레마를 구성하였다. 그 딜레마 수업 내용은 독재 정권이 있는 중동 국가에 실험실 시설을 공급해 달라는 주문을 수락하거나 거부하는 결정에 직면하는 상황이다.^{Lutter-Link/ Reinhardt, 1993} 그 실험실 시설은 인간에게도 사용될 수 있는 살충제를 생산하는 것이었다.

개인적 딜레마는 이 사회가 국가 조직 형태에서 개별 시민에게 결정을 맡기는 한 딜레마이다. 즉, 사전에 정치적(법정 제재 권한이 있는)으로 결정하지 않는 한 딜레마이다. 이 딜레마는 그다음 해에 대외무역법과 대외무역조례의 개정을 통해 이중 용도 제품의 공급이 제한조건에 따라 이루어지면서 더 이상 개인의 도덕적 문제가 아니게 되었다.

이 딜레마에 관한 토론 경험은 일반적인 규제에 대한 정치적 질문이 학생들의 논쟁에서 저절로 발생하거나 쉽게 촉발될 수 있음을 보여 준다.^{Reinhardt, 1999: 72-74; 2019a: 164-166 참조} 1994년 10학년 수업에서는 기업가의 관점에서 찬성과 반대의 주장을 펼쳤다. 그러자 당시 한 학생이 완전히 다른 해결책, 즉 법에 따른 규제가 필요하지 않으냐고 질문하였다. 이는 개인의 딜레마에서 경제적 활동의 기본조건에 대한 집단적 결정으로 관점을 바꾸어 놓은 것이다. 개인의 도덕적 딜레마에 대한 갈등과 성찰은 정치적 결정을 논의할 수 있는 역동적인 방법을 열어 주며, 정치적 판단력 형성에 이바지한다.^{Henkenborg, 2002 참조} 개인의 도덕적 갈등은 사회적, 정치적 맥락에 놓여 있다.

정치적 질문의 출현

또한 깊은 감동을 주는 것은 2002년에 아동 유괴 용의자를 고문으로 협박해 아이가 죽은 채 발견된 장소를 공개하게 한 경찰 부총경의 도덕적 딜레마이다. 그 경찰관은 고문 금지가 인간의 존엄성을 보호하는 데 필요하다는 이유로 나중에 기소되었다.^{May, 2013; Reinhardt, 2016 참조}

2.2 이유와 구조에 대해 성찰하는 방법

딜레마 방법의 세 번째 단계에서와 같이 도덕적으로 논란이 되는 문제에서 제시된 이유에 대한 공동의 성찰은 거리를 두고 결정을 내리는 능력을 촉진한다. 이러한 성찰에는 도구와 절차가 필요하다. 발달 심리학에 기초한 로렌스 콜버그^{Kohlberg, 2001/1976; Oser, 2001; Lind, 2003 참조}의 단계 모델은 논증의 사회적 범위를 명확히 하는 데 도움이 되는 도구이다. 이 도구는 교사가 수업을 계획하고 실행할 때 쓰이거나 (고등과정)학생들에게 제공된다.^{Fischer, 2011 참조}

세 가지 영역과 여섯 단계의 순서는 구체적인 것에서 추상적인 것으로, 처벌 지향에서 내면화와 도덕적 자율성으로, 자기중심주의와 관습 의존성에서 보편주의적 사회관으로, 외부 지향에서 내부 지향으로 발전하는 과정을 보여 준다.

이러한 단계는 학습자들이 수업에서 제기한 논쟁을 처리하는 데 도움이 되는 분류로 이해할 수 있다. 교사는 도덕적으로 관련된 문제에 대한 논쟁을 키워드로 기록해야 한다. 즉, 이 논쟁 기록은 공동의 성찰을 위한 자료이다. 여기에는 주장의 가치(어떤 주장이 더 설득력이 있는가?), 주장의 모순(주장이 서로 모순되는 곳은 어디인가? 즉, 도덕적 관점, 사실의 평가, 결과 추정, 관련된 이해관계 등), 마지막으로 주장의 요약평가가 포함된다. 이 단계는 이전의 (감정적인) 대립과 거리를 두는 단계이다.

수업 경험 수업에서 경험한 바에 따르면[Reinhardt, 1999 참조], 학생들은 서로 다른 입장이 충돌하는 지점을 명확히 할 때 다른 사람들의 주장을 더 진지하게 받아들인다. 한 논쟁의 구조적 관계는 같을 수 있지만(예: 이기심, 집단 적합성 또는 일반화가 가능한 원칙), 실질적인 응답 내용은 다를 수 있다. 이는 동등한 가치 간의 충돌(도덕적 딜레마)로 인해 발생할 수 있으며, 서로 다른 이해관계, 다양한 현실에 대한 가정(사실, 추정) 또는 신념윤리와 책임윤리의 가중치가 다르므로 발생할 수 있다.

합의점과 반대점에 관한 주장의 분석은 관용을 촉진한다. 즉, 다른 의견을 자의적인 취향 판단으로 남겨두는 것은 무관심으로 여기는 것이 아니다. 오히려 판단의 사회적 논리에 대한 이해는 주장의 차이가 있더라도 성찰적 수용으로 이어지거나 정당한 거부로 이어진다. 도덕적 의심은 점점 더 드물어지고 도덕적이고 사회과학적인 관계의 차이가 더욱 명확해진다.

현실의 현상과 이론은 도덕적인지에 대한 의문을 불러일으킬 수 있다. 만약 학습자가 콜버그의 단계 모델을 안다면, 분석도구로 사

[표 1] 콜버그의 단계 모델

영역	단계	방향
자기중심적 영역	1단계	자신의 번영
(관습 이전)	2단계	전략적 거래 공정성
사회중심적 영역	3단계	준거집단의 기대
(관습)	4단계	사회헌법
보편주의적 영역	5단계	사회계약
(관습 이후)	6단계	일반화할 수 있는 원칙

용할 수 있다. 예를 들어, 시장경제 구조에 대한 논의는 먼저 시장에서의 상호작용이 교환 정의의 규칙을 따른다는 것을 보여 준다.^{Reinhardt 1999: 78-87; 2019a: 200-202 참조} 즉, 콜버그의 2단계 정의 개념에 해당한다. 또한 이 조치는 법적인 범위 조건(예: 형법) 내에서 수행된다. 따라서 4단계 이후에는 법을 준수하는 것이 중요하다. 마지막으로, 시스템의 전반적인 품질("눈에 보이지 않는 손")이 더욱 일반적인 복지를 촉진하는지를 고려할 수 있는데, 이는 콜버그의 5단계로 해석할 수 있다. 또한 연대감(소속감)과 같은 기본 가치에 관한 연구는 이러한 도구를 사용하여 추상적인 개념을 구체화해야 하며 또한 다양하게 구체화하는 것을 밝힐 수 있다.^{Reinhardt, 2000 참조} 즉, 그것은 가까운 지역의 연대(특정 그룹 구성원)를 의미할 수 있고, 심지어 자기 이익만을 위해 일하는 연대(전술-전략적 동맹)를 의미할 수도 있지만, 연대는 또한 멀리 떨어져 있는 낯선 사람들의 관심을 포함하는 것을 의미할 수 있다. 모든 종류는 정치적으로 합법적이지만, 같은 용어에 대해 서로 다른 개념을 사용한다. 따라서 어떤 용어가 언제 정당화될 수 있는지의 문제는 여전히 논란의 여지가 있다.

분석도구:
콜버그의
단계 모델

3. 비판, 문제

특히 주토어[Sutor, 2000]와 데트옌[Detjen, 2000]은 위에서 언급한 도덕 학습의 구상에서 두 가지 문제점을 지적하였다. 비판은 건설적인 방향으로 전환될 수 있다.[Reinhardt, 2009 참조]

3.1 모든 단계는 의미가 있다

콜버그 모델의 발달 논리는 도덕적 판단의 초기 단계를 무시하는 결과를 초래할 수 있다. 대신에 하위 단계는 상위 단계에서 변증법적 의미로 '중단/정지'되어 있다는 점, 즉 시대에 뒤떨어지고 대체되고 보존된다는 점을 강조해야 한다. 일상생활에서 우리는 주로 1단계와 2단계에서 판단하고 행동하기 때문에 관습 단계와 관습 이전의 단계를 과소평가하는 것은 일상생활을 놓치는 것을 의미한다. 도로 이용자가 부정적인 제재에 영향을 받는 것도, 구매자와 판매자로서 시장가격을 기대하는 것도 부도덕한 행위가 아니다. 이에 따라 수업에서는 사람이 아닌 논증이 단계에 분류되는 결과가 발생한다. 연구방법론의 이유와 수업에서 개인과 교육과정에 대한 존중을 위해 학생에게 낙인을 찍어서는 안 된다.

일상적 행동

3.2 정치는 도덕적인 성찰보다 더 복잡하다

정치적 논쟁의 과정은 이해관계의 일반화 가능성에 대한 도덕적인 문제뿐만 아니라 이해의 충돌, 구체적인 삶의 이야기와 관계, 의도한 것과 의도하지 않은 것의 결과와 부작용, 사실의 불확실성, 존재하는 규칙과 제도, 타협의 가능성과 힘의 균형에 대한 문제를 다룬다.[Reinhardt, 2019b zu Fridays For Future 참조] 정치적 사고와 행동을 자유, 평등, 정의 및 연대와 같은 도덕적 문제로 축소할 수 있다고 생각하는 것은 근시안적이다. 도덕적 질문은 수업에서 다루는 방법, 절차 및 도구를 포함하는 교수법적 원칙이 필요하므로 정치적 질문이 된다.

3.3 진정성, 개방성 대신 데이터 보호

학습자의 관심을 위해 세 번째 문제를 고려해야 한다. 도덕적 판단은 사람과 사람 사이의 관계에 관한 것이므로 객관적으로 관련성이 있다. 이러한 판단은 동시에 개인을 다른 사람과 관련시키고 자신과도 관련시키기 때문에 주관적으로 관련성이 있다. 도덕적 동일성(정체성)은 정체성 문제의 핵심이다.

예를 들어, 낙태에 관한 토론의 주관적인 관련성은 학습자가 "숨길" 수 있도록 하는 것이 필요하다. 또한 교육과정의 특징인 판단과 평가는 최종적인 것이 아니며, 학교에서는 어떠한 결정을 내리지 않고도 생각으로 많은 것을 시도해 볼 수 있다. 이것이 바로 제도화된 학습 과정에서 행동 완화의 장점이다. 학생들은 스스로 방어할 수 없으므로 자신의 개인적인 판단이 공개되지 않도록 보호받아야 한다. 적절한 절차를 통해 토론은 "나"로부터 철회할 수 있으며, 이 경우 "나"는 여전히 이바지할 수 있지만, 거리를 두고 소외된 형태로 참여할 수 있다.^{Reinhardt, 1999: 101ff.; 2013; 2016 참조} 또한 계획된 거리두기는 수업에서 상호작용을 위태롭게 할 수 있는 도덕적 문제에 대한 폭발적이고 감정적인 반응을 제어할 수 있다.

> 학교 환경에서의 행동 경감

4. 일반적인 교육적 결과: 가치에 대한 성찰

1) 현대 사회에서 '가치 전달'은 가치 주입이라는 의미에서 가치 전달이 될 수 없으며, 그 과정은 성찰적이어야 한다.

2) '가치 반영'은 사실에 근거해야 한다. 가치 차원을 현실의 차원과 분리하는 것은 신념윤리가 제한되는 것이며 무분별한 감정에 빠지는 위험을 초래할 수 있다.
3) 성찰적 관점에서 규범과 가치를 다루는 것은 (예컨대 종교적으로) 분절된 형태가 아니라 일반교육의 일환으로 이루어져야 한다.
4) 가치의 관계는 모든 객체와의 관계에 내재되어 있다. 따라서 가치에 대한 성찰은 특정 과목의 과제가 아니라 수업의 원칙이다. 정치교육에서 과목별 구체화는 정치적, 도덕적 판단 형성의 원칙을 제공한다.
5) 근대성과 그에 상응하는 학습의 특징으로서 성찰성은 학습 주체들이 과정을 적극적으로 공동 구성하는 상호작용적 학습 개념이 필요하다.

도덕적 학습의 주제는 우리 모두에게 관련이 있고, 영향을 미친다. "민주주의는 우리의 자유로운 삶의 구성이라는 존재의 기반에 관한 것이기 때문에 우리는 민주주의에 무관심할 수 없다."Nolte, 2012: 23

V.
정치교육의 방법과 매체

1. 안드레아스 퓌히터
Andreas Füchter

진단 방법:
관념, 태도 그리고 지식 파악

1. 정치교육 진단: 기본 사항 개요

 학습자의 정치적 성숙을 목표로 하는 효과적인 정치교육은 정확한 진단 절차를 통해 초기에 발달하는 학습자의 사회와 정치에 대한 인식을 생산적으로 파악한다. 아동과 청소년은 중등교육 1단계 [5~9학년]에서 제도화된 정치수업을 처음 경험하지만, 그전에도 정치문제와 연관된 규범과 논쟁에 관련된 사회, 경제, 정치에 대해 복잡한 관념들을 발달시킨다. 학습자들은 능동적 학습 주체로서 비공식적으로 정치적 논쟁과 공론장을 인식하고, 이와 관련된 구조화되지 않은 세계 지식을 습득하며, 최초의 정치적 태도를 발달시킨다. 이러한 현상은 디지털 미디어의 이른 보급을 통해 더욱 증가하고 있다.[Mosch, 2013 참조] 또한 정치적·도덕적 가치 선호(예: **평등**, **정의**, **자유**)는 이미 취학 전 교육, 초등 수업 및 가정교육의 사회화를 통해 전달되고 부분적으로 반영된다. 이와 함께 학습 그룹의 사회적 다양성이 증가하여 개별 학생의 학습 시작 상황이 매우 다르다. 따라서 전문적인 정치교육 교사는 일관성 있는 학생 중심, 문제 중심 수업의 계획과 운영을 위해 학습자의 정치적·사회적 관념, 태도 그리고 사전 지식에 대한 복잡한 구조를 진단을 통해 파악해야 한다.

복잡한 학습 시작 상황에 대한 형성적 진단

이러한 맥락에서 미르카 모쉬Mirka Mosch는 특히 **형성적** 진단 절차의 의미를 강조한다. "그러므로 교사들에게 중요한 과제는 다양한 지식을 수집하고 분석하여 이해하고, 이러한 진단을 통해 얻은 지식을 최대한 수업계획에 반영하여 유익한 교수학습 과정이 이루어지도록 하는 것이다."Mosch, 2014: 415 이에 따라 진단은 기본적으로 학습자 지향적이고 적응적[1]이며 차별화된 수업계획 수립을 가능하게 한다. 그러나 진단을 학습 시작 상황의 평가를 위한 단순한 방법론으로 파악하는 환원주의적 이해는 피해야 한다. 왜냐하면 **학습 과정에 동반되는 평가 지향적**이고 **평가적인** 진단 절차도 적어도 학교 정치교육의 일상에서는 사실상 중요하며, 또한 해당 전문 기준을 충족해야 하기 때문이다.KMK, 2005; Ingenkamp/Lissmann, 2005: 13; Massing, 2006; Weber, 2016 참조

수업을 위한 진단의 다양한 기능

지원 진단[2]과 **성과 진단**[3]의 목적 사이의 잠재적인 긴장 관계는 학교의 평가 의무를 고려할 때 일방적으로 해결될 수 없으므Langner, 2007: 59 참조, 교과 연계 진단은 효과적인 정치수업에 다양한 영향을 미치므로 상황을 고려해야 한다. 교과 연계 진단은 아래와 같은 기능을 한다.

- 더욱 구체적인 조건 분석이 가능하다. 이는 일반적인 수업계획을 위한 중요한 전제 조건이 된다.
- 차별화된 수업 설계에 필요한 의미 있는 정보를 제공한다('즉

---

1. 적응적 수업(Adaptiver Unterricht): 적응적 수업은 각 학습자의 개별 수준과 요구 사항을 고려하여 진행하는 수업으로, 학생의 현재 역량에 따라 과제를 제시한다.
2. 지원 진단(Förderdiagnostik)은 학습자의 학습을 지원하기 위한 진단으로, 학습자의 개별 학습, 발달의 전제 조건, 능력 등을 종합적으로 평가하여 이를 토대로 가능한 한 최상의 학습 환경을 제공하는 것을 목표로 한다.
3. 성과 진단(Leistungsdiagnostik)은 학습자의 능력, 성과 등을 진단한다.

시 진단').
- 효과적인 학습을 위한 실질적인 전제 조건이다.
- 개별화된 영재 지원을 위한 새로운 시각을 열어 준다.
- 학습 발달과 결과를 체계적으로 분석하는 전제 조건이다.
- 투명하고 공정한 성적 평가를 제공한다.
- 내용 관련 수업 평가가 가능하다.

> (교과) 수업의 **교과 연계 진단**은 아래와 같은 계획과 활용을 의미한다.
> - 설계된 진단 방법의 형태로 **조정되고 포함된 수업 요소**
> - 학습 집단(**진단 대상**)의 교과 관련 **역량과 지식 습득, 태도**와 일반적인 학습 시작 상황 진단
> - 기능적으로 적합한 **진단 도구**와 **진단 방법** 구성
> - 각각의 상위 수준의 **진단 목적**에 의거
>
> Füchter, 2011a: 72에 따라 정의가 약간 수정됨

학교에서 진단 과제는 진단 계획 문제에서 발생하는 교수법적 정의에 반영되어 있다.^{위의 설명 참조}

"무엇이(**진단 대상**), 어떤 방안을 통해(**진단 방법, 진단 도구**), 무엇을 목적으로(**진단 목적**), 어떻게 정확히(실용적인 **설계 변수**) 진단되는가?"

진단접근법은 진단 분야(지식, 기술, 태도: '진단 대상')의 교수법적-방법론적 전체 맥락, 진단 계획의 특별 목표('진단 목적'), 그리고 기능적으로 적합하여 구체적으로 진단에 활용할 수 있는 진단 방법

또는 진단 도구('설계 변수')로 설명할 수 있다.

**진단
접근법** 　학교현장에서 진단접근법은 교사의 성찰적 계획 또는 학습 과정을 통해 자연스럽게 진행되지 않고, 진단 절차를 통해 선택한 학습 영역에 대한 목적 지향적 인식에 따라 구성된다. 개별 설계 변수의 의미는 다음과 같다.

**진단의
초점** 　**진단의 초점**: 진단의 초점은 장기적인 교수학습 과정과 역학 관계일 수 있으며(예: 사례 분석, 실험, 프로젝트 과정, 상호 소통적인 거시적 방법, 찬반 토론), 이 경우 진단의 초점은 과정에 있다. 선택적으로 분리된 학습이나 성과의 상황 또는 실제 학습 생산물에 진단의 초점을 맞출 수 있다(**상황-수행 관련**, 예: 설문조사 결과 프레젠테이션, 학습 포스터 프레젠테이션, 자기 작성 연설 프레젠테이션, 논평 등의 형태로 정치적 판단을 발표한 것 등).

**진단의
관심** 　**진단의 관심**: 진단의 관심은 진단 목적 및 초점과 밀접한 관련이 있다. 지원 진단과 성과 진단은 모두 현재 달성한 지식과 역량 획득 수준 또는 현재 태도 수준에 관심이 있으므로, 상태를 진단해야 한다. 반면 각각의 역량 및 지식 습득의 발전과 그에 따른 특정한 증가를 인식해야 한다면, 개발과 관련하여 진단이 이루어진다.

**진단의
방식** 　**진단의 방식**: 이 변수는 진단 접근 방식의 시간적 구성과 관련이 있다. 예를 들어 참가자 관찰을 통해서는 **지속적** 진단이 가능하다. 그러나 교사는 대부분 **항목별**로만 진단한다. 이 경우 진단의 시점은 수업 시점, 진단의 목표는 학습 수준 조사가 될 수 있다(**형성** 진단). 부분적 장면 또는 전체 수업의 종료 시 학습 발달 상태를 확인하는 진단은 다른 형태의 평가에서도 일반적이다(**종합** 진단). 전체 수업 성과를 진단하고 학습자의 메타인지에 대한 요구를 반영해야 한다면 진단 방식은 **평가적**이라 할 수 있다.

　진단의 사회적 형태: 진단 접근 방식을 설계할 때 특히 중요한 측면

은 **자가 진단**과 **외부 진단**으로 구분되는 진단 형식의 선택이다. 자가 진단은 학습자가 자신이 획득한 역량을 진단하는 것으로 주로 개별적으로 수행하지만, 소그룹으로도 할 수 있다(예: 그룹 작업 단계의 끝에서 종합적으로 또는 평가적으로). 여기에는 전통적으로 자체 평가 양식 또는 체크리스트 작업이 포함된다. 반면에 외부 진단은 제삼자의 진단을 의미한다. 외부 진단자는 일반적으로 교사이지만, 학습과제가 다르거나 다른 그룹에서 학습하는 동료 학습자일 수도 있다. 드물게는 전문 상담사, 보조 교정자, 숙제를 돕는 부모와 같은 외부 사람들을 통해 외부 진단이 이루어지기도 한다.

진단의 사회적 형태

진단의 방법과 도구: 진단의 목표를 달성하기 위해서는 적합한 진단 방법 또는 진단 도구의 선택이 매우 중요하다. 진단 방법과 도구는 진단의 특별한 목적, 진단 접근 방식과 내용상으로 적합해야 한다. 진단접근법을 수업에서 실현하기 위해서는 활용 가능한 자원을 고려하여 다양한 진단 방법과 진단 도구를 교과목의 특정 학습 및 요구 상황에 적합하게 통합하는 것이 중요하다. 이러한 이유로 다음 장에서는 진단 작업을 훨씬 수월하게 만드는 디지털 설문조사 도구도 살펴본다.

진단의 방법과 도구

2. 학습자의 정치 태도 진단

정치수업의 개별 주제에 대한 학습자의 정치 태도를 진단하는 것은 주제의 논쟁성으로 인해 적절할 뿐만 아니라 보이텔스바흐 합의의 맥락에서 정치교수법적 전문성을 위해서도 절대적으로 필요하다. 정치수업은 정치, 사회, 경제와 생태적 현실의 복잡성, 또 이와 관련된 구조적 문제, 논쟁 및 갈등 등을 학습자의 분석과 판단 교육

정치적 논쟁 맥락에서의 태도 진단

을 위해 교수법적으로 축소된 형태로만 제공한다. 그러나 하나의 주제를 교수법적으로 책임감 있게 다루기 위해 교사는 최소 3단계로 논쟁과 관련한 학습자의 관념과 태도를 탐색하고 진단해야 한다.

1) 어떠한 가치를 우선순위로 둘 것인지에 대한 논쟁
2) 구체적이고 상호 조화를 이루거나 상충하는 목표 가운데 어떤 것을 우선순위에 둘 것인지에 대한 논쟁
3) 목표 달성을 위한 합법적이고 효과적인 수단의 선택에 대한 논쟁

이러한 세 가지 차원을 모두 포함하는 정치적 논쟁의 의사결정 개방성을 이해하지 않거나 심사숙고하지 않고는 **민주적** 성숙이 불가능하다.

[표 1]과 [표 2]에서는 학습자의 관념과 태도를 인지하고 반영하기 위한 진단 방법과 진단 도구를 실제 사례를 통해 나타내고, 앞에서 제시한 설계 변수(진단의 초점, 진단의 관심, 진단의 방식, 진단의 형태, 진단의 도구와 방법)를 사용하여 진단 접근 방식을 상세히 설명하였다.

3. 정치 사상[이념]의 하위 영역으로서의 다양한 유형의 지식 진단

역량중심의 정치수업은 지식 전달을 목적으로 하는 수업보다 적합한 지식의 진단에 실질적인 영향을 미치는 복잡한 지식 개념을 활용해야 한다. 페터 헨켄보르그Peter Henkenborg는 학습 심리학에

널리 퍼져 있는 **선언, 절차, 조건, 메타인지** 지식 영역^{Dubs, 2009; Anderson/ Krathwohl, 2001 참조} 간의 구별을 정치교수법 차원에서 엄격히 구체화하였다.^{Henkenborg, 2011: 117-120 참조} 그리고 네 가지 차원의 지식을 복잡한 **정치해석지식**의 하위 영역으로 간주한다. 정치수업을 위한 지식 진단의 맥락에서 **관념**은 이러한 다차원성을 정확하게 활용해야 한다. 핵심적인 지식 유형은 다음과 같다.

지식 차원: 진단과 관련된 정치적 해석지식의 하위 영역

1) **사실 지식**(선언 지식[4]의 첫 번째 부분)

사실 지식의 영역에서는 정치적, 사회적, 경제적 현실(**데이터 기반 지식**)의 실태를 통계적으로 알 수 있는 **경험적 사실 지식**과 **용어적 사실 지식**을 구분해야 한다. 용어적 사실 지식이 의미하는 바는 전문용어의 정의, 즉 하원의원, **자유 위임** 또는 **원내교섭단체의 규율**과 같은 전문기술 용어의 사전적 정의이다. 학습과제에서 경험적 사실 지식은 통상적으로 통계 및 도표와 같은 학습자료를 통해 학습자에게 제공되고, 용어적 사실 지식은 전문 분야의 텍스트, 정의 및 저자의 텍스트를 통해 제공된다.

사실 지식

2) **개념 지식**(선언 지식의 두 번째 부분, '정치적 개념'이라고도 함)

정치교수법 학자의 다양한 견해에 따르면^{Autorengruppe Fachdidaktik, 2011 참조}, 개념 지식은 **정치 지식의 중심 영역**이다. 여기에는 민주주의, 정부, 시장과 같은 사회 하위 시스템(정치 시스템, 경제 등)의 (전문적인) **일반 개념**과 분석 및 판단 역량 향상에 필요한 **전문 범주**(예: 권력, 이해관계, 지배, 공익 등)가 모두 포함된다. 또한 모델, 설명 방법, 사회과학

개념 지식

---

4. 선언 지식은 '독일 통일의 날은 10월 3일이다'라는 것을 아는 것과 같이 선언적 문장을 사용하여 표현할 수 있는 사실에 대한 인식이다. 이론적 지식, 서술적 지식, 명제적 지식이라고도 한다.

이론(예: 민주주의 이론, 경제정책 개념, 사회 이론, 국제 관계 이론 등)도 정치 및 사회과학 개념 지식의 영역에 속한다. 학습자는 사회적 맥락과 관련하여 **개인 개념**의 지식 영역이라 할 수 있는 자신의 일상 이론과 해석 패턴을 개발한다. 교과 관련 진단은 후속 수업의 변경('개념적 변화')이 필요하거나 학습자의 사전 지식이 사실적으로 부적절하여('잘못된 개념') 수정이 필요할 때 특히 이러한 **사전 개념**을 진단해야 한다. 개념적 사전 지식은 특히 개념, 사례, 설명 접근 방식, 문제 및 질문을 수집하고 구조화하는 다양한 변형을 통해 진단할 수 있다. 이를 위해 특히 적합한 것은 지식이 학습 생산물(예: 마인드맵, 개념 맵, 저학년용 콜라주)의 형태로 구체화되고 학습자의 구조적 관념도 인식할 수 있는 창의적·생산적 진단 방법이다.^{Mosch, 2013 참조}

3) 절차 지식

절차 지식

이러한 유형의 지식은 실생활과 수업의 문제 및 과제를 해결하기 위한 절차에 관한 지식이다. 학습자의 실생활을 위한 행동 역량은 정치적, 경제적 또는 사회적 행동의 목표와 여건('방향성 지식')[5] 및 가능성과 전략('적용 지식')[6]에 대한 지식과 밀접하게 관련되어 있으며, 이는 절차적 지식의 중요한 측면이다.

---

5. 방향성 지식(Orientierungswissen): 특정한 방식으로 행동하지 않고도 자신의 길을 찾기 위해 습득하는 지식이다. 방향성 지식이 있는 사람은 문제가 존재한다는 것을 어느 정도는 인지하지만, 문제의 해결법은 알지 못한다. 그러나 방향성 지식은 인지와 관심을 유발하며 해당 영역과 그 맥락에 대한 개요를 제공한다.
6. 적용 지식(Verfügungswissen: 사용 가능한 지식): 원인, 결과 및 수단에 대한 지식이다. 개인이 하고 싶은 일을 성공적으로 수행하려면 어떻게 해야 하는지에 대해서 구체적인 답을 제공하는 지식이라 할 수 있다.

4) 조건 지식

정치, 경제 및 사회적 행동을 위한 상황적 전제 조건에 대한 지식, 즉 행동 상황의 특징과 관련된 맥락 의존적 지식을 의미한다. 여기에는 대안적 행동에 대한 지식, 실현 기회 및 행동 제한과 같은 측면이 포함된다. 조건부 지식은 교실에서 학습자의 (테스트) 행동과 관련될 수도 있지만, 전문가(정당, 회사 등)의 실제 행동 상황에 대한 지식도 여기에 속한다.

<small>조건 지식</small>

5) 메타인지 지식

교육적 지식인 이 지식의 유형은 학습 대상의 교육적 의미에 대한 자기성찰적 지식을 뜻한다. 학습자는 학습 과정이 종료되면 특정 학습과제의 주제와 문제가 왜 사회적으로 중요한지, 또 왜 주관적으로 관련이 있다고 할 수 있는지, 그래야 하는 이유를 설명할 수 있다.

<small>메타인지 지식</small>

목표지향적 진단 방법의 선택은 진단할 지식의 유형을 구체적으로 확정한 경우에만 가능하다. 따라서 [표 2]에서는 지식 진단 방법의 개요를 예제를 사용하여 설명하였다.

4. 보다 복잡한 진단 절차를 통한 역량 진단

지난 10년 동안 정치교육 과목에 대한 연방주들의 여러 핵심 교육과정과 해당 교육표준에 -특히 정치교수법 및 청소년과 성인을 위한 정치교육학회GPJE의- 역량 모델이 포함되었음에도 불구하고, **교과 역량**의 진단을 위한 절차와 도구는 여전히 정치교수법의 숙원

행동 능력 진단

사항으로 남아 있다.^(예: HKM, 2015 참조) 정치적 **판단력**, **행동 능력**, 교과 관련 **방법론적 역량**은 정치역량의 핵심이며, 주(州)에 따라 다른 역량 영역(예: 전문 역량, 분석 역량, 갈등해결 역량, 미래설계 역량)으로 보완된다. 정치적·경제적 행동 능력에 대한 진단은 학습자의 실제적 행동 능력이 각각 요구되는 능력 및 능숙함과 관련하여 실제 성과로 직접 관찰될 수 있는 적절한 도전적 상황의 설계를 전제로 한다.^(May, 2019: 65f. 참조) 이에 특히 적합한 것은 거시적 방법 가운데 장기적인 상호작용 단계이며, 구체적인 지표가 있는 역량단계표가 진단 도구로 활용된다.^(Füchter, 2010: 100-106 참조) 자료 또는 출처 분석의 간단한 평가 상황은 교과 특유의 작업 기법과 미시적 방법을 목표 지향적으로 사용하는 능력을 진단하는 데 도움이 될 수 있다.^(Füchter, 2010: 107f.; 2015b: 54 참조) 경험에 따르면 학습자의 다소 즉흥적인 의견 표명은 일반적으로 피상적인 방식으로만 정당화될 수 있기 때문에, 순전히 구두 상호작용에 기반한 **정치적 판단력**에 대한 진단은 제한적으로만 의미가 있다. 서면 진술의 진단 분석은 진단적으로 훨씬 더 유익하지만, 지필 평가처럼 근거가 복잡하므로 더 많은 시간과 노력이 필요하다.^(Massing, 2006: 156f.; Füchter, 2015a 참조)

정치적 판단력 진단

[표 1] 사고방식 진단

진단 대상: 관념과 태도					
진단 목적: 지원 진단					
진단 방법	예	초점	관심	방식	형태
의견 스펙트럼	5~10분 동안 의견 말하기를 통해 글로벌화에 대한 의견 스펙트럼Füchter, 2010: 80 진단하기 예: 글로벌화는 더 많은 독일의 번영과 안보로 이어진다. 　　글로벌화는 문화적, 종교적 갈등을 일으킨다. 　　글로벌화는 정치적으로 조정할 수 있다.	상황	상태	형성적	교사에 의한 외부 진단: 학습 그룹은 이 복잡한 사회적 변화 과정의 양면성을 적절하게 인식하고 있습니까?
논쟁성	다음과 같은 가치-목표-수단의 관계에서 구체적인 정치적 의사결정에 대한 태도와 이를 뒷받침하는 논거 조사: 일시적으로 시민의 자유가 더 제한되지만, 감염을 예방하려면 이동 제한을 강화하여 지역적으로 (부분)봉쇄를 강화해야 합니까?	과정	발달	형성적	표2: 지식 진단을 반영하여 외부 진단 및 자가 진단
네 개의 모서리 게임[7]	다음 예를 사용하여 다양하고 심각한 "슈탐티쉬파로렌Stammtischparolen[8]에 관한 반응 분석: 1. 무시하기/넘어가기 2. 실질적인 토론 시작 3. 짜증내기/반박하기 4. 이유 있는 대화 중단	상황	상태	형성적	자가 진단: 나는 어떠한 경계기준을 가지고 어떻게 반응할 것인가?
사회 과학적 설문 조사	올리버 데커/엘마 브뢰히러Oliver Decker, Elmar Brähler의 2018년 권위주의 연구 "권위주의로의 도피"의 설문지[9]를 활용한 고등학생 대상 익명 설문조사와 대표적인 설문조사 결과 비교	상황	상황	상황	자가 진단: 나는 어떠한 경계기준을 가지고 어떻게 반응할 것인가?
온라인 진단을 위한 디지털 진단 도구					
멘티미터[10] (또는 기타 조사 도구): 도구 스케일	다음 주제에 대한 디지털 도구 척도(슬라이더 차트와 같은 척도)를 사용한 능력 과정[11] 학생 대상 익명 설문조사: • 포퓰리즘의 요소는 민주적 논쟁의 일부이며 정당하다. • 야당 전략으로서의 포퓰리즘은 의회 대제 민주주의에서 정당하다. • 포퓰리즘은 정치적 논쟁의 합리성에 의미 있는 기여를 할 수 있다.	상황	발달	형성적	포퓰리즘 정치 현상에 대한 자신의 태도를 성찰하는 자가 진단
멘티미터: 도구 순위	10학년을 대상으로 다음 질문에 대해 디지털 순위 도구를 사용한 익명 설문조사: 현대 민주주의에서 특히 중요한 특징은 무엇입니까?	상황	발달	형성적	교사에 의한 외부 진단

출처: 저자의 구성

[표2] 지식 진단

진단 대상: 다양한 지식 형태					
진단 목적: 지원 진단(특정 경우 성과 진단)					
진단 방법	예	초점	관심	방식	형태
문장 보완	지식 유형 1) (1) 용어적 사실 지식 문장 보완: 직접 민주주의와 대의제 민주주의는 특히 다음과 같은 점에서 다르다. 예를 들어…	과정	상태	형성적	외부 진단 또는 자가 진단(스스로 지식 진단)
추정 과제	지식 유형 1) (2) 경험적 사실 지식 배열 또는 분류과제: 1인당 탄소 배출량에 따라 다음의 국가를 분류해 보시오. 에티오피아, 브라질, 중국, 독일, 인도, 일본	과정	상태	형성적	외부 진단 또는 자가 진단
개념 지도 (地圖)	지식 유형 2) 개념 지식 학습자는 주제 영역에 대한 10~15개의 핵심 용어를 기반으로 교사가 제시하고 진단적으로 해석하는 개념 맵(구조화된 개념 네트워크)을 개발한다(Mosch, 2014: 420 지침 참조).	과정	상태	형성적	교사에 의한 외부 진단
프로세스 퍼즐	지식 유형 3) 절차 지식 학습자는 입법 과정이나 단체 교섭 분쟁의 단계를 퍼즐 조각으로 이해하고 순서를 결정해야 한다.	과정	상태	형성적	외부 진단 또는 자가 테스트
서면 대화	지식 형태 4) 조건 지식 학습자는 서면 의견 교환에서 다음 질문에 관해 설명한다. 정부 구성이 문제가 된다면, 이러한 상황에서 새로운 선거가 더 나은 대안이 될 것입니다. … (이유 설명)	과정	상태	형성적	외부 진단 또는 자가 진단
학습일기 작성	지식 형태 5) 메타인지 지식 학습자가 자신이 작업한 주제에 대한 성찰 작성: 선거연령 낮추기에 대한 정치적 논의-정치적 의미와 나의 개인적인 판단	상황	상태	평가적	외부 진단
온라인 진단을 위한 디지털 진단 도구					
멘티미터 (또는 기타 설문조사 도구): Word Cloud Brain-storming[12]	지식형태: 개념 지식 시작 질문에 대한 단어 클라우드 자동 생성과 함께 9학년 대상 익명 브레인스토밍: 지속가능한 기업은 어떤 목표를 위해 노력해야 할까요?	상황	상태	형성적	교사에 의한 외부 진단
멘티미터: 객관식 퀴즈 도구	지식 형태: 사실 지식 객관식 퀴즈를 통해 학습 성과 관리: 5대 헌법 기관의 임무, 구성, 조직 및 권리	상황	상태	총체적	자가 진단

출처: 저자의 구성

7. 네 개의 모서리 게임(Vier-Ecken-Spiel): 네 개의 모서리가 있는 곳에서 진행하는 게임으로 상호 친교나 토론을 위해 활용한다. 이 게임은 모든 참가자가 움직이면서 진행하는데, 게임 마스터는 주제를 제시하고, 각 코너에 대한 대답을 지정한다. 이후 참가자들은 가장 적합한 대답을 가진 코너로 이동한다. 예를 들어, '어떤 과일을 가장 좋아하십니까?'라는 주제가 있다면, '바나나', '파인애플', '딸기', '사과'라는 대답이 있을 수 있고, 참가자들은 가장 좋아하는 과일에 해당하는 코너로 이동하여 각 코너에서 모인 그룹끼리 간단히 토론하거나 질문을 한다.
8. 슈탐티쉬파로렌(Stammtischparolen): 슈탐티쉬(Statmmtisch: 단골 손님용 식탁. 카페나 식당에 단골이 오면 즐겨 앉는 좌석)와 파로레(Parole: 모토, 슬로건, 허위 주장 등을 의미)의 합성어로, 술집 같은 곳에서 여러 명이 함께 술을 마시거나 식사할 때 대화가 유독 안 통하는 사람을 의미한다. 이들은 공격적이며 편 가르기를 하고 언쟁을 일으키곤 한다. 또한 자기 생각과 경험만을 토대로 일반화, 단순화를 하는 경향이 있어 타협하지 않고 흑백 논리를 일삼으면서 열정적으로 논쟁하는 사람을 뜻한다. 독일인들은 이런 문제가 있는 사람과의 논쟁에서 논리로 이겨야 한다는 욕구가 있어서 수업에서 이러한 것들을 효과적으로 반박하는 훈련을 한다.
9. 이 연구는 민주주의에 대한 태도와 무슬림에 대한 적대감, 반이슬람주의, 망명 신청자에 대한 평가 절하 등에 관한 연구로 극우주의, 외국인 혐오, 사회적 다원주의 주제 등에 관해 예문을 제시하고 다섯 가지 척도로 응답하도록 하였다.
10. 멘티미터(Mentimeter): 인터랙티브한 프레젠테이션 소프트웨어로 다양한 툴(Tool)로 구성되어 있고, 이 소프트웨어를 활용하면 모든 참가자가 실시간으로 투표하거나 질문을 할 수 있으며, 이를 기반으로 발표자는 청중과 상호작용하면서 발표를 진행할 수 있다.
11. 능력 과정(Leistungskurs): 아비투어를 준비하는 오버슈투페(Oberstufe, 우리나라 인문계 고등학교 교육과정과 유사) 학생은 아비투어 시험 과목으로 4개 또는 5개 과목을 스스로 선택한다. 이 가운데 자신이 가장 자신 있는 과목을 능력 과목으로 2개 선택하는데, 이를 교육하는 과정이 능력 과정이다.
12. 멘티미터는 단어의 빈도수에 따라서 단어의 크기가 결정되는 시각화 도구인 워드 클라우드를 만들 수 있는 도구 중 하나로 멘티미터에서 제공하는 워드 클라우드 템플릿 중 하나가 Brainstorming Word Clouds이다. 이 툴을 사용하면 모든 사람이 참여하여 다양한 아이디어를 수집할 수 있다.

2. 하네스 슈트렐로우
Hannes Strelow

시작 방법: 수업 도입 단계

수업은 의도적으로 만들어진 '상황'이다

학교, 대학, 성인교육, 직업훈련 및 평생직업교육 등 가장 넓은 의미의 교육은 자연적으로 발전하는 과정이 아니라 완전히 인위적인 것, 구성된 것이며, 단호하게 말하자면 심지어 학습자에게 강제를 부과하는 상태이다. 따라서 엄밀히 말해서 수업에서 '일어나는' 모든 일은 의도적으로 만들어진 '상황'이다. 물론 모든 (좋은) 수업은 모든 의사소통적 상호작용의 특징인 자발성을 기반으로 하지만, 기본적으로 수업의 시작과 끝 사이에 일어나는 모든 일은 특정한 교수법적 의도를 가지고 미리 계획된다. 특히 이는 수업을 시작할 때에도 적용되며, 예비 교사[13]와 교사 모두에게 종종 어려운 과제이다. '고전적'이거나 정보제공을 위한, 또는 이전 수업에 연결되는 수업 시작을 피하려는 바람 속에서 적절한 자료를 찾고, 아이디어를 개발했다가 다시 버리고, 결국에는 실제 수업 진행보다 도입 부분을 계

---

13. 독일의 교사교육은 학교 실습이 포함된 대학 교육과 교사예비근무(Vorbereitungsdienst)의 2단계로 구성된다. 여기에서는 교사예비근무를 하는 자를 예비교사라 한다. 독일에서는 대학 교육만으로는 교사가 될 수 없고, 우리나라에는 없는 실제 학교현장 경험을 위한 교사예비근무를 18개월 정도 해야 한다. 대학 교육 후 1차 국가고시, 교사예비근무 후 2차 국가고시를 통과해야 교사 자격을 획득할 수 있다.

획하는 데 더 많은 시간을 할애하는 경우가 드물지 않다. 이 과정에서 수업 도입은 그 자체가 목적이 아니라 성공적인 수업의 기초가 된다는 사실을 간과하는 경우가 간혹 있다.^{Lach/Massing, 2006: 210 참조}

따라서 이 글은 실제로 효과가 있었던 수업 도입을 위한 계획안을 소개하는 것을 목적으로 한다. 더 복잡한 도입 유형 외에도 특정 상황에서 여전히 정당성을 갖는 '고전적인' 시작 상황도 살펴보기로 한다.

1. 수업 도입: 일반교수법 기능

수업 도입은 일반적으로 수업을 시작할 때 이루어지는 독립적인 교수법 수업 단계이다.^{Greving/Paradies, 2012: 12 참조} 기본적으로 일반교수법에서는 **시리즈 도입**과 **수업 시간별 도입**을 구분한다. 시리즈 도입은 새로운 주제의 수업 단위를 열어 주는 반면, 수업 시간별 도입은 개별 수업의 시작 부분에서 정치 (부분) 문제 또는 (부분) 갈등을 다루기 위한 짧은 단계이다. 시리즈 도입과 수업 시간별 도입은 이른바 수업 개시 의식과 구별되어야 한다. 수업을 시작하는 의식은 일반적으로 주제와의 관련성이 없거나 매우 적으며^{같은 책, 16ff. 참조}, 이후에는 더 이상 중요한 역할을 하지 않게 된다.

시리즈 도입과 수업 시간별 도입

기본적으로 수업 도입은 일반교수법 기능과 과목교수법 기능을 가지며, 과목교수법 기능은 종종 일반교수법 기능에서 파생된다. 예를 들어 '질문 유도하기'는 우선적으로는 일반교수법 기능이다. 반면에 수업 도입에서 제기되고 교사가 사전에 예측한 아주 구체적인 질문을 하는 것은 수업 도입의 과목교수법 기능이다.

정치수업에서는 시리즈 도입 또는 시간별 도입을 위해 풍자만화나 도발적인 신문 헤드라인, 때로는 통계가 자주 사용된다. 학생들은 수업을 시작할 때 사용된 미디어를 정확하게 설명하거나 분석하는 데 탁월하게 성공하기 때문에 학습 목표는 수업 시작의 중심이 되는 경향이 있다. 그러나 수업 도입의 이러한 방법적 중점은 학습에 어려움을 겪는 학생의 경우 초기 상황의 본질적인 기능이 고려되지 않았기 때문에 학습 진행과 관련하여 어려움을 초래할 수 있다. 수업 도입에서는 학생이 수업 주제에 대해 학습할 수 있도록 동기를 부여해야 한다(**동기부여 기능**).^{Lach/Massing, 2006: 210 참조}

동기부여 기능

그런데 이러한 동기는 사용된 수업 도입의 매체가 학생들에게 다음 주제가 자신과 자신의 생활세계와 관련이 있다는 인상을 줄 경우에만 생겨날 수 있다. 또한 이러한 생활세계와의 연관성으로 인해 학습자는 이미 알고 있는 전문 지식과 사전 지식을 활성화하고 적용하며 새롭게 연결하는 것이 더 쉬워지므로 사용된 매체를 훨씬 더 쉽게 해독할 수 있다(**활성화 기능**).

활성화 기능

동기부여와 활성화로 이루어진 한 쌍은 이상적으로는 학생이 수업에 사용된 자료를 통해 수업의 중점 문제를 독립적으로 풀어내고 문제 제기를 할 수 있도록 돕는다. 이는 특히 정치교수법 관점에서 매우 중요한 의미를 갖는다(**문제화 기능**).^{Lach/Massing의 주제화 기능, 2006: 209 참조}

문제화 기능

학생이 제기한 문제는 결국 수업 시간이 진행 과정을 구조화하는 데 기여할 수 있으며, 따라서 학생들에게 다음 45분 또는 90분 동안 무엇을 학습할지 명료하게 이해할 수 있도록 한다(**구조화 기능**).^{같은 책, 209f. 참조}

구조화 기능

2. 수업 도입: 정치교수법 유형과 기능

물론 모든 기능을 매번 수업 도입부에 고려할 수 있는 것은 아니며, 또 반드시 그럴 필요가 있는 것도 아니다. 오히려 필요한 기능은 의도된 수업 목표, 수업의 전체 구성 및 사용 가능한 수업 시간에 따라 달라진다. 그 이면에는 계획된 필요성이 숨겨져 있다. 즉, 교수법 분석과 중점 설정이 이루어진 후에야 주제로 이어지는 수업의 도입부를 개발해야 한다. 따라서 수업의 도입은 계획 수립 과정의 시작이 아니라 끝이다. 이는 아래에서 살펴볼 도입부 유형에서도 명확해지는데, 이 유형은 또한 도입부의 일반교수법 기능을 정치교수법 원칙과 연결하면서도 동시에 시간을 절약하는 '고전적' 대안을 고려하는 다음의 도입 유형에서 분명해진다.

2.1 문제 및 갈등 지향 도입

문제 및 갈등 지향 도입은 더 많은 시간과 노력이 필요한 복잡한 도입 유형에 속하지만, -전통적인 교육과정에서도- 종종 내부 역동성을 발전시켜 빠르게 '자기 추진력'을 갖게 된다.^{Reinhardt, 2005: 78 참조} 그러나 이러한 역동성은 학생이 실제로 구체적인 문제나 갈등에 대해 작업하려는 **동기부여**가 된 경우에만 생성될 수 있기 때문에, 도입은 두 가지 다른 필수 기능을 충족해야 한다. 한편으로 도입부에서는 학습자가 **문제를 식별하고 열거**할 수 있어야 한다. 반면, 문제의 단순한 식별이 학습자가 문제를 인식하고 실제로 해결에 대한 동기가 부여되었음을 보장하는 것은 아니다. 그러므로 문제의식의 생성은 이러한 도입 유형의 두 번째 필수 기능이다. 학생은 자신이 인식한 문제 또는 갈등이 실제로 자신과 어떤 관련이 있는지 알아야 한다.^{Ackermann et al., 1995: 120f. 참조}

문제 식별과
문제의식의
생성

이러한 문제 및 갈등 지향적 도입의 세 가지 기능에서는 여러 가지 기준이 도출되며, 이는 부분적으로 클라프키Klafki의 교육이론에서 차용된 것이며, 서로 연결되어 있다. 이러한 기준은 수업을 계획할 때 고려되어야 한다.

접근성[Klafki, 1958: 20f. 참조]

접근성의 기준은 주로 문제 인식 기능에 영향을 미친다. 도입부에 사용된 자료(문제)는 학생이 감당할 수 있어야 하지만, 모든 학생이 문제를 즉시 식별할 수 있을 만큼 쉬워서는 안 된다. 이상적으로는 학생의 대화가 수업의 교수법 핵심 문제로 이어져 문제 인식을 촉진해야 한다. 따라서 계획 단계에서 교사는 가능한 한 학생들의 의견을 정확하게 예측한 후, 선택한 자료가 도입부에 실제로 사용될 수 있는지 여부를 결정해야 한다.

- 핵심 문제: 학생이 어려움 없이 자료를 사용하여 문제를 식별할 수 있는가?

현재와의 관련성[Klafki, 1958: 16f. 참조]

현재와의 관련성은 특히 문제의식의 생성과 그로 인한 동기부여에서 매우 중요하다. 학생은 구체적인 문제나 갈등이 자신과 관련이 없거나 자신에게 영향을 미치지 않는다면 이러한 의식을 생성할 수 없다.

- 핵심 문제: 도입에 사용된 자료를 통해 학생은 주제가 자신과 어떤 관련이 있는지 알 수 있는가?

바람직하지 않음과 긴급성

'바람직하지 않은 초기 상태'는 문제가 존재하는 중요한 기준이다.^{Breit, 2005: 108 참조} 따라서 이러한 바람직하지 않은 상태는 -현재와의 관련성에 입각해서도- 도입에 사용된 매체를 통해 표현되어야 한다. 학습자는 문제의 긴급성을 인식해야 한다.^{Gagel, 2007: 22 참조}

- 핵심 문제: 학생은 해결해야 할 정치적 문제의 시급성을 인식하고 있는가?

정합성

여기서 정합성整合性은 무엇보다 계획된 도입부가 후속 단계들과도 잘 맞는지에 대한 문제를 지칭한다. 예를 들어 갈등의 정치 과정 Politics 차원이 특히 중요시되는 경우, 도입부도 정치의 이 차원을 언급해야 한다. 학습자가 수업의 도입 단계에서 구체적인 문제에 대해 활발히 토론하고 문제의식을 형성했을 때, 도입 단계와 전개 단계 사이의 내용이 끊어지면 상당한 의욕 저하로 이어질 수 있다.

- 핵심 문제: 도입부가 수업의 핵심적인 정치 문제로 이어지는가?

2.2 연계 수업 도입

연계 수업 도입은 일상적인 수업 상황에서 큰 비중을 차지하며 정당한 역할을 하는 '고전적인' 시작 상황 중 하나이다. 이 방식은 항상 지난 수업에서 다룬 주제를 다시 한번 수업에서 중점적으로 다루어야 할 때 사용된다. 따라서 이 도입 변형은 순수하게 문제 및 갈등 중심의 수업 시리즈(예컨대 갈등 분석 또는 문제 연구를 계속 이어 가는 경우) 및 기존 과정의 연속 수업(예컨대 수업이 한창 진행되고 있을 때 휴식 시간을 알리는 벨이 울리는 경우)에 적합하다.

지난 수업 주제로 시작하기

실제로 이러한 수업에서는 이 도입 유형의 중요성을 보여 주는 두 가지 -전적으로 공감할 수 있는- 현상이 나타났다. 학생들은 종종 지난 수업에서 다룬 내용의 일부만 기억하는 반면, 같은 주제에 대해 다시 공부할 의향이 있는 경우는 거의 없다.

문헌에서 숙제 확인은 후속 수업의 한 형태로 언급되고 있다.Greving/Paradies, 2012: 19f. 물론 다른 과목의 경우 이러한 가능성을 배제할 수는 없지만, 정치수업에서는 위에서 언급한 연속 수업의 기본 문제를 숙제를 읽어 주는 것만으로 해결할 수 있을지 생각해 봐야 한다. 오히려 연계적 도입을 위해서는 학습자에게 동기를 부여하고 이미 **존재하는 지식**을 **활성화**할 수 있는 매체를 찾아야 한다. 또한 연계적 도입의 또 다른 기능으로 **투명성 확보**가 수업 진행에 매우 유익한 것으로 나타났다.

따라서 연계적 수업의 도입은 교사에게 특별한 도전이다. 즉, 학생들에게 수업의 주제가 아닌 새로운 문제를 제기하지 않으면서 수업에서 다룰 주제와 현재와의 관련성 및 그 주제가 학생 개개인에게 어떻게 관련되어 있는지를 보여 줄 수 있는 수업 도입을 위한 매체를 찾아야 한다. 또한 이 매체는 지식의 요약을 장려하고 나머지 수업 과정의 계획을 가능하게 해야 한다. 이를 통해 이미 언급한 연계적 수업 도입의 방법론적·매체적 구성을 위한 가장 중요한 기준을 도출할 수 있다.

재생산성

이 기준은 수업 도입에 사용된 자료가 실제로 학생들의 사전 지식을 활성화할 수 있는 기회를 제공한다는 것을 의미한다. 그러므로 여기에는 예를 들어 지난 시간에 논쟁적인 토론을 유발한 요소들이 포함되어 있어야 한다.

- **핵심 문제**: 사용된 자료가 학생들의 사전 지식을 활성화하도록 장려하는가?

배제

여기서 배제란 수업 도입에 사용된 자료가 이미 다루었던 수업의 교수법 핵심을 넘어서는 새로운 질문을 제기하지 않는다는 것을 의미한다. 이번 수업이 지난 수업의 핵심 영역을 넘어서는 경우, 이 기준을 고려해서는 안 된다. 이 경우 학생들에게 아직 부족한 지식에 대해 알게 하고, 동시에 앞으로 학습할 것에 대해 질문할 수 있는 신문기사 등을 제시하는 것이 바람직하다.

- 핵심 문제: 사용된 자료가 지난 수업에서 이미 집중적으로 다루었던 교수법 핵심에서 벗어나는 새로운 질문을 제기하지 않는가?

2.3 정보제공 수업 도입

연계 수업 도입 외에도 정보제공적 수업 도입은 보다 '전형적인' 시작 상황에 속한다. 이러한 도입 유형의 개념은 일반교수법에서는 적용되지 않는 경우가 많지만, 정치수업에서는 그 타당성이 있다. 예를 들어, 지빌레 라인하르트Sibylle Reinhardt가 제안한 시민 행동을 위한 '일련의 단계'는 정보제공 수업 도입을 기반으로 한다.[Reinhardt, 2005: 115 참조]

정보제공 수업 도입에 대한 이론적 고찰은 무엇보다 모니카 그렐과 요헨 그렐로 거슬러 올라간다. 이들은 학생이 "일반적으로 지금 무엇에 대해 학습하는 것인지 정확히 알고 있을 경우에만 동기부여가 된다"고 주장한다.[Grell, 1990: 152] 바로 이 지점에서 이 도입 유형이 사용되며, 이는 학생에게 오직 수업 시간의 중심이 되는 학습 내용에 대한 정보를 제공하는 기능만을 수행한다.[Meyer, 1999: 136 참조] 따라서 정보제공 수업 도입의 목표는 투명성 확보에 있다. 도입 단계가 끝나면 학생들은 자신이 **왜** 무언가를 하고 있는지 알아야 한다. 따라서

투명성

교사는 '자신의 카드(패)'를 모두 보여 주는 것이다. 이러한 투명성의 확보 외에도 정보제공 수업 도입은 학생이 수업 시간 계획에 참여할 수 있는 기회를 제공한다. 예를 들어, 그렐의 개념은 다음 시간 수업에 대한 계획을 소개할 때 학습자가 함께 결정할 수 있는 대안을 제시하는 것을 금지하지 않는다.^{같은 책 참조}

일반적으로 수업에 대한 정보 소개에는 어떤 자료도 사용하지 않으므로 선택 기준을 설정할 필요가 없다.

2.4 행동 지향 수업 도입

행동 지향 수업 도입은 상대적으로 많은 시간이 필요하므로 학교 현장에서 거의 사용되지 않는다. 엄밀히 말하면 이 방법은 독립적인 유형이라기보다는 제시된 다양한 도입 유형의 측면에서 역할을 할 수 있다.

행동 지향 수업 도입의 중요한 장점은 엄청난 **동기부여 효과**이며, 이는 또한 이 수업 도입 방법의 가장 중요한 기능으로 이해되어야 한다. 정치에 대한 "총체적이고 현실적인"^{Reinhardt, 2005: 107} 경험을 통해 학생은 종종(항상 그런 것은 아니지만) 다루게 될 수업 주제에 매료되어 훨씬 더 깊이 있게 그 주제에 참여하게 된다.

또한 행동 지향 수업 도입은 질문을 불러일으켜야 한다. 예를 들어, 소규모 역할극이나 의사결정 게임, 또는 정치인에게 직접 쓴 편지를 평가함으로써 수업의 중심에 놓이거나 수업 단위에서 중요한 역할을 해야 할 문제들을 제기할 수 있다. 따라서 행동 지향 수업의 도입은 그 자체가 목적이 아니라 수업 시리즈의 교수법 핵심 영역으로 이어진다.

문제와 갈등 지향 수업 도입에 대한 설명에서 이미 간략하게 제시한 접근성 및 정합성 기준 외에도 목적의 합리성 기준이 여기에서 중요한 역할을 한다.

목적의 합리성

행동 지향 수업 도입은 일반적으로 준비와 실행 측면에서 다른 유형의 수업 도입보다 더 많은 시간이 필요하다. 따라서 도입으로서의 놀이 형식이 실제로 수업이나 연속 수업의 핵심으로 이어지는지, 그리고 학생이 자신의 행동을 숙고함으로써 이 핵심을 인식할 수 있는지를 사전에 정확히 예측해야 한다.

- 핵심 문제: 행동 지향적 절차를 통한 수업 도입이 수업의 실제 주제를 인식할 수 있게 하는가?

3. 크리스토프 퀴베르거
Christoph Kühberger

포괄적이고 개별화된 정치 학습: 정치교육과 분화법[14]

1. 다양성 수용과 포괄적 삶

학습 집단의 이질성

정치적 사고에 관한 실증적인 수업 연구와 조사를 살펴보면, 교과목별 학습 과정에서 개인별 사고, 자기화 성과[학습 성취]를 체계적으로 다루는 방법에 대한 질문이 쇄도한다. 그렇지만 이러한 어려운 문제의 해결은 기존 학교와 규범 구조들로 인해 더욱 어려워진다. 학습 집단에서 인지할 수 있는 이질성 문제는 외형적 학년 구분을 통해 그리고 오스트리아, 독일 같은 국가에서는 고도의 선택적 학교 시스템을 통해 표면상 해결되는 것처럼 보인다. 실제 연령과 학습

---

14. 독일어 표현 'Methoden der Differenzierung'을 '분화법'으로 번역한다. 'Differenzierung(eng. differentiation)'은 한국어로 '분화, 구별, 차별, 미분 등'으로 이해 또는 번역되는 단어이다. 이 글의 내용에서도 의미 맥락에 따라 그 의미를 '분화, 차별, 세분 등'으로 쓰고, 이 용어를 '차별 또는 차별화나 차별법'으로 번역하게 되면, 사회적·정치적 부가 의미와 연동될 수 있으므로, 이 글의 주제어 'Differenzierung'은 차별(둘 이상의 대상을 각각 등급이나 수준 등에 차이를 두어 구별함-표준국어대사전)과 세분(사물을 여러 갈래로 자세히 나누거나 잘게 가름-표준국어대사전)의 의미를 포괄하는 '분화법(분화 방법: 분화-각 부분이 독특한 구조와 기능을 가지는 쪽으로 세분되는 과정-표준국어대사전)'으로 번역하며, 논문의 세부 내용 의미에 따라 '차별화', '구분 또는 세분' 등으로 상세 번역한다.

연령이 일치하고 엄격한 형식 구조로 인해 이상적인 조화를 이루는 동질적인 학습 집단에 대한 생각은 실용적 관점과 학문적 관점 모두에서 이미 시대에 뒤떨어진 것이 되었다.^{Manzel, 2010 참조} 그러나 이와 같은 이질성을 만들어 내는 것은 개인의 습득 및 이해 과정만이 아니라, 주로 문화적·사회적 배경, 종교, 성별, 성적 지향, 태도, 관심사 등과 관련하여 교실 또는 다른 집단에서 마주하게 되는 더욱 광범위하고 다층적인 다양성이다. 정치교육에서 이러한 다양성은 방해 요인으로 여겨져서는 안 되며, 민주주의 체제와 학문 지향적 접근에 바람직한 부조화를 건설적인 방식으로 다루는 교수학습 과정의 설계에 매우 생산적으로 통합될 수 있다. 모든 학습자가 각자의 필요에 따라 학습할 기회를 얻는 것이 중요하다. 이것이 바로 이러한 전반적인 상황이 포괄성의 관점에서 점점 더 많이 논의되고 있는 이유이기도 하다. 장애인의 사회적·정치적 참여에 대한 요구에 따라 차별을 없애고 **모든 사람**의 동등한 권리를 달성하기 위해 다양한 범주를 고려하는 것을 목표로 하는 이해가 발전했다.^{Bloise/Schön, 2020: 1f.; Fischer, 2020: 7; Barsch et al., 2020 참조} 하지만 공식화된 메커니즘을 통해 학생들을 소외시키거나 배제하는 교육제도의 고착화된 형태의 외적 차별은 모든 학생들의 공동 학습에 대한 개념에 반하는 것이다. 실제로 포괄적 (교과목) 학습의 개념은 개방적이고, 장애물이 없으며, 의사소통적이고 유연한 학습 환경을 조성하기 위한 조직 구조에만 초점을 맞추는 것이 아니라, 개인의 학습 경로와 그에 따른 (상호)주관적인 처리를 사회적 상호작용의 실천에서 가능하게 하려는 목표를 가지고 있다. 전문영역별 역량 등급을 매긴다는 의미에서 학생들에게 최소한 사회적 참여의 일환으로서 전통적인 수준에 접근할 수 있도록 하는 선택 가능성 (예컨대 비계) 외에도, 다양한 학습 진행 속도와 강도를 다루고 학습 집단과 교사 모두의 자원을 활성화하여 기대되는 수준을 훨씬 초과하는 개방을 허용하는 (교과)교수법적 접근 방식도 간과해서는 안 된다. Ruf/Keller/Winter, 2008 참조

2. 포괄적 관점에서의 개별화와 차별화

개별화와 차별화는 다양한 학습 집단의 구성원들에게 학습을 촉진하는 과제를 제공하기 위해 수업조직적, 교과교수법적 요소를 활용하는 수업 개념을 말한다. 이러한 과제는 모든 학습자가 서로 다른 수준과 다양한 강도로 완수할 수 있도록 설계된다. 따라서 이 개념은 "모든 학생이 동시에 동일한 자료를 가지고 동일한 학습 방법으로 동일한 결과에 이르는 것에 반대한다. 오히려 서로 다른 관심사, 학습 의지, 사전 지식, 능력 등을 고려할 수 있도록 최적의 개별적인 지원과 (도전) 과제의 달성을 목표로 해야 한다. 이를 위해서는 수업의 구조적 특징에 따라 내적 차별화가 가능한 다양한 전문영역을 식별할 필요가 있다. (…) 동시에 교과목별 학습 제안과 개별 학생의 주관적인 전제 조건 간의 조화를 이루어야 한다."Kühberger, 2018: 3 이를 위

열린 학습 해서는 정치교육에 이미 활용되고 있는 **열린 학습** 접근법이 적합하다. 개방성 정도는 다르지만 학습에 도움이 되는 것으로 분류할 수 있는 다양한 형태의 수업 기획 방법을 생각해 볼 수 있다. 즉 여기에는 학습 동아리, 학습장(스테이션) 학습, 자율학습주간, 자유학습, 프로젝트 수업, 워크숍 수업, 역량표 기반 학습[15] 등이 있다.Lange, 2007; Manzel, 2010; Ziegler/Jung, 2010; Bundeszentrale für politische Bildung, 2011; Ziegler et al., 2012; Pädagogisches Landesinstitut RheinlandPfalz, 2012; Kühberger/Windischbauer, 2013; Füchter, 2015; Paradies/Linser, 2001 참조 연구에 따르면 개별화 학습은 학습 제안에서 차별화된 다양한 영역이 서로 결합될 때 특히 효과적이며, 예를 들어 학

생이 주제별 관심사에 따라 과제를 선택할 수 있게 하거나, 과제에 발판[비계]을 제공하고, 결과를 개별적으로 선택한 방식(포스터, 디지털 슬라이드 발표, 팟캐스트 등)으로 발표할 수 있도록 하는 등의 방식으로 개별화 학습을 실시하는 것이 좋다.^{Astleitner, 2007: 138 참조}

또한 이러한 개념은 점점 더 포괄적인 방향을 따르고 있다. 즉, 학습자를 더 이상 다양성 범주에 따라 분류하고 그들에게 할당된 프로그램에서 차별을 두는 것이 아니라, 학습 집단의 다양한 구성원들이 비록 다른 수준과 다른 지원 구조를 가지고 있더라도 "공통의 주제"^{Georg Feuser}에 대해 작업할 수 있는 조건을 만드는 데 초점을 맞춘다. 다만, 이는 서로 다른 수준과 다양한 지원 구조를 통해 이루

---

15. • '학습 동아리(Lernzirkel, engl. learning circle)'는 학습자 스스로 선택한 학습 소모임(성인의 경우 '학습 동아리')을 의미하며, 여기서 학습자들은 다양한 학습장(Lernstation, engl. learning station)에서 교수자가 제공한 교수법 자료와 과제를 학습한다. 학습 동아리는 학습자들에게 폭넓은 자기활동과 자주성을 허용하며, 교수자는 개별 학습장의 교수법 준비와 설명을 주로 담당한다. 교수자는 이 외에 학습자의 학습에 관여하지 않는다.
    • '학습장 학습(Stationenlernen: engl. station learning)'은 학습장에서의 학습 또는 학습장(스테이션) 학습이다.
    • '자유학습(Freiarbeit: engl. free work or free learning)'은 학습자들의 자기주도적 학습과 책임감을 장려하기 위해 주로 개방형 수업에서 활용되는 학습 방법의 하나이다. 여기서는 학생들이 높은 수준의 자기 책임과 자유(예: 학습 목표 선택) 아래 학습한다. 이를 위해 교수자는 충분한 학습자료와 과제를 제공하면서 동반자 역할을 한다. 주의해야 할 점은 학습 주제가 학습자들의 생활세계와 관심사를 지향해야 한다는 것이다.
    • '워크숍 수업(Werkstattunterricht: workshop lesson)'은 학습 상황 및 자료를 개방적으로 배치하는 개방형 수업의 한 방법이다. 이는 '학생 자유 과제'로 알려져 있는데, 학생이 학습 주제를 직접 선택할 수 있고 부분적으로 자신의 아이디어를 구현할 수 있다.
    • '역량표 기반 학습(Arbeit mit Kompetenzrastern: engl. work with competence grids)'은 교과목 또는 학제적 역량 영역들을 구체화한, 즉 교수자가 준비하여 제공한 간단한 기본 지식에서 복잡한 지식수준까지 단계적으로 기술된 역량표에 학생 스스로 자신의 역량 진도와 발전에 대해 기술한다. 예를 들어 "나는 … 할 수 있다"라고 기술하는 것이다. 따라서 역량표 기반 학습은 학생이 역량표에 제시된 역량 단계 또는 역량에 대한 자기평가를 기술하며 진행되는 수업을 말한다.
    위 용어들의 설명은 구글에서 검색한 공개 자료를 토대로 정리하였다.

어진다. 이는 학생들이 '진입장벽'으로 인해 방해를 받거나 최소 또는 최대 목표를 설정하여 학습에 제한을 받지 않고 개별 진도를 맞추기 위한 시도이다. 이를 위해 **보편적 학습 설계**Universal Design of Learning 접근 방식은 유용한 변형으로 사용될 수 있을 것이다.[Barsch/Kühberger, 2019 참조]

보편적 학습 설계

포괄적 정치 학습[16]은 주로 특수교육에서의 문제 제기와 연관되어 왔지만[Hartas, 2006; George, 2015; Fischer, 2020; Hölzel/Jahr, 2019 참조], 최근 논의에서는

---

16. '포괄적 정치 학습(ein inklusives politisches Lernen)'은 '포괄적 정치교육(inklusive Politische Bildung)' 구상이 학교 및 교육현장에서 어떻게 실제 구현될 수 있느냐 하는 교육적, 교수법적 고민과 문제의식의 맥락에서 이해할 수 있는 개념이다. 원래 특수교육학적 이론이자 접근법인 '통합교육(또는 포괄적 교육: eng. inclusive education)', 즉 '장애를 가진 사람들의 동등한 참여 권리를 진작시키기 위한', '다양성을 강조하는', 더 나아가 '장애 아동을 특수학교에 격리 수용하여 교육'이 아니라 '일반 학교에서 비장애 아동과 공학시키는 통합교육'이 '포괄적 교육(inklusive Bildung)' 구상의 출발점이자 단초이다. 독일에서 포괄적 교육 구상은 2009년 「유엔 장애인권리협약」에 서명 후 포괄적 교육 시스템 구축이 독일 교육정책의 중심을 이루면서 강조되었고, 이후 이에 대한 일반교육적, 교수학적 논의가 활발히 지속되고 있다. 더욱이 최근 몇 년 동안 '아주 역동적으로' 발전하고 있는 교육 구상이기도 하다. 유네스코 「교육 아젠더 2030」에 대한 독일 유네스코 자체 평가를 보면 포괄적 교육의 의미 이해에 도움이 된다. 즉 "포괄적 교육은 모든 사람이 양질의 교육에 참여하고 자신의 잠재력을 최대한 개발할 수 있다는 것을 의미한다. 독일에서 '포용'이라는 용어는 종종 지원이 필요하다고 진단된 사람들과 관련된 좁은 의미로만 사용되지만, 유네스코는 모든 사람을 포함하는 넓은 의미의 포괄 개념을 지지하고 있다. 성별, 사회적 또는 경제적 조건이나 특별한 학습 필요와 욕구가 개인의 잠재력 개발에 방해가 되어서는 안 된다"(www.unesco.de/bildung/inklusive-bildung). 이런 의미에서 '포용적 그리고 포괄적'이란 말의 미묘한 차이를 고려하여 분리해서 또한 함께 그리고 추가해서 이해 또는 번역할 수 있다. 이러한 포괄적 교육의 특징이자 핵심은 교육에서 '다양성(다채로움, 서로 다름)'의 강조이고 '이질성을 정상적이고 일상의 삶의 사실'로 인정 및 수용하는 것이다. 그래서 포괄적 교육 구상은 "동질적인 학습 집단의 형성을 강조하여 분리 및 선별하는 '배타적 또는 배제의 교육' 구상에 대한 반대 모델"로 볼 수 있다(https://old.imst.ac.at/app/webroot/files/GD-Handreichungen/handreichung_inklusion_11-2012.pdf). 간단히 '모두를 위한 교육'이라는 틀 아래 이해될 수 있는 이러한 포괄적 교육의 접근법은 그래서 민주적 헌법 국가와 민주공화국의 핵심 가치인 '인권과 민주주의' 교육을 정치교육에서 '학교민주주의'와 '학교에서의 포괄적 정치과목 수업과 학습' 등에 긴밀히 연결시킬 수 있는 것이다(위의 내용은 구글과 네이버에서 검색한 통합교육, 포괄적 교육, 포괄적 정치교육, 포괄적 정치 학습 등에 대한 공개 자료에서 인용하고 정리하였다).

다차원적이고 교차적이며 다양성에 민감한 아주 다양한 층위의 도전 과제들에 대한 개방성이 나타나고 있다.^{Vennemeyer, 2019; Osler/Starky, 2010; Barsch et al., 2020 참조} 이는 이 글에서도 옹호하는 접근법이다. 그러나 정치교육은 다양성을 다루는 다양한 차원에도 관심을 기울여야 한다. 학생들의 다양성과 그들 각자의 필요와 요구 사항 외에도 학습의 주제로서 다양성에 대한 주제별 접근 방식을 고려하는 것도 중요하다.^{Achour, 2015b: 5 참조} 따라서 이러한 방식으로 성별, 성적 지향, 출신 배경, **인종**, 질병, 나이, 종교, 계층 등이 정치교육 담론에 복합적인 영향 요인으로 포함되는 것은 긍정적으로 볼 수 있다.^{Biddulph, 2012; Mason 2012; Malik, 2012; Massing/Niehoff, 2014; Micek, 2015; Lücke, 2015; Kronberger, 2016 참조} 이러한 핵심어는 교과목 수업의 설계를 위해 포괄 및 배제 메커니즘을 전반적으로 파악할 수 있는 특정한 기회를 제공함으로써 수업을 통해 집단이나 개별적 학습 조건에 대한 차별을 줄이고, 이상적인 경우에는 이를 제거할 수 있다.

> 학습 주제로서의 다양성

3. 정치교육을 위한 특별한 관점

정치교육은 삶의 양식으로서의 민주주의와 결합되어야 한다.^{Dewey, 1916/2011; Prengel, 2015; Kruschel, 2017 참조} 관련 문헌에 따르면 학교와 수업에서 사회적 참여의 의미에서 참여를 활성화하는 것이 민주주의 가치의 발전에 긍정적인 영향 미치는 것으로 나타났다.^{Eikel, 2007: 11ff. 참조} 힘멜만Himmelmann은 이를 위해 이른바 '통하여through' 관점, 즉 민주주의를 '위해' 또는 민주주의에 '관해' 배우는 것뿐만 아니라 민주주의를 '통해' 배운다고 강조한다.^{Himmelmann, 2005: 26} 이러한 실행을 위해서는 여러 가지 선택 가능성이 열려 있다(예컨대 공동 결정, 공동 의사결정, 의견 제시, 협상, 공동 설계, 참여). 라인하르트Reinhardt는 예컨대 프로젝트 중심의 정치교육과 관련하여 행위와 성찰 수준에서 민주적 학습 과정을 시작할 수 있는 기회를 강조한다.^{Reinhardt, 2005: 35 참조} 그러나 그는 정치교육에 대해 그러한 접근 방식은 삶의 형태에 갇혀서는 안 되며, 민주주의 삶의 양식, 사회 형태 그리고 통치 형태로 다루어야 한다고 주장한다.^{같은 책, 42ff. 참조} 이러한 방식으로 정치 학습은 더욱 주목받게 된다. 포괄적이고 개별화된 학습은 정치적 사고 교육Erziehung을 넘어서 자기 표현력을 향상시킬 수 있는 가능성을 열어 준다.^{논의에 관해: Dönges et al., 2015; Hölzel/Jahr, 2019 참조} 학습을 조직하는 방법론적 절차를 통해 개인이 집단 내에서 자신의 정치적 입장을 표현하고, 다른 관점을 수용하며, 정치적 행동 역량이 다양한 정치교육 모델에서 요구하는 바와 같이 문제의 건설적인 해결에 적극적으로 참여할 수 있는 환경이 조성된다. 따라서 자신의 정치적 의사 표명을 설계하고 세분화하여 실현하는 것 또한 학습 과정의 초점이 된다.

4. 주체 지향적 정치교수법

학생 중심의 계획, 학습 및 평가 과정

이러한 방법론적 접근이 조직적으로 재구성되고 과제 중심의 개방적인 정치과목 수업 그 이상이 되려면, 학생들이 수업계획, 학습 및 평가 과정의 중심에 있도록 하는 데 더 많은 중점을 두어야 한다. 이를 통해 '주체 지향적 정치교수법'이라고 부를 수 있는 정치교수법적 입장이 확립될 수 있으며, 이는 정치 학습을 주로 개인적인 과정으로 이해하고, 주체로서의 학습자들과 정치적인 것에 대한 그들의 개인적인 접근 방식의 습득 과정을 중심에 두게 된다. 이러한 접근법은 필연적으로 정치교수법 연구의 경험적 차원을 강조하며,

또한 과목별 학습 과정의 일환으로 정치교수법적 진단의 필요성을 강조한다. 이는 학생들의 구체적인 생각에 맞춰 학습 환경을 조정할 수 있도록 하면서도 주관적이지 않도록 하는 것이다.^{Kühberger, 2015; Klee, 2010 참조}

4. 페터 마싱
Peter Massing

대화를 통한 학습: 정치교육에서 대화 형태

1. 서론

집단 내에서 '말하기'는 정치교육에서도 여전히 일상적인 일이다. 학교와 학교 밖 정치교육에서 대화의 빈도와 주된 역할은 다를 수 있겠지만, 대화는 정치교육의 일상적인 기본 구성 요소이다. 대화는 학습 주제와 학습자 관점으로 향한 통로를 열거나 닫을 수도 있다. 대화는 호기심을 일으키고 생각하게 만들며 동기를 부여하고 질문을 던지게 할 수도 있지만, 부끄럽게 하거나 두려움과 막막함을 유발하기도 한다. 대화는 그 자체의 역동성, 완고함, 위치구속성이 특징이며, 따라서 계획하거나 예측하기에는 한계가 있다.^{de Boer, 2015 참조}

이러한 중요성에도 불구하고 정치교수법과 학교 및 학교 밖 정치교육의 중심 아이디어에서 대화는 거의 주목을 받지 못하고 있다.

2. 수업대화: 개념의 명확성을 위한 시도

교육의 과정에서 '정상적인' 행위 형식으로서의 대화는 수업대화[17]이다. 수업대화에 대한 정의는 다양하다. 이러한 상이함 속에서 일종의 최소 합의를 찾고자 한다면 다음의 정의가 적절할 것이다. "수업대화는 명확히 정의된 주제에 대해 교수자[18]와 가능한 한 모든 학습자 간의 상호 교류가 일어나는 수업의 모든 상황을 포괄한다."Leisen, 2015: 3 더 복합적인 정의로는 지빌레 라인하르트Sibylle Reinhardt가 제시한 정의가 있다. 이에 따르면 "수업대화는 (…) 반응이 유도되고 폭넓게 구조화된 의사소통의 한 형태로, 여기서 학습자는 언어적 교류를 매개로 어떤 대상(주제, 자료, 문제, 자기 경험 등등)을 자발적, 협동적, 생산적으로 다루게 된다. 이러한 수업대화는 구조적이고 동시에 개방적이다. (모순은 교육학적으로 구성적이다.) 교사는 어떤 틀(예: 교과, 주제, 상황의 상호작용 구조)을 설명하고, 이것들을 여러 자극(계기)을 통해, 필요하다면, 좀 더 세밀한 질문을 통해 촉진한다. 이 틀 속에서 그리고 이런 지원으로 학습자들이 독립적이

> 수업대화의 다양한 정의

---

17. 독일 교수학 전문용어인 '수업대화(Unterrichtsgespräch)'는 '수업의 대화' 또는 '수업에서의 대화'의 축약어로 볼 수 있다. 여기서 설명 및 연구의 주된 대상은 '수업'이 아니라 '대화', 즉 수업에서 2인 또는 다수 참여자의 '구두적 의사소통(대화)' 그 자체이다. 따라서 수업대화는 어떤 특정 수업 방식에 방점을 두고 수식어를 추가한 '대화식 수업' 또는 '강의식 수업'과는 구별하여 이해해야 한다. 이런 이유로 이 글의 저자는 수업의 여러 대화 유형(강의, 질문하면서-발전시키는 대화, 논의, 논쟁, 토론, 찬반 토론, 환담, 소크라테스 대화 그리고 상호작용을 촉진하는 학습자들 간의 대화)에 대해 언급하고 있다.
18. '교수자'의 독일어 단어의 의미는 '가르치는 사람들(die Lehrenden)'이며, '학습자'는 '배우는 사람들(die Lernenden)'이다. 그러므로 교수자는 강사, 교사, 교수 등을 총칭하며 학습자는 아동, 학생, 성인 등을 포괄하는 의미로 이해할 수 있다. 이 글에서 저자가 인용하는 내용은 관계 맥락이 전체 정치교육(Politische Bildung & Politische Erziehung)에 해당하기도 하고, 세부적으로 또는 사례로서 학교교육과 관련하여 학교에서의 정치과목 수업 및 학습과 연결되기도 하므로, '교수자와 학습자' 또는 '교사(die Lehrer und Lehrerrinnen)와 학생(die Schüler und Schülerrinnen)' 등으로 원문의 표현과 관계 맥락에 맞춰 번역한다.

의사소통 상황의 내용 측면과 관계 측면

고 창의적으로 의사소통을 하는 것이다".^{Reinhardt, 2000: 199} 의사소통 상황으로서의 수업대화에는 내용 측면과 관계 측면이 있다. 관계적 측면은 내용적 측면에 영향을 미친다. 수업대화에서는 모든 참여자의 비동일성으로 인해 갈등이 발생했을 때 자기비판적, 자기성찰적인 협의가 필요한 관계적 측면에 대해서 교수자의 특별한 책임이 따른다. 갈등이 많은 관계에서는 내용적 차원이 거의 완전하게 그 의미를 상실하게 된다. 여기서 수업대화의 과제는 '메타대화'[19]로 자체 전제 조건을 먼저 확보하는 것이다. 수업대화의 관계적 측면에는 학습자들의 다양성과 사회적 불평등을 고려하고, 특히 정치교육에서는 이것의 영향력에 대해 항상 성찰하며 문제화해야 하는 의사소통 측면도 포함된다.

3. 정치 학습에서 수업대화

대화와 민주주의의 밀접한 연관성

정치교육 학습 과정의 계발을 위한 대화의 특별한 중요성은 일반적으로 대화, 정치 그리고 민주주의의 밀접한 연관성으로 설명된다. 이러한 연관성을 강조함으로써 언어 능력이 정치적·민주적 역량의 중요한 부분이라는 점을 분명히 해야 한다. 정치 행위 역량은 상호 밀접하게 연관된 의사소통 행위 능력과 참여 행위 능력으로 세분될 수 있다. 이 두 가지 능력은 더 나아가 '말로 표현하기', '논증하기', '협상하기', '결정하기'라는 세부 역량으로 구분할 수 있다.^{Detjen et al., 2012: 65ff. 참조} 특히 말로 표현하기와 논증하기는 수업대화 및 토론 방법과 함께 정치과목 수업에서 장려될 수 있다.

수업대화가 정치교육에서 의사소통, 참여 행동 능력의 장려 외에 '민주주의 학습'에도 도움이 되려면^{이 책 IV부 「정치교육으로 민주주의 배우기」 참조}, 그 형성적 구조에서 특정 요건이 충족돼야 한다. 즉 담화 또는 대화의 관념이 인식될 수 있어야 한다. 이를테면 대화 참여자 간의 되도록 적은 격차, 대안에 대한 개방성, 다른 사람들을 이해하고자 하는 의지, 반대되는 주장을 고려하기, 자기 입장을 의문시하기, 질문을 끝까지 생각하기, 문제 실태를 규명하기, 유행어에 만족하지 않기, 자기감정 통제하기, 자신의 편견을 의식하기 등등이다.^{Sutor, 1971: 284 참조} 언어적 역량뿐만 아니라 자기 결정권과 정치적 참여를 위해 노력하는

> 대화는 민주주의 학습에 기여할 수 있다

---

19. '메타대화(Metagespräch)'의 전문용어는 '메타의사소통(Metakommunikation: eng. metacommunication)'이다. 이는 '의사소통에 관한 의사소통(communication about communication)'을 지칭하는 개념으로, '이차적 의사소통'이라고도 불린다. 이 말은 원래 1951년 유르겐 루에쉬와 그레고리 베이트슨(Jurgen Ruesch and Gregory Beatson)이 공동 저서에서 메타의사소통을 '의사소통에 관한 의사소통'으로 정의하면서 처음 소개되었다. 이후 베이트슨에 의해 더욱 체계적인 메타의사소통 이론으로 발전되었다. 이 이론의 요점은 인간의 언어적 의사소통은 여러 수준의 추상화가 동시적으로 작동한다는 것이고, 여기서 지시적 수준(말과 문자 그대로의 내용) 너머에 더 추상적인 '메타언어적 그리고 메타의사소통적' 추상화 수준이 있다는 것이다. 그래서 이 추상화 수준을 포함한 의사소통 자체가 논의와 담론의 주제가 될 수 있다. 이후 이 이론은 응용과 확장의 시기를 거치며 의사소통 이론의 주류로 자리매김했다. 더 쉽게 이해되고 실감 나는 것은 바츨라빅(Paul Watzlawick) 정의이다. 그에 따르면 메타의사소통은 '(언어적 & 비언어적) 의사소통 속에 어떤 메시지가 오고 가는지 한 발짝 뒤로 물러나 관찰(및 논의)하는 것'이라고 한다. 일반적으로 메타의사소통은 의사소통 진행 자체의 어려움과 참여자들의 구조적 관계 상황과 연결되어 그 문제의 해결책으로 언급되는 경우가 많다. 예를 들어 교실에서 진행되는 대화가 학습 주제와 내용과 관련해 늘 학습자들의 학습에 도움이 되고 원활한 상호적 대화를 통해 진행되는 것은 아니고, 너무나도 쉽게, 빈번하게 참여자들의 관계적 상황(다양한 개별적, 이질적 요인들)이나 대화 방식 자체의 특성에 따라 중단 또는 중지되는, 즉 쉽게 깨지거나 본래의 대화 의도에서 벗어나는 어려움이 있다. 그래서 이런 어려움에 대한 타개책 또는 문제의 해결책으로 대화 참여자 모두(교사와 학생 간의 그리고 학생들 간의 관계) 그리고 의사소통(예를 들어 수업 및 대화 방식) 자체에 대해 성찰하는 이차적 의사소통으로 메타의사소통이 도입되는 것이다. 이 글의 저자는 정치과목 수업에서 학습자들의 다양성과 사회적 불평등의 영향에 대한 성찰로서 '메타대화'의 필요성을 언급하고 있으며, 메타의사소통을 "수업 자체에 대해, 행위 방식, 방법과 자료의 유용성에 대해 그리고 서로 대화하는 과정 등에 대해 평가하는 것"이라 정의하고 있다(이 내용은 메타의사소통, 메타 커뮤니케이션, metacommunication, Metakommunikation, Metagespräch 등에 대해 구글과 네이버에서 검색한 독일어, 영어, 한국어 공개 자료와 이 글의 내용을 참고하여 정리하였다).

정치교육은 무엇보다 공동의 문제 해결과 담론적 이해의 장이 되도록 수업대화를 조직해야 한다.

4. 정치 매개체, 정치교육 주제로서 언어와 대화

학습 주제로서 언어   지금까지는 수업대화에서 언어는 주로 방법론 관점에서 학습 방법으로 기술되었다. 언어는 정치 교육과정에서 또 다른 측면, 말하자면 학습 주제로서 중요성을 가진다.^{이 책 Ⅳ부 「전문어와 교양어의 촉진」 참조} 학습 주제는 -정치적인 것 또는 정치- 언어를 통해서만 실재한다. 정치란 내용 면에서 명확하게 규정된 부분으로, 보다 광범위한 역사 또는 현재의 사회적 현실로부터 단순하게 임의적으로 떼어 낼 수 있는 것이 아니라, 오히려 개념화된 형식으로 실재하며 실제적·역사적으로, 동시에 언어적으로 전달되는 것이다.^{Massing, 2020: 4} 즉 정치 자체는 언어로 구성되는 것 외에 다른 방식으로 생각될 수 있는 것이 아니며 언어는 정치의 존재 조건이다. 그래서 수업대화에서 논의되는 것, 즉 정치적인 것 자체가 언어적 산물이라면 이 '산물의 질'은 무엇보다 참여자들의 언어 역량에 달려 있다. 언어 수준이 더 높을수록, 표현 방식이 더 구별될수록, 전문언어 사용이 더 정확할수록 학습 주제가 더 구체적으로 되고 '정치적 사고'가 더욱더 명확해진다.

정치적인 것의 언어적 구성은 하지만 의미론적 규칙에 따라 그리고 가치중립적으로만 이루어지는 게 아니라, 누군가가 규정하고 선택하게 된다. 자신이 중요하다고 생각하는 특정 측면을 강조하고 덜 특징적으로 보이는 것을 무시하게 된다. 중요하다거나 또는 중요하지 않다고 생각하는 것은 본질적으로 자신의 이해관계와 기대에 달려 있다. 언어적 구성물로서 정치는 집단과 관련된 '사회적 생산물'

이다. 그러므로 이는 이해관계와 이데올로기의 표현이기도 하다. 정치교육은 그래서 이데올로기 비판적인 이중의 과제를 가진다. 이데올로기 비판의 대상은 한편으로 이해관계, 편견, 반쯤의 진실, 잘못된 사고, 의존성 등이 조사되는 '대화' 그 자체이며, 다른 한편으로는 언어적 구성물로서 정치 그리고 무엇보다 정치에서의 언어이다. 정치에서 언어의 도구적 기능에 대한 이데올로기 비판적 고찰이 목표로 하는 것은 사회적 함의의 매개체로서 언어의 역할과 권력 행사, 이해관계 은폐, 조작, 편견의 정착, 사고방식, 신화 등의 수단으로서 언어의 역할을 명확하게 하는 것이다.^{Becker, 1999: 481 참조} 정치교육은 언어 기능에만 주목하는 것을 넘어서 특수한 정치적·수사적 언어 스타일에도 민감해야 한다. 언어가 '수업언어'와 '정치언어'라는 이중적 의미에서 이데올로기 비판적으로 다뤄지게 되면, 이로써 다른 학습 과정과는 본질적으로 구별되는 정치적 학습에서 대화의 또 다른 과제가 언급되는 것이다.

언어와
이데올로기
비판

5. 수업대화의 유형과 교수법

수업대화 유형은 교사의 활동 또는 지도, 대화의 외적 진행 과정, 대화 집단의 범위, 수업대화의 목적 또는 내용에 따라 구분된다.

교사의 지도 범위에 따라 수업대화의 유형을 정리하면, 높은 수준으로 지도하는 대화, 예를 들어 교사의 강의와 질문하면서 발전시키는 대화 그리고 낮은 수준으로 지도하는 대화 유형인 논의, 논쟁, 토론, 찬반 토론 또는 환담으로 구분할 수 있다. 중간 수준으로 지도하는 대화로는 소크라테스 대화법이 있지만, 이와 함께 교사가 반응을 유도하여 추론적으로 대화를 연결하고 학습자의 상호작용을 촉

수업대화의
유형 체계

진하는 학습자들 간의 대화도 있다.^{Leisen, 2015: 9 참조}

정치에 관한 수업대화가 공개적인 정치 토론과 논의 행위들에서 정보 이해, 의견 교환, 체계적 학습, 이데올로기 비판, 감정적 대립, 반복을 통한 자기화에 도움이 되어야 한다는 것을 고려할 때, 아래와 같은 체계화가 나타날 수 있다.

- 학습자들 간의 대화: 특히 행위 지향적 방법론 틀 내에서
- 교사와 학습자 간의 대화: 사실적, 해석적, 의견 형성적, 메타 대화
- 제삼자(예: 현장학습, 조사, 전문가 설문조사 등에서)와의 대화, 다른 행위자를 참여시키기, 전통적인 학습 장소 밖에서 집단의 새로운 경험 만들기. ^{Weißeno, 2004 참조}

그러나 이러한 모든 구분은, 마지막 유형도 포함하여, 어느 정도만 변별될 수 있을 뿐이며 자의성이 없는 것은 아니다. 이런 구분들은 학습 과정의 조직에서 '올바른' 교수법적 지점에 배치될 때야 비로소 정치 학습 목적상 그 의미를 얻게 되는 것이다.

대화의 유형과 수업 단계 배치

모든 수업 과정의 진행을 도입 단계, 정보 단계, 적용 단계, 문제화 단계, 판단 형성 단계, 메타의사소통 단계로 나눌 수 있다고 가정하면 아래와 같이 분류할 수 있다.

- **도입 단계**: 다양한 수업대화 유형이 중요한 지점이다. 즉 개방형 대화와 지도 수준이 높은 대화. 개방형 대화 방식은 사전 지식을 활성화하고 선입견을 명확히 하며 일상 세계와의 관계를 구축하는 데 유용하다. 도입 단계에서는 "의견의 차이가 나타나는 대화"(게오르크 E. 베커)와 같은 제한적 유형을 사용하여 질문

또는 문제 제기에 대한 아이디어를 수집할 수 있으며, 학습 주제의 가능한 측면들을 나열하고 다양한 정교화 방법을 논의하는 등의 작업을 할 수 있다.

- **정보 단계**: 이는 대화 방식이 가장 적합하지 않은 단계이다. 접근 방법으로는 잘해야 '교사의 강의'로 원활하게 전환되는 수업대화 유형이 사용될 수 있다.

- **적용 단계-문제화와 판단 형성**: 이 단계는 다양한 형태의 수업대화가 결정적인 방법이자 작업 방식이다. 여기서는 이미 알려진 사실, 인식된 것 또는 입장들의 검토, 반복, 비판, 즉 심화[Giesecke, 1973: 129 참조] 또는 일반화가 중요하다. 주요 정보들이 알려져 있고, 학습 대상이 여러 관점에서 고찰되어야 하는 이 단계에서는 매우 절제된 방식으로 안내되는 '동등한 대화'가 중요하다. 평가할 내용이 제시되고, 평가 기준으로 가치와 규범들이 개발되며, 관계들이 설정되어야 하는 판단 형성 단계에서는 수업대화의 대화 구조를 포기하지 않으면서 다시금 '평가 대화' 형태로 더 높은 수준의 지도가 필요하다. 바로 이 단계에서 교수자는 학습자를 성숙한 인간으로 보아야 하며, 그들의 독립성을 장려해야 한다. 정치교육에서 교수자는 학습자의 정치적 판단이 설령 자기와는 다른 관점을 보이더라도 수용해야 한다.

- **메타의사소통 단계**: 수업 자체에 대해, 행위 방식, 방법 및 자료의 유용성에 대해 그리고 서로 대화하는 과정 등에 대해 평가할 때는 학생 또는 참여자 중심에 방점을 두는 개방형 수업대화가 적절하다.

학교 밖 정치교육에서는, 특히 성인 정치교육에서는 단계포괄적 대화 방식으로 '소크라테스 대화법'과 최근의 '논증훈련'[20] (예: 친목회

> 학교 밖 정치교육에서의 단계포괄적 대화 방식

구호에 반대하는)이 중요하다.

소크라테스 대화법에서는 누구도 상대방에게 권위를 내세우지 않는 참여자들이 각자 자기 삶의 경험을 바탕으로 구조화된 대화를 통해 공동의 통찰과 깨달음에 도달해야 한다. 소크라테스 대화법의 목적은 인간 자신의 이성과 자기 결정권을 강화하는 것이다.^{기원과 발전에 대해서는 Horster, 1994 참조} "소크라테스 대화법은 이해할 수 있고 근거를 물을 수 있는 경험, 깨달음, 통찰을 수집하고 구조화하며 다른 사람과의 담화에서 그 수용 가능성을 점검하는 목적을 가지면서 민주적 정치교육의 자연스러운 동맹자임이 증명되고 있다."^{Cremer, 2000: 167}

논증훈련은 우선 정치적 지식보다는 정치적 행위에 초점을 맞춘다. 보호공간[21]에서 상황을 시뮬레이션하고, 예를 들어 참가자들이

---

20. '친목회 구호에 반대하는 논증훈련(Argumentationstrainings gegen Stammtischparolen)'은 독일 사회의 다양한 민주적 담론 형성에 기여하려는 목적으로 설립된 '바이에른주 정치교육 네트워크(Netzwerk Politische Bildung Bayern)'의 전문 논증교육 프로그램이다. '친목회 구호에 반대하는(gegen Stammtischparolen)'이란 표현은 이 네크워크가 지향하는 가치와 목표를 함축하고 있다. 'Stammtisch'의 본래 의미는 '단골 손님용 식탁'이며, '단골손님' 또는 '친목회'로도 번역할 수 있다. 보통 음식점과 술집(대부분)에서 친목 도모를 위해 정기모임을 하는 단골손님들의 지정석이라는 긍정적인 뜻의 일상어다. 그러나 '구호(또는 슬로건, die Parole)'라는 말과 합성되면서, 친목회 구호(또는 단골손님 구호, die Stammtischparolen)라는 합성어는 부정적인 의미를 갖게 된다. 즉 공격적인, 독단적인, 축약적인, 포괄적인, 비난적인, 차별적인, 편견으로 가득 찬, 독선적인, 반쪽의 진실인, 흑백논리인, 배타적인, 비타협적인, 성급한 일반화인, 단순한, 엄격한, 명예 훼손적인, 부정적인, 감정적인, 경멸적인 "우리의 느낌"을 만들고, 단순히 구조화되고, 가짜 지식을 제공하는 등의 의미를 가진 구호로 "정치 색채가 뚜렷하고 공격적이며 진부한 세계관의 대리 용어"라고 본다. 이런 의미에서 '친목회 구호에 반대하는 논증훈련'은 친목회 구호의 부정적 성향과 내용에 반대하는 '민주적 담론 문화 형성을 위한 논증 및 토론 교육 프로그램'으로 이해할 수 있다[이상은 바이에른주 정치교육 네트워크의 Argumentationstrainings gegen Stammtischparolen에 대한 공개 자료(www.argumentationstraining-gegen-stammtischparolen.de)와 konterbunt.de에 기고한 네트워크 설립자 클라우스-페터 후퍼 교수(apl. Prof. Dr. Klaus-Peter Hufer)의 친목회 구호에 대한 공개 설명 자료에서 인용 및 정리하였다. https://konterbunt.de/stammtischparolen/].

우려하고, 그들을 격분시키며 불안하게 하여 이를 기꺼이 변화시키려 하는 '친목회 구호'에 관한 대응 방식들이 논의되고 교육된다. 사례로는 인종차별, 폭력, 친목회 구호 반대 또는 연대적 이웃돕기를 위한 훈련 프로그램들이 있다.[Hufer, 1995 참조] 그사이 이러한 접근법에 관심을 두고 사회정치적인 논쟁들, 예를 들어 극우주의, 인종차별주의, 포퓰리즘, 젠더, 유럽 등의 구체적 문제 제기와 주제들을 훈련하는 다양한 조직과 기획이 생겨났다. 계속해서 강조되는 것은 사람들이 차별과 반민주적인 태도 및 활동에 반대하도록 동기를 부여하는 것과 이를 위해 필요한 역량의 획득이다.

6. 요약

정치교육의 일상적 학습 과정에는 개방형에서 제한형까지 다양한 대화 형태가 활용될 수 있다. 대화의 의미는 추상적 형식에서 나오는 것이 아니라, 구체적 사례의 근거 있는 배치에서 오는 것이다.[Reinhardt, 2000 참조] 대화의 특정 유형에 대한 명확한 의사결정 규칙은 존재하지 않는다. 유형들의 굉장한 가변성과 학습 목표, 내용, 조건의 의미적 맥락으로 인해 어떤 대화 방식이 언제 '적절한' 것인지 결정하기가 어렵다. 정치적 학습 과정에서 대화는 '안전한' 계획과는 거리가 멀기 때문에 아마 '기술'보다는 '예술'에 더 가깝다고 할 수 있다.[이 경우엔 Reinhardt, 2000] 어떤 특정 유형에 관한 결정은 각각의 상황에서 교수자 스스로만이 내릴 수 있다. 그러나 이러한 결정은 교수자

---

21. '보호공간(Schonraum: eng. protected space)'은 교육의 과정에 있는 학습자를 현실 사회의 위험으로부터 보호하고, 학습자들에게 실험할 수 있게 하며 실수를 허용하는 학습 목적에 따라 조성된 환경을 의미한다. 학교나 교육기관은 일반적으로 보호공간의 실례로 또는 비유적으로 언급되기도 한다.

들이 자신의 방법론적 목록의 일부로 모든 대화의 유형을 확실하게 사용할 수 있을 때만 가능하다.

5. 한스-베르너 쿤
Hans-Werner Kuhn

텍스트를 통한 학습: 텍스트 출처와 텍스트 분석

1. 읽기 역량과 텍스트 역량

정치과목 수업에서 텍스트는 다른 교과목에서와 같이 "개인적, 사회적 지식 구성의 수단"으로서 탁월한 의미를 가진다.^{Antos, 1997: 45} **텍스트 역량**(읽기 역량과 쓰기 역량을 포함하는)은 궁극적으로 정치적·사회적 삶의 참여에서 기본적인 전제 조건이다.[21]

2. 텍스트 유형과 텍스트 출처

정치과목 수업에서 텍스트 작업 자료에 관한 문제는 역사 교과목의 출처 분석과 구분된다.^{Schneider, 1999: 15ff. 참조} 정치 학습에서 텍스트 출처와 텍스트 유형은 밀접한 관련이 있다. 텍스트 유형 간의 구별은 이미 텍스트 분석과 출처 비평의 첫 단계가 될 수 있기 때문이다.

정치과목 수업에서 중요한 텍스트 스펙트럼은 일상적 텍스트,

| 광범위한 텍스트 스펙트럼 | 신문[Breit, 2000: 212 참조], 인터넷[Breit/Lesske, 2002: 145ff. 참조], 시사주간지(예컨대 Spiegel, Fokus)에서부터 이론적 텍스트(고전)를 넘어 학문적 논문[예: Dahrendorf: Homo sociologicus] 등에 이른다. **확장된 텍스트 개념**에서는 설명적, 학문적, 보도 매체에 의한 텍스트로 구분되며, 또한 텍스트와 이미지 조합[Holzbrecher et al., 2006 참조]도 여기에 포함된다. **정치적·문화적 교육**으로 시야를 넓히면, 필름 분석의 경우 사회적·정치적 내용을 담은 음악 텍스트에서처럼 주요 장면의 연속된 대화[독일 연방정치교육원 영화 책자 참조]도 있다.[Kuhn et al., 2014 참조]

수업에서 정치적 지식의 직접적 '적용'은 불가하지만, 텍스트는 정치적 행동의 의미에서 적용 상황을 목표로 삼을 수 있다. 물론 텍스트 선택의 경우 확실한 **문제 지향성**은 도움이 되겠지만, 정치적 참여의 의미에서 적용은 기껏해야 성향으로서의 기반일 뿐이다. 한 가지 방법은 수업에서 실제 정치와의 연계를 시도하는 것이다. 여기에

---

22. 이 글의 핵심 개념인 '텍스트 역량(Textkompetenz)'은 우리에게 다소 생소할 수 있다. 이와 유사한 의미를 지닌 용어로 '문해(literacy, 또는 문해력)'를 들 수 있지만, 이는 '글을 읽고 쓸 줄 아는 능력'을 의미하며 원래 '글을 읽고 쓸 줄 모르는 상태'인 '문맹'의 반의어이다. 독일어도 문해의 의미를 지닌 'Alphabetisierung(문맹자에게 글 가르치기)'와 'Lese- und Schreibfähigkeit(읽기와 쓰기 능력)'이란 단어가 있다. 이 글에서 언급된 '텍스트 역량' 역시 이러한 기본적인 글을 읽고 쓰는 능력을 포함하고 있지만, 그 내용과 맥락이 더 포괄적이다. 포트만-첼리카스 & 슈묄처-아이빙어(Portmann-Tselikas und Schmölzer-Eibinger)에 따르면, 텍스트 역량이란 "텍스트를 읽고, 쓰며 이를 학습에 이용할 수 있는 개인적 능력"을 의미한다. 또한 '글을 읽고 쓸 줄 아는 능력'이란 의미의 문해(literacy)는 보통 '쓰인 글(문어)'에 중점을 두지만, 'Text(텍스트)'는 말(구어)과 글(문어) 전체 맥락에서 다양한 매체, 예를 들어 책, 문서, 기사, 대화, 노래(가사), 영화, 그림, 사진 등등으로 전달되거나 나타난 언어 정보와 관계하고 있어 그 활용 범위가 더 확장되었음을 알 수 있다. 이런 이유로 이 글의 저자인 쿤 교수는 서두에 '읽기 역량과 텍스트 역량'을 언급하며 텍스트 역량은 읽기 역량과 쓰기 역량을 포함하는 더 확장적인, 즉 복합적이고 포괄적인 역량임을 암시했고, 이어지는 글에서 그 범위를 상세히 언급하고 있다. 이런 의미로 '텍스트'가 현재 우리나라에서도 상용되고 있으므로 '텍스트(Text)', '텍스트 역량(Textkompetenz)'으로 번역한다. 위의 인용은 'Textkompetenz'에 대한 함부르크대학교의 공개 자료에서 재인용된 것이다. https://www.foermig.uni-hamburg.de/bildungssprache/literalitaet/textkompetenz.html

는 메타인지적 측면이 추가된다. 즉 텍스트 학습 자체가 수업 주제가 되어 이에 대한 성찰이 명확한 의미를 얻으며 지속적인 텍스트 작업이 시도될 수 있는 것이다.[Kuhn, 2006: 147-156 참조] "성찰 단계는 텍스트가 대신할 수 없는 기능, 즉 상대방과의 토론, 읽은 것에 대한 인식과 추상화, 탈맥락화 때문에 그 가치를 계속 유지해야 한다."[Hartinger et al., 2001: 127]

정치과목 수업에서 자주 쓰이는 매체인 신문은 다양한 텍스트 유형들을 포함하고 있다. 여기에는 보도, 기사, 언론 르포, 배경 기사(3면-이야기)[23], 통계, 그래픽, 논평, 만평, 독자 편지 등이 있다. 신문 제목은 자료를 지역적, 국가적, 유럽적, 세계적인 정치 차원에 따라 편집한 것이다. 정치과목 교사는 학습 주제를 학생의 역량과 연결한다. 따라서 정치과목 수업에서 텍스트로 이용할 것인지, '종이 쓰레기'가 될 것인지는 정치교수법 기준을 기반으로 결정된다.

3. 해석학적 텍스트 해석

'텍스트 분석'(인터넷/구글 검색 결과 1,090,000건)에 대한 일련의 단계적 도식이 있지만, 정치과목 수업에서 다루기 까다로운 주제들

---

23. '3면-이야기(Seite-3-Geschichten)'는 독일 전국지인 《쥐트도이체 차이퉁(Süddeutsche Zeitung)》의 특별한 현장 보도 및 기사를 일컫는다. 이 보도 방식이 독일은 물론 해외에서도 아주 탁월한 방식으로 평가받으며 그 명성이 높은 이유는 이 신문이 매호 3면에 기자들이 현장에 나가 직접 취재한 내용, 즉 관련된 사람들과의 인터뷰, 현장의 상황에 관한 기사, 배경 기사 등을 싣기 때문이다. 이는 이 신문이 지향하는 '좋은 저널리즘(Guter Jounalismus)'이란 현재의 문제를 단순히 사건과 사실만으로 축소하지 않고 현장의 생생한 목소리와 실제 상황에 대한 직접적 보도가 더해지는 것에 있다고 보기 때문이다. 그래서 이러한 '3면 기사' 편집 방식은 현실을 축소하고 자주 왜곡하는 '한입 저널리즘(Häppchenjournalismus)'에 대한 저항 수단으로 평가받기도 한다. "Die Seite Drei-ausgezeichnet und angesehen", Süddeutsche Zeitung, May, 21, 2010 참조.

은 학습 주제에 적합하면서도 '레시피용'에 머물지 않는 접근이 필요하다. 그런 까닭에 해석학적 텍스트 해석에 관한 몇 가지 참고사항이 방향을 제시할 수 있다.^{Deichmann/Juchler, 2010; Juchler, 2017 참조} 해석학적 텍스트 해석은 오랜 전통이 있으며 자체의 규칙과 문제들이 있다. 다음에서는 정치과목 수업에서의 텍스트 해석과 관련하여 이를 중점적으로 다룬다.

해석학적 기본 개념   그리스 단어 **해석학**(hermeneúein: 진술하다, 설명하다, 번역하다)은 해석의 기술을 의미한다. 정치교육 맥락에서 해석학은 **텍스트 이해**와 함께 정치에 관한 이해를 뜻한다. 해석학의 특수한 **기본 개념**은 해석학적 차이, 해석학적 순환, 해석과 이데올로기 비판이다. **해석학적 차이**라는 용어는 하나의 텍스트에서 이해 또는 해명되어야 하는 것이 처음에는 낯설다는 점과 이해와 해명을 통해 비로소 '자기 것이 되어야 한다는' 점에 주목한다. 그러나 자신의 '선이해'와 관계되지 않고는, 이런 낯선 것은 말이 없는 것이다. **해석학적 순환**은 텍스트에 대한 잠정적인 **판독**을 수정하여 점점 더 많은 측면이 추가되는 것을 의미한다. 이러한 이해의 성장은 '통합적 이해'를 목표로 삼는다. 또 다른 기본 개념은 '**해석**'(라틴어 interpretatio, 해석, 번역, 설명)인데, 이것은 한 텍스트의 '진술', '메시지', '의미'를 명확히 하기 위한 통제 가능한 처리 방식이다.

해명[24] 권한으로서의 해석   해석상에서 나타날 수 있는 주관적 자의성, 단순한 심리적 감정이입과 무방법적 해명 등의 **문제**는 반드시 언급되어야 한다. 정치와 정치과목 수업의 맥락에서 해석은 인지보다는 해석 권한과 정의를 내릴 권한에 더 관심을 둔다는 것이 중요한 시사점이다. 정치과목 수업에서는 편파적인 해명이 상대화되고, 이것으로 정치라는 학습 주제의 복잡성을 올바르게 판단하는 데 기여하는 다양한 해석의 '경쟁'이 나타날 수 있다. 결국 이데올로기적 비판 없이는 어떠한 텍스트 해석도 가능하지 않은 것이다. 이데올로기 비판은 현실의 이상화나 왜곡을 포착하여 단정적 개념 이해의 비판적인 교정 역할을 한다.

4. 정치과목 수업과 텍스트 해석

텍스트 해석은 항상 특정 **문제 제기**와 함께, 구체적으로는 중요한 정치적 범주를 이용하여 수행되는데, 이러한 범주들은 예를 들어 정치 순환[주기] 또는 정치 차원 모델들에서 파악된다. 여기에 정치에 대한 범주적 이해가 나타난다. 정치에 관한 교사 자신의 사전 이해가 분명할 때 비로소 학생들이 텍스트 분석의 도움을 받아 점차 그러한 이해를 쌓을 수 있다.

사회과학에서는 **논쟁**, 의견, 논평이 중요하다. 이는 암묵적으로 그때그때의 상대방도 해석에 포함해야 함을 의미한다. 이는 내재적 해명을 넘어 추가적 출처를 참조하는 대조적 텍스트 비교로 이어진다.

정치과목 수업에서는 텍스트 유형의 논증 맥락이 자주 문제가 되기 때문에 문장이나 문장의 성분들을 연결하는 문장론적 방법이 중요하다. 전체 텍스트만이 아니라 이른바 '주요 문구'(필름 분석에서

---

24. 독일어 표현 'Interpretation als Deutungshoheit'를 '해명 권한으로서의 해석'으로 번역하며 'Interpretation'은 '해석', 'Deutung'은 '해명'으로 번역한다. 독일어 단어 'Interpretation'은 '해석, 통역, 설명' 그리고 'Deutung'은 '해석, 해명, 설명'을 뜻하는 단어로 일반적 맥락에서는 거의 유사한 의미로 쓰이지만 그 의미가 완전히 일치하지 않는다. 특히 학문적·해석학적 이론과 분석에서는 이 두 용어는 의미적으로 명확히 구분하여 사용된다. 해명(Deutung)은 어떤 것으로부터 다른 무언가를 추론하거나 미루어 판단한다는 뜻으로, 예를 들어 꿈을 해명한다거나 미래를 해명하는 등 어떤 불확실한 대상에 관한 개인적·자의적 설명, 추론, 판단을 의미한다. 반면 해석(Interpretation)은 물론 해명과 마찬가지로 어떤 대상에 대한 개인적 인지와 이해에 바탕을 두지만 경향적으로 사실에 근거한 설명, 추론 및 판단을 의미한다. 그래서 법의 해석, 시의 해석 등에 쓰인다.

주요 장면과 유사한)도 그것들의 구조에서 체계적으로 재구성되어야 한다. 저자의 참조 사항(선행 조직자, 제목, 이탤릭체 등등)이 도움이 될 수 있다. 경계 설정이 비로소 텍스트 **구조**를 분명하게 만든다. 이 구조는 세분화된 분류체계 속에 서면으로 명시되어야 한다. 또 다른 단계는 저자의 사회적 상황을 고려하는 것이다. 그의 견해, 목표 설정 등이 개인적 또는 집단적 이해관계에 의해 어느 정도 영향을 받는가? 이러한 **이데올로기 비판적** 질문은 최근 가짜 뉴스[Bundeszentrale, 2017 참조]나 또는 트위터의 기능 등에 관해서, 특히 행위자와 이해관계자의 정치적 행동과 관련지어 시사적 논의로 확대할 수 있다.

이데올로기 비판

텍스트는 선형적 내부구조를 갖지만, 수업에서 이런 구조들이 층을 이루는 특정 사용 맥락에 배치된다. 어떤 면에서 수업은 텍스트와의 관계를 **낯설게** 만든다.

텍스트 재구성

텍스트 분석에 대한 방법론 구상의 중심에는 텍스트 유형과 해석적 텍스트 분석을 고려한 제안 사항이 하나 있다. 바로 정치과목 수업에서는 "**정치교수법 해석학**"에 따라야 한다는 것이다.[Kuhn, 2009: 195-215 참조] 우리의 맥락에서는 해석적 재구성의 3단계, 즉 이해, 해석, 적용에 중점을 두고 고려한다.[Gadamer, 1995 참조]

이해하기는 우선 텍스트 내용의 재구성을 의미한다, 즉 사회적 관점으로 전환 속에서 작성자의 역할로 위치를 바꾸는 것을 의미하는 것이다(내부 관점). 자신의 '선이해'에서 시작하여 중요한 정치적 기본 개념을 명확히 하고 상관관계를 명료하게 한다. 자신의 정치적 선이해와 이에 따른 질문이 없으면 자료는 말이 없거나 이해할 수 없게 된다.

두 번째 개념인 **해석하기**는 단어 자체의 의미로는 정치적, 정치교수법적 맥락에 의해 규정된 하나의 틀이 이미 존재한다는 것을 암시한다. 텍스트 내용은 어떤 정치 분야에서 작동되고 있는 내용인가?

어떤 유형의 텍스트인가? 텍스트를 그 자체로 보는 게 아니라 교수법적 맥락 속에서 본다. 해석하기에는 정치/사회와 전공교수학 주제에 대한 특정 문제 제기, 이론, 개념들이 해석의 배경을 형성한다.

세 번째 기능으로서 **적용하기**는 텍스트 분석 맥락에서 아주 구체적 형태를 띠게 된다. 적용은 (사회정치적, 교과교수법적, 방법론적) 기준 아래 텍스트를 분류하고 비판하며 더 나아가 사고한다는 의미이다.

창의적인 텍스트 작업이 읽기와 쓰기에 대한 전략적 기획을 통해 어떻게 강화될 수 있는가? 이를 위해서는 학생들에게 텍스트 처리를 가시화할 수 있게 하고, 다양한 텍스트 유형을 기획하며 피드백을 요구하거나 제공하면서, 수행한 성과를 발표하고 작업 과정과 결과물에 대해 성찰할 수 있도록 하는 행위의 틀이 필요하다. 이 틀은 **글쓰기 및 읽기 문화의 변화**를 목표로 하고, 이와 함께 학제적 목표들을 명시화하는 조치들이다. 이러한 접근법이 포괄하는 것은 1분 페이퍼[1분짜리 논문], 요약, 논평, 보고서, 과제, 텍스트 작성 및 재작성 등이 있으며, 적절한 피드백도 있다.

5. 수업 적용 사례

다음에 약술한 내용은 텍스트 작업에 대한 창의적인 아이디어 스펙트럼이 반영된 정치과목 수업에서 선별한 사례들이다.

사례 1: 학생들이 다양한 신문 1면을 비교한다

여기서 구독신문과 타블로이드판의 차이가 분명해지며, 학생들은 서로 다른 '머리기사'를 식별하고, 이로부터 신문의 서로 다른 판매

전략을 추론할 수 있다.^{Duncker, 2003: 14ff. 참조}

사례 2: 헤드라인에서 매크로 방법으로

찬반 토론용 템플릿

신문 읽기에서 '비행 아동은 감옥에 가야 하나?'라는 기사 제목이 교사의 시선을 끈다. 교사는 이를 논란이 되는 주제로만 보지 않고, 찬반 토론^{Gloe/Kuhn, 2017: 577 참조}의 전형적인 '대안으로 구성된 문제 질문'(이것은 '예' 또는 '아니요'로 의미 있게 답해질 수도 있지만, 논증이 비로소 판단을 형성하게 한다)과도 연결시킨다. 위의 기사는 행위 지향으로 이어지며 학생들의 정치적 판단 형성에 기여할 수 있는 행위자에 대한 설명, 주장, 통계자료, 대립적인 전문가 의견 등을 제공한다.^{Massing, 1998 참조}

사례 3: 대비되는 텍스트 비교

선거 전 특정 정치 분야(예: 교육정책)에 대한 여러 정당 정책들을 비교할 수 있다. 텍스트에 대한 집중은 핵심 용어들과 요구 사항들이 '달라질' 때 높아진다. 학습 주제에 관한 생소함이 해소되면서 학생들은 맥락적 사고와 분류를 발전시키게 된다.

사례 4: 가짜 뉴스 다루는 법

비판적 분석을 위한 질문: 확인된 출처인가? 출처를 비교할 수 있는가? 작성자의 배경/관심사는 무엇인가? 정치적 맥락은 무엇인가? 사진은 어떤 기능을 하는가? 반대 입장은 있는가?^{Bundeszentrale, 2017 참조}

사례 5: 신문 논평에서 자신의 고유한 정치적 판단 형성으로

대중 매체의 논평은 실제 정치적 사건에 대한 전문적 판단이다. 정치과목 수업에서는 이러한 짧은 텍스트들에 내재한 기준과 관점을 분석적으로 조사할 수 있다. 이를 바탕으로 학생은 자신만의 **논평**을 쓰고 자신의 기준을 인식하게 된다. 정치적 만평도 마찬가지다.[Weißeno, 1997: 431f. 참조]

이러한 예는 일반화할 수 있다. 즉 텍스트 작업은 행위 지향적 방법의 개념으로 통합될 수 있으며, 텍스트를 다루는 것 또한 정보처리 사고의 행위 양식으로 읽기와 쓰기의 상호작용을 통해 새롭게 구성될 수 있다.

6. 연구 전망

정치과목 수업에서 텍스트 작업과 관련된 전문교수법적 수업 연구를 살펴보면, 잘해야 항목별 조사 결과들을 확인할 수 있을 뿐이다. 다양한 유형의 텍스트 사용, 방법론적 접근 방식, 효과 등은 대부분 알려지지 않았으며, 수업에서 텍스트 작업에 대한 경험으로 검증된 연구 결과도 거의 없는 편이다. 게오르크 바이세노[Georg Weißeno]가 30여 년 전에 작성한 평가가 여전히 유효하다. "텍스트는 정치 경험을 구성한다. (…) 수업에서 텍스트 작업에 대한 정치교수법적 고찰은 물론 숙원 사항이지만 (…)."[Weißeno, 1993: 5] 여기에 비디오 분석과 수업관찰을 기반으로 정치과목 수업을 조사하면서 전사록, 회의록, 주요 장면을 활용하는 **정성적 연구 방법**을 적용할 수 있을 것이다.[Gloe/Oeftering, 2017: 223f.; Kuhn, 2020 참조]

텍스트 분석의 또 다른 중점은 **디지털화**에서 비롯된다. 트위터 발언(280자 이내)과 가짜 뉴스[Bundeszentrale, 2017 참조]에 대한 비판적 분석은 출처와 발언에 대한 검토의 필요성을 지적하는 동시에, 정치과목 수업에서 소위 대안적 사실들에 대한 이러한 검토의 한계도 지적하고 있다.[복합적 분석 모델은 Langner/Arnoldt, 2018 참조] 텍스트를 다루는 것은 정치적 역량의 필수 구성 요소로 남을 것이다. 여러 분야에 걸친 영상언어, 시각언어, 신호언어, 문자언어는 민주주의 교육을 위해 잠재력을 개발할 수 있는 복합적인 텍스트 개념으로 확장될 수 있다.[Massing, 2020: 4f. 참조]

6. 데니스 하우크
Dennis Hauk

디지털 미디어를 통한 학습: 학습 결과와 학습 환경

1. 디지털 미디어를 통한 학습: 기본 개념과 연구 현황

정치, 경제, 문화 방면의 디지털화는 현대의 정보 및 지식 사회를 살아가는 많은 사람의 삶과 일상을 바꾸고 있다. 미디어 역량은 바야흐로 모든 시민의 사회적, 직업적, 정치적, 문화적 사회 참여에 기본 전제가 되고 있다.[Theunert, 2015 참조] 주정부 교육문화부장관협의체 KMK가 발표한 「디지털 시대의 교육」[KMK, 2016] 전략 보고서와 독일에서 4K-모델로 잘 알려진 OECD의 「21세기 역량」[Fadel et al., 2017 참조]의 제시는 교육정책 또한 정보화의 사회적 변화에 대응하여 디지털 미디어의 활용 역량을 학교교육의 주요 목적으로 도입하는 계기가 되었다. 다만 이러한 성과에 이르기까지의 과정은 길고 험난했으며, 특히 교육현장에 팽배한 회의론이 걸림돌이 되었다. 국제 비교 연구에서도 독일 교사들은 수업에서의 디지털 미디어 활용을 비교적 더 불신하는 것으로 나타났다.[Eickelmann et al., 2014; Fraillon et al., 2014 참조]

디지털 학습자료의 활용이 글쓰기 활동, 집중력, 수업에서의 의사

교육 과제로서의 디지털화

학습
효과
소통에 부정적인 결과를 가져온다는 학술 연구가 이러한 불신을 조장하였다.[Spitzer, 2014 참조] 다만 디지털 자료의 학습 효과는 일반화하여 답하기 어렵다는 것에 유의해야 한다. 특히 해티 연구[Hattie, 2009]와 같은 메타분석의 경우, 연구 결과는 물론 연구 방법, 사용한 미디어에 대한 시각, 기본적인 교수법 개념 등이 서로 다르다. 정치교수법 분야에서 정치 역량의 습득에 대한 뚜렷한 학습 효과를 설명하기에는 디지털 미디어의 적용, 보급, 수준에 대한 연구가 매우 부족한 실정이다.[Hauk, 2017 참조] 이러한 이유로 이 글은 주로 정치교육에서 디지털 미디어의 활용에 대한 기존의 개념적 접근 방식을 다룬다. 우선 디지털 미디어 활용에 대한 기존의 접근 방식을 개관하고, 후속 연구를 제안한다.

2. 정치교육에서 디지털 미디어의 활용 영역

2.1 디지털 미디어: 정치교육의 교수학습 도구

디지털
수업
자료
정치수업에서 디지털 미디어가 가장 먼저 그리고 가장 많이 사용되는 형태는 일상적인 수업의 도구로 쓰이는 것이다. 이때 디지털 미디어는 전통적인 수업 자료를 대체하거나 보조 자료[예: 하이브리드 교수학습 구상, 이 책 V부 「디지털 미디어를 통한 학습」 참조]로 활용된다. 다시 말해 태블릿 컴퓨터가 교과서를 대체하고, 화이트보드가 칠판을 대신하고, 파워포인트 프레젠테이션이 OHP 필름을 전혀 쓸모없는 것으로 만든다. 모바일 기기의 활용[Sung et al., 2016 참조], 태블릿 또는 노트북 수업[Schaumburg et al., 2007; Tamin et al., 2015; Zheung et al., 2016 참조], 대화식 전자칠판interactive whiteboard의 활용[Kyriakou/Higgins, 2016 참조] 등의 사례에 관한 다수의 메타분석 연구가 있는데, 이들 연구를 요약하면, 디지털 미디어의 도입 효과는 텍스트 중심의 전통적인 교수학습 환경과 비교할 때 아주 미미하거나 평범한 수준에 그친다는 것이다. 반면 정치수업에서 디지털 미디어 활용의 긍정적인 효과를 보여 주는 소수의 연구로 만첼[Manzel, 2007]과 모티카[Motyka, 2018]의 연구가 있다.

2.2 디지털 미디어: 새로운 미디어 리터러시에 대한 학습 기회

정치교육에 디지털 미디어를 활용하는 두 번째 영역은 정치와 관련된 정보를 검색, 처리, 생산, 게시하는 데 필요한 기본적인 능력을 기르는 것이다. 글로에와 풀[Gloe und Puhl, 2019]은 이러한 관점에서 **새로운 미디어 리터러시**New Media Literacy를 제안했는데, 이는 비판적인 분석 능력, 검색 능력, 디지털 읽기와 쓰기, 학생들이 사용하는 디지털 미디어를 다루는 기술적인 기본 지식 등을 포함한다. 홉스[Hobbs, 2010], 옌킨스[Jenkins, 2009], 미하일리디스/테페닌[Mihailidis/Thevenin, 2013], 발디스[Waldis, 2020]의 연구에서도 유사한 개념을 찾아볼 수 있다. 다만 이와 같은 정보 관련 역량이 어떤 기술이나 방법의 조건에서 가장 효과적으로 함양될 수 있는지를 다루는 이론과 경험적 연구는 지금까지 매우 적은 실정이다. 그러나 국제적인 연구에 따르면 **새로운 미디어 리터러시** 습득과 온라인 정치 참여에 대한 의향 증가 사이에는 긍정적인 상관관계가 있는 것으로 나타났다. 이들 연구는 경험적 증거인 패널 조사 자료를 활용하고 있다. 따라서 수업에서 습득한 소셜 네트워크의 디지털 콘텐츠를 만들고 배포하는 능력은 학생이 온라인의 정치 활동에 자발적으로 참여하려는 의지를 향상시키는 것으로 볼 수 있다.[Bowyer/Kahne, 2020; Kahne/Bowyer, 2019 참조]

온라인 정치 참여

2.3 정치교육의 내용 영역으로서의 디지털 미디어

디지털 미디어의 세 번째 적용 영역은 수업의 대상과 내용으로

미디어 비평

의 통합이다. 이때 중심이 되는 것은 디지털 미디어의 변화에 따른 사회적, 법적, 경제적, 기술적, 개인적 영향과 관련하여 어린이와 청소년이 미디어에 대한 비판적이고 반성적인 역량을 함양하는 것이다.[Sander, 2017 참조] 여기서 정치교육과 연관된 주된 주제는 혐오표현, 탈진실[25], 가짜 뉴스, 소셜봇Social Bot, 반향실 효과, 포퓰리즘, 극단주의 등이 있다. 이러한 주제를 다루는 성공적인 수업 사례는 상황 또는 문제 중심의 교수학습 시나리오를 활용하였다.[Hauk, 2018 참조] 학습 효과를 분석한 실증적 연구에 따르면, 정치수업에서 디지털 미디어를 사용해 비판적인 미디어 활용을 다루는 활동은 학생들이 인터넷 상의 정치적 활동에 참여하려는 동기를 오히려 낮추는 것으로 나타났다. 반면 이러한 학습은 학생들이 정당이나 단체 가입, 실제 시위에의 참여와 같은 전통적인 오프라인 형태의 정치 활동에 참여하려는 동기는 향상시키는 것으로 나타났다.[Bowyer/Kahne, 2020 참조]

2.4 디지털 미디어: 정치적 실천

디지털 미디어의 마지막 주요 적용 영역은 디지털 미디어가 정치적 성숙은 물론 수업에 갈등 관리 및 참여 능력을 제공한다는 면에서 해방적 잠재성을 강조한다.[Hippe, 2020; Schmidt/Cohen, 2013 참조] 이러한 접근을 지지하는 사람들은 디지털 미디어를 활용한 정치적 문제 해결 능력의 함양이 시뮬레이션이나 역할 게임 등의 우회적인 방법이 아니라, 오히려 디지털 형태의 공개 포럼, 소셜 네트워크, 청원 포털, 국

---

25. 뉴스 등의 객관 보도는 사실의 객관적 인식이 가능하다는 실증주의 철학에서 출발했고, 역사적으로 19세기 중엽 서구 언론의 상업적 신문의 성장과 함께 하나의 뉴스 형식으로 발전되었다. 그러나 1960년대 이후 뉴스의 생산 과정 및 구성언어에 대한 새로운 관점들이 제기됨으로써 '사실'에 대한 인식이 변하였다. 이에 탈사실의 시대(post factual era)의 용어가 등장하였다[강명구(1989), 「탈사실(脫事實)의 시대에 있어 뉴스 공정성의 개념구성에 관한 연구」, 『언론정보연구』 제26집, 87 참조].

회의원의 온라인 시민 상담 시간과 같은 일상과 관련된 실질적인 정치 참여를 통해 이루어져야 한다고 본다. 예를 들어 정치수업의 학습 활동으로 어린이와 청소년이 소셜 네트워크상에서 자신의 정치적 입장이나 요구를 정하기 위해 충분한 정보를 얻고 의사소통하는 전략을 다루어야 한다는 것이다.^{Levine, 2008 참조} 정보화 시대의 정치적 참여 능력으로서의 핵심 역량을 종합하는 전반적인 구조는 카네^{Kahne, 2016} 등의 연구자가 제시한 바 있다. [그림 1]은 이러한 영역을 보여 준다.

소셜 네트워크

[그림 1] 디지털 참여 능력으로서의 핵심 역량^{Kahne et al., 2016}

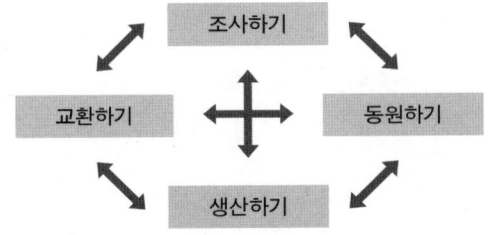

위의 모형에서 '조사하기'는 특정 정치적 이슈에 대한 충분한 정보를 찾을 수 있는 능력을 의미한다. '동원하기'는 정치적 목적을 달성하기 위해 자신의 정치적 네트워크를 동원하는 능력을 가리킨다. '생산하기'는 정치 뉴스, 정보, 내러티브 등을 스스로 제작하고 홍보할 수 있는 역량이다. '교환하기'는 어린이와 청소년이 타인과의 대화에 참여하고, 자신의 의견을 주고, 상호 간 서로 다른 의견을 존중하는 등의 능력을 의미한다.

3. 결론 및 전망

이 글에서는 정치수업의 기본적인 디지털 미디어 활용 분야와 정보화에 대한 논의를 다루었다. 디지털 미디어의 적용은 단순하고 기술적인 활용 이상의 일반적인 정치교육과 정치교육 고유의 미디어 활용이라는 새로운 규범적 목표를 제시한다. 이러한 변화는 특히 논쟁 재현 및 강압 금지와 같은 정치 교과의 주요 원칙과 교육과정의 해당 영역[Detjen et al., 2012; GPJE, 2004]과 관련하여 지속적으로 논의해야 한다. 또한 정치수업에서 디지털 미디어를 활용할 때의 학습 효과와 질을 측정하는 실증적인 연구와 검증이 필요하다.

7. 데니스 하우크
Dennis Hauk

디지털과 아날로그 미디어 연결하기: 블렌디드 러닝

1. 이론적 접근

코로나19 팬데믹의 확산으로 정치교육에서도 온라인 기반의 교수학습 환경과 전통적인 대면 형식을 결합한 하이브리드 교육 개념에 대한 필요성이 커지고 있다. 이러한 조합의 통합적 교수학습 구상은 학계에서 블렌디드 러닝Blended Learning(독일어로는 혼합된, 결합된, 하이브리드 또는 통합 학습으로 번역됨)이라는 용어로 표현된다.Osguthorpe/Graham, 2003 참조

블렌디드 러닝은 순수한 대면 수업과 온라인 수업의 사이에 위치한다. 일반적으로 이러한 디지털 및 온라인 기반 미디어 기술의 사용을 위한 두 가지 기본적인 교수학습 시나리오가 존재한다. 우선 시간과 공간의 제약이 없는 온라인 서비스에서 작동하는 비동기적 활동 형식이 있다. 여기에는 이메일, 게시판, 패들렛, 온라인 포럼, 온라인 튜터링, 설명 비디오 등이 있다. 두 번째는 교사가 학습 참여자와 실시간으로 상호작용하는 동기적 활동 형식으로, 화상 회의, 온라인 채팅, 메신저 서비스, 가상 교실, 소통형 온라인 학습 게임 등

> 원격학습

이 이에 속한다. 특히 교육 분야에서는 그간 무들Moodle[26]을 비롯한 다양한 상호작용 및 협업적 교수학습 플랫폼이 구축되었다. 이들은 동기식, 비동기식 형태의 활동은 물론 여타의 온라인 수업을 위한 도구와 자료 저장의 기능을 제공한다. 이러한 온라인과 전통적인 교수학습의 결합은 블렌디드 러닝이라는 개념 아래 다양한 멀티미디어를 활용하는 자기주도적이고 개별화된, 의사소통 지향적 학습의 가능성을 여는(것으로 기대되는), 의도적으로 계획된 교수법의 형태로 자리 잡고 있다.^{Thorne, 2003 참조}

독일에서 블렌디드 러닝은 중등학교 수업 이외에 대학 강의, 직업연수, 평생교육 등 학교 밖 교육 분야에서 주로 활용되고 있다.^{Petko, 2010 참조} 이 글에서는 학교교육에서 주로 활용되고 있는 플립 러닝 Flipped Classroom과 게임 기반 학습Game-based Learning을 살펴본다.

1.1 플립 러닝

'거꾸로 교실'이라고도 불리는 플립 러닝 디자인Flipped-Classroom-Design은 학교교육의 전통적인 대면 수업과 디지털 및 과외 원격 학습의 형태를 결합한 것이다.^{Baker, 2000; Bergmann/Sams, 2012 참조} 아날로그 형태의 원거리 학습(예컨대, 수업 전후에 학생들에게 주어지는 숙제)과 달리, 플립 러닝에서는 복습이 아닌 수업의 도입과 지도 단계가 디지털 교수학습 환경으로 옮겨진다. 전통적인 수업 상황인 학교에서의 설명 후 집에서의 복습이 뒤바뀌게 된다(영어의 'to flip'). 학생들은 예컨대 설명 및 학습 영상과 같은 교육 자료와/또는 튜터링 형

학습
영상

---

26. Moodle(Modular object-oriented dynamic learning environment)은 오픈 소스 학습관리 시스템으로 미리 학습 내용을 조직화하지 않고 현실의 맥락을 반영한 과제를 부여할 수 있어 구성주의 관점을 많이 반영한 시스템으로 평가된다 [이종기(2019), 「4차 산업과 미래설계 교양수업의 Moodle 학습관리 시스템 활용 사례 연구: 학습활동 참여의 개인차를 중심으로」, 『상업교육연구』 제33권 4호, 27 참조].

식의 자기 학습 과정 및 프로그램을 활용하여 주제 영역의 내용을 스스로 학습하게 되며, 이후 대면 학습 단계에서는 주로 습득한 지식의 연습, 적용, 토론, 발표가 중심이 된다.

1.2 게임 기반 학습

디지털 및 게임 기반 학습(영어로는 'Game-based Learning')은 학교 수업에서 이루어지는 대면 학습을 디지털 온라인 학습과 결합하는 블렌디드 러닝의 또 다른 형태이다. 이 교수학습 모형의 기본적인 발상은 학습과 게임을 조합하는 것이다. 게임 기반 학습은 수업에서 다루는 교과 내용과 학습 목표를 디지털의 학습 시나리오로 바꾸고, 게임의 형식으로 학습 활동을 진행한다.$^{Gros,\ 2007\ 참조}$ 암기 활동, 선다형의 객관식 문항, 단답형 서술형 문항, 짧은 작문 등의 다양한 형태의 학습과제가 퀴즈, 가로세로 낱말 퍼즐, 미로 찾기 등의 간단한 온라인 학습 게임으로 구현되며, 이는 수업 중에 그룹 활동 또는 수업 외의 추가 활동으로 이루어진다. 복잡한 형태의 게임 기반 학습은 수업 과정 전반을 온라인 게임으로 전환하는 것이다. 이 경우 전통적인 역할극이나 상황극과 같이 학생은 자신을 대신하는 아바타를 생성하고, 특정 학습 단계가 마무리되면 새로운 단계로 넘어가며, 시험이나 평가 결과로 득점 또는 레벨이 향상되어 학습 동기를 제공한다. 역할
놀이

2. 연구 현황

정치교육에 블렌디드 러닝을 도입하는 것에 대한 반응은 기본적으로 긍정적이다. 예를 들어 관련 연구는 하이브리드 교수학습 형

태를 학생이 스스로 학습 속도와 개인적 관심에 맞추어 자발적이고 자기주도적으로 온라인 기반의 교수학습 환경을 사용한다는 점에서 학습의 융통성을 높이고 개별화를 돕는 것으로 본다.^{Thorne, 2003 참조} 이로써 향후 모든 학생이 같은 장소에서 같은 시간에 수행해야 하는 동기식 대면 수업의 비중은, 바라건대 상당히 줄어들 것이다. 또한 블렌디드 러닝을 지지하는 사람들은 학생들이 일상적으로 접하는 디지털과 멀티미디어의 생활 환경과 학습을 연결하는 것이 큰 동기부여가 될 것으로 기대한다. 마찬가지로 디지털 미디어 기술을 활용하는 블렌디드 러닝은 어린이, 청소년, 성인의 디지털 미디어 역량의 형성과 발전에 기여할 것이다.

미디어 역량

다만 이러한 이론적 논의와 달리 학교 사회과 수업에서의 블렌디드 러닝의 효과를 검토한 실증적인 연구는 매우 드물다.^{Poirier/Law/Veispak, 2019 참조} 블렌디드 러닝의 효과에 대한 개별 연구의 결과를 종합한 복수의 국제적인 메타분석 연구들은 순수 출석 수업이나 순수 온라인 수업과 비교해 블렌디드 러닝이 지닌 장점이 미미한 수준에 그친다고 밝혔다.^{Cheng/Ritzhaupt/Antonenko, 2019; Ke, 2016; Means/Toyama/Murphy/Baki, 2013; Spanjers et al., 2015 참조} 이러한 메타분석에서 얻어진 학습 성과 및 구체적인 학습 영역의 결과는 서로 상당히 다르게 나타난다.^{Cheng et al., 2019}

독일어권에서 정치수업에 블렌디드 러닝을 적용한 사례를 분석한 연구는 드물다. 이러한 정치교육 분야의 연구 중에서 유럽 정치를 주제로 다룬 오베를레, 라이저, 바르칼라, 카이저, 로이니히^{Oberle/Raiser/Warkalla/Kaiser/Leunig, 2017}의 연구는 온라인으로 계획을 세우는 게임이 다소 부정적인 학습 효과를 보였다고 밝혔다. 아날로그 형식으로 수행된 같은 종류의 계획을 세우는 게임에 비해 블렌디드 러닝 형식의 학습에 대한 학생 평가가 더 낮게 나타난 것이다. 만첼^{Manzel, 2007}은 준실험적 연구 설계의 일환으로 '웹퀘스트'[27] 방법을 예로 들어 블렌

학습 효과

디드 러닝 환경의 중장기 학습 효과를 조사하면서 인지적 지식 증가에 대한 상반된 결과에 도달했다. 이 연구에서 실험 집단 학습자들은 인터넷 기반의 교수학습 환경을 제공받지 못한 학습자 집단에 비해 통계적으로 유의미한 유럽에 대한 지식의 증가를 보였다. 또한 모티카[Motyka, 2018]는 준실험연구를 통해 게임 기반 학습의 학습 효과를 증명했다. 이 연구는 9학년 학생을 대상으로 한 게임 기반의 디지털 교수학습 환경이 텍스트 기반의 수업 모형에 비해 정치 지식의 습득에 장기적인 학습 효과를 가져오는 것을 밝혔다. 다만 게임 기반 학습이 학생의 정치에 대한 관심을 증가시키지는 못하는 것으로 나타났다.

3. 정치교육을 위한 개념과 교수법의 연계

블렌디드 러닝의 도입은 정치교육 전반에 큰 가능성을 제공한다. 특히 순수한 대면 수업이 주를 이루는 중등학교의 정치수업에는 더욱 그러하다. 실제로 중등학교 현장의 정치수업은 심각한 딜레마에 놓여 있다. 각 주의 학교 교육과정은 성숙한 시민성의 양성, 갈등에 대처하는 능력, 판단력 등 상위 교육 목적의 달성을 위해 적은 수업 시수를 배정하고 있는데[May/Knothe, 2020 참조], 이러한 교육 목적을 달성하기 위해서는 계획 세우기 게임, 토의, 토론, 장단점 논의, 시뮬레이

---

27. '웹퀘스트(WebQuest)'는 웹 기반 프로젝트 학습의 일종으로 학생들이 인터넷에서 얻은 정보를 기반으로 활동하는 학습을 의미한다. 교사는 사전에 관련 정보의 링크를 제공하여 학생이 자료 수집에 허비하는 시간을 절약하며, 학생은 교사가 안내한 자료를 자신의 용도에 맞게 수집, 분석, 종합, 발표하면서 개념을 명확하게 이해할 수 있다[신시연(2012), 「웹퀘스트를 활용한 경제교육 협동학습이 지체·뇌병변장애 고등학생의 경제 개념 형성과 학습 흥미 및 사회적 능력 신장에 미치는 효과」, 고려대학교 석사학위논문, 3-4 참조].

션, 문제 탐구, 갈등 분석$^{Reinhardt/Richter,\ 2007\ 참조}$ 등의 비교적 시간이 많이 소요되는 거시적 수업 모형을 활용해야 하기 때문이다. 이 같은 수업 중의 시간 부족은 블렌디드 러닝을 통해 일정 수준 해결할 수 있다. 다시 말해 플립 러닝을 적용함으로써 수업 단계 가운데 학습 내용의 안내, 설명, 자료 조사를 수업 시간 외의 활동으로 만들어서, 더 많은 수업 시간을 위에서 언급한 실천적 지식의 습득과 학습 내용의 응용에 할애할 수 있다.

온라인 도구 이와 같이 비동기식 온라인 기반의 교수학습 모형과 출석 수업에서 다양한 온라인 도구를 동기적, 즉 동시에 사용하면 정치교육에 다양하고 새로운 가능성을 제공한다. 예를 들어 섬 게임[28] 또는 마을 만들기 시뮬레이션Dorfgründungssimulationen 등의 규칙을 만드는 학습으로 복잡한 시뮬레이션 게임이나 역할 게임을 할 때$^{Petrik,\ 2003\ 참조}$ 학생들에게 스마트폰을 통해 간단하게 역할 카드나 사건 카드 등의 다양한 보조 자료를 전달할 수 있다. 또한 휴대전화의 메신저는 실제 교실에서 토의가 이루어지는 동안에 학생들이 자리의 제약 없이 상호 의견을 나눌 수 있는 별도의 의사소통 경로를 제공한다. 정치적 이익집단의 대표자에 대한 설문이 필요하다면 실시간으로 전문가 인터뷰를 할 수도 있다. 이러한 블렌디드 러닝의 잠재적인 활용 가능성은 수업 중 의견을 게시판에 올리거나, 소셜 네트워크에 블로그 글을 쓰거나, 온라인 청원을 만드는 등 모든 형태의 민주적 참여와 공동의 의사결정을 보조하고 확장시킨다.$^{Brombach,\ 2012\ 참조}$

---

28. 섬 게임은 수학여행을 떠나던 중 배가 전복되어 무인도에 좌초된 상황에서 살아남은 학생들이 함께 공동체의 규칙과 앞으로의 계획을 정하는 게임이다. 충분한 과일과 샘물이 있다고 가정하고 구조되기 전까지의 활동을 개별적으로 제안한다. 학생들은 생활 규칙 정하기, 섬 탐험하기, 배 만들기, 농사짓기, 대피소 짓기 등의 제안을 하면서 이러한 활동이 중요한 논거를 설명해야 한다 [Bundeszentrale für politische Bildung(2010), Politik für Einsteiger, Bestell-Nr. 5.332, 6-7 참조].

블렌디드 러닝은 영역별 역량, 미디어에 대한 비판적인 태도, 반성적 판단, 분석 능력 등과 결합되지 않으면 정치교육의 내용과 멀어질 위험이 있다.^{Berger/Kühberger, 2008; Hauk, 2018 참조} 따라서 온라인과 오프라인을 통합하는 교수학습 형식의 실천 과정에서 논쟁성, 문제 지향, 범례의 원칙 및 행동 지향^{Deichmann/Tischner, 2013; Reinhardt, 2018 참조} 등의 정치 교수법의 원칙과 접근 방식이 기본적으로 권장되지만, 이러한 원칙과 접근 방식은 하이브리드 교수학습 설계의 일환으로 교육현장에서 더 발전시켜야 하며, 학술적으로 뒷받침되는 수업 시도에서 검증되어야 한다.

> 정치
> 교수법
> 원칙

8. 카트린 한-라우덴베르크
Katrin Hahn-Laudenberg

역량중심수업:
문제 상황 설정 및 인지 활동을 촉진하는 학습과제

정치교육에서 역량중심수업은 각기 다른 개인적인 조건에 있는 학습자가 민주주의 사회에서 성숙한 시민으로 살아가는 데 필요한 역량을 발전시키도록 자극하는 데 목적이 있다. 이런 수업을 계획하고 실행하는 것은 교사의 임무이다. 그러나 교수학습 과정으로서의 수업은 예를 들어 '제공과 이용 모델'[29]에서 볼 수 있듯이 수업 과정과 자신의 역량 개발에서 공동의 건설적이고 적극적인 역할을 수행하는 학습자와의 상호작용으로만 성립된다.[Vieluf et al., 2020의 개판 참조] 그래서 수업은 "학습, 이해, 역량 습득 그리고 도야가 가능해지는 물리적, 사회적, 이념적 공간"[Klieme, 2019: 394]이 된다.

_{수업은
상호작용
교수학습
과정이다}

바이너트[Weinert, 2001: 27f.]에 따르면 역량은 "어떤 문제를 풀기 위해서 개인이 습득할 수 있는 인지 능력과 기술이며, 또 그와 관련하여 생

---

29. '제공과 이용 모델' 또는 '공급-사용 모델'에 따르면, 교육은 교사가 만들어 낸 제안이며, 이를 학생들이 활용하여 결과적으로 학습 성공을 달성할 수 있는 것이다. 교수(제공 또는 공급), 학습 활동(활용 또는 이용), 학습 성과(수확) 외에 학생들의 학습잠재력 등 이러한 교수 특성에 영향을 미치는 요인들을 파악하고 이들 간의 관계를 가정한다. 공급-사용 모델은 교육의 복잡한 과정을 단순화하는 프레임워크 모델 역할을 한다[https://de.wikipedia.org/wiki/Angebots-Nutzungs-Modell].

각하고 행동하고자 하는 사회적인 태도와 능력이다. 이것은 다양한 조건에서 성공적으로 그리고 책임감 있게 문제를 해결하는 데 필요한 태도와 능력이다." 그러므로 역량은 요구와 상황에 따라서 구체화될 수 있다. 이러한 구체화는 학교의 역량 교육에서 영역과 개별 교과에 따라서 이루어진다.^{Hartig/Klieme, 2006 참조} 정치교수법에서 두 가지 측면에서의 역량, 즉 정치적 판단력과 정치적 행위 능력이 정치적 성숙이라는 상위의 목표를 위한 역량이다.^{Detjen et al., 2012; GPJE, 2004 참조} 그와 동시에 개념적인 교과 지식도 기본적으로 필요하다는 점은 널리 인정된다. 물론 현존하는 개념화 방식들^{Weißeno et al., 2010 참조}에 대해서는 아직 논쟁이 분분하지만 말이다.^{Autorengruppe Fachdidaktik, 2011; 개관을 위해서는 Goll, 2020 참조}

정치 역량의 측면

이렇게 역량중심 지향에 관한 질문이 최근의 정치교수법 담론을 규정한 반면, 교과교수법적인 수업계획에 관한 구체적인 논의는 거의 없었다. 단지 통례적인 것을 넘어선, 근본적이고 이론적·경험적으로 뒷받침되는 역량중심수업계획론은 정치교육에서 여전히 미발달 상태다. 부쉬Busch는 2009년에 이미 교과교수법적 수업계획안들을 분석하면서 이런 상황을 비판했다. 반면 현실에서, 역량중심의 교수 계획은 정치교육계와 교사가 학교에서 더 자유롭게 내용을 선정할 수 있게 하는 동시에, 자신에게 꼭 맞는 특별한 교육과정을 확립하라는 요구를 강화하기도 한다.

기본적으로 정치교육에서 역량중심수업계획은 선행하는 교수법적 계획의 구상들에 의지할 수 있다. 여러 입장이 있지만, 그들이 이 구동성으로 강조하는 바에 따르면, 역량중심수업계획은 부분들이 서로 긴밀하게 연결된 순환적인^{Autorengruppe Fachdidaktik, 2015: 35; Breit/Weißeno, 2015: 168 참조} 과정이며, 계획의 개별적인 측면들이 상호의존하고 있다^{Breit/Weißeno, 2012 참조}는 점이 특징이다. 그래서 수업의 계획은 교수학습

정치 교수법적 수업계획

조건에 대한 분석과 더불어 수업의 목적, 대상, 사회과학 교수법적 관점들, 방법과 매체들을 다루는 데 집중한다. 그와 동시에 학습자가 이미 갖춘 역량과 수업에서 계발해야 할 역량을 고려하는 일은 역량중심으로 수업을 계획할 때 매우 중요하다. 이제 역량중심 정치교과 수업 또는 사회과학 교과 수업 분야에서 논의되는 주요 사항 네 가지를 소개하려 한다. 여기에서는 역량중심수업의 교수학습 심리적 관점과 정치교육의 교과교수법 관점은 서로 연결된다.

1. (이질적) 학습 전제 조건에서 시작하기

학습
전제
조건과
학생
생각의
이질성

현실의 수업에서 학생의 흥미, 역량 그리고 선입견은 보통 이질적이다. 역량 지향은 수업계획의 초점을 개별 학습자와 그들이 계발해야 할 역량에 맞춘다. 이를 위해서 학습 심리적으로 중요한 것은 학생의 선입견을 고려하고, 그들의 기존 역량을 출발점으로 삼는 것이다. 사회과학 수업을 실행할 때, 교수자는 수업에서 과연 교과에 특유한 역량이 요구되는지, 그리고 요구된다면 어떤 형태로 요구되는지를 비판적으로 성찰할 수 있다. 다음 단계로 학생이 수업에서 요구되는 역량을 계발하도록 지원을 받는지 혹은 수업이 이런 역량의 존재를 이미 의심 없이 전제하고 있는지를 자문해야 한다. 그와 더불어 교실 밖에서 이미 이런 역량을 습득한 학생은 수업을 통해서 그렇지 못한 학생에 비해 더 많은 혜택을 얻을 수 있을 것이다.

경험 연구의 분석에 따르면 가정 배경과 정치 지식은 상당히 밀접하게 연관되어 있으며, 이것은 정치교육이 당면한 매우 어려운 문제이다. 그와 마찬가지로 취약 계층 출신 학생이 담론중심의 수업 과정 및 다른 정치 학습 기회를 잘 소화하며 따라가는 경우는 비교적

드물다고 알려져 있다.^{Abs/Hahn-Laudenberg, 2017 참조}

교과와 연결된 학습 전제를 더욱 충분히 고려하려면, 학생의 고정관념과 수업 관련 선입견을 살펴볼 필요가 있다. 이와 연관하여 사회과학 교수법 영역에서는 아직 자연과학 영역에 비견할 만큼 체계화된 지식이 확보되지 않았지만, 최근 연구가 활성화되고 있다. 예를 들어 인권^{Heldt, 2018}이나 의회제 정부체제^{Hahn-Laudenberg, 2017 참조}에 대한 학습에서 특별히 요구되는 요소를 명확히 보여 주는 양적, 질적 연구가 많이 등장했다. 그러나 이런 연구에도 불구하고, 학습 전제가 단지 수업계획 단계에서 고려하는 데 그치지 않고 그 전제를 수업 과정에서도 브레인스토밍의 다양한 방법이나 마인드맵 또는 개념도를 통해 진단하고, 또 수업의 전개 과정에 끌어들이며, 나아가 다양한 생각을 서로 조율해야 할 필요성은 여전하다. 이것은 예를 들어 주제를 도입하는 단계에서나 어떤 문제 상황을 다루게 된 이후 단계에서도 진행될 수 있다. 학습 전제를 진단하는 방법에 관해서는 이 책 V부의 「진단 방법」에 나와 있다.

2. 문제 상황[30]의 방향 설정

역량중심수업을 위한 문제 상황이 뜻하는 바는 이미 서두에서 언급한 정의에서도 분명히 드러난다. 거기서 문제 상황은 교실 밖의 '실제' 생활과 관련이 있다. 교수법적으로 문제 상황을 기반으로 하는 수업에는 세 가지 특성이 있다. 첫째는 도전적이고 동기부여적인

---

30. 독일어의 Anforderungssituation은 직역하면 어떤 능력의 발휘를 통해 문제의 해결을 요구하는 상황이다. 그러나 이 말은 너무 길어서 번역어로 사용하기에 적당하지 않다. 그래서 여기서는 간단히 -수업에서 교사가 설정하는 학습과제로서의- '문제 상황'이라고 번역한다.

특성이다. 잘 선정된 문제 상황은 학생에게 생생한 의미가 있는 것으로 느껴진다. 둘째는 범례적 성격이다. 교사는 수업에서 구체적이고 현실적이며 진정성 있는 사례를 사용해야 한다는 원칙에 충실해야 한다. 이로부터 세 번째로 역량중심 특성이 나온다. 문제 상황 기반 수업이 학생에게 요구하는 것은 곧 현실에서 시민이 실제로 행해야 할 것을 포함하고 있기 때문이다. 수업이 성공적이라면, 문제 상황을 다룸으로써 개인적, 집단적 차원에서 자기주도적인 학습 과정이 촉발된다.

<small>전형적인 정치적·사회적 문제 상황</small> 마이[May, 2010]는 역량중심 정치-사회과학 수업의 전형적인 문제 상황을 아래와 같이 제시한다.

1) 사회적 문제를 규명하고 해결책을 제안하기
2) 정치적 또는 사회적 갈등(과정)을 법적 기본 조건(형식)의 틀 속에서 이해하기
3) 어떤 정치적 입장을 찾아내기
4) 정치적 영향력을 행사하고, 정치에 참여하기
5) 판단 또는 이해관계에서의 갈등을 견디기(다양한 맥락 속에서 실제로 또는 가상적으로)
6) 불명확하거나 인식되지 않은 것을 찾아내고 탐구하기

여기에서 분명히 드러나듯이, 문제 상황을 중심으로 한다는 것은 정치교육에 대한 도구적 이해 －극단적으로 말하면, 결국 일상생활에 도움 주기로 환원되는 이해－ 를 뜻하지 않는다. 나중에 나온 저작들에서 마이[May, 2011]는 사회 또는 정치 문제, 갈등, 판단, 사례, 정치 표현물(예: 신문 기사, 캐리커처, 포스터, 광고 방송이나 연설), 그리고 불명료한 상황 및 은폐된 정보와의 만남에 대해서 논의한다. 이러한

정식화는 역량중심의 문제 상황이라는 면에서 볼 때, 그다지 구체적이지 않아 보인다. 그것은 오히려 사회정치적 문제 상황과 다양한 교과교수법 원리의 결합을 더 강하게 보여 준다. 이처럼 문제 상황은 성공적으로 도입될 경우 수업 과정을 완결적으로 만들어 준다. 사회정치 문제 상황과 다양한 교과교수법 원리의 이러한 결합은 문제 상황 기반 수업의 진행 과정을 살펴볼 때도 드러난다.

라인하르트$^{Reinhardt,\ 2018}$는 교과교수법 원칙에 따라 정향된 정치교육 교수법의 거시적 방법을 '스스로 진행하는' 학습 과정이라고 표현하고, 갈등 분석, 사례 연구 또는 문제 연구 등을 위한 원형原型적 진행 과정을 묘사했다. 교사는 거시적 방법을 선택함으로써, 역량의 계발에서 다양한 중점을, 예를 들어 분석 또는 행위라는 중점을 부가할 수 있다. 그럼에도 이런 과정에서 하나의 지배적인 패턴이 발견되는데, 이것은 일반교수법이 문제 상황 기반 수업을 위해 제시한 기본 패턴과 유사하다.$^{Tulodziecki\ et\ al.,\ 2017:\ 171\ 참조}$ 즉 거기서는 문제 상황이 먼저 등장하고, 이어서 그것의 의미 이해 및 그것의 해결 과정에 대한 계획이 이루어진다. 이 과정에서 학생의 인지적이고 정서적인 전제 조건들이 드러난다. 뒤이어서 다양한 관점들을 수용한 정보 검색과 처리가 분업적으로 이루어진다. 이러한 기초 위에서, 입장들과 해결책 등등이 제안되고 토론에 부쳐진다. 때때로 거기서 실행의 단계로 이행한다. 그리고 반성과 일반화가 마지막을 장식한다. 그러므로 문제 상황의 전개 과정에서 주목할 점은 다음과 같다. 즉 문제 상황은 너무 복합적이기 때문에 이상의 여러 단계를 거쳐서 다룰 필요가 있다는 점 그리고 동시에 접근하기가 매우 쉬워서 이상理想적일 경우 학생들이 이 단계들을 자기주도적으로 밟아 갈 수 있다는 점이다.

문제 상황에 기반한 수업의 기본 패턴

3. 학습과제와 학습자료를 통한 인지적 활성화하기

직업교육과 달리, 정치교육에서는 앞 절에서 서술한 문제 상황을 확고한 기반으로 하는 수업이 아직 일반화되지 못하고 있다. 하지만 문제 상황은 강의식 수업의 단계와 병행하는 방식을 통해서 고전적 교수 과정의 틀 내에서도 교수법적으로 활용할 수 있다. 한 예로 고전적 교수 과정 내에서도 학습과제의 형태로 문제 상황을 활용하는 것이 가능하다. 학습과제는 대개 문제 상황의 어떤 측면을 구체화한 것이며, 어떤 수업 단계 또는 상호작용(의 한 부분)과 연결되고, 더불어 학습 과정을 좀 더 강하게 구조화한다. 진단 과제나 글쓰기 과제와 달리 학습과제는 "현실적인 내용이나 주제와 관련하여 지식과 역량의 획득 또는 향상"[Zischke/Forkarth, 2020: 4]을 목적으로 한다.

수업 연구에 따르면, 학습과제가 역량 개발에 도움이 되는지 여부는 특히 학습과제가 유발하는 인지 활성화로 측정된다. 인지 활성화는 수업의 심층 구조의 기본 차원의 하나로 분류되는 수업의 질의 특성을 설명한다.[이에 관한 개관으로는 Klieme, 2019 참조] 서두에서 서술한 역량 중심에 대한 논의에 기초할 때, 수업은 다음과 같은 경우에 인지적 활성화를 일으킨다. 즉, 수업이 "이해와 추론적 사고를 가능하게 하고, 학습자가 도전적이고 복합적인 내용 및 과제와 대면하면서도 동시에 그의 사전 지식과 경험 세계에 연결되어 있다면"[Klieme, 2019: 402] 인지적 활성화가 일어난다. 그러므로 인지 활성화를 일으키는 학습과제는 대상에 관한 심화된 연구를 요구하며, 인지 갈등을 만들어 내고, 학습자가 모순이나 긴장 관계와 직면하게 하고, 서로 다른 관점을 고려하거나 협상할 것을 요구한다. 담론은 살아 있는 민주주의를 특징짓기 때문에 정치교육 교수법 관점에서 핵심이지만, 동시에 교수학습 심리학 관점에서 볼 때, 학습자를 인지적으로 활성화하는

담론

데 특히 적합한 수단이기도 하다.^{Gronostay, 2019: 59ff. 참조}

3.1 개념 지식의 구축

인지적으로 활성화하는 학습과제의 내용은 한편으로는 범례 문제, 사례 또는 갈등의 처리가 핵심 교과 개념의 확장 및 구조적 연결망과 연결될 수 있는 정도에 따라 개발되고 검토될 수 있다. 마찬가지로 학습과제를 처리하는 데 사용되는 자료는 그 안에 포함된 관련 교과 개념 및 교과 개념을 구성하는 용어와 관련하여 선택되거나 검토될 수 있다.^{Breit/Weißeno, 2020; Zischke/Forkarth, 2020; Weißeno et al., 2010의 사례들 참조} 관련 연구는 학습과제와 자료를 통해 교과 개념에 기반한 개념 지식을 체계적으로 구축하는 것이 이질적 학습 집단, 예를 들어 다국어가 사용되는 학습 집단에 특히 중요하다고 강조한다.^{Manzel/Nagel, 2019 참조}

교과 개념

3.2 인지 사고 과정의 깊이

이러한 교과 개념의 체계화를 바탕으로 학습과제는 수행에 필요한 인지 요구 수준에 따라 차별화될 수 있다. 인지 활성화를 촉진하는 학습과제는 사실 지식의 재생산을 넘어, 지식의 적용 또는 전이, 다양한 지식 영역의 연결, 그리고 관점이나 주장의 담론적 협상을 요구한다. 지시어를 선택하여 어떤 인지 과정을 목표로 하는지 학생에게 명확하게 해야 한다. 세 가지 대표적인 요구 영역, 즉 재생산(예: 서술하기 또는 묘사하기), 재조직화와 전이(예: 비교하기), 반성과 문제 해결(예: 논증하기, 검토하기) 영역의 지시어가 여기에 적합하다.^{Kultusministerkonferenz, 2005 참조} 덧붙여서 가치판단을 위한 '평가하기', '판단하기' 또는 형태 판단을 위한 '전개하기'^{Detjen et al., 2012: 57-64}와 연관된 특수한 지시어도 적합하다. 그런데 교과서에 등장하는 학습과제

인지 활성화를 위한 지시어

들을 분석한 연구 결과에 따르면, 관련된 부분들에서 과제는 명확한 지시어를 포함하지 않으며, 상대적으로 어려운 인지 과정을 의도하는 지시어가 사용되는 경우는 매우 드물다. 더구나 수업관찰은 수업대화에서 단순한 사실의 재생산과 선택에 머무르는 구두 질문이 대부분을 차지한다는 것을 보여 준다.^{Manzel/Sowinski, 2014 참조} 비록 요구되는 인지 과정의 명료함이 언뜻 보기에는 별것 아닌 듯하지만, 교사가 그것을 실행하기는 어렵다는 사실이 여기서 드러난다.

더 나아가 위에서 말했듯이, 인지 활성화를 촉진하는 학습과제의 질은 그 과제가 얼마나 실제적이고 현실적인 연관, 다시 말해 학생이 자신의 생활세계와 결합할 수 있는 연관을 드러내는가에 의해 평가할 수 있다. 지슈케/포르카르트^{Zischke/Forkarth, 2020}에 따르면, 인지적 활성화를 초래하는 학습과제는 그 자체로 이미 과제 해결에 요구되는 의사소통 형태와 사회적 형태를 명료하게 규정한다는 특성을 지니고 있다.

4. 정치 역량 개발을 지원하기 위한 비계 설정

이상적일 경우에, 문제 상황 및 학습과제에 직면하면 자기주도적 수행 및 학습 과정을 촉발한다. 그러나 각자의 역량에 따라 학습자는 자신의 학습 과정을 구성하는 데 추가 지원을 필요로 한다. 말과 글을 통해 논증하는 연습은 정치적 역량의 발달에 매우 효과적이다. 하지만 이와 관련한 연구에 따르면, 학생들은 근거 있는 논증을 만들어 내고 또 타인의 주장을 적극적으로 참조하는 것을 매우 어려워한다.^{Gronostay, 2019 참조} 그로노스테이의 연구는 논증 연습이 학생의 상호관계 능력과 논증의 복합성에 미치는 긍정적 효과를 보여 준다. 교수학습 연구에 따르면, 명시적으로 전략을 가르쳐 주는 위의 형태들 이외에도, 점진적으로 자기주도적 학습을 지원하는 효과적 방법은 비계 설정scaffolding 그리고 지속적 학습 진단과 처방이 중요하다.^{Klieme, 2019: 404 참조} 비계 설정은 학생의 필요에 따른 -예를 들어 프롬프트(Prompts, 자극을 위한 질문이나 암시, 구조화를 통한 도움 주기, 지침, 생각을 위한 자극, 모범 사례 제시 등)를 통한- 학습 지원을 포함한다. 역량중심수업이 정치적 판단력 형성을 지원하기 위한 정치교육에 이제 겨우 실천적으로 적용된 점을 참작한다 하더라도^{Achour/Jordan, 2017; Achour, 2020 참조}, 다음과 같은 평가를 피할 수는 없다. 즉 역량중심적인 교수학습 과정, 예를 들어 "논증적 교수학습 과정을 정치수업에서 조직하는 일은 몇 가지 교수학 요구와 결부되어 있는데, 지금까지 이에 관한 체계적 연구나 실제 수업 지침은 없다."^{Gronostay, 2019: 64} 학습 집단의 이질성은 이런 학습 지원의 방법이 역량중심수업에 적합함을 잘 보여 준다. 가장 중요한 것은 학생이 미래의 문제 상황을 점점 더 자립적으로 해결해 갈 수 있도록 해야 한다는 것이다.

> 학습자의 필요에 따른 학습 지원

9. 카를 다이히만
Carl Deichmann

정치교육 평가하기: 평가 방법 및 성과평가

1. 문제 개요와 개념 정의

교육 행위로서의 성과평가는 한편으로는 행정 지침(성과측정의 종류와 빈도, 점수 비중 등)과 교과교수법 요구(역량 모델 지향 등) 간의 긴장관계와 다른 한편으로는 그러한 관계의 **상황 특성**, 즉 교수자와 학습자가 관여하는 구체적 학습 상황이라는 특징이 있다. 이는 학교의 평가문화를 발전시키고, 다양한 형태의 절차적 성과평가를 실행할 때 반드시 고려해야 한다.[아래의 2절과 3절 참조] 따라서 타당성, 신뢰성, 객관성, 기회 균등, 경제적인 것에 대한 기준 등 사전에 정해진 기준에 따라 수행된 **성과측정**과 역량[EPA, 2005: 7ff. 참조]에 관련된 성과에 대한 평가[Straßner, 2020 참조]를 구분할 필요가 있다.

공동 목표, 유효한 규범, 역할 기대, 대화자 간 상호 해석, 그리고 주관적 구성 가능성 등과 같은 구체적 사회 상황의 전형적 특성은 성과평가를 위한 행동의 틀을 형성하며, 이는 수업과 학교 시험에서 지원을 위한 진단으로 이해되어야 한다.[Beutel, 2010: 45-60]

성과측정 및 성과평가와 구별해서 정치 학습의 조건, 진행, 결과를 상호 주관적으로 검증 가능한 기준에 따라 평가하는 이러한 상호작용 과정을 **평가**Evaluation라는 용어를 사용해서 파악하는 것이 유용하다. 이는 행동 대안을 제시하는 데도 도움이 된다.^{Bürger/Schmid, 2020: 4ff} 이러한 평가가 정치 학습 과정에 참여하는 상호작용을 하는 사람들에 의해서 이루어진다면, 평가는 민주적 학교문화 발전의 일환으로서 정치 학습의 필수적 구성 요소가 된다. 수업 과정에 참여한 사람들(교수자, 학습자, 시험관)의 **자기평가**에서, 이는 상호작용 과정에서 주관적 관심과 영향을 최대한 배제하고 제도적 조건과 자신의 역할의 중요성을 포함한 **과정 자체**를 분석의 대상으로 만들려고 시도하는 것을 의미한다.

그 밖에 **학문적 평가**에서는 이러한 학습 및 평가 과정과 조직에 관련된 각각의 기본 조건에 대한 외부 관찰, 분석 및 평가에 대한 노력이 이루어진다.^{Hahn-Laudenberg/Oberle, 2020: 68-71 참조} 검증된 연구 방법과 절차에 따라 수행되는 이러한 학문적 평가는 민주적 학교문화에서 수업을 설계하기 위한 결론 도출을 위한 양적^{Hahn-Laudenberg, 2019; Oberle/Wenzel, 2019 참조}, 질적^{Schröder, 2020: 특히 390ff.; Neuhof, 2020: 특히 83ff.} 정치교수법 연구에 대한 도전적 과제이다.

2. 학교 평가문화의 발전: 학습자와 교수자의 자기평가

학습자의 자기평가^{Sander, 2013: 241ff.와 248}는 민주적 정치의식과 정치적 학습자의 참여 능력을 향상시킴으로써 시민 역할에 대한 적극적인 인식이라는 일반적인 목표의 실현에 기여하는데, 그것은 이러한 자기평가가 학생들에게 그들의 일상 세계에서 참여할 수 있는 기회를

> 학생의 자기평가

제공하기 때문이다.[Deichmann, 2015: 83ff, 153ff.]

이러한 자기평가의 일환으로 학생들은 예를 들어 '단일 선택 질문'이나 '복수 선택 질문'의 설문지, '날씨지도', '포트폴리오' 등[Langner, 2011; Kammertöns, 2011]을 통해 자신의 학습 진행 상황뿐만 아니라 자신이 속한 학습 집단의 정치적 관심사와 정치 활동도 분석한다. 그런 다음 학생들은 수업의 조건과 수업 방법에 변화를 주기 위한 제안을 한다. 교육학적, 정치교수법적 관점에서 볼 때, 질문을 구체적인 수업 단위 및 그 단계와 관련시킬 필요가 있다.

이러한 조사들은 **민주적 학교문화**를 파악하는 의미에서 학교 내 동급생들, 정치교육의 수용도, 방법의 빈도와 방법에 대한 평가, 수업의 현실 비판(교사의 역할 포함)으로도 확대될 수 있다.

_{교사의 역할에 대한 객관적 평가} 수업 과정에서 자신의 역할과 역할의 구성을 중시하는 이러한 자기비판적 배경에서만 학생들은 **교사의 역할**을 객관적으로 평가하고 개선을 요구할 수 있다.

- 교사가 더 많은 정보를 제공했어야 했던 부분은 어디인가?
- 학생의 짧은 발표 등을 통해서 교사의 강의를 대체할 수 있지 않았는가?
- 행동 지향적인 방법이나 텍스트 읽기가 더 강화되어야 했는가?
- 교사는 이질적 학습 모둠들이 협동 작업을 하고, 그 결과를 평가하도록 어떻게 도움을 줄 수 있는가?[Bürger/Schmid, 2021: 29ff. 참조]

교사의 자기평가에서는 교사 스스로 수업 진행 상황을 수업일지 형태로 기록하고, 그에 따른 개선점을 성찰하는 등의 개별 수업 관찰 방법 외에도 **동료 교사 상호 간의 수업 참관 및 공동 분석**의 방법을 더 많이 활용해야 한다.

학생의 자기평가 결과가 교사의 자기평가 결과와 결합되어 구체적인 수업 과정과 연계된다면, **민주적 수업 풍토와 민주적 학교문화의 틀 안에서 학교 내 평가문화**를 발전시킬 수 있으며, 이는 정치교육에서 상당한 추진력을 얻을 수 있다. 왜냐하면 집단 내 의사소통 문제를 포함한 현재 이슈에 대한 논쟁적 토론, 다른 의견에 대한 관용을 잃지 않으면서 자신의 정치적 견해를 분명히 표현하라는 요청, 무엇보다 민주적 학교문화를 구성하는 것은 정치교육에서 학습 과정의 명시적 주제이자 민주적 학교문화의 구성 요소이다. 따라서 이는 **수업 내용의 정치적 차원**이 참여의 극대화를 목표로 하는 **수업 원칙으로서의 정치교육**이라는 의미에서 다루어지는 **다른 수업과목**에도 적용된다.Deichmann, 2020: 특히 15ff. 참조 [31]

평가 문화의 가능성

3. 정치교육에 기여하는 과정 성과평가

3.1 과정 성과평가: 정치교육 목표와 성과평가 사이의 갈등 해결

학생과 교사의 자기평가가 학생 중심의, 시민 역할의 적극적인 인식을 촉진하는 정치수업과 성과평가 사이에 존재하는 불일치를 제거할 수 없다.Edler, 2010

그러나 정치수업에서 **과정 성과평가**는 학생들의 학습 과정을 관찰, 기술, 평가하며Deichmann, 2009: 18ff. 참조, 또한 학생들이 이 과정에 적극적으로 참여하도록 한다는 목표를 추구함으로써 그러한 불일치를 줄일 수 있는 기회를 열어 준다.

학습 과정에 대한 관찰, 기술 및 평가

---

[31]. 예를 들어 국어 수업도 정치교육이라는 교육 목표를 하나의 수업 원리로서 추구할 수 있고, 따라서 교과 내용에 포함된 정치적 차원을 다룰 수 있다. 그럴 때 위의 민주적 요구는 국어 수업에도 적용된다.

이러한 정치교수법 개념에 기반한 관찰, 설명 및 성과평가에서 (사실적 지식에 입각한) 정치 기초지식과 (분석적 범주를 활용한) 분석 능력 및 (규범적 범주를 활용한) 평가 능력을 분리해서는 안 된다. 왜냐하면 능동적 시민의 정체성 형성은 정치 지식과 정치 능력의 모든 차원을 포괄하기 때문이다.

<small>방법 역량과 행동 능력도 중점적으로 고려하기</small>

따라서 과정 성과평가는 사실적 지식 역량, 분석 역량, 판단 역량 외에도 (방법을 적용하는 능력과 다양한 방법을 적용할 때 목표와 그에 따른 지식의 획득을 반영하는 능력이라는 의미에서) 방법론 지식 및 방법론 역량과도 관련이 있다.<small>EPA, 2005: 7ff. 참조</small>

또한 과정 성과평가는 **행동 능력** 영역에서 정치 학습자의 학습 진전도 포함한다. 이를 관찰하고 기술하며 평가하는 것은 정치교육에서 특히 어려운 과제이다.

3.2 관찰 관점: 정치적 해석 틀의 측면

학생의 성과에 대한 관찰, 설명, 평가 및 촉진은 어린 시민의 민주적 정치 해석 틀에 대한 다음과 같은 지식과 관련이 있지만, 이는 정치교육의 표준화된 역량 모델을 넘어서는 것이다.<small>Sander, 2011: 23ff. 참조</small> 왜냐하면 어린 시민에게 해석 틀의 지식 체계는 자신의 존재 또는 일상적 정치 경험과 그들이 필요하고 의미 있다고 생각하는 사회정치적 질서 사이의 직접적 연관성을 특징으로 하기 때문이다.<small>Deichmann, 2015: 84ff. 참조</small>

정치 학습 과정에서 개발되어야 할 (그리고 계속 발전시켜야 할) 정치적 해석 규범 지식Ordnungswissen의 요소는 과정 성과평가에서 고려되어야 한다.

- 사실 지식(제도, 절차와 과정, 기억 지식)

- 문제 지식
- 범주 지식(분석 지식 및 정치-도덕 지식)
- 방법 지식/전략 지식
- 미래 지식/미래에 대한 비전
- 행동 지식/행동 능력

3.3 수업 과정에서 구술 능력에 대한 관찰과 평가

정치수업에서 구술 능력에 대한 관찰과 평가는 특히 의사소통적 교육의 개념과 문제 해결 과정으로 이해되는 정치 학습 과정의 구조를 지향해야 한다.^{Deichmann, 2009: 45ff.} 교사는 수업 과정에서 두 가지 역할을 맡는다. 교사는 교수학습 과정을 조직하고 통제하며 문제 해결에 기여한다. 교사는 특별한 지위를 가진 학습 집단의 일원이지만 참여관찰자의 역할도 수행한다.^{Otten, 2011 참조} 개발되어 계속 발전시켜야 할 정치 학습자의 민주적 정치 해석 패턴에 대한 전반적인 교육적 개념에서, 교사는 학생의 성과와 학습 진전을 사실 지식 역량, 분석 역량, 판단 역량, 방법론적 역량 및 행동 역량 측면에서 관찰하고 평가한다.^{EPA, 2005: 7ff. 참조} 이로부터 교사는 학생이 시민의 역할을 적극적으로 수행할 수 있도록 돕기 위해 학생을 상담하고 지원하는 교육적 결과를 도출한다. **전략적인 민주적 행동**이라는 의미에서 **행동 역량 증진**에는 행동 지향 방법, 역할놀이, 계획놀이[32], 미래 워크숍[33] 등의 접근 방식이 적합하다.^{Reinhardt/Richter, 2018: 63ff.}

> 교사는 학습 집단의 일원이자 참여자적 관찰자이다

---

32. 계획놀이(Planspiel)는 현실과 연관된 어떤 상황을 시간으로 구조화한 모델(예: 주가 변동 모델)에 기초해서 학생들에게 스스로 판단하고 결정할 기회를 제공하고, 그 결정에 따른 시뮬레이션 결과를 실제의 결과와 비교, 확인함으로써 자신의 결정에 대해 스스로 성찰할 기회를 제공하는 수업 방법이다.

3.4 글쓰기 능력 평가

위에서 설명한 정치교수법의 평가 기준은 글쓰기 능력 평가에도 적용된다.^{필기 성과에 대한 다양한 검사 방식은 Deichmann, 2009: 53ff.; Langner, 2007: 67ff. 참조} 또한 글쓰기 능력 평가는 과정 기반 능력 평가의 개념에 통합되어야 한다.

학습 목표 지향 시험은 지식 검증에 중점을 두고 있지만, 사고방식의 변화, 즉 시간 경과에 따른 학생의 해석 지식Deutungswissen과 규범 지식Ordnungswissens에 대한 변화도 측정할 수 있다. 이 시험의 결과를 교사는 다음 수업을 계획하는 데 사용할 수 있다. 학습 목표 지향 시험은 모든 구술 및 글쓰기 평가와 마찬가지로 언급된 역량^{EPA, 2005 참조} 또는 모든 성과평가에 적용되는 요구사항 영역인 "알기와 재현하기, 분석하기, 설명하기 및 전달하기, 성찰적 정치 판단과 행동"^{GPJE, 2004: 30}과 관련되어야 하며, 단지 사실 지식을 검사하기만 해서는 안 된다. **행동 역량**은 전략적 고려 사항에 대한 과제와 함께 글쓰기 능력 측정에서 평가된다.

비공식 시험[34]은 수업 과정에서 다루었던 자료와 관련된다. 그러나 학습 목표 지향 시험과 비공식 시험의 혼합 형태가 권장되는데, 그 이유는 이 형태가 내용 면에서는 객관화, 형식 면에서는 비교적 단순한 분석 평가가 가능하기 때문이다.

숙제는 다양한 형태의 수업에 기여하는 보조 수단으로 이해되어

---

33. 미래 워크숍(Zukunftswerkstatt)은 미래학자인 로베르트 융크(Robert Jungk), 뤼디거 루츠(Rüdiger Lutz) 등이 정립한 방법으로, 새로운 아이디어를 통해 사회 문제 해결의 실마리를 찾고자 상상력과 판타지를 자극하는 방법이다. 미래 작업장은 정부가 국가가 주도하는 정책에 시민들이 객체가 아니라 주체로서 참여할 수 있도록 교육하고 훈련할 수 있도록 고안된 방법으로, 학교에서도 활용할 수 있다.
34. 여기서 비공식 시험은 학습 목표 중심의 시험과 대비되는 개념이다. 학습 목표 중심 시험이 엄격한 지표와 기준을 갖춘 데 비해, 비공식 시험은 수업의 과정과 내용을 중심으로 삼기 때문에, 상황에 따라 유연한 형태를 지닐 수 있다.

야 한다. 이러한 형태에는 성찰적 글쓰기, 갈등에 대한 서면 평가를 위한 에세이, 이전에 수집한 통계자료를 바탕으로 한 표 작성, 문제 분석을 마무리하는 짧은 발표자료 작성, 표 해석 등이 있다.

보고서와 기록, 즉 보고서 공책[35]은 학습 과정의 결과를 기록하고, 또한 학습 과정의 일환으로 학습 효과를 관리할 수 있는 기회를 제공하며 향후 작업을 위한 참고자료로 활용된다.

지필평가 구조

지필평가와 코스워크Kursarbeiten[36]는 통제 기능의 관점에서만 바라보아서는 안 된다. 이는 한편으로는 학습 통제이다. 왜냐하면 정치수업의 실제에서는 성적 평가의 필요성이 남아 있기 때문이다. 더구나 주정부 교육문화부장관협의체KMK의 지침에 따르면, 필기 형태의 수행과 성과가 정치수업 총 평가 점수의 약 50%를 차지해야 한다.

성적 평가의 필요성

다른 한편으로, 정기고사와 코스워크는 학습 과정의 **적극적 요소**로 간주해야 한다. 이 요소를 통해서 새로운 인식 과정이 시작될 수 있다. 한 예로 정치적 문제에 대해 도출된 다양한 판단이 다시 수업에서 토의의 대상이 될 수 있다. 특히 학생들이 방법적 영역에서 저지르는 다양한 오류는 개별적인 대화를 통해 반복적으로 분석되고

---

35. '보고서 공책(독일어: Berichtsheft)'은 직업학교 학생들이 「직업교육법」의 규정(제13조 제7호)에 따라 회사 등에서의 견습 기간 동안 의무적으로 기록해야 하는 일종의 견습일지이다. 보고서 공책은 공식적인 견습 증명서로 인정되기 때문에 견습생은 해당 직장에서 일어난 주요 사항과 자신이 배운 내용을 모두 기록으로 남겨야 한다. 회사 등은 견습생들이 근무 시간에 보고서 공책에 기록할 시간을 보장해야 할 의무가 있으며, 주별 또는 월별 1회 견습생들이 기록한 내용의 정확성 여부를 확인하고 서명하여 공식화해야 한다. 독일에서 '보고서 공책' 없이는 직업학교 졸업시험에 참가할 수 없다.
36. Kursarbeit는 정확히 영어의 coursework에 대응한다. 코스워크는 어떤 과정의 수료와 졸업을 위해서 완수해야 하는 다양한 형태의 작업과 과제, 시험, 활동 등을 포괄하며, 초, 중, 고, 대학에서는 성적 평가의 대상이 된다.

교정되어야 한다.

평가 기준 정기고사와 코스워크는 구술시험 성과평가를 위해 개발된 기준에 상응해야 하고, 성과평가에 대한 아래와 같은 요구를 충족해야 한다.

수업 활동의 기초는 논란이 될 만한 입장, 정치적 갈등 또는 정치적 과정을 포함하는 자료들(텍스트와 그림들)이다.

현실의 문제 및 갈등과 관련된 과제를 부여할 때는 학생이 정치적 문제를 원리적인 인식과 통찰[37]의 관점에서 그리고 위에서 말했던 사실 지식을 위시한 정치적 해석틀의 제 측면에 따라서[이 책 Ⅲ부 「문제 지향」 참조] 탐구할 수 있도록 제시해야 한다.

이때 평가는 주로 텍스트에 대한 이해 그리고 그 내용의 기능적 연관에 대한 답변을 대상으로 한다. 정치적 해석 지식과 규범 지식을 평가할 때, 중요하게 고려할 것은 해당 문제가 정치적 질서 및 국제 관계의 발전에 대해 어떤 의미를 지니는가에 대한 답변이다.

또 방법 역량을 점검하기 위한 과제를 구성해야 한다(예: "현재의 국제적인 갈등에서 드러나는 미국, 나토, 독일의 정치를 상호작용 모델을 사용하여 연구하라. 이때 각 나라의 이해관계와 정치적 목표에서 시작하되, 언제나 그것을 비판적으로 살펴보라.").

다양한 요구 사항 영역을 골고루 고려하려면, 분석에서 적용해야 할 범주를 미리 제시할 필요가 있다(예: "권력 개념을 활용하여 이 갈등에서 노동조합 또는 기업의 입장을 분석하라. 권력 개념을 정의하라.").

---

37. 여기서 원리적 인식과 통찰은 어떤 사안을 원론적인 차원(예를 들면 인류의 보편적 가치, 인권 등등의 차원)에서 다루는 것을 의미한다. 이러한 원론적 고찰은 그 문제를 계층적, 계급적인 관점에서 고찰하는 것과 대조된다. 여기서 저자는 정치수업에서 교사는 이 두 가지 측면을 모두 포함하는 과제를 고안해서 제시할 필요가 있다고 말하고 있다.

학생의 필기시험 성과에 대한 평가가 투명하게 이루어지려면, 교사는 평가의 관점을 규범적 범주를 통해서 명시해야 한다(예: "자유, 평등, 연대의 문제에 대해 자신이 선택한 판단 기준을 설명하고, 그 기준의 적용이 왜 정당한가를 밝히고, 그 과정에서 여러 당파의 대립하는 주장들을 정의正義의 관점 아래서 평가하라."). **평가 관점의 투명성**

4. 요약

구술 및 필기시험의 평가가 학생과 교사의 자기평가와 결부되고, 또 정치수업 내에서 평가의 결과가 다시 성찰의 대상이 된다는 것은 과정 기반 성과평가의 구성 요소이다. 성과평가는 교육적인 상담과 지원에 도움이 된다. 정치교육의 목표(즉, 시민 역할의 능동적인 수용)과 성과평가 간의 긴장을 생산적으로 해결하는 평가문화를 정치수업에서 실현하는 일은 가능하다. 따라서 (구술 및 필기 시험의) 평가와 성과평가는 민주적 학교문화를 촉진할 수 있다.

VI.
다른 지역의 정치교육

1. 케리 J. 케네디
Kerry J. Kennedy

아시아의 시민교육:
지역적 영향과 글로벌 이해관계

21세기 두 번째 10년 동안 아시아에서는 오랫동안 핵심적인 아시아적 가치로 여겨졌던 '안정'이 도전을 받는 다수의 시민 시위가 발생했다. 홍콩의 '우산 운동'[Chu, 2018][1]과 그에 이은 2019년 '여름 봉기'[Lee, 2019], 대만의 '해바라기 운동'[Rowen, 2015][2], 한국의 '촛불 혁명'[Dudden, 2017][3], 태국의 2020년 시위[Handagama, 2020][4], 그리고 최근 미얀마의 군사 쿠데타 반대 시위[Purnell, 2021] 등이 그 예이다. 이 중 세 국가는 2016년 국제 시민 및 시민성 교육 연구 ICCS[5]에 참여했다.[Schulz et al., 2017] 이 중 두 곳인 한국과 대만은 ICCS 평균보다 높은 점수를 받은 반면, 홍콩은 놀랍게도 평균보다 약간 낮은 점수를 받았다. 그럼에도 불구하

저항운동

---

1. 2014년 9월 28일부터 시작된 홍콩 주민들의 시민 불복종 운동. 2014년 8월 31일 전국인민대표대회 상무위원회가 홍콩 행정장관 선거의 후보자를 사전 심사하여 채택하는 방식으로 한다고 결정하면서 촉발되었다. 시위 기간에 홍콩 경찰의 최루탄 진압에 맞서 우산을 방패 도구로 삼으면서 우산이 저항의 상징이 되었고, 여기서 '우산 운동'이라는 이름이 붙여졌다.
2. 중국 국민당 입법위원 장칭충(張慶忠)이 30초 만에 '양안서비스무역협정(海峽兩岸服務貿易協議, CSSTA)'을 선언하자 그에 반대하여 2014년 3월 18일부터 4월 10일까지 중화민국의 대학생과 사회운동 세력이 중화민국 입법원에서 점거 농성한 중화민국의 학생·사회운동 사건이다.
3. 한국에서 제18대 대통령 박근혜의 하야 또는 탄핵을 요구한 시민운동이다.
4. 태국의 군주제 개혁 요구를 담은 쁘라윳 짠오차 총리 정부에 대한 항의 시위이다.

고 이들 사회는 모두 중요한 시위운동을 겪었다. 이는 시민교육civic education의 영향을 평가할 때 지역적 맥락과 지역적 문제를 함께 이해하는 것이 중요함을 시사한다. 특히, 시민교육은 학교 내에서만 이루어지는 것이 아니라 지역사회에서도 이루어지는 교육 개념이라는 점에서 그 의미가 확장된다.

지역적 맥락의 중요성   이전에도 아시아의 시민교육이 다양하다는 주장이 제기된 바 있다.Kennedy/Li, 2012 하지만 지역에 대한 강조는 다른 관점을 제공한다. 지역적 맥락은 즉각적인 사건과 활동에 반응하며 영향을 주고받는다. 이는 예측하기 어려우며, 일반화하기도 쉽지 않다. 그렇더라도 이러한 맥락은 그것이 형성된 맥락에서만 이해될 수 있는 강력한 영향력을 지니고 있다. 또한 그들의 중요성은 지역적 맥락이 학생들의 시민적 책임에 대한 폭넓은 시각을 제한할 수 있는 일종의 위험성을 내포하고 있는가 하는 질문으로 이어진다.

이후 논의에서는 다음 두 가지에 초점을 둘 것이다.

- 지역의 역할과 지역이 시민교육의 형태에 미치는 영향
- 지역을 넘어서 세계시민교육의 중요성

---

5. ICCS는 국제 시민 및 시민성 교육 연구(ICCS)(International Civic and Citizenship Education Study)의 약자로, IEA(International Association for the Evaluation of Educational Achievement, 국제교육성취도평가협회)가 주관하는 시민의식과 시민교육 상황에 관한 가장 엄정하고 공신력 있는 국제 비교조사이다.

1. 지역의 역할과 지역이 영향을 미치는 시민교육의 형태

지역적 영향력은 본질적으로 독특하며, 이를 이해하기 위해서는 지역 이슈와 사건에 대한 이해가 필요하다. 이를 구체적인 맥락에서 설명하기 위해 홍콩, 말레이시아, 미얀마의 세 가지 사례를 분석할 것이다. 이 사례들은 일반화할 수 없기 때문에 선택되었다.

1.1 홍콩

위에서 언급한 바와 같이, 홍콩은 2014년 후반('우산 운동')과 2019년 여름과 봄('여름 시위')에 두 차례의 지속적인 시민 행동을 경험했다. 첫 번째 시위는 비교적 평화로웠으며, 79일 동안 이어졌고, 시의 행정장관을 좀 더 민주적인 절차로 선출하는 것을 목표로 삼았다. 우산 운동은 주요 목표 달성에는 큰 성과를 이루지 못했지만, 특히 중국에 대한 잔여적인 저항을 만들어 냈다. 이 저항은 독립 지지 성향의 발전과 관련하여 급진적인 방향으로 나아갔고[Ng/Kennedy, 2019], 때때로 충돌이 발생하기도 했다.[Yuen, 2017] 그럼에도 도시는 정상 상태로 돌아갔고, 후속 법적 소송 외에 별다른 조치는 거의 취해지지 않았다. 우산 운동에 대한 특별한 교육적 대응도 없었다. **[2014년 우산 운동]**

'여름 시위'는 전혀 다른 양상이었다. 이 시위는 처음에 홍콩 주민들이 중국 본토 법정에서 재판받을 수 있게 하는 범죄인 인도 법안에 대한 대중적 항의로 시작되었다. 그런데 이 항의는 민주화운동으로 묘사되었지만, 동시에 불관용과 폭력이 두드러진 반중反中 운동으로 변모했다. 이 항의는 2020년 초까지 이어졌고, 중국 본토(행정적으로 홍콩은 중국의 일부이기 때문에)에서 제정한 새로운 국가보안법에 의해 중단되었다. 국가보안법은 분리주의, 전복, 선동, 외국 간 **[2019년 여름 봉기]**

섭을 처벌 가능한 행위로 규정하면서 많은 주목을 받았다. 이 장에서 특히 주목할 만한 주요 특징 중 하나는 학교에서 국가보안법 교육을 개발해야 한다는 요구 사항이었다. 이러한 교육은 시민교육에 중요한 의미를 지닌다. 그 이유 중 하나는 홍콩에는 시민교육을 위한 별도의 학교 과목이 없었고, 실제로 시민교육에 대한 공통된 접근 방식이 없었기 때문이다.[Kennedy, 2016] 6개월 이상 주로 중국을 겨냥한 평화적 시위와 폭력적 시위가 이어진 후, 홍콩 교육국[2021]은 다음과 같이 발표했다.

"국가안보교육은 국가교육의 일부분이며, 이를 분리할 수 없다. 국가안보교육의 기본은 학생들의 국가에 대한 소속감, 중국 국민에 대한 애정, 국가 정체성, 그리고 국가안보 수호에 대한 인식과 책임감을 기르는 것이다."

여기서 정의된 국가안보교육의 범위는 일반적으로 더 광범위한 사회교육 또는 시민교육의 한 구성 요소로 여겨지는 전통적인 '법 교육'을 넘어선다. 교육국의 관점에서 국가안보교육은 국가에 대한 교육이자 국가 정체성에 관한 교육이었다. 그동안 홍콩에서도 이러한 형태의 시민교육에 대한 논의는 많았지만[Lai/Byram, 2012], 그 실행은 학교와 지역사회에 맡겨져 있었다. 그런데 국가안보교육을 통해 국가교육이 현실로 다가왔다. 이는 중국 본토 정부가 대규모 반중국 시위를 국가주권, 안정성, 그리고 중국의 국제적 위상에 대한 위협으로 간주했기 때문이다. 이러한 상황에서 홍콩의 새로운 국가교육은 지역사회 내 논의나 협의, 또는 합의 없이 도입되었다.

1.2 말레이시아

역사적으로 시민성 교육의 중요한 결과는 '좋은 시민'을 양성하는 것이었다. 아시아의 맥락에서 이는 일반적으로 '시민' 교육과 '도덕' 교육을 함께 묶어 생각할 정도로 도덕교육에 중점을 두고 있다는 의미이다.[Kennedy/Fairbrother, 2004] 심지어 '시민교육'과 '도덕교육'이 종종 함께 묶여 강조되었다. 예를 들어, 홍콩에서는 탈식민지화 이후 처음 도입된 시민 및 도덕 교육과정에서 "인내, 타인 존중, 책임감, 국가 정체성, 헌신, 성실성, 타인 배려"라는 일곱 가지 핵심 가치를 우선순위로 설정했다.[교육국, 2002, 3.3항] 이는 주로 세속적인 사회에서 다양한 이해관계자들의 요구를 충족시키기 위해 전통적, 세속적, 정치적 가치를 엉성하게 조합한 것이었다. 하지만 이는 아시아 사회에서 종교의 중요한 역할을 고려할 때, 일반적인 접근 방식은 아니었다. 말레이시아는 이와 다른 사례를 보여 준다.

말레이시아는 공식적으로 이슬람 국가가 아니지만, 인구의 61% 이상이 무슬림이고, 이슬람 관행은 샤리아 법원에서 다뤄진다. 그럼에도 말레이시아는 세속 헌법이 있는 다종교 국가이다. 학교는 무슬림 학생이 대다수를 차지하지만, 비무슬림 학생을 위한 배려도 필요하다. 따라서 무슬림 학생이 이슬람 교육을 필수로 공부하는 동안, 비무슬림 학생은 도덕교육을 배우게 된다. 데 아실도와 야신[De Asildo & Yassin, 2022]은 말레이시아 중등학교에서 이 두 가지 교육과정이 서로 다른 집단을 대상으로 하지만, 그 기본 원칙은 '고귀한 인격'을 함양하는 이슬람의 가치라는 것을 보여 주었다. 데 아실도와 야신[De Asildo & Yassin, 2022]은 "이 두 과목에서 고귀한 인격 형성을 강조하는 것은… 개인의 인격 형성을 위한 노력에 초점을 맞추고 있기 때문"이라고 지적했다. '고귀한'(혹은 말레이어로 '아홀락')이라는 단어는 아랍어에서 유래했으며, 이는 성격, 행동, 습관, 신념, 신앙 또는 종교를 의미한다.

세속국가에서의 이슬람 가치 전달

비무슬림 학생을 위한 도덕교육 수업에는 불교, 기독교, 힌두교를 믿는 학생들이 참가하지만, 그들은 모두 이슬람 교육 수업을 듣는 무슬림 학생들처럼 '고귀한 인격'을 함양하는 데 중점을 두고 교육을 받는다. 이는 전체 인구의 도덕적 발달을 촉진하기 위해 성스러운 것과 세속적인 것의 경계를 모호하게 하는 일반적인 도덕교육 접근 방식과는 확연히 다르다. 또한 '인성교육'이 많은 서구 국가에서는 새로운 동향으로 간주되는 경우가 많지만, 이 사례에서 보듯이 이슬람 신학을 바탕으로 한 독특한 아시아적 맥락에서도 인성교육이 형성될 수 있음을 보여 준다. 이는 많은 서구 국가에서 인성교육이 기독교적 배경을 가지고 있다는 점과 대조된다.

1.3 미얀마[6]

군사정권과 민주정부하의 인종청소

2021년 2월 1일에 시작된 군사 쿠데타로 인해 미얀마는 민주적으로 선출된 정부가 6년간 통치한 이후 다시 군사정권으로 돌아갔다. 이 쿠데타는 미얀마의 소수민족인 로힝야족을 상대로 한 '민족청소'로 불리는 캠페인을 주도한 민 아웅 흘라잉Min Aung Hlaing 장군(국방총사령관)이 이끌었다.$^{Prasse-Freeman,\ 2017}$ 미얀마의 민주화 지도자인 아웅 산 수 치는 로힝야족 박해에 대해 침묵했다는 비판을 받았다.$^{Barany,\ 2018}$ 이는 미얀마의 민주주의가 로힝야족을 보호할 만큼 강하지 않았고, 장군들의 권력에 맞설 만큼 강하지도 않았음을 보여 준다.

미얀마 군부의 힘은 부분적으로 "국가 정체성을 민족 다수의 종교적 소속과 결합시키는 것"으로 설명되는 민족-종교적 민족주의에

---

6. 유엔이 공식적으로 정의한 민족청소는 "특정 지역에서 다른 민족 또는 종교 집단의 사람들을 제거하기 위해 폭력이나 협박을 사용하여 그 지역을 민족적으로 동질화하는 것"이다.

서 비롯된다.[Kingston, 2019: 20] 이 과정에서 시민권은 종종 개인의 종교에 따라 결정된다. 불교 국가인 미얀마에서 무슬림인 로힝야족은 시민권을 박탈당했고, 그 이후로 거의 무국적 상태에 놓여 있었다. 이 상태는 과거 군사정권에 의해 만들어졌다.[Haque, 2017] 2015년부터 2021년까지 아웅 산 수 치 정부하에서도 로힝야족의 지위를 변화시키려는 시도는 없었다. 더욱이 2017년 군부에 의한 민족청소는 민주정권 아래에서도 거의 또는 전혀 시민들의 반대 없이 진행된 것으로 보인다.

이 맥락을 이해하려면 미얀마 국가가 민족-종교적 민족주의를 내재화하고 있는지를 살펴보는 것이 중요하다. 하나의 관점은 주로 민주정부에서 이루어진 교육과정 개혁에 대한 최근 분석에서 얻을 수 있다. 토 진 우[Thaw Zin Oo, 2022]는 최근 아웅 산 수 치 정부하에서 국제 기부자들의 지원으로 개발된 새로운 역사 교육과정을 검토했는데, 이들 기부자는 모두 민주주의 국가들이었다. 그럼에도 이 교육과정에는 미얀마의 다양성에 대한 언급이 전혀 없었다. 오히려, 토 진 우가 "통합의 서사"라고 부른 내용은 군사 독재 시절과 별로 다르지 않게 지속되었다. 당연하게도 미얀마의 '민족'으로조차 인정받지 못하는 로힝야족에 대한 언급은 전혀 없었다.

토 진 우는 또한 여러 역사 교사들의 새로운 교육과정에 대한 견해도 보고했다. 그들 중 누구도 소수민족의 내용이나 관점이 배제된 것을 문제로 여기지 않았다. 통합이라는 개념이 인터뷰 내내 강하게 나타났다. 일부 소수민족 출신 교사들은 학생들에게 역사적, 문화적 문제를 알리기 위해 교육과정 외의 다른 자료를 활용한다고 밝혔다. 하지만 이는 역사 교육과정의 일부가 아니며, 학교에 할당된 '지역 시간'을 통해 이루어지고 있다.

따라서 미얀마에는 다양성을 위한 노력이 거의 또는 전혀 이루어지지 않고 있다. 20세기의 군사정권도, 21세기의 민주정부도 미얀마의 다양한 인구 구성을 고려하지 않았다. 군부는 한 걸음 더 나아가, 20세기에 로힝야족을 무국적자로 선언한 후, 2016년에는 그들에 대한 민족청소를 저지르고 말았다. 2021년 2월 1일 미얀마의 민주주의를 전복시킨 세력도 바로 이 군부였다.

인종에 관계없이 미얀마에는 단일한 통합의 서사가 존재하지 않았다. 이 서사는 로힝야와 같은 소수 집단뿐만 아니라 전체 국민에 대해서도 독재와 권위주의에 대한 정당화에 기여했을 뿐이다. 물론 이것이 이 이야기의 끝이 아니기를 바란다. 결말이 달라지려면, 민주주의 지지자들이 다양성의 위험에 대한 편협한 국가적 관점을 넘어설 필요가 있다. 이들은 단지 민족-종교적 다수만을 지지하는 것이 아니라, 더 개방적이고 관용적인 민주주의를 수용해야 한다. 미얀마 연방의 일원이 될 권리를 주장하는 모든 집단을 포함하는 포용적 민주주의가 필요하다.

2. 지역 문제와 세계시민교육: 아시아에서 공존할 수 있을까?

유엔 지속가능개발목표 4("포용적이고 공평한 양질의 교육을 보장하고 평생학습 기회를 증진한다")에서 강조한 세계시민교육 Global Citizenship Education의 중요성을 고려할 때, 아시아 학교들이 세계시민교육을 실행할 준비가 얼마나 되어 있는지 이해하는 것이 매우 중요하다. 이는 특히 위의 사례에서 설명한 지역적 문제의 심각성을 고려할 때 더욱 그러하다.

부탄, 싱가포르, 일본, 필리핀[Alviar-Martin/Baildon, 2018], 인도, 한국, 베트남[아시아태평양국제이해교육센터, 2020], 홍콩, 대만, 마카오[Oxfam, 2019] 등 여러 국가에서 세계시민교육 프로그램이 실행되고 있다는 증거가 아시아 전역에서 발견되고 있다. 호^{Ho, 2018}는 말레이시아와 인도네시아에서도 세계시민교육에 대한 이행 의지를 확인했다. 이러한 광범위한 분석을 통해, 세계시민교육이 어떤 형태로 진행되고, 어떤 가치를 지지하는지는 명확하지 않지만, 범위 측면에서는 세계시민교육이 다양한 아시아 맥락에서 활발히 실행되고 있음을 알 수 있다.

> 세계시민교육 실행의 차이점

예를 들어, 알비아-마틴과 베일던^{Alviar-Martin & Baildon, 2018}은 세계시민교육과 관련된 세 가지 기본 가치 체계를 확인했다. 싱가포르에서는 글로벌 경제 참여에 중점을 둔 '도구적' 접근이 이루어진다.^{같은 책, 603} 부탄에서는 '영적 접근법'이 경제적 경쟁을 명시적으로 거부하며, 정치와 영적 영역 사이의 더 큰 통합을 추구한다.^{같은 책, 604} 일본, 한국, 베트남, 필리핀에서는 경제적 경쟁의 필요성을 인정하면서도 "사회적·문화적 권리에 대한 인식과 사회 내에서의 새로운 시민적 목적"을 포함하는 의미에서 세계시민교육의 목표가 '인본주의적 접근'으로 나타난다.^{같은 책, 604} 호^{Ho, 2018}는 알비아-마틴과 베일던^{Alviar-Martin & Baildon, 2018}이 제시한 틀을 사용하지 않았지만, 아시아에서 세계시민교육을 뒷받침하는 가치 체계의 다양성에 대해 비슷한 결론을 내렸다. 그는 또한 아이러니하게도, 중앙집권적 아시아 사회에서는 세계시민교육에 포함되는 글로벌 관점과 요소조차 대개 국가 주도 교육과정을 통해 결정된다는 점을 지적했다. 이는 중국과 같은 권위주의 국가에서 더 두드러질 수 있지만, 많은 민주주의 국가에서도 공통적으로 나타나는 특징이다. 세계시민교육은 각국 정부의 이행 의지에 달려 있으며, 위에서 보여 준 바와 같이 그 의지는 각 국가가 추구하는 가치에 따라 다르다.

아시아의 여러 맥락에서는 세계시민교육에 대한 관심이 있지만, 이 관심이 보편적이지는 않다. 로버츠, 응강가, 제임스^{Roberts, Nganga &}

James, 2019에 따르면, 미얀마의 교육과정은 아시아의 다른 지역들과 마찬가지로 시민 및 시민성 영역에서 도덕적 발달과 문화 이해에 중점을 두고 있다. 하지만 교사들의 말에 따르면, "물론 우리 학생들은 다양한 민족적 배경을 가지고 있지만, 문화적 인식이나 포용성을 강조하는 교육은 강조되지 않는다"라고 한다.[같은 책, 111] 미얀마에서는 지역적 이슈가 글로벌 이슈를 압도하고 있으며, 심지어 학교 교육과정에서도 글로벌한 목소리는 거의 찾아볼 수 없다. 이는 현재 쿠데타를 비판하는 강력한 글로벌 목소리가 미얀마의 민주주의 회복에 영향을 미치기 어려울 수 있음을 시사한다.

3. 결론

아시아의 다양성은 물리적 특징, 문화적 형태, 정치 체제뿐만 아니라 그 이상으로 복잡성을 지닌다. 미래 시민을 교육해야 한다는 필요성에는 동의하지만, 그 교육 방식에 대해서는 합의가 이루어지지 않고 있다. 미래 시민교육에 관한 한 지역적 여건이 국가적 사고를 지배하고 있다. 세계시민교육GCE에 대한 관심은 있지만 그 형태와 근거는 국가의 가치에 따라 다르다. 아시아에서 글로벌 가치의 의미는 도구적인 것에서부터 영적이면서도 인본주의적인 것까지 다양하다. 이러한 다양성을 이해하는 것이 아시아의 복잡성을 더 잘 이해하는 길이다.

편역자 후기

김상무(동국대 WISE캠퍼스 교수)

2018년 11월 교육부가 학교 민주시민교육을 강화하겠다는 정책(민주시민교육 활성화를 위한 종합계획)을 발표하면서 추진 배경으로 '포용적 민주주의를 실현할 성숙한 민주시민 양성', '민주시민 양성을 목표로 하는 교육이념의 회복', '교육 패러다임의 근본적 변화를 통한 교육혁신'을 들었고, 학교 민주시민교육의 여러 문제점을 지적했다. 그때 지적했던 문제점들은 대부분 여전히 미해결 상태로 남아 있다. 그중 하나가 민주시민교육의 체계가 정립되어 있지 못하다는 지적(민주시민교육의 목표, 기본 원칙, 내용 요소 등에 대한 공통기준 마련이 필요하다는)이었다.

이 번역서를 기획한 성공회대 민주주의연구소는 그 당시에 '교육부 민주시민교육정책 중점연구소'로 여러 가지 학교 민주시민교육에 대한 연구를 하던 차에 이런 인식에 견해를 같이하고 있었다. 이에 따라 선진국의 민주시민교육 연구 성과 중 모범적인 사례를 찾아보는 가운데 본 번역서의 원전을 검토했다. 『정치교육 핸드북 Handbuch politische Bildung』이 한국 학교 시민교육의 체계를 마련하는 데 좋은 준거가 될 수 있다고 판단한 민주주의연구소는 필자에게 번역 작업을 제안했다. 이 책이 번역되었으면 좋겠다고 평소에도 생각하고 있던 필자는 번역 여건이 좋지는 않았지만 흔쾌히 번역진을 모아서 번역 작업에 나서기로 결심했다. 우리는 본 번역서가 한국 민주시민교육의 이론과 체계 부족 문제를 해결하는 데 하나의 중요한 참고자료 역할을 하고, 한국 민주시민교육의 체계 정립에 도움을 줄 수 있을 것으로 기대하며 번역에 착수했다.

번역은 새로운 창작 작업이라는 것을 새삼 절감했다. 15명의 번역진이 번역 용어나 표현에 합의하는 것은 쉬운 일이 아니었다. 교육에 해당하는 독일어 단어 Erziehung과 Bildung을 어떻게 번역할지, politische Bildung을 정치교육 또는 민주시민교육 혹은 시민교육으로 번역할지, Politikdidaktik을 정치교수학으로 번역할지, 정치교수법 혹은 정치교육교수법이나 정치교육교수학으로 번역할지에 대해서부터 합의가 필요했다. 어떤 개념이나 용어는 "독일 내에서도 합의가 되지 않고 사용되고 있다"는 번역자의 푸념도 나왔다. 각 주제마다 번역자가 고심하는 다양한 개념, 용어, 표현을 놓고 토론하여 합의하는 과정도 순탄하지 않았다. 최종적으로 합의가 되지 않은 부분은 독자의 몫으로 남겨 두었다. 현재의 번역 성과는 이런 고민의 산물이다.

이 책은 독일 정치교육학계의 연구 성과들을 일목요연하게 개관할 수 있게 해 준다. 그만큼 장점이 많아, 오랜 기간 많은 독자의 성원을 받아서 30여 년간 판본을 거듭하고 있다. 본 번역서 『독일 정치교육』의 판본은 2021년에 편집되고 2022년에 발간된 제5판이다. 이 책은 1997년 초판 발간 이래 판본이 바뀔 때마다 구조상의 변화는 조금 있었지만 이론적 기초, 교수법 원칙, 내용 관련 과제 영역, 방법과 매체를 근간으로 한다는 점은 일관되어 있다. 초판에는 마지막 장이 교육정책 배경이었다가 중간에는 정치교육의 국제 비교로 바뀌었고, 초판부터 3판까지에는 없었던 정치교육 제도화 부분이 이론적 배경 뒤에 등장하는 정도의 변화가 있었을 뿐이다. 필자는 독일 유학 중에 이 책을 처음 보았을 때 무척 부러워하면서, 한국에도 이런 입문서가 있으면 좋겠다고 생각했다. 차례와 내용이 깔끔하면서 독일 정치교육의 이론과 실제를 쉽게 개관할 수 있었기 때문이다.

『독일 정치교육』의 독일어 원저는 6개의 부, 64개의 장으로 구성되어 있다. 60여 명의 전문가가 해당 주제에 대한 전문 지식을 간결한 형태로 서술하였다. 그렇다고 해서 수준이 낮은 것은 아니다. 유·초·중등학교뿐만 아니라 학교 밖 그리고 성인 정치교육도 포함하여 정치교육의 주요 관련 사항, 최신 정보와 지식을 검증된 형태로 제공해 준다. 그러나 방대한 분량과 한국에서의 번역 출간 상황 등의 이유로 책 전체를 번역하기는 어려웠다. 따라서 번역할 내용을 선별해야 했다. 필자와 김원태 선생이 협의하여, 교사들을 주요 독자로 삼아 학교 민주시민교육에 현실적으로 도움을 줄 수 있을 것으로 판단되는 내용을 중심으로 6개의 부에서 33개의 장을 선정했다. 이 과정에서 학교 밖과 대학 및 성인 대상의 민주시민교육은 제외했다. 이 부분이 후속 작업으로 남게 되어 아쉬움이 크다. 그렇지만 여기서 번역한 내용들은 유·초·중등학교뿐만 아니라 대학 및 성인 대상의 민주시민교육에도 공통으로 해당하는 내용이 대부분이다. 따라서 학교 외 다른 영역의 민주시민교육에도 도움을 줄 수 있으리라 믿는다.

이 번역 작업은 성공회대 민주주의연구소가 '교육부 민주시민교육정책 중점연구소'로서 2021년도 정부(교육부)의 재원으로 한국연구재단의 지원을 받아 수행한 연구의 일환으로 이루어졌다. 이번 번역 기획에는 성공회대 민주주의연구소뿐만 아니라 주로 초·중등학교 사회과 교사들로 구성된 전국사회교사모임, 학교시민교육연구소, 학교에 시민교육을 책임지는 과목이 설치되어야 한다고 주장하는 시민들이 모인 학교'민주시민'과목추진연대, 학교 시민교육의 제도화를 염원하는 학교시민교육교원노동조합 등의 단체가 한국의 초·중·고등학교에도 독일과 같이 정치교육이 이루어지는 과목이 만들어지길 간절히 희망하는 마음으로 함께 참여했다. 번역자들은 위의 공동기획 단체들의 염원이 조금이라도 이루어지도록 내용을 쉽게 풀어 번역하려 노력했다.

바쁜 일정에도 불구하고 이 번역 작업에 참여해 주신 번역자들께 감사드린다. 특히 이 책의 기획과 출간을 위해 물심양면으로 지원해 주신 성공회대학교 민주주의연구소 소장 김동춘 교수, 부소장 오유석 교수와 선뜻 출판을 허락해 주신 살림터 정광일 대표님께도 감사드린다. 이 번역 프로젝트를 기획하고, 번역 내용에 대해 사회과 교사의 입장에서 감수하고 해제를 작성한 김원태 선생과 매끄럽지 못한 번역문들을 오랜 기간에 걸쳐 애써서 다듬어 주신 출판사 편집진에도 감사의 마음을 전한다. 여러분의 노고가 없었다면 이 책의 내용은 지금과 같은 형태로 온전하게 세상에 나오지 못했을 것이다. 그렇지만 남은 오류와 실수는 모두 역자들의 것이다.

이 번역서가 하나의 자극제가 되어, 한국의 학교교육에서뿐만 아니라 시민사회단체의 교육 영역에서도 정치교육에 대한 논의가 활발하게 전개되는 날이 오기를 기대한다.

편집 겸 번역진을 대표하여

해제

독일 학교 정치교육의
역량과 학습 목표, 그러면 우리는?

김원태(전 모락고 교사, 성공회대 민주주의연구소 연구위원)

일반적으로 해제란 책 내용에 대해 해설을 붙인 글을 말한다. 요약문이라고도 할 수 있는데, 그 책의 가치를 잘 평가할 수 있는 전공자가 작성하게 된다. 그러나 이 해제는 책 내용에 대해 해설한 것도, 요약한 것도 아니고 이 분야의 전공자가 작성한 것도 아니다. 이 해제의 목적은 한국의 독자들(주로 학교 시민교육이나 정치교육에 관심이 많은 유·초·중등학교 교사들이겠지만)이 독일의 정치교육에 대해 쉽게 이해할 수 있도록 실제 독일 학교 정치교육의 교육과정과 교과서 내용을 이 책 Ⅲ부의 내용과 연결시켜 설명하고 한국의 사회과 교육과정과도 일부 비교하여 독일 학교 정치교육의 이해를 돕는 데 있다.

학문적인 핸드북

이 책의 원저명은 'Handbuch Politische Bildung'이다. 직역하면 '정치교육 핸드북'이다. 핸드북Handbuch의 일반적인 의미는 여러 가지 지식을 간략하게 추려 엮은 작은 책자 혹은 손에 들고 다닐 만큼 휴대성이 좋고, 꼭 필요한 실용적 정보만으로 압축 요약한 매뉴얼이라는 영어 handbook과 의미가 비슷하다. 『케임브리지 사전』은 핸드북을 "어떤 일을 하는 방법에 대한 지침이나 조언 또는 어떤 주제에 대한 가장 중요하고 유용한 정보를 담고 있는 책"이라고 소개하고 있다. 베를린 브란덴부르크 과학 아카데미Berlin-Brandenburgischen Akademie der Wissenschaften가 제공하고 있는 독일어 온라인사전https://www.dwds.de/은 'Handbuch'라는 용어를 "지식 분야의 전체 자료를 과학적 형태로 간략하게 제시한 도서"라고 정의하고 있다. 이 책의 성격으로 보면 Handbuch은 학술 문헌의 의미에 더 가깝다. 이 책은 글마다 저자가 다르고, 각 글이 소논문의 형식으로 구성되어 있다. 독일 정치교육에 대한 연구 과정과 성과를 자세하게 기술하고 비평하는 내용도 담겨 있다. 그러므로 이 책은 독일 정치교육의 전체 모습을 학술적인 형태로 간략하게 제시한 책이라고 할 수 있다. 쉽게 읽히는 책이 아닐 수도 있지만, 독일 정치교육의 역사와 현황, 교육의 원칙, 교수 방법에 대해 아주 객관적으로 솔직하게 기술하고 있다. 이 원 제목 'Handbuch Politische Bildung'에서 핸드북의 용어를 빼고, 독일이라는 국명을 넣고, 유·초·중등학교에 해당하는 내용만 번역하였기에 번역서 명칭을 『독일 정치교육-학생의 비판적 사고 역량, 어떻게 기르나?』로 정해서 출간하게 되었다.

원저에서 번역하지 못한 부분

이 책의 원저는 6개의 부에 걸쳐 64가지의 정치교육에 관한 주제를 다루고 있다. 거칠게 말하면 60여 명의 학자가 60여 개의 주제로 독일의 유·초·중등학교는 물론 성인이나 학교 밖 정치교육의 내용을 집대성했다고 할 수 있다. 이 모든 내용을 전부 번역하기에는 여러 가지 감당하기 어려운 문제가 있었는데, 번역하면 책의 분량이 900여 쪽에 이르기 때문에 출간하기가 어려웠다. 결국 원저의 내용 중 6개 장에서 유·초·중등학교 정치교육에 직접 관련이 있다고 판단한 34개 주제를 골라서 번역하였다. 34개의 정치교육 주제에 대해서 33명의 학자가 작성한 논문 모음집이라고 하는 것이 정확한 표현이다. 독일의 정치교육 교수법과 관련해 대부분의 저자가 자신이 전문적으로 오랫동안 연구해 온 내용을 꼼꼼한 논증을 거쳐 주장을 전개하면서, 자신이 다루고 있는 주제의 한계와 독일 정치교육의 현 상태를 솔직하게 밝히고 있다. 가까운 시일 안에 성인과 학교 밖 정치교육에 관련된 30개의 주제를 번역한 책도 출판되기를 바란다. 이 책에 실리지 못한 내용은 다음과 같다.

원저 I부의 •정치교육 이론 기초: 해석학, •정치교육 이론 기초: 실용주의, •정치교육 이론 기초: 구성주의, •정치교육에 관한 질적 연구, •정치교육에 관한 양적 연구, •정치교육 교수법의 연구 및 갈등 영역으로서의 역량 지향 등 6개의 주제를 번역하지 못했다. 결국 독일 정치교육의 철학적 기초인 해석학, 실용주의, 구성주의 등에 대해 소개하지 못했고, 정치교육에 대한 평가로서 질적 연구와 양적 연구의 내용도 소개하지 못한 아쉬움이 있다.

원저 II부에서는 •성인 정치교육, •학교 밖 청소년 정치교육, •사회사업에서의 정치교육, •연방 및 주 정치교육 센터, •정치교육을 위한 지원 구조: 협회, 자료, 온라인 서비스 등 5개의 소주제를 번역하지 못했다. 원저 III부의 정치교육 원칙은 모두 번역하여 실었다.

원저 IV부에서는 •극단주의적 태도 예방, •지속 가능한 발전을 위한 교육: 환경교육과 글로벌 학습, •평화 교육, •유럽 관련 학습, •세계시민교육: 글로벌 사회의 도전 과제 등 5개의 주제를 번역하지 못했다.

원저 V부에서는 •사진과 영화를 통한 학습: 사진과 TV 시리즈를 통한 정치교육, •내러티브 미디어를 통한 학습: 전기·소설·음악·영화, •디지털 미디어를 통한 학습: 학습 결과물 및 학습 환경, •디지털과 아날로그 미디어의 결합: 혼합 학습, •놀이를 통한 학습: 정치교육의 놀이 형태, •연구를 통한 학습: 연구·인터뷰·전문가 설문조사, •현장 학습: 학교 밖의 정치 학습 장소, •여행 학습: 학습 여행 및 견학, •복잡한 학습 프로젝트를 위한 거시적 방법: 시뮬레이션 게임·프로젝트·사회연구·미래 워크숍 등 9개의 소주제를 번역하지 못했다.

원저 VI부의 제목은 '국제 비교를 통해 알아보는 정치교육'인데 •오스트리아 정치교육, •스위스 정치 교육, •룩셈부르크 정치교육, •유럽연합의 정치교육-접근 방식과 발전 동향, •미국의 정치교육을 번역하지 못했다. 이 책 VI부에서는 •아시아의 시민교육이라는 한 가지 주제만을 싣게 되었다.

정치란 무엇인가?
: 독일 정치교육 교과서에서 말하는 '정치'

독일 중학교(중등 1단계) 『실제 정치 3』 교과서의 대단원 '남자와 여자는 동등한 권리를 가진다' 중 '여성과 정치'라는 중단원에서는 '정치라는 단어의 개념'을 다음과 같이 설명'한다.

정치에 대한 관심을 묻는 질문에 어떻게 대답하는가는 정치를 어떻게 이해하는가에 달려 있다. 즉 좁은 개념으로 이해하는가 아니면 정치를 좀 확장된 개념으로 이해하는가에 달려 있다. 좁은 의미의 정치라는 개념은 한 사회의 정치 질서로서 국가 기관과 관련이 있으며 정치적인 의지를 형성하는 장으로서 선거와 관계가 있는 것이다. 이때 정치 행위라는 것은 의회와 정당 그리고 선거에 한정되는 것이다. 넓은 의미로 이해를 한다면 정치는 사회에서 일어나는 헌법과 법률에 의해 규정된 각 개인이나 단체, 조직, 정당, 사회운동, 의회와 정부의 사회활동을 말한다.

위와 같이 기술한 정치에 대한 개념(좁은 개념, 넓은 개념) 가운데 어떤 것에 찬성할 것인지 토론하자고 하면서, 다음 항목에서 적당한 예를 찾아 근거를 들고 의견을 제시해 보라고 한다. 독자에게 독일 학생에게 하듯이 똑같이 질문한다면 다양한 응답이 펼쳐질 것이다. 아래 예시[2]를 보면서 독자도 어떤 개념에 찬성할 것인지 생각해 보자.

- 환경보호단체의 회원이 되는 것?
- 쓰레기를 분리수거하는 것?
- 동물 실험에 반대하는 행동을 하는 것?
- 교회의 청소년 그룹을 주도하는 것?
- 선거 행사에 가 보는 것?
- 보스니아의 아이들을 위해 모금하는 것?
- 학급대표로 출마하는 것?

---

1. Hans-Peter Frey u. a.(1998), Tatsache Politik 3, Verlag Moritz Diesterweg, p. 61.
2. 앞의 책, p. 61.

- 일자리를 줄이는 것에 반대하는 파업에 참여하는 것?
- 물과 전기를 절약하는 것?
- 선거하러 가는 것?
- 시위에 참여하는 것?
- 학교 총회에서 학생대표가 되는 것?
- 지역 의회에 출마하는 것?
- 누군가가 부당한 대우를 받았을 때 개선하기 위해 노력하는 것?
- 정당의 당원이 되는 것?
- 난민보호소에서 무보수로 독일어 수업을 하는 것?
- 학급대표로 학급회의를 이끄는 것?
- 주거지역에 30km로 자동차 속도제한을 도입하기 위해 시민운동에 참여하는 것?

모든 항목을 정치 활동으로 본다면 '넓은 개념의 정치'를 말한다고 할 수 있고, 국가 기구와 관련이 있고 정치적인 의지를 형성하는 장으로서 의회와 정당 그리고 선거에 한정되는 활동을 정치 활동으로 선택했다면 '좁은 개념의 정치'를 말하고 있다고 할 수 있다. 이 교과서는 정치교육에서 정치는 좁은 개념인지 넓은 개념인지 단정적으로 기술하지 않지만, 학생에게 교과서의 다양한 자료와 활동을 통해 정치를 넓은 개념으로 이해하도록 교과서를 구성하고 있다.

한국과 독일 학교 정치교육의 차이

20세기 중반까지의 독일 정치교육Politische Erziehung은 기존의 정치 체제와 권력관계를 유지하기 위해 학생을 정치 체제에 적응시키거나 순응시키는 역할을 했다. 주로 교화와 주입을 통해 통치 체제를 유지하는 수단이었다. 그러나 현대 독일 정치교육의 기본 목표는 히틀러 체제와 전쟁의 과오를 되풀이하지 않기 위해서 '성숙한 시민'을 육성해야 한다는 전제에서 출발한다. 따라서 독일의 정치교육은 시민이 정치·사회적 상황을 올바르게 판단하고 정치적으로 행동할 수 있도록 다양한 정보를 제공하며, 정치·경제·사회·문화의 발전을 이룰 수 있는 정치의식, 행동 방식, 태도 등을 형성하도록 노력한다. 오늘날의 독일 정치교육Politische Bildung 개념은 정치 체제의 필요성뿐만 아니라 학생 개인의 필요에 집중한다. 학생 개인은 학교 정치교육을 통해 '정치적 성숙'에 필요한 교육을 받게 된다. 정치교육 과목은 정치·경제·사회·문화와 법 등 사회적 공동생활의 문제를 다루고, 이들에 대한 근본적인 질문을 학생이 하도록 중점을 두고 있다. 그와 동시에 정치교육은 언제나 성숙한 개인이 기존 정치 체제를 변혁시킬 필요성을 검토하게 한다. 정치교육은 현재의 사회·정치·경제 지식과 그에 대한 주류 관점과 사회 공동생활의 규칙을 전수하는 것뿐만 아니라, 개인이 모순을 발견한 정치·경제·사회·문화와 법의 구조와 지배 방식을 '변화시키는' 능력을 기르는 것이다. 결국 정치는 추상적 제도 영역일 수 있지만, 실제로는 자신과 직접적으로 관련되어 있고 정치 판단과 정치 행동이 필요함을 느끼게 하는 과목이다.

1948년 정부 수립 이후 한국의 사회과목 교과서는 과목의 일부 단원으로 정치 단원을 싣고 있다. 그러나 좁은 의미의 정치에 대해 학생에게 교육한다고 할 수도 없다. 정치는 권력관계의 내용적 측면(정책, policy), 제도적 측면(정치제도, polity), 절차적 측면(정치 활동, politics)과 정치 참여자의 주장과 행동을 포함하는 다차원적 사건이라고 할 수 있다.[3] 따라서 좁은 의미의 정치는 항상 정치제도만 의미한다. 한국 사회과 교과서의 정치 단원은 내용적 측면(정책)과 절차적 측면(정치 활동)은 다루지 않고 제도적 측면(정치제도)만을 다루고 있다. 입법부를 소개한다면 입법부가 어떻게 구성되어 있는지(제도 지식)을 소개할 뿐 입법부에서 어떤 정책들이 어떻게 논의되고 있는지(내용적 측면), 입법부의 논의와 결정 사항들이 행정부와 사법부에 어떤 영향을 끼치고 어떻게 조정되고 합의되는지(정치 활동)는 다루지 않는다. 쉽게 말하면 정치제도(정치 시스템)의 종류만을 교화하고 주입하고 있다. 다시 말하면 정치·경제·사회·문화와 법 영역에서 전체 사회적 공동생활의 근본적인 질문과 문제를 다루지 않고 있다. 이 책 I부에서 논의한 독일 정치교육과 같은 역할은 한국 사회과 교육에서는 기대할 수 없다.

독일 정치교육의 목표: 계몽과 성숙

근대 계몽주의를 정점에 올려놓았다고 평가되는 임마누엘 칸트가 말한 '계몽'이란 사람들의 자율적 주체 형성을 강조하는 의미일 것이라고 짐작했었다. 이 계몽의 모습이 어떤 모습인지 이번 번역본을 읽으며 어슴푸레하게나마 짐작하게 되었다. 그의 저서『순수이성 비판』,『실천이성 비판』,『판단력 비판』의 제목을 들을 때면 늘 주눅 들곤 했지만, 이 책들의 정신을『독일 정치교육』을 통해 어렴풋하게나 미루어 짐작할 수 있었다고 말한다면 칸트 철학 전공자들에게 지청구를 들을지도 모르겠다. 칸트가 살아 있어서 이 책을 읽고 현재 독일 학교의 모습을 본다면 자신이 말한 '계몽'이 독일에서 이루

---

3. Gesellschaft für Politikdidaktik und politische Jugend- und Erwachsenenbildung(GPJE)(2004), Anforderungen an Nationale Bildungsstandards für den Fachunterricht in der Politischen Bildung an Schulen Ein Entwurf, Wochenschau, p. 10.

어지고 있다고 흐뭇해하지 않을까. 칸트의 「계몽이란 무엇인가 하는 문제에 대한 답변」은 1784년 《베를린 월간 학보》에 발표되었는데, 이 글은 곧장 계몽 개념을 다음과 같이 정의하면서 시작한다.

"계몽이란 인간이 스스로의 잘못으로 초래한 미성년 상태로부터 벗어나는 것이다. 미성년 상태란 다른 사람이 이끌어 주지 않으면 자신의 지성을 사용할 수 없는 무능력 상태를 말한다. 이러한 미성년 상태가 지성의 결핍 때문이 아니고 다른 사람의 지도를 받지 않고서 지성을 사용할 결단력과 결핍 때문이라면 미성년 상태는 스스로의 잘못으로 초래한 것이다. 과감히 알려고 하라! 자기 자신의 지성을 사용할 용기를 가져라! 이것이 계몽의 슬로건이다."[4]

위에 소개한 내용 중 "과감히 알려고 하라! 자기 자신의 지성을 사용할 용기를 가져라!"라는 슬로건의 가능성을 이 책에서 확인할 수 있다. 칸트 이후 200여 년 만에 그의 주장이 독일에서는 정치교육 과목을 통해 이루어져 가고 있다고 표현하고 싶다. 윗글에서 '미성년 상태'란 '미성숙의 상태'라는 의미일 것이다. 정치교육이란 '미성숙의 상태'에서 성숙한 상태로 변화시키는 과정이다.

시민교육 유형에 비추어 본 독일 정치교육
: 독립적·비판적 시민성 유형?

최근 영미권과 유럽 각국의 학교 시민교육 유형에 관한 연구가 이

---

4. 이마누엘 칸트 외, 임홍배 역(2020), 『계몽이란 무엇인가』, 도서출판 길, p. 28.

루어지고 있는데, 대체로 자유주의 시민성 유형, 시민공화주의 시민성 유형, 비판적 시민성 유형으로 대별된다. 여기에 필자가 경험하고 있는 현재 대한민국의 국가주의적 혹은 민족주의적 국민교육 모습의 유형을 '국가주의 시민성' 유형으로 추가하여 각각의 특징[5]을 요약 정리하면 다음과 같다.

- **국가(민족)주의 시민성 유형** 권위주의 정권이나 일부 약한 민주주의 국가들에 의한 시민교육으로 주로 시민이 자신의 민족국가를 유지하는 데 애국적 역할을 하도록 국가주의적 교육 의제가 제시된다. 정부의 이념적 지향에 따라 교육 내용이 바뀌기 쉽다.
- **자유주의 시민성 유형** 자유민주주의의 원래 의미는 일반적으로 '얇은thin 민주주의'로 간주된다. 자유민주주의는 시민이 공적 생활에 최소로 참여하고 선거에 참여하는 것을 의미한다. 정부는 일반적으로 시민의 권리와 재산 보호에 제한된 권한을 가질 뿐이다. 이 유형은 자기 이익을 지지하는 행동을 할 수 있는 자율적 시민을 만들고, 이런 목적을 달성할 수 있는 기본적인 수준의 정치 지식과 기술을 교육하는 데 중점을 둔다. 공적·사적 이익을 위한 결정을 이해하는 시민 능력이 부족하므로 이 유형의 시민교육은 지식과 기술, 참여 성향에 초점을 맞춘다. 이 자유주의적 유형의 명시적인 가치들은 절차적 규칙(가치의 다양성, 관용)과 법 앞의 평등이다. 이 유형의 시민성 교육은 가치를 명시적으로 가르치는 것보다 '객관적' 또는 '가치 중립적' 지식에 중점을 둔다.

---

5. Murray Print 편저, 김국현 역(2020), 『시민교육과 정치교육』, 한국문화사, pp. 34-41에서 재구성.

- **시민공화주의 시민성 유형** 이 유형은 자유주의 전통에 비해 시민의 공적 영역에서 정치적 행동을 강조하며, 평등하고 자유로운 시민으로서 정치 공동체에 적극적으로 참여할 필요성을 강조한다. 더 큰 자유를 보장하는 민주적 과정과 제도를 유지하기 위해 시민에게 더 많이 참여할 것을 요구하며, 시민을 사회변화를 위한 실정법의 실행자이자 부패를 방지하는 수단으로 본다. 공화주의 모델에서 가치는 명시적이며 핵심이 된다. 이러한 가치는 공공정신, 연대, 그리고 공동선을 위해 행동할 책임, 정치 참여가 중요하다는 신념이다. 그러므로 공화국이 추구하는 가치는 명시적이며 핵심적인 교육 내용이 된다.
- **비판적 시민성 유형** 이 유형은 사회 정의를 향상시키고, 권력관계의 불평등을 줄이려 하며 더 역동적인 민주주의관에 초점을 맞추고 있다. 기본적이고 명시적으로 평등의 가치에 기초하며 제도적 현상 유지를 비판한다. 이 유형의 시민교육은 사회 문제와 부정의를 비판적으로 분석하는 역량(예: 노숙자에게 음식을 주기 위해 모금하는 것만이 아니라 그 사람들이 노숙자인 이유를 묻는 것)을 키우는 것을 교육 목표로 한다. 이 유형의 시민교육은 공감과 연대 등 사회적 가치를 학습하는 능력을 강조한다. 집단 행동은 일반적으로 장려되지만, 개인 행동보다는 사회적 변화를 만드는 사회운동 맥락을 강조한다.

한국은 국가(민족)주의 시민성 유형에서 자유주의 시민성 유형으로 이동하려고 지난 30여 년간 의지를 표명(교육기본법에 규정된 교육 목표는 학생이 민주시민의 자질을 갖추게 함이다)해 왔지만, 집권 세력의 정치적 입장에 따라 두 유형 사이에서 배회하고 있다. 주로 영국, 미국 등의 시민교육은 자유주의적 시민성 유형에 속한다. 경제 체제는 자본주의(자유시장경제 체제)를 택하고 있다. 대표적인 공화주의 시민성 유형은 프랑스이다. 경제 체제는 자본주의를 택하고 있지만 프랑스 혁명 이후에 형성된 공화주의 정부 체제를 유지하고 있다. 독일의 정치교육을 시민교육 유형과 비교할 수 있는지는 의문이지만 부득불 시민교육 유형의 틀에서 분류해 본다면 비판적 시민성 유형이라고 할 수 있다. 그런데 독일의 문서상의 학교 정치교육은 비판적 시민성보다 한 단계 더 심도 있는 '독립적·비판적 시민성 유형'으로 분류할 수 있지 않을까. 독일의 경제 체제는 '사회적 시장경제' 체제이기 때문이다.

독일 정치교육에서 강조하는 역량과 학습 목표

노르트라인베스트팔렌주 정치교육 지침을 소개하는 이유

독일연방의 주들은 문화·교육 고권에 따라 각 주의 교육과정들을 독자적이고 지속적으로 수정 보완하고 있다. 각 주의 사회과목 교육과정은 각 주의 집권 정치세력에 따라 정치적 영향을 받을 수밖에 없어 통일된 정치교육 교육과정은 존재하지 않는다. 각 주의 교육과정 중에서 정치교육의 목표를 비교적 명확하게 기술한 노르트라인베스트팔렌주의 중등학교(중등교육 1단계[5~10학년], 중등교육 2단계[11~13학년]) 정치교육 지침[6] 중에서 역량과 그 학습 목표의 일부를 소개한다. 이 지침의 초판은 1973년, 제2판은 1974년에 나왔다. 오랫동안 예고되었던 3판은 이 책 I부 「정치교육 역사」에서 소개한

---

6. 노르트라인베스트팔렌주 문화부와 과학연구부(1987), 『정치 교육 지침』(3판). Des Kultusministeriums und des Ministeriums für Wissenschaft und Forschung des Landes Nordrhein-Westfalen(1987), Richtlinien für den Politikunterricht(3. Auflage).

보이텔스바흐 합의가 나오고도 시간이 한참 흐른 후에 다시 나오게 되었다. 3판(1987년)은 그동안의 정치교육 지침 내용을 발전시킨 것이라고 한다.

독일 정치교육의 역량과 학습 목표는 한국 사회과, 도덕과 교사가 다소 버겁게 느낄 수도 있을 것이다. 독일에서 가장 진보적인 혹은 좌파적인 주정부의 교육과정을 소개하는 것이 아닌가 하는 의심이 들 수도 있다. 그러나 이 내용은 1992년 12월(노태우 정부 시기)에 한국교육개발원에서 출판된 〈독일의 교육통합〉[7]이라는 연구보고서에서 노르트라인베스트팔렌주의 1987년 중등학교 정치교육 지침의 일부로 소개된 바 있다. 이 보고서 머리말에서 한종하 한국교육개발원장은 "통일 선에 (…) 정치교육을 통하여 서독 국민들에게 민주주의 정치-경제 체제와 국제 정치 현실을 합리적으로 판단하고 이에 대응하여 행동할 수 있게 자세를 함양해 온 노력을 망각하면 아니 될 것이다", (한국의) "통일에 대비하는 교육정책의 방향과 과제를 모색하는 데 있어서 독일이 국가 통일을 전후하여 어떠한 교육정책을 전개했었는가를 살펴보는 것은 우리에게 매우 현실적이고 구체적인 시사점을 제공할 수 있을 것으로 본다"[8]라고 표현했을 정도로, 그 당시에 독일 학교 정치교육에 대한 관심이 높았다. 30년이 지난 지금 다시 관심을 기울여야 하지 않을까.

노르트라인베스트팔렌주 정치교육 역량 12가지

역량은 교육의 기본 방향을 나타내는 것이다. 우리나라에서는

---

7. 한국교육개발원 교육정책연구본부 통일교육연구부에서 2개년도 연구사업으로 추진했던 '통일에 대비한 교육정책 연구'의 일환으로 독일이 통일 전후에 추진한 교육정책을 살펴본 1992년 보고서이다.
8. 박재윤·백성준(1992), 『독일의 교육 통합. 연구자료 RM92-4』, 한국교육개발원, 머리말.

2015 개정 교육과정부터 '핵심역량'을 도입한다고 하더니 2022 개정 교육과정부터는 '역량과 주도성'을 기르겠다고 강조하고 있다. 역량 교육을 전 세계적으로 확산시킨 OECD의 DeSeCo 프로젝트는 2003년에 핵심역량을 세 가지 범주(사회적으로 이질적인 집단에서의 상호작용 능력, 자율적인 행동 능력, 여러 도구를 상호적으로 활용하는 능력)로 발표했고, 2019년에는 학습자를 중심에 놓고 학습의 개념적 틀을 규정하는 'OECD 학습 나침반 2030 OECD Learning Compass 2030'을 발표하였다. 학습자에게 중요한 역량으로 세 가지 '변혁적 역량(새로운 가치 창조하기, 긴장과 딜레마에 대처하기, 책임감 갖기)'를 강조하고 있는데, 이 변혁적 역량의 생생하고 구체적 모습이 이미 1987년에 노르트라인베스트팔렌주의 중등학교 정치교육 지침에 구현되어 있었다고 생각한다. 여기에 소개하는 역량은 서로 긴밀하게 결합되어 있고 서로 연결되어 있다. 역량 사이에 우선순위는 없다. 각 역량을 고립시키거나 몇 가지만을 지나치게 강조하면 정치교육의 개별 수업에서 정치적인 문제에 대한 다양한 접근 방식을 소홀히 하게 된다.

여기에 소개하는 역량 12가지[9] 중에서 '역량 11: 환경 문제 및 미래 보장과 관련된 역량'과 '역량 12: 일과 직업과 관련된 정치적인 차원의 역량'은 3판(1987년)에서 더 보완하고 정리하여 포함시켰다고 한다.[10]

〈역량 1〉 사회·정치·경제 질서 속에서 나름대로의 방향을 잡고
그 질서의 강제와 지배 관계 그리고 그 질서 자체를 아무

---

9. 각주 6의 자료, pp. 17-19.
10. Des Kultusministeriums und des Ministeriums für Wissenschaft und Forschung des Landes Nordrhein-Westfalen(1987), Richtlinien für den Politikunterricht(3. Auflage), p. 3.

런 검증 없이 받아들이는 것이 아니라 그것들의 의미, 목적, 필연성 등에 대해 의문을 제기하고 그것들의 토대가 되고 있는 이해, 규범, 가치들을 비판적으로 검증할 수 있는 능력과 그것을 위한 자세.

〈역량 2〉 사회·정치·경제적 구조의 지배 관계, 결정 과정 등에 참여할 수 있는 기회를 인식하고 이용하며 확대시킬 수 있는 능력과 그것을 위한 자세.

〈역량 3〉 사회·정치·경제적 구조에서 의사소통의 조건을 분석하고 동기, 이해, 권력의 흐름에 근거해서 검증하며 참여의 기회를 늘려가는 능력과 그것에 필요한 자세.

〈역량 4〉 정치적 결정의 상황에서 생각하고 정당을 선택하며, 때에 따라서는 반대와 개인적인 손해를 감수하면서도 민주주의적 규정에 따라 결정을 실현시키려는 시도를 할 수 있는 능력과 그것에 필요한 자세.

〈역량 5〉 자기 자신의 권리를 알고 가능하면 자기의 이해를 연대적으로 타협할 자세를 갖춘 채 주장할 수 있을 뿐만 아니라, 사회에서 이익과 손해를 본 사람의 이익도 고려하고 때에 따라서는 우선권을 주기도 할 줄 아는 능력과 그것에 필요한 자세.

〈역량 6〉 갈등의 사회적 순기능을 인식하는 능력과 적합한 사상을 선택함으로써 갈등의 해결에 참여하려는 자세.

〈역량 7〉 자기 나름대로의 행복을 발전시키고, 사회적 책임 속에서 다른 사람의 행복도 가능하도록 하게 하는 능력과 그것에 필요한 자세.

〈역량 8〉 개인적 문제나 사회적 문제에 직면했을 때 솔선수범하고, 피해자가 이의를 제기할 수 있는 여건을 만들어 줄 수 있는 능력과 그러한 자세.

〈역량 9〉 다양한 사회집단에 소속되어 함께 일하면서 어려움을 견디 내고, 자기 발전의 기회를 활용하며 관용을 베풀 수 있는 능력과 그것에 필요한 자세.

〈역량 10〉 다른 사회의 권리와 자주성을 인정하고, 올바른 평화적 질서와 피해받은 민족의 이해를 옹호할 수 있는(비록 그러한 행위를 통해서 자기가 속한 사회가 부담을 짊어지게 되더라도) 능력과 그것에 필요한 자세.

〈역량 11〉 자기 자신의 행동뿐만 아니라, 사회적 활동에 참여하는 것을 통해서 미래의 생활조건을 보장하는 데 대한 책임을 분담할 수 있는 능력과 그것에 필요한 자세.

〈역량 12〉 노동이 어느 정도까지 개인과 사회의 생존 보장을 위해 필요한 것이고, 자기실현과 정치적 참여를 위한 토대는 어느 정도까지 가능한가를 인식할 수 있는 능력과 인간적인 노동의 조건을 만들어 가는 데 진력할 수 있는 자세.

위에서 소개한 역량 중에서 〈역량 1〉, 〈역량 4〉, 〈역량 5〉, 〈역량 12〉 등은 독일 정치교육 교과서에서 주로 확인할 수 있었던 역량이다. '사회·정치·경제 질서의 필연성 등에 대해 의문 제기', '사회 질서의 이해관계, 규범, 가치들을 비판적으로 검증', '개인적인 손해를 감수하면서도 민주주의적 규정에 따라 결정을 실현시키려는 시도', '손해를 본 사람의 이해도 고려하고 때에 따라서는 우선권을 주기도 할 줄 아는 능력', '노동이 어느 정도까지 개인과 사회의 생존 보장을 위해 필요한지 인식', '인간적인 노동의 조건을 만들어 가는 데 진력할 수 있는 자세' 등과 같은 취지의 교육과정 내용이나 교과서의 내용 혹은 이 비슷한 취지의 어휘조차도 한국 사회과 교육 과정에서 보기 어렵다. 그 이유는 이 책에서 다루는 독일 정치교육 Politische Bildung의 개념이 우리나라 교육과정에는 자리 잡을 수 없고(분과학문적 과목과 명시적 지식들이 이미 자리 잡고 있기에), 정치적으로도 허용되지 않았기 때문(소위 진보 정권이 들어선 적은 있었지만 그 시기에 사회과 교육 관련 학자들이 이런 시도를 해 본 적이 없었다)이다.

앞의 역량 1, 2, 4에 속하는 학습 목표

학습 목표는 역량의 내용을 더 구체적으로 발전시킨 것으로 해당 역량을 실질적이고 교수학습법적으로 개발하기 위한 것이다. 하지만 여기에서 소개하는 학습 목표들은 개별적인 수업 지도 계획에 직접 적용할 만큼 구체적이지는 않다. 이 학습 목표는 정치교육 지침에서 구속력 있는 학습 목표로서 구체화된 것이 아니다. 그러므로 교사들은 수업 주제와 관련하여 수업 목표와 기대 수준을 좀 더 정확하게 기술할 수 있어야 한다. 여기서는 위에서 언급한 12가지의 역량 중에 상대적으로 한국에서 더 강조해야 할 〈역량 1〉, 〈역량 2〉, 〈역량 4〉에 해당하는 학습 목표를 소개한다.[11]

〈역량 1〉의 학습 목표

1.1. 사회·정치·경제적 조직들과 그들의 활동, 권한 그리고 그들이 행사하는 강제력을 분석할 수 있는 능력
1.2. 사회의 가치관에 저항해서 자기 나름대로의 책임성 있는 입

---

11. Des Kultusministeriums und des Ministeriums für Wissenschaft und Forschung des Landes Nordrhein-Westfalen(1987), Richtlinien für den Politikunterricht(3. Auflage), pp. 19-23.

장을 세울 수 있는 능력과 그것에 필요한 자세
1.3. (정치적 경험과 소망하는 이상적 형태 사이의 갈등 속에서) 정치적 규정과 질서에 대한 척도를 발견하고, 그것을 검증하며 또한 합법적인 지배 질서 속에서 어떤 종속관계가 필요한가를 판단할 수 있는 능력과 그것에 필요한 자세
1.4. 합법적인 지배 질서 속에서 필요 불가결한 종속관계를 인정하는 자세
1.5. 필요한 것이라고 생각되지 않는 종속관계나 예속을 비판적으로 검증하고, 만약 그것들이 민주적 사회 질서에 위배될 경우에는 그것에 대항하는 자세
1.6. 권력 남용과 민주주의를 위협하는 요소에 대해 저항할 수 있는 능력과 그것에 필요한 자세
1.7 사회의 미래 모델에 대한 논의에 참가하고, 논의에서 얻어진 목표를 현실과 연계시켜서 민주주의의 가능성을 실현하는 행동으로 실천할 수 있는 능력과 자세

〈역량 2〉의 학습 목표
2.1 사회적 과정이나 경제적 과정의 정치적인 성격을 인식할 수 있는 능력
2.2 국가기관이나 사회단체들이 규칙과 요구의 근거로 내세우는 논거를 분석하고, 이것에 대항할 수 있는 능력
2.3 정치적 활동 공간을 현실적으로 평가할 수 있는 능력
2.4 현재의 정치 활동 공간을 활용하고, 정치 활동 공간의 제한을 막을 수 있는 능력과 자세
2.5 정치적 활동 공간을 확대하고, 자신과 다른 사람을 위해 더 높은 수준의 자기 결정권을 확보할 수 있는 능력

〈역량 4〉의 학습 목표

4.1 정치적 대상에서 논쟁적인 것을 인식할 수 있는 능력
4.2 주어진 정치적, 사회적, 경제적 문제 상황에서 문제를 제기하고, 대안적 해결 방안을 제안하고, 실현 가능성을 검증할 수 있는 능력과 자세
4.3 정치적으로 다른 생각을 지닌 사람들이나 정치적인 반대자들의 동기와 이해관계를 이해하고, 이들의 행동을 분석하고 평가할 수 있는 능력과 자세
4.4 정치적 갈등 상황에 참여하여 자신이 내린 결정을 실천할 수 있는 능력
4.5 어떤 문제에 제기된 여러 가지 해결 방안 중에서 근거를 가지고 선택을 할 수 있는 능력과 경우에 따라서는 결정한 것을 관철시키기 위해 노력하는 자세
4.6 자신이 관여한 것에 대해 반대하는 압박을 받거나 부담을 지게 되더라도 주장할 수 있고, 민주적인 여론 형성 과정과 의사결정 과정으로 이끌어 갈 수 있는 능력과 자세

〈역량 1〉의 내용과 그에 따른 학습 목표를 연결하기 위해 다음과 같이 한 문장으로 기술할 수 있다. 정치교육에서 사회·정치·경제 질서의 강제와 지배 관계 그리고 그 질서들의 의미, 목적, 필연성 등에 대해 의문을 제기하고 그 토대가 되는 이해관계, 규범, 가치들을 비판적으로 검증할 수 있는 능력과 자세를 형성하기 위해서 학생은 정치교육 수업에서 사회·정치·경제 조직들과 그의 활동, 권한 그리고 그들이 행사하는 강제력을 분석할 수 있는 능력과 사회의 가치관에 대항해서 자기 나름대로의 책임성 있는 입장을 세울 수 있는 능력, 불필요한 종속관계나 예속을 비판적으로 검증하고 그것이 민

주적 사회 질서에 위배될 경우에는 그것에 저항하는 자세, 권력 남용과 민주주의를 위협하는 요소에 대해 저항할 수 있는 능력을 키울 수 있어야 한다.

앞서 살펴본 12가지 역량과 그에 따른 학습 목표를 바탕으로 독일 학교 정치교육의 모습을 유추해 볼 수 있다. 그뿐만 아니라 이 책의 내용이 이런 모습을 구현하기 위한 부단한 노력의 집합체임을 확인할 수 있다. 그리고 그동안 OECD에서 발표했던 핵심역량의 기반은 1987년 노르트라인베스트팔렌주의 정치교육 역량 12가지일 것이라고 말하고 싶다. 그런데 OECD에서 발표하는 역량은 독일 학교교육에서 강조하는 비판적 역량을 그다지 강조하지 않는다. 자유주의 시민성 교육 유형에 해당하는 나라들이 주류를 이루는 OECD 소속 국가들의 한계가 그대로 '역량'에 반영되었다고 할 수 있다.

독일 정치교육학회의 정치교육 역량

위와 같은 흐름 속에서 독일 '정치교수법 및 청소년과 성인을 위한 정치교육학회GPJE'는 2003년 9월 16일 〈학교 정치교육 과목에 대한 국가교육 표준요구사항〉을 발표하면서 연방 교육문화부장관 회의에 통일된 과목명[12](정치교육)으로 신속하게 변경할 것을 권고하였다.[13] 이 국가교육 표준요구 사항은 '1부 정치교육 과목의 개요, 2부 정치교육 역량의 범위, 3부 정치교육 역량의 범위에 대한 기준, 4부 과제 예시'로 구성되어 있다. 이 '4부 과제 예시'에서는 초등학교·중학교·고등학교·실업학교 교육과정을 위한 수업 사례를 제시하고 있다. 여기에서는 2부의 정치교육 역량과 3부에서 제시한 초

---

12. '사회과, 정치, 정치교육, 일반사회 과목(현대 사회에 대한 수업)' 또는 '사회과학'과 같은 수많은 과목 명칭을 '정치교육'으로 통일하라는 권고이다(Ⅱ부 참조).

등학교 4학년에서 중등과정으로의 이행을 위한 역량 기준을 소개한다. GPJE가 강조하는 역량은 다음과 같다.[14]

- **정치적 판단 역량** 정치적 사건, 문제 및 논쟁은 물론 경제 및 사회 발전의 문제를 사실과 가치에 기반한 관점에서 분석하고 판단할 수 있는 역량
- **정치적 행동 역량** 의견, 신념 및 관심사를 표현하고, 다른 사람에게 적절하게 자기주장을 표현하며, 협의 과정을 주도하고, 타협에 도달할 수 있는 역량
- **방법적 활용 역량** 현재 정치뿐만 아니라 경제, 법률 및 사회 문제에 대해 독립적으로 방향을 잡고, 다양한 방법을 사용하여 사회 문제를 다룰 줄 알며, 자신만의 정치 학습을 개발할 수 있는 역량

GPJE의 〈학교 정치교육 과목에 대한 국가교육 표준요구사항〉 중 3부 정치교육 역량의 범위에 대한 기준에서는 초등학교·중학교·고등학교·실업학교 각각의 정치교육 역량(정치적 판단 역량, 정치적 행동 역량, 방법적 활용 역량)에 대해 교육 기준을 제시하고 있다. 여기에서는 초등학교 4학년에서 중등 과정으로 이행하기 위한 역량 기준[15]만을 소개한다.

---

13. Gesellschaft für Politikdidaktik und politische Jugend- und Erwachsenenbildung(GPJE)(2004), Anforderungen an Nationale Bildungsstandards für den Fachunterricht in der Politischen Bildung an Schulen Ein Entwurf, Wochenschau, p. 7.
    권고 내용은 다음과 같다. "중학교, 고등학교, 그리고 실업학교에서 정치교육(politische Bildung)으로 표기. 이 명칭은 이 과목을 일방적으로 정치학과 관련된 연계학문으로 확정하려는 것이 아니라, 대상 영역과 교육 과제를 똑같이 강조하기 위해서 제안한다."
14. 앞의 책, pp. 13-18.

3.1 초등학교 4학년에서 중등 과정으로 이행을 위한 교육기준 (초등학교 4학년 말)[16]

정치적 판단 역량을 위한 교육 기준

학생은 다음을 할 수 있다.

- 다양한 정치적 수준에서 선택한 공공기관의 임무를 예를 들며 설명할 수 있다.
- 함께 생활하기 위한 규칙과 법의 중요성을 설명하고 평가할 수 있다.
- 학교 생활에서 다양한 민주적 의사결정 절차(예: 학급 평의회[17], 학급대표)를 인식하고 설명할 수 있다.
- 사람들의 생활 조건과 정치, 경제, 법, 사회에 대한 다양한 관점 사이의 연관성을 이해할 수 있다.
- 소비자로서 자신의 상황을 인식한다.
- 노동의 세계에 대해 조사한 내용을 사용하여 사람들을 위한 정치적 과제로서의 노동과 소비에 대한 구체적인 질문에 대해 토론한다.

---

15. 앞의 책, pp. 19-20.
16. 독일의 초등학교는 일반적으로 1학년에서 4학년까지 있다. 따라서 4학년 말 이후는 중등 교육과정으로 진입하기 때문에 교육과정상 중요한 시기이다. 독일에서 초등학교 4학년 말 기준이란 의미는 한국에서는 초등학교를 졸업하는 시기의 교육 기준이라는 의미가 될 수 있다.
17. 학급 평의회는 학급 협의회라고도 번역되는데, 한국의 학급 회의를 의미한다. 우리의 학급 회의는 형식적으로 진행하는 경우가 많은데, 독일의 경우는 학급 협의회에서 학생들은 어릴 때부터 민주적으로 행동하는 것을 연습한다. 즉, 그룹에서는 자신의 고민을 토론하고 문제를 해결하며, 다수의 의견을 수용하고 소수 의견을 존중한다. 토론과 의사결정 과정이 어떻게 이루어지는지 경험하게 된다. 이러한 방식으로 학생들은 학급 평의회라는 보호된 환경에서 스스로 민주주의를 형성하는 방법을 배우며, 이는 학교 민주주의 교육의 기초가 된다[https://www.derklassenrat.de/der-klassenrat 참조].

- 현재 관심 있는 정치적 사건과 갈등에 대한 질문과 의견을 표현할 줄 안다.

정치적 행동 역량을 위한 교육 기준

학생은 다음을 할 수 있다.
- 특정의 사회 문제에 대해 자신의 판단을 내리고 판단의 근거를 제시하며, 다른 사람들의 입장을 용인할 수 있다.
- (문화적, 사회적, 정치적, 성별 등에 따른) 차별에 대처할 줄 알고, 자신의 관점을 개발하고 타협을 이끌어 낼 수 있다.
- 학급의 민주적 결정을 존중하고 반영하여 실행한다.
- 학급 내 의사결정에서 합의에 기반한 타협이 불가능한 경우는 민주적 의사결정 절차로서 다수결 원칙을 실천한다.

방법적 활용 역량을 위한 교육 기준

학생은 다음을 할 수 있다.
- 사회적 상황을 구체적으로 관찰하고 관찰한 내용을 발표할 수 있다.
- 주제와 관련된 사회적 상황을 재미있는 방식으로 시뮬레이션(모의실험)할 수 있다.
- 정치수업 주제에 대한 짧은 발표의 초안을 작성하고 발표할 수 있다.
- 수업 주제에 대한 정보를 얻기 위해 책과 전자 매체, 특히 어린이를 위한 인터넷(예: 어린이 검색 엔진)을 사용할 수 있다.

위의 세 가지 능력 중 가장 기본이 되는 역량은 첫 번째로 제시된 '판단 역량'이다. 판단의 과정과 결과가 정확해야 올바른 행동이 이어질 수 있기 때문이다. 판단은 사람이나 사실(상황)에 대한 진술로 나타난다. 이런 판단은 진술 또는 분석 판단(사실적 판단)과 자격 또는 규범 판단(가치 판단)으로 구분할 수 있다. 사실 판단을 위해 정치적 공공 영역, 경제 및 사회적 사건에 대해 어떤 문제 또는 갈등이 있는지 교과서 학습자료를 바탕으로 지속적으로 관련된 질문을 한다. 학생들이 진술을 하고 결론이나 해석을 내리도록 한다. 가치 판단을 위해 윤리적 관점에서 사건이나 문제 또는 사회적 갈등을 평가하게도 한다. 이런 판단에는 어떤 일을 해야 하거나 하면 안 된다는 판단이 따른다. 현실적이고 구체적인 사회적 문제에 대한 판단에는 사실 측면과 가치 측면이 서로 섞여 있는 경우가 많다. 현실에 대한 다양한 관점, 서로 다른 가치관, 다양한 조건은 다양한 판단으로 이어진다. 그러므로 독일 학교 정치교육 교과서들에는 교과서에 자료로 제공되고 있는 사건이나 현상들이 사실인지 아닌지를 묻는 질문(사실판단)과 어떤 관점이나 가치관 그리고 조건들을 고려하여 학생들이 판단하는지를 묻는 질문(가치판단)이 계속적으로 제시되고 있다.

바덴뷔르템베르크주 교육과정의 역량

2016년 개정된 바덴뷔르템베르크주 '사회연구Gemein-schaftskunde' 과목 교육과정에서 강조하는 역량은 정치교수법 및 청소년과 성인을 위한 정치교육학회GPJE의 정치교육 역량보다 구체적으로 기술되어 있다. '사회연구' 과목의 중등 교육과정에 기술된 '역량'은 다음과 같다.[18]

---

18. Ministerium für Kultus, Jugend und Sport Baden-Württemberg(2016), Gemeinsamer Bildungsplan der Sekundarstufe I, Gemeinsachfatkunde, p. 5.

교육과정에서 역량은 분석, 판단, 행동, 방법 역량의 네 가지 역량 영역으로 나뉜다. 이 네 가지 역량 영역은 '사회연구' 과목의 핵심 목표이다.

- **분석 역량** 소속된 공동체의 정치 현상을 깊이 있게 이해하기 위한 전제 조건은 사회적, 정치적, 경제적 과정을 분석하는 것이다. 여기서 정치는 문제 해결에서 집단적인 갈등에 휩싸이는 과정으로 이해된다. 구속력 있는 결정은 적어도 민주주의 국가에서는 집단적이고 민주적으로 내려진다. 정치적 상황은 끊임없이 변화하기 때문에 정치는 계속적인 문제 해결 과정으로 이해할 수 있다.
- **판단 역량** 분석력과 판단력은 밀접한 관련이 있다. 학생은 근거 있는 분석을 바탕으로 정치적 이슈와 문제에 대한 자신의 입장을 발전시켜야 한다. 개인이 세상과의 관계를 정의하는 것은 판단을 통해서이기 때문에, 정치를 다룬다는 것은 항상 기준에 따라 판단을 내리는 것을 의미한다. 그렇게 할 때 학생은 정치과목의 특성을 고려하고 자신의 관점의 이해관계를 인식하게 된다.
- **행동 역량** 정치교육의 주요 목적은 정치적으로 개입하여 '자신의 문제에 개입'하는 책임감 있는 시민을 육성하는 것이다. 정치교육은 분석과 정치적 판단의 영역뿐만 아니라 모의적이고 실용적인 정치 행동의 수준까지 포함한다.
- **방법 역량** 정치적 질문과 관련 문제를 다룰 수 있으려면 학생은 다양한 일반적 방법과 주제별 방법이 필요하다. 여기에서는 다양한 미디어를 비판적으로 다루는 것이 가장 중요하다. 정보를 얻고 평가하는 것 외에도 결론을 제시하는 것도 방법 역량의 일부이다. 방법 역량의 개선은 학생의 분석, 판단 및 행동 능력의 개발을 촉진하는 역할을 한다.

앞에서 살펴본 GPJE의 정치교육 역량에서는 정치적 판단 역량, 정치적 행동 역량, 방법 활용 역량 세 가지를 들었는데, '정치적 판단 역량'에 대해 바덴뷔르템베르크주의 역량에서는 이를 더 세분화하고 구체화해서 '분석 역량'과 '판단 역량'으로 나누어 제시함으로써 학생이 사회적 정치적 현상에 대해 '분석하는 능력'을 강조하고 있다.

한국 사회과 교육에서 강조하는 역량과 학습 목표

한국 사회과에서 강조하는 역량

한국의 민주시민교육을 주요 교육 목적으로 하는 과목은 사회과목이다. 한국의 사회과는 역사 과목, 지리 과목, 일반사회 과목이 묶여 있는 사회과목군이라고 할 수 있는데, 교육부의 '사회과 교육과정' 문서에는 이 과목들의 교육과정이 한 문서 안에 고시되어 있다. 한국의 사회과 교육과정 문서에 나타난 역량은 다음과 같다.[19]

사회과는 민주시민으로서 갖추어야 할 자질을 함양하는 데 필요한 창의적 사고력, 비판적 사고력, 문제 해결력 및 의사결정력, 의사소통 및 협업 능력, 정보 활용 능력 등의 교과 역량을 육성하는 데 중점을 둔다. 창의적 사고력은 새롭고 가치 있는 아이디어를 생성하는 능력을 의미하며, 비판적 사고력은 사태를 분석적으로 평가하는 능력을 의미한다. 문제해결력 및 의사결정력은 다양한 사회적 문제를 해결하기 위해 합리적으로 결정하는 능력을 의미하

---

19. 교육부(2018), 「사회과 교육과정」(교육부 고시 제2018-162호), [별책 7](교육부 고시 제2015-74호의 일부개정), p. 3.

며, 의사소통 및 협업 능력은 자신의 견해를 분명하게 표현하고 타인과 효과적으로 상호작용하는 능력을 의미한다. 또한 정보 활용 능력은 다양한 자료와 테크놀로지를 활용하여 정보를 수집, 해석, 활용, 창조할 수 있는 능력을 의미한다.

한국 사회과 교육과정에서는 학생이 함양해야 할 역량으로 창의적 사고력, 비판적 사고력, 문제해결력 및 의사결정력, 의사소통 및 협업 능력, 정보 활용 능력을 제시하고 있다. 이 능력들을 앞에서 제시한 독일 GPJE와 바덴뷔르템베르크주의 정치교육 역량과 비교해 보면, 한국의 '비판적 사고력'은 GPJE의 '정치적 판단 역량'이나 바덴뷔르템베르크주의 '분석 역량', '판단력'과 같은 역량이라고 이해할 수도 있다. 한국의 '문제해결력 및 의사결정력'과 '의사소통 및 협업 능력'은 정치교육학회GPJE의 '정치적 행동 역량'과 바덴뷔르템베르크주의 '행동 역량'에 해당하며, 한국의 '의사소통 및 협업 능력'과 '정보 활용 능력'은 GPJE의 '방법론적 활용 역량'이라고 할 수 있다.

그런데 한국은 이러한 능력을 함양하기 위한 역량의 정확한 의미나 해당 역량의 교육 기준을 제시하지 않고 있다. 그리고 각 역량의 개념 또한 매우 모호하게 기술되어 있다. 예를 들어 비판적 사고력은 '사태를 분석적으로 평가하는 능력'이라고만 기술할 뿐, 이에 대한 구체적 개념이나 교육 기준이나 사례들을 제시하지 않는다. 바덴뷔르템베르크주는 GPJE의 정치적 판단 능력을 '분석 역량'과 '판단 역량'으로 나누어 구체적으로 설명함으로써 학생의 분석 역량도 강조한다. 그러나 한국 교육과정에서는 '분석 역량'과 '판단 역량'이 함께 강조되어야 할 '비판적 사고력'을 "사태를 분석적으로 평가하는 능력"이라고만 추상적으로 기술하여 교육과정 내용 체계나 교수학습 방법에 적용되지 못하고 교과서에서도 반영되지 않는다. 가르치는 교사도 배우는 학생도 비판적 사고력이 무엇인지, 구체적으로 어떤 교육 기준이 달성되어야 비판적 사고력이 함양되는지 인식하지 못한다. '비판'이라는 단어의 부정적(사회 현상이나 주장의 잘못된 점을 지적질하는 것이라는) 이미지가 겹치게 되면서 비판적 사고의 출발점이 되는 '합리적 의심'은 없다.

교과서에는 명시적 지식만을 교화하고 주입하고 있다. 그 이유는 사회에 대한 명시적 지식만을 암기하게 하고, 그 내용을 객관식 5지 선다형 형태로 중간고사와 기말고사를 치르는 상황(물론 50% 정도까지 수행평가로 성적에 반영하는 열성적인 교사나 지역도 있지만 결국 내신 성적은 5지 선다형 지필평가 성적이 좌우한다)에서 비판적 사고력은 자리 잡기 어렵다. 그러므로 앞에서 소개한 '노르트라인베스트팔렌주의 1987년 중등학교 정치교육 지침'의 12가지 역량처럼 구체적으로 교육과정 문서에 규정되어야 교과서 집필자는 그 규정에 따라 교과서를 집필할 것이고, 교사들은 그 교과서에 실린 자료들을 가지고 학생들과 안심하고 토론할 수 있을 것이다.

한국 사회과의 학습 목표

역량에 대한 논의에 이어 한국 민주시민의 자질을 함양하는 데 책임이 있다고 인정하는 한국 사회과 교육과정 문서에 규정되어 있는 사회과 수업의 목표[20]를 검토해 보자.

  사회과의 세부 목표는 다음과 같다.
  가. 사회의 여러 현상과 특성을 그 사회의 지리적 환경, 역사적 발전, 정치·경제·사회적 제도 등과 관련지어 이해한다.
  나. 지표 공간의 자연환경 및 인문환경에 대한 이해를 통해 지역

---

20. 앞의 고시문, p. 4.

에 따른 인간 생활의 다양성을 파악하고, 지역적, 국가적, 세계적 수준의 지리 문제와 쟁점에 관심을 갖는다.

다. 각 시대의 특색을 중심으로 우리나라의 역사적 전통과 문화의 특수성을 파악하여 민족사의 발전상을 체계적으로 이해하며, 이를 바탕으로 인류 생활의 발달 과정과 각 시대의 문화적 특색을 파악한다.

라. 사회생활에 관한 기본적 지식과 정치·경제·사회·문화 현상에 대한 기본적인 원리를 종합적으로 이해하고, 현대사회의 성격 및 민주적 사회생활을 위하여 해결해야 할 여러 문제를 파악한다.

마. 사회현상과 문제를 파악하는 데 필요한 지식과 정보를 획득, 분석, 조직, 활용하는 능력을 기르며, 사회생활에서 나타나는 여러 문제를 합리적으로 해결하기 위한 탐구 능력, 의사결정 능력 및 사회 참여 능력을 기른다.

바. 개인과 사회생활을 민주적으로 운영하고, 우리 사회가 당면한 문제들에 관심을 가지고 민주 국가 발전과 세계의 발전에 적극적으로 이바지하려는 태도를 가진다.

위 한국 사회과 교육과정 문서의 '사회과 세부 목표'는 6가지로 기술되어 있는데, 세부 목표 '가'는 초등학교 사회과목과 고등학교 통합사회 과목에 집중되는 목표로 보인다. '나'는 초·중등학교 사회과목의 지리 영역이나 지리 과목에 해당하는 목표이다. '다'는 초·중등학교 사회과목의 역사 영역이나 역사 과목에 해당하는 목표로 보인다. '라'는 초·중등학교 사회과목의 일반사회 영역이나 일반사회 과목들에 해당하는 목표이다. '마'는 앞에서 소개된 사회과의 역량 일부를 반복하고 있다. '바'는 교육기본법 제2조에 기술되어 있는 교육 목적을 반복하고 있다.

이 세부 목표들에는 '이해'와 '파악'이라는 단어가 네 번씩 등장한다. 어떤 측면들을 어떻게 이해하고 파악하라는 것인지 구체적 기준이나 사례가 제시되지 않는다. 그러므로 사회과 교과서 특히 일반사회 영역의 교과서들은 민주화 이후 40년이 지나도록 이 영역의 앙상한 '명시적 지식'[21]만을 반복하고 있다. 더 정확하게는 정부 수립 이후 70년 동안 '명시적 지식'만을 교화와 주입식으로 강제하고 있다고 평한다면 지나칠까.

교육과정 재구성 권한이 교사에게 주어졌다고는 하지만 교사는 '무엇을', '얼마나', '어떻게' 가르쳐야 하는가에 대해서는 국가수준의 교육과정에 갇혀 있다. 국가수준의 교육과정은 집권 정치세력의 눈치를 보며 정체되기를 반복한다. 갇힌 존재인 교사에게 자율성이 있으니 창의적으로 교육과정을 재구성할 수 있다고 말로만 주장한다. 교사들은 교과서에는 교육과정의 내용이 잘 반영되어 있다고 판단하고, 대다수가 교과서 내용을 그대로 수업을 진행하고 있다. 교육과정에서 제시하고 있는 역량이나 세부 목표를 확인하지도 않는다. 교육과정 재구성 권한이 있다고 믿고 교과서 외의 다른 자료를 사용했다가 학부모로부터 민원이 제기된다면 그 누가 교사를 보호할 수 있을까. 민주시민교육에 애정을 지닌 소수의 교사는 매번 줄타기를 해야 하는 실정이다. 대부분의 교사는 중간고사, 기말고사를 대비하여 교과서 진도 나가기에 진력한다. 국가는 교육과정 재구성이 가능한 교육과정과 교과서를 제공해야 한다. 이와 함께 교과서 자유

---

21. 명시적 지식이란 말로 표현할 수 있고, 성문화할 수 있고, 교과서나 백과사전 등 특정 매체에 수록할 수 있는 지식이다. 입법부의 구조나 국회의원 수, 의원의 선출 방식을 명시적 지식이라고 한다면 그것들의 핵심적 의미를 밝혀주는 지식을 해석적 지식이라고 할 수 있다. 대의 민주주의에서 국회의 의미가 무엇인지, 어떤 이유로 정당과 교섭단체가 존재하는지를 이해할 수 있는 지식이 해석적 지식이라 할 수 있다.

발행제, 논술형 평가, 절대 평가가 이루어지지 않으면 위의 언급들도 사상누각이 될 수밖에 없다.

이 책에서 소개한 정치교육 교수법 원칙은 절대적인가?

이 책에서 소개한 '정치교육 교수법의 원칙'[III부]이 독일연방공화국의 주와 독일어 문화권 국가(스위스)에서도 동일하게 강조되고 있을까. 앞에서 살펴본 독일 정치교육에서 강조하는 역량과 학습 목표에서도 독일의 학교 정치교육에는 어떤 특징이 있는지 짐작할 수 있지만, 구체적으로 공식적인 문서에 정치교육 교수법 원칙이 어떻게 규정되고 있는지 살펴보면 다음과 같다.

『독일 정치교육』의 정치교육 교수법 원칙

먼저 이 책은 특정 정치교육 관련 기관이나 단체의 이름으로 집필한 내용이 아니다. 정치교육학자인 볼프강 잔더와 케르스틴 폴이 선별한 것이다. 정치교육 교수법 원칙으로 여섯 가지를 들고 있는데, 기술 분량이 많고 내용도 복잡하여 독자가 조금 더 이해하기 쉽도록 요약하면 다음과 같다.[이 책 III부 참조]

- **학생 지향** 학습자 지향, 수신자 지향이라고도 번역된다. 학교 정치교육에서 학생은 학습자이면서 수신자가 되기도 하기 때문이다. 학습 주제를 선택할 때 학습자(학생)의 사전 지식이나 학생의 관심, 또는 이해관계와 관련이 있는 주제를 선정해야 한다는 원칙이다. 학생이 학습 주제를 선정하고 과제까지도 정할 수 있

도록 해야 한다는 것이다. 더 나아가 학습자를 행위의 주체로 진지하게 받아들여야 한다는 의미이기도 하다.

- **문제 지향** 학습 주제를 선택할 때 가능하면 정치·경제·사회·문화 현상 중에서 문제가 되는 사건이나 주제를 다루어야 하며, 학습 주제로 선택된 문제의 해결 방안을 찾아보고, 제시되는 여러 가지 대안(해결 방안)에 대해 판단하고 평가할 수 있으며, 가장 적절한 대안을 선택할 수 있도록 수업이 이루어져야 한다는 원칙이다. 결국 학생이 겪는 사회 문제를 해결할 수 있는 역량과 지식을 갖출 수 있도록 학습 주제가 선택되어야 한다는 의미이다.

- **논쟁 원칙** 논쟁성, 논쟁성 원칙, 논쟁점 반영 등으로 불리기도 한다. 학습 주제를 선정할 때 정치·경제·사회·문화 현상의 갈등에 의한 논쟁 상태를 서로 다른 관점에서 학생이 관찰할 수 있도록 선정해야 한다. 각각의 관점에 대해 학생이 평가하고 판단해야 하는데, 그 기준을 명확히 세울 수 있어야 한다. 학생이 사회 현실과 정치 과정 그리고 학문 분야에서 벌어지는 논쟁적인 주제를 수업에서도 다룰 수 있어야 한다는 의미이다.

- **범례 학습** 본보기 학습, 사례 학습이라고 번역되기도 한다. 학습 주제를 선정할 때 구체적 사례 중에서 본보기가 될 만한 사례를 골라서 그 안에서 일반화할 수 있는 지식이나 정보를 습득할 수 있는 사례를 선택해야 한다는 원칙이다. 학생이 다루는 구체적인 사례의 일반적인 구조가 다른 사례에서도 발견할 수 있어야 한다. 다시 말해 구체적이고 본보기가 되며, 일상적인 생활에서 경험할 수 있는 사례를 학습자료로 선택해야 한다는 의미이다.

- **행동 지향** 활동 지향이라고 번역되기도 한다. 학생이 적극적으

로 활동하면서 그 수업 주제를 다룰 수 있도록 여러 가지 기회를 교사가 제공해야 한다는 원칙이다. 예를 들어 프로젝트 수업과 같은 방법을 통하여 학생이 능동적으로 활동하면서 수업 주제를 다룰 수 있도록 해야 한다. 그리고 민주주의에 대한 학습 활동이 학교 현장에서 이루어져서 학생의 정치적 의사 형성을 위한 개인적 참여 행위의 가능성을 확대해야 한다는 의미이기도 하다.

- **학문 지향** 정치교육에서 다루어지는 지식과 주제에 대해 그것을 다루는 여러 가지 방법은 사회과학 학문에서 인정되는 객관적인 연구 방법을 사용해야 한다는 원칙이다. 그렇게 해야만 학생이 비판적이고 과학적인 사고의 결과를 책임 있게 주장할 수 있기 때문이다.

바덴뷔르템베르크주의 정치교육 교수법 원칙

『독일 정치교육』 I부에 소개된 보이텔스바흐 합의를 이끌어 낸 바덴뷔르템베르크주 정치교육센터에서는 주정부의 교육부와 협력하여 학교 정치교육에 대한 교육과정, 목표와 교수학습 원칙을 공동으로 개발하고 교재를 학교에 배포하여 학교에서 보이텔스바흐 합의 정신에 따라 실제 수업이 지속적으로 이루어지도록 노력하고 있다. 2016년 개정된 바덴뷔르템베르크주 교육과정에서 강조하는 '정치교육 교수법 원칙'은 이 책의 Ⅲ부에서 정리한 설명과 명칭이 일부 다르다. 독일 바덴뷔르템베르크주 '사회연구Gemeinschaftskunde' 과목 교육과정에 기술된 '정치교육 교수법 원칙'은 다음과 같다.[22]

- **학생 중심** 학습 목표는 학생의 경험과 관심사에 맞춰져야 한다. 학습 과정의 주체로서 학생은 정치적 주제와 질문의 선택에 참

여한다. 수업계획은 학생의 사전 지식을 기반으로 한다. 학생의 사전 개념을 진단하는 것은 수업에서 적절한 학습 기회를 설계하기 위한 기초이자 출발점이 된다.

- **문제 지향성** 정치는 일반 대중에게 영향을 미치고 대중이 행동하도록 촉구하는 문제를 해결하는 데 관심이 있다. 학생은 정치적 문제를 다루고, 분석하고, 정치적 문제 해결을 위한 정치적 결정과 제약 조건을 검토해야 한다.
- **논쟁성** 정치와 사회에서 논쟁적으로 논의되는 것은 교실에서도 논쟁적으로 제시되고, 토론되어야 한다. 수업에서 정치적 이슈와 문제는 다양한 관점에서 분석되어야 한다. 문제와 관점을 평가하는 것은 학생의 과제이다.
- **사례 학습** 현대 사회에서 학생은 매우 복잡한 정치적 현실에 직면하고 있다. 수많은 정치적 문제와 이슈뿐만 아니라 그 역학 관계와 복잡성 때문에 신중한 사례 선택이 필요하다. 수업 주제로 선정된 사례는 모범적인 사례이다. 사례 분석에서 학생은 개별 문제나 갈등을 집중적으로 다루면서 기술을 개발하고, 다른 상황에서도 적용할 수 있는 해당 사례의 구조적 특징을 발견한다.
- **시사성** 학습 주제는 현재 발생하고 있는 사회적 문제와 그 해결책 등에 초점을 두어야 한다. 학생의 관심 영역(현재 생활 상황)과 중요성(일반 대중 또는 미래와의 관련성)과 같은 학습 주제의 선택 기준은 학생이 문제 해결에 참여하도록 격려하게 된다.
- **활동 지향성** 학생은 계획된 활동이나 실제 정치적 행동(예: 학

---

22. Ministerium für Kultus, Jugend und Sport Baden-Württemberg(2016), Gemeinsamer Bildungsplan der Sekundarstufe I, Gemeinsachfatkunde, pp. 9-10.

교 밖 학습 장소)을 통해 학교 학습의 맥락에서 정치적 이슈와 문제에 적극적으로 참여할 수 있다. 정치교육에서는 교육 내용에 관련된 학생 참여형, 행동 및 문제 지향형 학습 기회가 필요하다.

바덴뷔르템베르크주 정치교육 교수법 원칙에는 이 책에서 소개한 교수법 원칙 중 '학문 지향 원칙'이 없고, 대신 '시사성 원칙'이 포함되어 있다. 이 책의 원칙은 교수법 관련 논문을 작성하는 학자들의 입장이나 관점이 더 많이 반영되어 사회과학적 방법론이 강조된 것이라 생각한다. 하지만 실제 학교의 수업 현장과 밀접한 관계가 있는 바덴뷔르템베르크주 정부의 문화·청소년·스포츠부에서 작성하는 교육과정에서는 학교 정치교육에서 시사성 있는 주제가 더 강조되어야 한다고 판단했을 것이다.

스위스 정치교육 교수법 원칙

이제 같은 독일어 문화권으로 정치교육에 접근하고자 노력하고 있는 스위스의 교수법 원칙에 대해서 알아보겠다. 스위스 정치교육 교수법은 부분적으로 역량 패러다임과 독일 정치교육 교수법에서 제안하는 판단 및 행동 역량과 정치 지식에 초점을 맞추고 있다. 스위스의 정치교육 교수학습 방법은 다음과 같이 여덟 가지로 구분한다. 여기서는 스위스의 아라우 민주주의연구센터ZDA, Zentrum fuer Demokratie Aarau에서 2016년에 발표한 〈교수법의 원칙과 내용 Bedeutung und Reflexion der didaktischen Prinzipien〉의 일부에 대해 『헌정애국주의와 시민교육』에서 번역 소개한 내용[23]을 바탕으로 교수법

---

23. 허영식(2023). 『헌정애국주의와 시민교육』. 우공출판사, pp. 115-123.

의 원칙의 개념과 특징만을 재구성하여 소개한다.

1. **시사성 반영과 사례학습 원칙** 이 원칙에 따르면 정치교육에서 여러 주제를 각각 매우 상세하게 그리고 충분히 다룰 수 없다. 따라서 교사는 특정한 측면에 초점을 맞추게 된다. 그러므로 학습자는 구체적이고 본보기적인 사례, 그리고 대개 일상생활에서 경험할 수 있는 시사적인 사례, 즉 복잡성을 줄인 모범적인 사례를 다루면서 학습한다. 이 원칙의 목표는 학습자가 구체적인 사례를 다루면서 다른 사례에도 역시 해당하거나 적용되는 일반적인 구조와 법칙을 찾아내는 데 있다.
2. **활동 지향 원칙** 활동지향의 원칙은 두 가지 목표를 추구한다. 첫째, 프로젝트 학습과 같은 특정한 방법을 통하여 자주적인(자기주도적인) 학습을 촉진시키고자 한다. 둘째, 학습자는 정치적인 논쟁을 다루고, 정치적인 의사 형성을 위하여 개인적인 행위의 가능성(예: 토론)을 얻을 수 있다.
3. **논쟁점 반영 원칙** 교사는 학문과 정치에서 논쟁적인 주제를 수업에서도 역시 논쟁적으로 다루는 것이 필요하다. 그리고 교사는 학습자가 논쟁적인 구조를 이해할 수 있도록 학습대상(내용)을 선정하고 구조화해야 한다.
4. **문제 지향 원칙** 문제 지향에 따르면 학습자는 청년실업과 같은 현실적인 사회정치적 문제를 다루게 된다. 교사는 학습자가 사회정치적 문제의 해결에 기여할 수 있는 지식과 역량을 갖출 수 있도록 학습 주제를 선정한다.
5. **학습자 지향 원칙** 학습자 지향에 따르면, 수업은 가능하면 학습자의 필요와 이해관계에 중심을 두어야 한다. 이상적인 경우에, 가르치는 교사와 배우는 학습자가 학습 내용과 학습 방법에 관

해 협상과 논의를 할 수 있다. 이를 통해 학습자 지향은 정치교육에 기여할 수 있다.
6. **가치 지향 원칙** 가치 지향의 도움을 받아 교사는 학습자에게 존중·관용·연대와 같은 친사회적 가치와 태도를 전달하려는 의도를 갖고 있다. 사회생활 학습을 통해 학습자는 다른 사람들과의 인간관계에서 가능하면 편견이나 공격적 태도에서 벗어난 상태에서 대화를 나누거나 교제할 수 있도록 하는 가치·태도와 행동 방식을 배우게 된다.
7. **제도연구 지향 원칙** 제도연구 지향에 따르면, 교사는 학습자에게 정치 체제와 정치제도(예: 정당, 국회, 정부, 법원)의 의미와 기능 방식에 관한 정보와 지식을 전달한다.
8. **시민기능 지향 원칙** 시민기능 지향에 따르면, 교사는 이미 상당히 구조화된 학습 주제를 제공하게 된다. 이를 통하여 학습자는 시민으로서 주어진 기능이나 역할을 잘 수행할 수 있고, 국가를 뒷받침할 수 있는 시민으로 양성될 것으로 기대된다.

스위스 교수법에서는 '시사성 반영과 사례 학습 원칙'을 하나의 원칙으로 제시하고 있는데, 본보기가 될만한 시사성 있는 자료를 선택하여 수업 자료로 사용해야 한다는 원칙으로 시사성 있는 본보기가 되는 사례는 불가분의 관계가 있기 때문일 것이다. 『독일 정치교육』에서는 '범례 원칙'을 강조했고, 바덴뷔르템베르크주 정치교육 교수법에서는 '사례 학습 원칙'과 '시사성 원칙' 두 가지를 각각 독립된 원칙으로 강조하고 있다.

독일어권 정치교육 교수법 원칙을 우리에게 어떻게 적용할 수 있을까?

『독일 정치교육』의 정치교육 교수법 원칙, 바덴뷔르템베르크주 정치교육 교수법 원칙, 스위스 정치교육 교수법 원칙을 살펴보았는데, 이를 비교표로 만들어 보면 다음과 같다.

독일어권 정치교육 교수법의 원칙 비교표

독일 정치교육 핸드북	독일 바덴뷔르템베르크주 교육과정	스위스 아라우 민주주의연구센터
학생 지향 문제 지향 논쟁성 범례 학습 행동 지향 학문 지향	학생 중심 문제 지향 논쟁성 사례 학습 시사성 지향 활동 지향	시사성 반영과 사례 학습 활동 지향 논쟁점 반영 문제 지향 학습자 지향 가치 지향 제도연구 지향 시민기능 지향

독일어권 정치교육 교수법 원칙들을 비교한 결과, 학생 지향·문제 지향·논쟁성·범례 학습·행동 지향 원칙을 공통적으로 강조하고 있음을 알 수 있다. 독일 영토 내에서 차이가 있다면 『독일 정치교육』에서는 '학문 지향'을 강조하고, 독일 바덴뷔르템베르크주에서는 '시사성 지향'을 강조한 것이다. 스위스의 원칙은 실질적으로 아홉 가지 원칙으로 제시하고 있는데, 이 중에서 세 가지 원칙, 즉 가치 지향·제도연구 지향·시민기능 지향은 독일어권 국가 중 독일연방공화국 외의 국가에서 나타난 특징이라고 할 수 있다. 이 세 가지 지향이 독일의 정치교육에 없는 것은 아니지만, 정치교육 교수법의 원칙으로 두드러지게 강조하고 있지는 않다. 스위스는 독일어, 프랑스어, 이탈리아어, 로망슈어 총 4개의 국어를 사용하며, 이 중 독일어

의 영향력이 가장 크다고 한다. 그렇다면 같은 스위스 국어로 공유하는 프랑스어권 스위스 교육문화의 영향을 받았을 것이라고 추측할 수 있다. 그러므로 스위스는 프랑스의 학교 시민교육에서 강조하는 가치지향·시민기능지향을 원칙으로 채택했을 것이다.

정리하자면, 주어진 자료만을 바탕으로 분석했을 때 독일연방공화국의 정치교육 교수법 원칙은 이 책의 여섯 가지에 바덴뷔르템베르크주에서 강조한 '시사성 지향'을 더해서 학생 지향·문제 지향·논쟁성·범례 학습·행동 지향·학문 지향·시사성 지향 일곱 가지로 정리해 볼 수 있다.

한국 정치교육 교수법의 원칙을 제정한다고 가정했을 때, 스위스의 세 가지 원칙을 더하여 다음과 같이 10대 원칙으로 규정한다면 한국 학교 시민교육(정치교육)을 바람직하게 발전시킬 수 있을 것이다.

-학생 지향, 문제 지향, 논쟁성, 범례 학습, 활동 지향, 학문 지향, 시사성 지향, 가치 지향, 제도연구 지향, 시민기능 지향

독일 정치교육 교수법은 교과서에 어떻게 적용되고 있을까?

교과서 머리말에 적용된 교수법 원칙

소개할 독일 정치교육 교과서는 머리말에서 교과서가 공동생활에서 어떤 점이 중요한지, 교과서를 어떻게 사용해야 할지, 이 교과서를 통해 학생에게 제공할 것이 무엇인지 명확하게 설명하고 있다. 머리말과 『독일 정치교육』의 정치교육 교수법 원칙 내용이 어떻게 연관이 있는지 알아본다. 1998년 발행된 중등Ⅰ 과정[24]의 9-10학년

학생들이 사용하는 『실제 정치 3』 교과서의 머리말 전문[25]을 소개한다.

학생 여러분!

이 책으로 여러분은 인간 공동생활의 중요한 부분을 배우게 됩니다. 인간은 사회에 매여 있습니다. 인간은 혼자 살 수 없으며 살아남을 수도 없습니다. 그래서 우리는 모여서 함께 살아가고 있습니다. 가족, 친구, 학교, 회사, 지역 사회와 같이 말입니다. 또한 이를 넘어서서 우리는 독일이라는 나라에 소속되고 독일은 유럽연합 소속입니다. 우리는 세계라는 사회의 일원이기도 합니다. 하지만 인간이 함께 살고 살아남기 위해 함께 살아야 하는 곳에는 문제가 생겨납니다. 인간은 각자가 의견이 다르고, 관점도 다르고, 이해관계도 다릅니다. 이로 말미암아 문제와 갈등이 생겨나게 됩니다.

문제와 갈등은 해결이 되어야 합니다. 해결 방식은 아주 다양할 것입니다. 어떤 사회에서는 한 개인이나 한 그룹이 결정을 내리고 다른 사람은 거기에 따라야 합니다. 이 말은 모든 사람의 이해관계나 견해는 고려되지 않는다는 것이며 그러므로 불이익을 받을 수 있다는 것입니다. 우리는 민주주의 사회에서 살고 있습니다. 이 말은 문제를 해결하는 데 모두가 함께 참여하고 결정을 내리도록 한다는 것입니다. 그러므로 여러분이 현재나 미래에 불이익을 받지 않으려면 함께 참여하고 함께 결정하는 것을 배워야 합니다. 이 책

---

24. 일반적으로 독일 초등 과정은 1-4학년, 중등Ⅰ 과정은 5-10학년, 중등Ⅱ 과정은 11-12학년에 해당한다. 주별로 조금씩 차이가 나는데, 이는 제2차 세계대전 후 영국, 프랑스, 미국, 소련이 점령한 자치주별로 그 점령국의 교육체계가 영향을 주었기 때문이라고 한다. 미국이 점령했던 베를린주의 초등 과정은 1-6학년이다.
25. Hans-Peter Frey u. a.(1998), Tatsache Politik 3. Verlag Moritz Diesterweg, p. 5.

은 바로 이것을 다루게 될 것입니다. 물론 이것은 단어를 배우거나 수학의 공식을 배우는 것과는 다를 것입니다. 우리는 실제로 하면서 배웁니다. 그러므로 이 교과서를 '실제 정치'라고 부릅니다. 정치는 실천으로 옮기는 것입니다. 무엇인가를 실제로 하려면, 다시 말해서 정치를 하려면, 우리는 한편으로는 자립적이 되어야 하고, 다른 한편으로는 다른 사람과 함께할 수 있어야 합니다.

자립성과 협동성은 여러분이 이 책에서 제공하는 주제를 선택하면서 벌써 연습을 시작한다 볼 수 있습니다. 여러분이 흥미를 느끼는 단원을 고를 수 있습니다. 한 단원 내에서도 여러분은 더 흥미를 느끼는 것을 또 고를 수 있습니다. 이때 여러분은 서로 관심과 견해가 다르다는 것은 금방 확인하게 될 것입니다. 여러분이 의견의 일치를 보지 못한다면 수업을 안내하는 교사와 의논한 이후에 민주주의의 기본 원칙을 적용시키면 됩니다. 여러분은 표결을 하고 다수결의 원칙을 따라야 합니다.

여러분이 어떤 단원을 다루기로 결정을 했다면 처음에 나오는 두 쪽을 잘 읽어 보아야 합니다. 이 부분에는 어떻게 이 단원을 주체적으로 또 동시에 다른 동료와 함께 공부해 나갈 수 있는지, 또는 작업을 한 결과를 어떻게 다른 사람에게 발표할 것인지에 대한 설명이 실려 있습니다.

여러분이 작업하는 자료는 사진, 삽화, 그래픽, 통계뿐만 아니라 무엇보다 중요한 것은 읽기자료(텍스트)입니다. 텍스트를 다룰 때 중요한 것은 그 출처가 어디인지 아는 것입니다. 그러므로 이 책의 저자가 쓴 것이 아니라면 모든 텍스트에는 번호가 매겨져 있습니다. 그 번호에 따라 이 책의 맨 뒷부분에는 인용 문헌 목록이 실려 있습니다. 또 텍스트를 다룰 때 중요한 것은 정당하게 평가하는 것입니다. 다시 말하면 공식적인 텍스트인가, 뉴스인가, 아니면 코멘트인가, 혹은 생각을 하고 한 발언인가 무심코 한 발언인가 하는 것 말입니다. 그러므로 무엇보다 텍스트를 비판적으로 관찰하고 다루어야 합니다.

'함께 결정하는 것'을 배우고 연습하기 위해서는 방법을 잘 선택하는 것이 중요합니다. 방법은 우리가 정치라는 주제를 이해하는 데 도움을 주는 도구입니다. 이때 우리가 사용하는 방법이라는 개념은 넓은 의미의 방법을 말합니다. 즉 특정한 방식(예를 들면 갈등분석 같은 것)만이 아니라 특정한 작업 방식(예를 들면 발표)과 절차도 포함하는 것입니다. 각 장에서 여러분들은 '방법'이라는 제목을 가진 텍스트를 찾아볼 수 있을 것입니다. '방법'이라는 난에 실려 있는 방법을 그 단원에서 연습하는 것입니다. 여러분들이 다른 단원에서 이 방법으로 작업을 해야 한 경우에는 참고 기호(→ … 쪽)로 표시를 해 두었습니다. 각각의 방법을 사용하고 그 방법을 적절하게 응용하여 여러분들은 어떤 방법으로 사회 현실을 해명하고 그 속에서 함께 활동하고 결정을 할 수 있는지 연습을 해 보는 것입니다.

함께 참여하고 함께 결정하는 것은 대개의 경우 이미 '진지한 상황'입니다. 왜냐하면 여러분은 이미 함께 참여하고 결정할 권리가 있기 때문입니다. 그 밖의 경우는 미래를 위한 연습입니다. 즉 여러분이 시민으로서의 권리를 완전하게 얻게 되었을 때를 대비한. 그렇게 함으로써 우리가 바라는 것은 여러분이 자신의 이해관계를 이해하고, 자신의 의견을 드러내며, 정치에 참여할 수 있도록 능력을 키우고, 동기를 부여하는 방법을 배우는 것입니다. 왜냐하면 민주주의는 함께 참여하고 함께 결정하는 것이기 때문입니다.

이 머리말은 공동생활에서 어떤 점이 중요한가에 대해서, "인간이 함께 살고 살아남기 위해 함께 살아야 하는 곳에서는 의견이 다르고 관점도 다르고 이해관계도 다르므로 문제와 갈등이 생겨나게 되는데, 그 해결 방식은 아주 다양할 것이므로 학생들이 현재나 미래에 불이익을 받지 않으려면 함께 참여하고 함께 결정하는 것을 배워야 한다"라고 강조하고 있다. 여기에는 학생 중심 원칙이나 수신자 지향 원칙과 논쟁성 원칙이 적용되고 있다.

교과서를 어떻게 사용해야 할지에 관련해서는 "흥미를 느끼는 단원을 고를 수 있고, 단원 내에서도 더 흥미를 느끼는 것을 또 고를 수 있고, 의견의 일치를 보지 못한다면 교사와 의논한 이후에 민주주의의 기본 원칙을 적용시켜 다수결 원리로 표결하라"고 조언한다. 이 또한 학생 중심 원칙이나 수신자 지향 원칙을 강조하는 것이다. "텍스트를 다룰 때 정당하게 평가하는 것이 중요한데 다시 말하면 공식적인 텍스트인가, 뉴스인가, 아니면 코멘트인가, 혹은 생각을 하고 한 발언인가 무심코 한 발언인가"를 잘 판단해야 한다고 조언한다. 그리고 "무엇보다 텍스트를 비판적으로 다루어야 한다"와 "'방법'이라는 난에 실려 있는 방법을 그 단원에서 연습하면서 그 방법대로 사회 현실을 해명하고 그 속에서 함께 활동하고 결정을 할 수 있는지 연습을 해 보는 것"이라는 의미는 사회과학적 사고를 강조하는 것으로 학문 지향 원칙을 강조하고 있음이 확실하다.

이 교과서를 통해 학생에게 제공할 것이 무엇인지에 대해서는 이 교과서를 통해 "함께 참여하고 함께 결정하는 것은 '진지한 상황'인데 학생이 이미 함께 참여하고 결정할 권리가 있기 때문"이라고 강조한다. 진지한 상황 이외의 다른 부분의 학습도 학생이 "시민으로서의 권리를 완전하게 얻게 되었을 때를 대비해서 하는 미래를 위한 연습"이라고 하면서, 이런 연습은 학생이 "자신의 이해관계를 이해하고 자신의 의견을 드러내며 정치에 참여할 수 있도록 능력을 키우고 동기를 부여는 것"이라고 말한다. 여기서는 학생 중심 원칙이나 수신자지향 원칙, 행동 지향 원칙이 적용되고 있다.

교과서 차례에 적용된 교수법 원칙

위의 머리말이 실려 있는 『실제 정치 3』 교과서[26]의 차례에는 어떤 교수법의 원칙이 적용되고 있는지 살펴본다. 이 교과서는 7개의 대단원으로 구성되는데, 한 개의 대단원당 6~8개의 중단원으로 이루어져 있다. 대체로 하나의 중단원이 4쪽 내외로 되어 있다. 모두 단원 주제와 관련된 텍스트(읽기 자료), 사진, 삽화, 그래픽, 통계들로 구성되어 있다. 텍스트는 신문 기사, 성명서, 칼럼, 인터뷰 내용 등이다. 한 개의 대단원에는 15개 내외의 인용 자료들이 출처와 함께 교과서에 실려 있다. 한국 교사들이 보기에는 교과서가 아니고 읽기 자료집처럼 보일 수 있다. 교과서의 차례는 다음과 같다.[27]

---

26. 2003년 기준으로 독일에서 주정부에 의해 사용 승인된 사회과목 교과서는 113종 중 1개의 주(독일연방공화국은 16개의 주로 구성되었고 각 주에 교육문화부 장관이 별도로 있다)에서만 사용 승인된 교과서가 45종, 2-3개 자치주에서 승인된 교과서는 24종, 4~6개 자치주에서 승인된 교과서는 25종, 7개 자치주 이상에서 승인된 교과서는 11종에 불과하다. 여기에 소개된 『실제 정치』는 7개 주에서 채택된 교과서이다[한국노동교육원(2003), 『선진 5개국 학교노동교육의 실태』, p.150 참조]. 『실제 정치』 교과서는 세 권으로 출판되었는데, 『실제 정치 1』 교과서는 5-6학년용이고, 『실제 정치 2』 교과서는 7-8학년용, 『실제 정치 3』 교과서는 9-10학년용이다. 교육과정상의 과목 명칭은 정치교육(베를린), 정치교육(브란덴부르크), 정치(브레멘), 정치(노르트라인베스트팔렌), 정치학(니더작센), 정치경제(헤센), 정치·사회·경제(함부르크), 사회연구(바덴뷔르템베르크), 공동 사회·법·경제(작센), 사회과(바이에른) 등 주마다 명칭이 다양하지만[설규주 외 (2021), 『미래 유권자 선거학교 선거·정치교육 프로그램 개발』, 중앙선관위 선거연수원, p. 19 참조], 실제 교과서 이름은 '실제 정치' 혹은 '보고 듣고 판단하기', 'Team' 등으로 과목 명칭에 구애받지 않고 다양하게 쓰인다.
27. Hans-Peter Frey u. a.(1998), Tatsache Politik 3, Verlag Moritz Diesterweg, pp. 3-4.

1. 우리 자신에 관하여: 오늘날의 청소년들
   우리가 화제로 삼고자 하는 것
   워크숍 1: 스스로 문제 해결하기
   워크숍 2: 독립하기
   워크숍 3: 우정과 패거리
   워크숍 4: 우익의 폭력
   우리는 우리가 작업한 결과를 발표하고 토론에 부친다.

2. 남자와 여자는 동등한 권리를 가진다
   평등-문제가 되는가?
   아이와 직업적 성공: 어려운 결정
   남학생과 여학생의 인생 설계
   여자의 일-남자의 일
   가족과 직업을 어떻게 연결시킬 수 있을까?
   헌법에는 남녀평등권이 어떻게 나타났었나?
   여성과 정치

3. 멋진 새 노동세계
   노동세계에서 내가 흥미를 느끼는 것은?
   기술의 변화: 전자공학이 노동세계를 변화시킨다
   테일러주의에서 그룹작업으로: 노동조직의 변화
   노동시간?: 노동시간의 유연성에 관한 토론
   필요한 자격증: 변화된 노동세계를 위한 새로운 자격증
   프로젝트: 노동시장을 학교로 끌어들이기

4. 아직 기후 재앙을 제어할 수 있을까?

　지구는 더워지고 있다

　지구 온실

　독일인을 위해 5개의 지구!?

　인류의 미래를 이끌 능력

　원자력: 기후 재앙 대신에 원전 사고

　자동차와 기후

　온실효과로부터 벗어날 탈출구: 부퍼탈의 경우

5. 정부조직: 의회민주주의

　"베를린에서는 대체 어떤 일을 하고 있을까?"

　독일 국회의원들

　독일 국회의 조직

　정부와 야당의 투쟁

　독일 국회의 여성들

　법의 제정: 상점 폐점 시간에 관한 법(조례)의 제정 사례

6. 유럽의 미래

　유럽청년의회가 열리면-모의 훈련

　제1차 위원회: 유럽연합-국가 연합 혹은 연방 국가

　제2차 위원회: 유럽 내부 시장-상품의 자유로운 유통과 사회보장
　　　　　　　　제도

　제3차 위원회: 경제통합과 단일 통화: 마르크화에서 유로화로

　마무리 총회: 우리는 유럽의 미래를 어떻게 생각하고 있나

7. 하나 된 세계에서 평화를 만든다
　국제 갈등: 아주 멀리-아주 가까이
　이스라엘-팔레스티나 갈등: 갈등 분석
　UN의 가능성과 한계
　미국: 마지막 강대국?
　독일 외교 정책: 느슨한 강대국?
　독일 방위군: 자기 나라에서 그리고 전 세계로-하지만 단독 행
　　　　　　동은 불가
　무기: 적으로부터 안전을 보장하고 일자리를 보장하는 것인가
　　　　아니면 단순한 살상무기일 뿐인가?
　평화를 위하여

　이 교과서 단원의 주제는 이 책에서 강조한 교수법의 원칙(Ⅲ부)인 학생 지향, 문제 지향, 논쟁성, 범례 학습, 행동 지향, 학문 지향을 따르고 있다. 우선 대단원 주제는 모두 학생이 자신의 이익을 위해 학교에서 다루어야 한다고 느낄 수 있는 문제 중심의 단원명으로 제시되어 있다. 그리고 수업 시간에 어떤 단원의 주제를 다룰지는 학생이 정하거나 교사와 함께 상의하거나 심지어 다수결 원칙으로 정할 수 있다고 머리말에서 강조한다(학생 중심 혹은 수신자 지향과 문제 지향).

　다음과 같은 중단원들을 보면 어떤 원칙이 연상될까? '우정과 패거리', '평등-문제가 되는가?', '노동시간?: 노동시간의 유연성에 관한 토론', '독일인을 위해 5개의 지구!?', '원자력: 기후 재앙 대신에 원전 사고', '온실효과로부터 벗어날 탈출구: 부퍼탈의 경우', '(국회의원들이)"베를린에서는 대체 어떤 일을 하고 있을까?"', '정부와 야당의 투쟁', '마무리 총회: 우리는 유럽의 미래를 어떻게 생각하고 있나',

'UN의 가능성과 한계', '미국: 마지막 강대국?', '독일 외교 정책: 느슨한 강대국?', '무기: 적으로부터 안전을 보장하고 일자리를 보장하는 것인가 아니면 단순한 살상 무기일 뿐인가?' 이들 모두는 논쟁적 주제이다(논쟁성 지향 혹은 논쟁성 원칙). 이 교과서의 단원 주제는 구체적이고 일반적인 사례, 일상생활에서 경험할 수 있는 시사적인 사례로 복잡성을 줄이면서 본보기가 될 만한 사례이다(범례 학습). 1단원의 '우리는 우리가 작업한 결과를 발표하고 토론에 부친다', 3단원의 '프로젝트: 노동시장을 학교로 끌어들이기' 등의 중단원은 학생이 프로젝트 학습과 같은 특정한 방법을 통해 자기주도적인 학습을 촉진시킨다. 학생이 정치적 의사 형성을 위하여 개인적 행동을 할 가능성이 커진다(행동 지향).

교과서 내용을 통해 본 정치교육 교수법 원칙

바로 앞 글의 교수법 원칙 중 교과서 차례를 통해서 학생 지향, 문제 지향, 논쟁성, 범례 학습, 행동 지향 원칙들이 적용된 모습을 살펴보았다. 이제 학문 지향 원칙이나 방법적 활용 역량이 교과서 내용 속에서 어떻게 적용되고 있는지 살펴본다.

'학문 지향 원칙'이란 학생이 비판적·과학적 사고의 결과들을 책임 있게 주장할 수 있도록 정치교육에서 제공하는 지식과 방법이 사회과학 학문에서 인정되는 객관적인 연구 방법을 사용해야 한다는 원칙이다. 이에 연결될 수 있는 '방법적 역량'이란 정치적 질문과 그와 관련된 문제를 다룰 수 있으려면 학생에게는 다양한 탐구 방법이 필요한데 이런 방법을 사용할 줄 아는 역량을 말한다. 정보를 얻고 평가하는 것 외에 결론을 제시하는 것도 방법적 역량의 일부라고 할 수 있다. 방법적 활용 역량을 키우기 위해 학생은 사회적 상황을 구체적으로 관찰하고, 관찰한 내용을 발표할 수 있고, 수업 주제와 관련된 사회적 상황을 재미있는 방식으로 시뮬레이션(재현)할 수 있다. 나아가 정치수업 주제에 대한 짧은 발표문을 작성해서 발표할 수 있다. 또 학생은 다양한 매체(특히 신문, 비문학 서적, 사전, TV, 인터넷)를 통해 스스로 정치적 정보를 얻어 자신의 목적에 맞게 활용할 수 있으며, 선택한 정보를 신중하게 선별하고 비판적으로 평가할 수 있다.

앞에서 소개한 『실제 정치 3』 교과서의 차례 중 2단원 '남자와 여자는 동등한 권리를 가진다' 단원은 28쪽으로 구성되어 있다. 이 단원의 내용을 통해 학문 지향 원칙과 방법적 활용 역량이 독일 정치교육 교과서의 내용에 어떻게 적용되는지 확인해 본다.

2단원의 중단원인 '평등-문제가 되는가?'는 6쪽 분량인데, 남녀 차별에 대한 학생들의 의식 차이를 조사하기 위한 생각 스펙트럼 Meinungsspektrum을 만들도록 하기 위해 '방법-어떻게 생각 스펙트럼을 만들어 낼까?'라는 소제목으로 5단계에 이르는 작업 방법을 자세히 설명하고 있다. 작업 후 학급의 여학생과 남학생의 의견을 분류하도록 하는데, 양성 간의 명백한 차이가 보이면 임시 명제 These[28]를 만들어 보도록 자세한 방법을 한 페이지에 걸쳐 소개하고 있다. 명제 만들기 작업에 앞서 교과서에서는 명제 만들기 작업의 필요성에 대해 다음과 같이 기술하고 있다.[29]

---

28. 이 단원에서 토론해 보라고 교과서에서 제시된 명제는 "남학생들이 수업을 방해하는 일이 잦으며, 여학생들이 더 교육이 잘되어 있다"이다. 이 단원의 '여성과 정치'라는 소단원에서는 "여성들은 전통적으로 정치에 대해 남성보다 관심이 적다"라는 일반적 명제에 대해 검증하라고 하거나, 심지어 "5. 의회와 정당에서 여성과 남성의 영향력과 비율에 대해 명제를 만들어 보시오"라는 활동 질문까지 제시하고 있다.
29. Hans-Peter Frey u. a.(1998), Tatsache Politik 3, Verlag Moritz Diesterweg, p. 42.

이해하는 방식이 다양할 수 있는 주제나 문제에 대해 명제These 를 만든다. 우리는 명제란 객관적으로 증명할 수 있으며 더 자세히 해명해야 하는 핵심 문장이나 주장이라고 생각한다. 우리는 일반적으로 관찰을 통해서 하나의 명제에 도달하거나 여러 가지 예에서 일반적인 진술을 유추해 명제를 만든다. 명제는 모두 어느 정도 잠정적이다. 왜냐하면 새로운 증거자료가 나타나면 항상 다시 검증되어야 하기 때문이다. 하나의 명제에는 반대 명제가 구성될 수 있다. 이 반대 명제는 증거자료나 여러 가지 예에 의해 다시 구성되어야 하는 것이다.

이 교과서 43쪽의 '방법-모둠에서 서로 간의 관계와 모둠활동 과정에 대해서 이야기하는 방법'에서는 "모둠을 나누어서 하는 일은 항상 일이라는 측면과 사회적인 측면이 있다. 일이라는 측면은 테마를 가지고 작업을 하는 것이며 구체적인 학습 결과물을 도출해 내는 것이다. 사회적인 측면이라는 것은 모둠 내에서 서로 의사소통을 하는 방식이다. 의사소통이란 서로 이해하는 것이고 서로 관련을 맺는 것이고 관계를 갖는 것이다"라고 강조하면서, 학생이 모둠활동에서 의사소통이 잘되고 있는지 확인할 수 있는 관점과 질문 일곱 가지를 소개한다(학문 지향 원칙, 방법론적 역량).

중단원 '평등-문제가 되는가?'의 '남학생과 여학생의 인생 설계'라는 소단원에서는 '방법-여러분이 연구를 계획하고 실행할 수 있는 방법'도 한 쪽에 걸쳐 소개한다. "연구라는 것은 확인될 수 있는 데이터를 기초로 하여 어떤 특정 주제에 관하여 조사하는 것이다. 예를 들면 연구는 어떤 특정 문제나 상황에 대해 사람들이 어떻게 파악하고 있고 어떤 태도를 취하는지 알아보기 위해서 실시되는 것이다." 이렇게 소개하면서, 설문지를 이용해 서면으로 질문 방법과 개인 인터뷰 방법 등이 있는데 설문조사 후 그 결과를 놓고 토론해야 하며, 학생들의 연구에 관심을 갖도록 학교 당국이나 학생회, 신문사 편집진과 누가 접촉할 것인지 계획도 세우라고 조언한다.[30] 이 교과서 48쪽에는 한 면에 '당신의 인생 설계는?'이라는 제목의 설문지 양식을 제공하고, 49쪽에는 역시 한 면에 설문조사의 조사 단계, 실행 단계, 평가 단계, 연구한 결과 발표 단계에 필요한 사항을 빼곡하게 기술해 놓았다(학문 지향 원칙, 방법론적 역량).

또 중단원 '여자의 일-남자의 일'에서는 독일연방정부 여성가족부가 작성한 '구서독 여성과 남성의 평균소득과 명목소득 비교표'를 소개하고 있으며, 국제연합개발계획UNDP이 1995년 연구한 남녀 간의 불평등에 대한 조사 결과를 다룬 원그래프를 실었다. 54쪽에는 사회학자, 사원경영위원회 위원, 노동조합원, 컴퓨터 회사의 매니저에게 가정생활과 직업을 조화시키는 문제에 대해 인터뷰한 내용을 소개하면서, "정치, 경제, 학문 분야 전문가의 생각을 읽어 보고 남학생 그룹과 여학생 그룹으로 나누어 의견을 교환하고 함께 토론해 보"도록 구성하고 있다. 55쪽에는 독일 연방정부 재정경제부 장관에 대한 '장관이 여성들에게도 공동책임을 돌림'이라는 신문 기사를 싣고서 다음과 같은 질문[31]을 제공하여 학생들이 조사한 설문 결과를 바탕으로 장관의 말을 검증하도록 한다(학문 지향 원칙, 방법론적 역량).

2. 여러분은 재경부 장관에 대한 비판이 정당하다고 생각하는가? 여러분이 전문가의 이야기를 인용해 가면서 평가해 보시오.
3. 여성의 직업 선택에 관한 장관의 말을 여러분이 희망하는 직

---

30. 앞의 책, p. 47.
31. 앞의 책, p. 55.

업이나 선택할 직업과 비교해 보자. 여러분의 설문조사 결과는 장관의 말을 확인시켜 주는 것인가 아니면 반박할 수 있는 것인가?

학교 정치교육에 진심인
바덴뷔르템베르크주 정치교육센터

학교 정치교육에 열과 성을 다하는 주 정치교육센터가 바덴뷔르템베르크주 외에도 여러 군데 있을 텐데, 바람직한 사례를 소개한다. 이 주는 '바덴뷔르템베르크주 2016년 교육계획'에 따라 주의 중등 1단계에 해당하는 학교들이 사용할 수 있는 정치교육 교재를 만들어 배포하고 있다. 중학교부터라도 정치적으로 논란이 되는 주제의 본질을 수업에서 검토할 수 있도록 학생을 격려하는 것을 목표로 하는 〈보이텔스바흐 합의와 새로운 교육계획〉에 따라 주 정치교육센터가 학교에 권고하는 정치교육 학습자료인데, 7-8학년용과 9-10학년용 두 권을 개발하여 학교에서 사용하도록 권장하고 있다. 이 자료를 소개하는 이유는 한국의 사회과 교육에서 사회정치적 모습을 그대로 드러내 놓고 토론하는 정치교육이 절실하게 필요하기 때문이다. 여기서는 9학년과 10학년 사회연구GK. Gemeinschaftskunde 과목과 경제·직업연구WBS. Wirtschaft, Berufs- und Studienorientierung 과목에서 사용하도록 권장하는 학습자료의 차례[32]를 소개한다.

---

32. Landeszentrale für politische Bildung Baden-Württemberg(2016), Der Beutelsbacher Konsens und die neuen Bildungspläne Band 2-Unterrichtsmodelle für Gemeinschaftskunde und WBS in Baden-Württemberg in der Sekundarstufe I für die Klassenstufen 9 und 10, p. 1.

2. 젊은이들의 정치 참여는 위기에 처해 있는가?

　　교수법 및 방법론 조언

　　독일의 젊은이들: (비)정치적?

　　젊은이들과 정당-두 개의 별개의 세계?

　　정당에 청년 할당제가 필요한가?

　　정당의 미래와 공동 결정?

　　조치 평가

3. 유럽연합은 플라스틱 쓰레기와의 싸움에서 승리할 수 있을까?

　　교수법 및 방법론 조언

　　플라스틱 폐기물-EU는 이 싸움에서 승리할 수 있을까?

　　비닐봉지 금지 지침-해결책은 무엇인가요?

　　현미경으로 보는 EU의 행동 옵션

　　논의 중인 EU 입법 절차

4. 대연정-민주주의에 독이 될까?

　　교수법 및 방법론 조언

　　그로코Groko[33]인가, 노그로코noGroko인가?

　　2018 대연합: 풍자화 여행

　　대중 정당과 민주주의의 위기

　　의회 야당과 대연정

　　대연정-민주주의의 문제인가?

5. 국가가 임금 결정에 개입해야 하는가?

　　교수법 및 방법론 조언

---

33. 독일의 기민당(CDU), 기사당(CSU), 사민당(SPD)의 대연정을 말한다.

어떻게 일하고 싶습니까?
IG 금속 노동조합의 입장
고용주 협회의 입장
국가가 최저임금을 보장해야 할까?

6. 전환기의 소매업-고정형 소매업은 생존 가능성이 있는가?
교수법 및 방법론 조언
사업 아이디어에서 나만의 상점으로?
전환기의 거래?
수직적 거래에 집중하기-H&M[독일 의류 소매업체]의 사례
수익 동기와 지속 가능성-함께 갈 수 있을까?
고정 거래는 생존 가능성이 있을까?-시나리오

7. 공공 부채가 합리적일 수 있을까?
교수법 및 방법론 조언
국가는 그 임무를 다하고 있는가?
재정 계획(2022)-부채 브레이크[연방 부채 증가 금지] 완화?

이러한 교재에 의한 정치교육은 특히 청소년의 민주주의 의식을 높이고 궁극적으로 학생이 정치에 깊은 관심을 갖도록 한다는 신념에 따른 것이라고 생각한다. 근본 가치와 어려워 보이는 맥락을 가르치는 것은 장기적으로 민주주의에 대한 사람의 신뢰를 강화할 것이다. 특히 경제적으로나 사회적으로 어려운 시기에는 더욱 그렇다. 학생이 민주적으로 행동할 수 있도록 지원하고 격려하는 것은 정치교육뿐만 아니라 학교 전체의 가장 중요한 과제이다. 학생은 정치적·경제적 과정과 결정 내용을 분석하고 기준에 따라 평가할 수 있

는 시민의 위치에 있어야 한다. 이 과정에서 학생이 함께 정치적 의견을 독립적으로 표현할 수 있는 능력과 자신의 판단에 대한 비판을 용인할 수 있는 능력을 연습하는 것이 중요하다. 관용은 수업이 지향해야 할 핵심적인 태도이다. 이는 궁극적으로 학생이 민주적 공동체에 정치적으로 참여하고 비민주적이고 극단적인 생각에 저항하는 데 관심을 갖도록 이끌 수 있고, 또 그렇게 해야 한다.[34] 우리도 이렇게 해야만 한국의 정치적 경제적 상황에서 "너무 잘 보이는 벽들"을 우리 청소년이 잘 극복할 수 있지 않을까.

독일 정치교육의 오랜 여정

'정치교육Politische Bildung'이란 표현은 독일, 오스트리아, 스위스, 룩셈부르크 등의 국가에서 사용하며, 북서유럽 국가에선 '시민교육'을 '정치교육'으로 표현하진 않는다. 공화적 시민교육 유형을 따르는 프랑스의 일부 학자들은 비판적 시민교육 유형인 독일 '정치교육' 모델을 부러워한다는 이야기도 들려온다. 독일은 68혁명 이후 1970년대 냉전 체제하에서 좌우 이념 대립과 이념 논쟁이 극심했던 국가이다.

예를 들어 독일 헤센주 기독교민주연합의 지역당 위원장의 대리인 발터 발반은 1972년 7월 언론을 통해, 당시 공동 집필된 5/6학년 교과서인 『보고-판단하고-행동하기』 개정판에 반대하면서, "공식적으로 계급투쟁을 촉구하고 있으며, 동쪽(당시 동독)의 성격

---

34. Landeszentrale für politische Bildung Baden-Württemberg(2016), Der Beutelsbacher Konsens und die neuen Bildungspläne Band 2-Unterrichtsmodelle für Gemeinschaftskunde und WBS in Baden-Württemberg in der Sekundarstufe I für die Klassenstufen 9 und 10, p. 2.

을 갖는 사회주의에 대한 선동으로 만들어진 것이다"라고 비판하였다. 그 밖의 '날조와 왜곡', '선동적 졸작', '사회 붕괴로 가는 안내서' 등의 표현으로 공격을 하였다. 이와 함께 기사·기민연의 주도로 사민당이 집권한 헤센주와 노르트라인베스트팔렌주의 수업 지침에 반대하는 선동 활동이 진행되었는데, 이 수업 지침의 주안점이 '자기결정 및 공동결정 능력' 육성이라는 이유를 들어, 정치적인 결정이며 "학교가 마르크시즘 교육을 위해 봉사하게 한다"라고 비판하였다. 이러한 항의 활동은 기민련의 헤센주 지방 정치세력이 헤센학부모협의회를 만들어 헤센주 사회교과 수업지침 반대 투쟁을 조직적으로 이용하면서 본격적으로 첨예화되었다.[35] 아마도 지금 한국의 이념 대립과 이념 논쟁 정도라고 짐작해 볼 수 있을까.

그리하여 1976년 독일 바덴뷔르템베르크주의 작은 마을인 보이텔스바흐Beutelsbach에서 주 정치교육원(혹은 센터)이 주도하여 극좌에서 극우까지를 대표한 교육학자, 정치학자들을 모아 '학교 정치교육'에 대한 최소한의 원칙에 대해 토의를 했다. 한동안 이 토의 내용에 대한 다른 반론이 없자(정말 최소한이었기에) '합의Konsens'라고 표현하는 정치교육의 원칙으로 회자되었고, 1980년대에는 교사들이 자신들의 수업에 이 원칙을 적용하기 시작했다. 이 합의를 지금까지 유지하고 홍보하는 바덴뷔르템베르크주 정치교육원의 노력은 결코 무시할 수 없다. 그 후에 「다름슈타트 요구」[1995]라는 교육 운동 선언이 나왔다. 그 핵심은 "학생 스스로 민주주의 공동체 내에서 시민의 역할을 인식할 능력을 키우는 것"인데, 이 요구가 발전하여 "민주주의는 '정치교육'을 필요로 한다"라는 「뮌헨 선언」[1997]으로 발전했다. 정치교수법 및 청소년과 성인을 위한 정치교육학회GPJE는 2003년

---

35. 김혜정(2018), 「보이텔스바흐 합의에 대한 이해와 공감」, 『경기도교육연구원 이슈페이퍼 2018-17』, pp. 31-32.

〈학교 정치교육 과목에 대한 국가교육 표준요구사항〉을 발표하고 독일연방 교육문화부장관회의에 통일된 과목명[36](정치교육)으로 신속하게 변경할 것을 권고하는 노력이 이어졌다. 이러한 노력은 "민주주의를 배운다는 것은 곧 민주주의를 살아가는 것"이라는 「마그데부르크 선언」[2005]으로 계승되었다.

2005년부터 '독일연방 정치교육원'과 '주 정치교육원'이 주도하여 매년 '정치교육 행동의 날Aktionstage Politische Bildung' 행사를 오늘까지도 계속 개최하고 있다. 이 행동의 날 행사는 기후위기를 비롯해 급변하는 현실 속에서 '정치교육'에 대한 관심과 이해의 폭을 넓히기 위한 목적에서 출발했다. 2010년의 행동의 날 주제는 '연대와 시민적 용기', 2013년은 '미디어, 권력, 오피니언', 2018년은 '두려움은 용기를 낳는다', 2021년은 '민주주의-아니면 누가 세상을 지배하는가?', 2022년은 '나의, 당신의, 우리의 자율성', 2024년은 '멋진 신세계?!'였다.[37]

그사이 일군의 정치교육 관련 학자들은 이 책의 개정판을 거듭 출판하면서 그동안의 독일 정치교육의 대한 논의와 연구 결과를 정리해 왔다. 이제 독일 정치교육의 오랜 여정에서 이룩한 성과와 고민 중 일부를 이 책에서 만나고 있다.

이렇게 학교 정치교육에 정성을 다하는 독일에서 요즈음 극우 세력이 득세하고 있다[38]는 소식에 착잡한 마음이 든다. 독일과 같은 학교 정치교육에 전혀 관심이 없고 불온시하는 한국에는 어떤 미래가 펼쳐질까.

---

36. '사회과, 정치, 정치교육, 일반사회 과목(현대 사회에 대한 수업)' 또는 '사회과학'과 같은 수많은 과목 명칭을 '정치교육'으로 통일하라는 권고이다(Ⅱ부 참조).
37. https://secure.provinz.bz.it/politische-bildung/aktionstage.asp
38 하네스 모슬러(2024), 「독일 극우정당과 '의회 존엄성'」, 『한겨레』 '세계의 창', 2024. 11. 10.

ChatGPT에게 질문하다

이 내란 국면이 정리되면 구체적으로 무엇을 어찌해야 하는지 답답하기만 하다. 국가가 안팎으로 뒤숭숭하고 이 사태가 언제까지 이어질지 두렵기도 하다. 인공지능에게 독일어로 물어야 자세하게 답해 줄 것 같아 독일어 번역기를 사용하여 아래와 같이 물었다. 그 답을 받아 구글, 딥엘, 레베소, 파파고 번역기의 도움을 받아 여섯 가지로 정리해 보았다. 1차 질문은 제2차 세계대전 후 독일은 교육 분야에 어떤 변화가 있었는지 물었는데 대답 중 한 가지가 '교육과정의 대폭 개정'이었다. 이에 대해 2차로 질문한 내용과 답변 내용은 다음과 같다.

나의 질문(2024년 12월 27일 18:00):
독일은 히틀러 정권이 다시 출현하는 것을 막기 위해 학교교육에서 교육과정을 대폭 개정했다고 하는데, 구체적으로 어떤 조치들이 취해졌는가?

ChatGPT의 답:
제2차 세계대전 이후 독일의 교과과정 개정은 학생이 민주주의의 기본 가치를 익히고 나치즘의 비인간적인 이념과 거리를 두는 것을 목표로 했습니다. 이러한 변화는 포괄적인 탈나치화 과정의 필수적인 부분이었으며 학교 시스템의 구조와 내용 모두에 영향을 미쳤습니다. 다음은 교육과정의 구체적인 변화의 몇 가지 예입니다.

(1) 나치즘과 그 범죄에 대해 교육과정 전체에서 주제화
역사수업: 나치즘과 그 범죄가 역사수업의 중심 주제가 되었습니

다. 학생들은 제2차 세계대전의 정치적·군사적 사건뿐만 아니라 인종주의, 반유대주의, 선전의 역할 등 나치즘의 이념적 토대에 대해서도 배웠습니다. 특히 전체주의 이데올로기의 파괴적인 결과에 대한 인식을 높이기 위해 홀로코스트와 정권이 저지른 잔학 행위에 대한 교육에 중점을 두었습니다.

독재에 대한 집중 고찰: 나치즘의 출현, 아돌프 히틀러의 역할, 권력 장악의 메커니즘을 심도 있게 다루었습니다. 특히 학생들은 민주주의 체제가 어떻게 독재 체제로 변질될 수 있는지, 전체주의 이데올로기가 어떤 위험을 초래하는지에 대한 질문에 특히 중점을 두었습니다.

(2) 정치교육 및 민주주의 교육 강화

정치교육: 1950년대와 1960년대에는 정치교육이 점점 더 강조되었습니다. 선거의 중요성, 권력 분립, 법치주의, 정치 참여와 같은 민주주의의 기본 원칙을 학생에게 가르치는 것이 목표였습니다. 이러한 교육은 학생에게 지식뿐만 아니라 민주주의에서 능동적이고 책임감 있게 행동할 수 있는 능력도 제공해야 합니다.

민주주의의 가치 강화: 학생들은 민주주의가 무엇인지, 시민의 권리와 책임은 무엇인지, 표현의 자유와 평등, 인권을 바탕으로 사회가 어떻게 기능해야 하는지를 배웠습니다. 이는 권위주의적이거나 극단주의적 이데올로기의 유혹으로부터 그들을 보호해야 합니다.

(3) 인권과 관용

인권에 초점: 인권이라는 주제는 정치뿐만 아니라 윤리, 사회학과 같은 다른 과목에서도 집중적으로 다루어졌습니다. 수업에서는 세계인권선언과 제2차 세계대전 이후 독일 기본법에 명시된 기본권을

다루었습니다. 학생들은 인간의 존엄성, 의견의 자유, 소수자의 권리의 중요성에 대해 배웠습니다.

윤리와 관용: 윤리 주제에서는 다른 문화, 종교 및 민족 집단에 대한 관용과 존중을 가르치는 데 더 중점을 두었습니다. 인종차별주의와 반유대주의에 맞서 싸우는 것이 이 수업의 핵심 목표였으며, 학생들이 인간 생명과 존엄성에 대한 존중을 바탕으로 강력한 윤리적 기반을 개발할 수 있도록 했습니다.

(4) 교실에서 기본법(헌법) 정착시키기

헌법에 대한 충실: 1949년 독일연방공화국의 헌법으로 채택된 독일 기본법은 교육과정에서 특히 강조되었습니다. 학생들은 인간 존엄성 불가침의 원칙, 인간의 자유, 표현 및 집회의 권리 등 기본법의 기본 권리와 원칙을 알고 이해해야 합니다. 특히 수업 시간에는 민주주의와 법치주의의 중요성이 강조되었습니다.

나치즘에 대한 저항에 초점: 커리큘럼에서 히틀러 정권에 대한 저항이라는 주제가 점점 더 많이 다루어지고 있습니다. 여기에는 자유와 정의를 위해 싸우는 학생들에게 도덕적 역할 모델이 된 '소피 숄 Sophie Scholl' 같은 개인이나 '화이트 로즈 White Rose'와 같은 저항 단체를 다루는 것이 포함되었습니다.

(5) '사회' 과목의 재설계

사회정치적 주제: 사회과학 과목은 학생에게 사회적·정치적·경제적 맥락에 대한 지식을 제공하기 위해 부분적으로 '사회와 정치'라는 과목에서 파생된 과목으로 도입되었습니다. 중요한 구성 요소는 독일연방공화국 민주주의 시스템의 기초, 정당과 선거의 영향력, 정치적 의사결정 메커니즘에 대한 조사였습니다.

민주적 제도와 공동 결정: 이 과목에서 학생들은 정치적 결정이 어떻게 이루어지고 연방의회, 연방정부, 연방헌법재판소와 같은 기관이 어떤 역할을 하는지 배웠습니다. 공동 결정과 민주적 참여의 중요성도 강조되었습니다.

(6) 과거를 받아들이는 교육

추모 현장 교육: 강제 수용소 및 기타 추모 현장 방문이 점점 더 학교교육의 일부가 되었습니다. 학생은 역사를 직접 접함으로써 정권의 범죄를 기억하는 것과 관련된 책임을 인식해야 합니다.

자신의 역사에 대한 비판적 고찰: 학생들은 나치즘과 제2차 세계대전의 역사를 역사적·사회적·정치적 맥락에서 살펴봄으로써 비판적 태도를 기르도록 장려되었습니다. 또한 독일 정권의 범죄에 대한 독일 국민의 책임에 대해 성찰하는 것이 목표였습니다.

요약하자면, 제2차 세계대전 이후 학생들이 과거의 실수로부터 배우고 국가사회주의의 위험성을 이해하며, 안정적이고 민주적인 사회의 토대를 이해할 수 있도록 커리큘럼이 크게 변경되었습니다.

독일 정치교육 교과서 90점, 한국 사회 교과서 15점 -무엇을 해야 하나

이 책을 통해 독일연방 차원의 정치교육 연구단체로 알게 된 것은 학교 및 학교 밖 정치교육 분야 종사자를 중심으로 설립된 학회인 '독일정치교육협회DVPB'와 정치교육 관련 대학교수 또는 박사들이 가입하여 활동하는 '정치교수법 및 청소년과 성인을 위한 정치교육학회GPJE'이다. 한국은 법교육학회, 경제교육학회, 사회과교육학회는 있지만 독일과 같은 정치교육 관련 협회나 학회는 없다. 왜 정치교육학회가 없을까? 한국 (일반)사회과 과목은 정치 영역, 법 영역, 경제 영역, 사회문화 영역으로 교육과정 내용이 균분되어 이를 중심으로 교과서가 집필되어 있다. 이런 상황에서 이 정치 영역을 연구하는 정치교육학회는 별도로 없고, 사회과교육학회에 여러 영역과 함께 섞여 있다고 볼 수 있다. 한국 사회과 교육에는 독일과 같은 정치교육이란 개념이 거의 없고, 정치제도의 명칭만 설명하고 암기시키는 주입식 교육이 이루어지고 있다. 해석적 지식은 없고 '명시적 (제도에 대한) 지식'만 나열하고 있다. 한국 사회 교과서에는 정당 이름은커녕 정치인 이름도 실리지 못한다. '살아 있는 정치에 대한 해석적 지식'은 없고, '제도에 대한 명시적 지식'만 5지선다형 지필고사를 위한 암기 대상으로 존재한다. 정치는 권력관계의 제도적 측면(정치제도 polity), 내용적 측면(정책 policy), 절차적 측면(정치 활동 politics)과 정치 참여자의 주장과 행동을 포함하는 다차원적 사건이라고 할 수 있다. 한국 학교 사회과 교육에는 정치의 내용(정책)과 절차(정치 활동)가 없기에 논쟁이 이루어질 수 없다. 게다가 정치 참여자의 주장과 행동을 포함하는 논쟁이 없는 교내 빈틈으로 일부 청소년이 극우 커뮤니티에서 퍼 나르는 왜곡된 정보가 학생에게는 생동감 있고 재미있다. 이런 현실에서 사회과 교육은 어떤 설득력도 지닐 수 없다.

'서울서부지방법원 습격 사건'을 계기로 10대들이 바라본 '청소년 극우화'에 관해 기획된 한 언론사의 청소년 대담 기사[39]는 '페미니스트 한마디에 악플 수두룩', '체육볶음 밈 등 소수자 혐오로 남성성 과시', '정치 무균실 된 학교에선 비상계엄 사태 언급 없어'라는 세

---

39. 윤지원·이재덕(2025), 「극우 세계관, 청소년들 사이에선 차고 넘쳐… 이미 주류가 됐다」, 『경향신문』, 2025. 3. 1.

개의 꼭지로 구성되어 있다. 이 기사의 마지막 꼭지에 "학교는 정치적 무균실"이라는 자조적 표현이 등장한다. 그렇지 않아도 오래전부터 사회과 교사들이 자조적으로 표현해 오던 "교실은 정치 진공 상태이다"라는 표현과 크게 다르지 않다. 지금 초·중·고등학교에서 사회과 교사조차도 얼버무릴 수밖에 없는 용어가 '정치'이다. 이 기사에서 한 학생은 "경제나 사회 시간에 관련된 정치 얘기가 언급되면 웃음이 나온다. 교사는 눈치를 보고 학생들도 이런 걸 말해도 되느냐며 꺼린다"라고 말했다. 이 대담 기사를 기획한 기자는 "학교에선 교사도, 학생도 극우적 세계관의 문제의식은커녕 중대한 정치적 사건에 대해서도 제대로 된 논쟁이 일어나지 않는다. 모두가 '정치적 중립'을 강조하고 쉬쉬하면서 학교가 정치 무균실이 된 지 오래다. 건강한 논쟁이 없는 교내 빈틈으로 일부 청소년들이 극우 커뮤니티에서 퍼 나르는 왜곡된 정보가 고일 수밖에 없다"라고 평가한다. 이런 정도의 기사가 나오면 독일이나 프랑스에서는 교육계가 긴장하면서 곧바로 교육과정 개혁 작업에 착수하고 새 교육과정 발표 후에 6개월 정도 내에 새 교과서가 학교에 보급된다. 이런 신속함은 교과서 자유 발행제 때문에 가능하다. 이런 국가들과 비교하면 한국 교육계는 참으로 한가하다. 무지하고, 게으른 것은 아닐까?

    2024년 영국의 이코노미스트 산하 EIU에서 발표한 167개 대상 세계의 민주주의 수준을 나타낸 각국의 **'디 이코노미스트 민주주의 지수'** 중 한국은 10점 만점에 7.75점으로 32위이다. 이 민주주의 지수는 다음 5개 지표(선거 과정과 다원주의, 정부의 작동, 정치 참여, 정치 문화, 시민 자유)에 따라 지수를 산출하고 이를 바탕으로 총합 점수를 매기고 평균을 내고 있다. 이 중 한국의 '정치 문화' 지수는 10점 만점에 5.63점, 세계 순위는 53~76위(5.63점 동점인 국가는 24개국이다) 사이에 있다. 이 순위는 4개 등급 중 세 번째 등급으로

'권위주의와 민주주의가 혼합된 상태로 정치가 운영'되는 것으로 조사되었다.[40] 정치학자들 사이에서 인기가 높은 스웨덴의 **'V-Dem 민주주의 지수'**는 다양한 민주주의의 수준을 측정한다. 예테보리대학교 정치학과에 본부를 두고 있는 '민주주의 다양성 연구소V-Dem Institute'에서 발표하는 '민주주의 지수'는 다섯 가지 핵심 지수와 몇 가지 보조 지수로 구성된다. 핵심 지수는 '선거 민주주의 지수', '자유 민주주의 지수'와 '민주주의 구성 요소 지수'로 자유, 참여, 숙의, 평등 등 6개 항목을 평가하여 산출한다. (2024년에 발표된) 2023년 한국의 V-Dem 지수의 '선거 민주주의 지수'는 1점 만점에 0.703점, '자유 민주주의 지수'는 0.604점이었다. '민주주의 구성 요소 지수'로서 자유 영역은 0.863점, 평등 영역은 0.863점, 참여 영역은 0.61점, 숙의 영역은 0.844점으로 산출되었다. 179개국을 대상으로 한 이 조사에서 '한국의 V-Dem 민주주의 지수' 순위는 50위다.[41] 50위의 민주주의와 세계 60~70위권의 '정치 문화'는 '한국 사회 교과서 15점'인 상태와 관련이 없을까.

  2016년 국제 시민 및 시민권 연구ICCS 조사에서 조사 참여국 중학생들에게 **'교실 토론 시 개방성'**에 관련한 질문을 했다. 질문 내용 여섯 가지는 다음과 같다.

(a) 교사는 학생으로 하여금 자신의 생각을 고취하도록 격려하는가.
(b) 교사는 학생이 자신의 의견을 표현하도록 용기를 주는가.
(c) 학생은 수업에서의 토론을 위해 최근의 정치적 사건을 예로 드는가.

---

40. https://namu.wiki/민주주의 지수
41. https://ko.wikipedia.org/wiki/_민주주의_지수

(d) 학생은 자신의 견해가 대부분의 학생들과 다를 때라도 수업에서 의견을 표명하는가.
(e) 교사는 학생이 다른 의견을 가진 학생과 토론하도록 격려하는가.
(f) 교사는 사회 현안을 설명할 때 여러 관점을 제시하는가.

위 질문에 대한 응답 결과는 이 연구 조사에 참여한 24개국(조사 설계부터 결과까지의 모든 비용을 분담하는 국가) 중 꼴찌(조사 대상국 응답 평균값 50점으로 상정했고, 한국은 42점)였다. 인간개발지수 HDI가 18위인 한국은 그 당시 인간개발지수가 세계 99위인 도미니카나공화국(48점)이나 같은 점수를 나타낸 러시아, 불가리아보다도 개방성 정도가 낮았다.[42] 일반적으로 연구 조사가 가능한 167개국을 대상으로 이런 조사를 한다면 한국 학생의 '교실 토론 시 개방성'은 세계 100권 밖에서도 한참이나 뒤진다고 추론할 수 있다.

'남녀 평등', '정당과 선거', '경제', '학급자치' 등의 주제에 관련된 중학교 수준의 한국 교과서와 독일 교과서 내용을 민주시민교육 관련 교사 연수에서 소개하고 설명하곤 했다. 그리고 독일·스위스·오스트리아 정치교육에서 주로 적용되고 있는 교수학습 원칙인 학생 지향, 문제 지향, 논쟁성, 범례 학습, 활동 지향, 학문 지향, 시사성 지향, 제도연구 지향, 가치 지향, 시민기능 지향 등을 채점 기준으로 교사들에게 체크리스트에 평가하도록 했다. 결과는 독일 교과서는 90점 내외이고, 한국 교과서는 15점 내외이다. 평가 기준이 되었던 주요 교수학습 원칙은 한국 교육과정과 교과서에서는 그 모습을 찾기 어렵다.

---

42. IEA(2016), Becoming Citizens in a Changing World. IEA International Civic and Citizenship Education Study 2016 International Report, pp. 150-151.

한국 도덕·(일반)사회 교과서와 프랑스 시민교육 교과서 내용의 '노동', '정의', '평등', '자유', '우정(함께 살기)', '법원', '민주주의' 등의 교수학습 내용 비교에서도 독일과 한국 교과서의 점수 차이만큼 나타나고 있다. 결국 독일과 프랑스는 90점짜리 정치교육과 시민교육을 학교교육에서 제공하는데 한국 도덕과 사회과는 15점짜리 교육을 제공한다고 할 수 있다. 교대·사대 학자들에 의해 만들어진 15점짜리 교육과정과 교과서를 가지고, 교사는 15점짜리 시민·정치교육을 하고 있다고 말한다면 성급한 판단일까. 우리는 어쩌면 1987년 민주화 이후, 학교에서 시민·정치교육을 40여 년 동안 제대로 실시하지 못하고 우물쭈물하고 있었던 벌을 2024~25년 국가 내란 사태를 겪으며 지금 받고 있는 것은 아닐까. 농경시대인 1950년대에 시작해서 70년간이나 사회 변화상을 반영하지 못하는 도덕과와 사회과는 학문 분과별로 파편화되고, 학문 중심인 과목 구조와 내용을 산업화 시대를 거쳐, 4차 정보통신 시대가 한참이나 지나도록 그대로 유지하고 있다. 인공지능AI 시대[43]에 진입하고 있는 지금 학생 지향·문제 지향·논쟁성·활동 지향·시사성 지향·가치 지향·시민기능 지향의 원칙을 반영하고, 시대적으로 문제가 되고 있는 사회적 과제에 대해 학생이 독립적으로 사고하고 판단할 수 있는 과목 구조로 바꾸어야 한다. 더구나 도덕과·(일반)사회과 과목은 1980년대까지는 권위주의 정부에 복종했고, 1990년 이후에는 신자유주의 정책을

---

43. 서울특별시는 50대 이상 시민을 대상으로 하는 '중장년 정보몽땅(서울시50플러스포털)'에서 '인공지능(AI) 시대, 우리는 어떻게 살아가야 할까?'라는 글에서 인공지능 시대를 성공적으로 살아가기 위해 필요한 우리의 자세, 능력에 대해 ("다양한 분야의 식자(識者)들 견해를 정리해서") 조언을 하고 있는데, 어린 시민들에게도 바로 적용할 수 있는 내용은 다음과 같다. "먼저, 세상의 변화와 흐름을 정확히 인지하고 받아들이는 적극적인 자세가 필요하다. (…) 셋째, 인간만의 강점인 창의력, 공감 능력, 융합적인 사고 능력을 키우는 데 집중해야 한다." 한국 도덕과·사회과 과목은 창의력, 공감 능력, 융합적인 사고 능력을 키우고 있을까? https://50plus.or.kr/detail.do?id=42428085

강화하는 정부의 정책에 무비판적이면서 경쟁을 내면화시키는 데 최선을 다했다. 결국 학생에게 '독립적으로 사고하고 판단하는 능력'을 형성시키는 데 실패했다는 비난을 받아 마땅하다. 2024년 국가교육위원회의 5,000명 대상의 **대국민 교육 현안 인식 조사** 중 '우리나라 교육이 이룩한 성과'를 묻는 질문에 복수 응답한 결과는 이를 잘 말해 주고 있다. 이런 실패의 결과[44]를 지금 국가 내란 사태를 통해 목도하고 있는 것은 아닐까.

「**청년 삶 실태조사**」는 「청년기본법」에 따라 2년마다 실시하며, 2022년과 2024년 조사 결과가 발표되었다. 청년(만 19~34세) 대상으로 200여 개 문항을 조사 대상자에게 대면하여 질문하는 전국 1만 5,000가구 방문 면접조사 형태로, 7월부터 8월까지 이루어진다. 2024년 조사에서 **정치에 대한 관심 정도**'를 묻는 질문 중 '정치에 (매우 또는 약간) 관심 있다'는 응답은 27.1%(매우 2.9%〉약간 24.2%)였다. 2022년 조사[45]에서 '정치에 (매우 또는 약간) 관심 있다'는 응답은 37.5%(매우 4.8%〉약간 32.7%)였다. 2024년 조사 값이 2022년 조사 값보다 낮은 이유는 2022년에는 대통령 선거(3월), 지방 선거(6월)가 있었고, 2024년에는 국회의원 선거 하나만 있었다는 점을 고려할 필요가 있다고 보도자료를 낸 국무조정실은 밝혔다. 2022년과 2024년 조사 결과 비교 내용은 다음 표와 같다.[46]

---

44. 국가교육위원회(2024), 「(중장기 국가교육발전계획 수립을 위한) 대국민 교육 현안 인식 조사」 주요 결과 5.
   여기에 '우리나라 교육이 이룩한 성과'를 묻는 질문에 복수 응답 결과는 다음과 같다. '균등한 교육기회 제공(65.2%)', '국가경쟁력 향상(38.5%)', '우수한 학업 성취도(25.3%)', '정치·경제·사회 발전의 밑거름이 되는 인재 양성(22.5%)', '공교육 질 제고(22.7%)', '민주시민의 양성(15.9%)', '계층 간 격차 완화(9.9%)'.
45. 국무조정실(2022), 「2022년 청년 삶 실태조사」 보고서, p. 290.
46. https://www.korea.kr/briefing/pressReleaseView.do?newsId=156678299&call_from=seoul_paper 보도자료, p. 19.

청년 삶 실태조사 보고서에 따른 한국 청년(만 19~34세)의 '정치에 대한 관심 정도'

구분	합계(%)	관심 있음			관심 없음		
			매우 관심 있다	약간 관심 있다		그다지 관심 없다	전혀 관심 없다
2022년	100.0	37.5	4.8	32.7	62.5	40.0	22.5
2024년	100.0	27.1	2.9	24.2	72.9	47.8	25.1

독일 중학교 『실제 정치』라는 제목의 교과서에 소개된 독일연방공화국의 연방가족·노인·여성 및 청소년부에서 발표한 자료[47]에 따르면 1992년 당시 서독 지역의 조사에서 '정치에 관심이 있으십니까'라는 질문에 '예'라고 답한 비율이 55%(남성: 66%, 여성: 44%)였다. 30년 이상의 시차가 있다는 점과 한국의 조사 대상이 청년에 국한되어 있다는 점이 있더라도 독일 성인 대상 정치 관심도가 한국의 27.1%와는 두 배가 차이가 난다는 점은 한국 사회과 교육에서 정치교육의 실패를 입증하는 것은 아닐까. 전직 사회과 교사로서 우리나라 청년(만 19~34세)들이 '매우 관심 있다'라고 응답한 비율이 2.9%라는 현실이 참으로 안타깝다.

유발 하라리는 『21세기를 위한 21가지 제언』 중 '교육: 변화만이 유일한 상수다'라는 장에서 청소년기 교육의 중요성에 대해 다음과 같이 설명한다. "15세 때만 해도 삶 전체가 변화다. 몸도 자라고 정신도 발달하고 인간관계도 깊어진다. 이때는 모든 것이 유동적이고 모든 것이 새롭다. 누구나 자신을 발명하느라 분주한 시기이다. (…) 새로운 지평이 눈앞에 펼쳐지고, 온 세상이 나의 정복을 기다리고 있는 것만 같다."[48] 이런 시기에 시민교육과 정치교육에 관련된 뉴런

---

47. Hans-Peter Frey u. a.(1998), Tatsache Politik 3, Verlag Moritz Diesterweg, p. 61.
48. 유발 하라리(2018), 『21세기를 위한 21가지 제언』, 김영사, p. 396.

(뇌를 구성하는 기본 단위)을 지속적이고 반복적으로 형성시키고, 이 **뉴런들의 연결고리인 시냅스**를 지속적으로 자극시키지 않는다면, 우리가 바라는 민주공화국의 진정한 주인은 형성되기 어려울 것이다. 자유, 평등, 정의, 존엄함, 연대, 대화, 협동, 공동체 등의 가치와 자신이 속한 사회와 국가의 구성 원리에 대한 지식과 헌법과 정치와 사회체제에 대한 규범과 가치 그리고 그 작동 원리가 어린 시기부터 지속적으로 교수학습되어야 한다. 그리고 이런 뉴런들이 생성되고 시냅스가 지속적으로 연결되도록 독일과 프랑스처럼 저학년부터 매 학년 끊임없이 자극해야 한다. 18세 이후에는 지속적으로 생성되거나 자극되지 않는 뉴런과 시냅스는 소멸되고, 연결이 끊어진 뉴런은 뇌의 작동 원리에 따라 '서서히 약해지다 소멸해 버린다.'[49] 성인들에게 민주공화국을 위한 정치교육과 시민교육을 할 수 있다고 주장할 수 있다. 그러나 이를 위해 한국 상황에서 시민교육이나 정치교육에 대한 뉴런을 재연결하고 시냅스를 재배선하는 것은 너무나 힘든 일이다.[50] 초·중·고등학교에서 형성된 적이 없던 뉴런과 시냅스를 무슨 수로 재연결하고 재배선한단 말인가?

국민공통 기본교육과정에서만이라도 도덕과는 프랑스(V-Dem 지수 10위) 학교 시민교육을 모델로 해서 '**도덕·철학·시민**'[51] 과목으로 발전시키고, (일반)사회과는 독일(V-Dem 지수 15위) 정치교육을 모델로 해서 '**헌법·정치**' 과목으로 구체화하고, 정체성을 명확히 해서 민주공화국의 핵심 과목으로서 형식과 교육 내용의 발전을 이루어야 하지 않을까. 이 두 과목만이라도 '**독립적으로 사고하고 판단하는 능력**'을 형성하기 위해 시범적으로 **논·서술형인 절대평가**를 실시하고, 교과서 내용에 시의성을 확보하기 위해서는 **교과서 자유 발행제**

---

49. https://dbr.donga.com/graphic/view/gdbr_no/7703
50. 유발 하라리(2018), 『21세기를 위한 21가지 제언』, 김영사, p. 397.

로 전환해야 한다. 민주공화국의 학교 시민들에게 교과서 내용을 검열(검정)하는 수준의 한국이 국제 조사에서 '완전한 민주주의' 국가로 한동안 분류된 적이 있었다. 경제 대국이면서 '완전한 민주주의' 국가라는 국뽕(맹목적 자부심)에 심취하였고, 자기 객관화에 실패하면서, 결국 국가 내란 사태에까지 이른 것이다.

대한민국 민주공화국의 청소년이 '독립적으로 사고하고 판단하는 능력'을 형성할 수 있도록 제도화해야 한다. 학교는 '미래'의 시민을 양성하는 장소가 아니라 '지금', '여기의' 시민을 형성해야 하기 때문이다. 독일이나 프랑스는 시민·정치교육은 연령이 낮은 단계(유아교육)에서부터 체계적으로 실시해야 한다는 인식 아래 1980년대부터 본격적으로 시민·정치교육을 독립된 과목으로 제도화하고 있다. 이런 국가들인데도 선거철마다 '극우 정당의 출현'을 걱정하고 있는데 15점짜리 민주공화국 형성의 핵심 과목(도덕과 사회)을 갖고 있는 우리는 어떻게 해야 할까.

최근 몇 년 사이에 외신에 '한국의 소멸'이 여러 번 언급되고 있다. 20대, 30대 청년들은 어릴 때부터 내몰렸던 '무한 경쟁'을 되짚으며 '가망이 없다'고 단정한다. 한국의 정책은, 우리처럼 살아보지도 않았고 이런 절망을 느껴 본 적도 없는 나이 많은 남성들이 만든다며.

---

51. 과목 명칭의 다양한 변화에 대한 최근 외국 사례로 2019년에 신설된 프랑스의 '역사·지리·지정학·정치학(Histoire·Géographie·Géopolitique·Sciences Politique)' 과목을 들 수 있다. 이 과목은 프랑스 교육제도의 변화와 함께 발전되었는데 21세기 글로벌화와 국제정치의 복잡성이 증가하면서 점차 강조하게 되었다. 지구촌에서의 정치적, 경제적 변화, 국제 관계 및 지정학적 문제에 대한 이해를 심화시키고, 세계의 정치적 상황을 분석하고 이해할 수 있는 능력을 키워주기 위해 도입되었다. 문학 계열(Littéraire) 또는 경제/사회 계열(Économique et Sociale, ES) 학생들이 선택하는 과목으로 이 과목을 선택한 학생들은 바칼로레아 시험에서 이 과목을 필수로 치러야 한다. 첫 번째 학년(한국의 고2) 교육과정은 2019년 1월에, 마지막 학년(한국의 고3)의 교육과정은 같은 해 7월에 고시되었으며, 교과서 자유 발행제를 실시하고 있었으므로 2019년 9월부터 학교에 새로운 교육과정에 따른 교과서가 보급되었다.

한국에선, 희망 자체가 사라지고 있다고 절망한다. 학교는 학교 시민들의 '공적 담론의 장'(박구용)이 되어야 한다. 학교에서 최소한의 '공적 담론의 장'의 역할을 하지 못하는 도덕과목과 (일반)사회과목을 개혁해야 한다. 개혁의 내용과 방향은 당사자인 10대, 20대, 30대가 공론화 조사를 통해 결정하도록 해야 한다. 교육과정의 어설픈 보완은 '망가진 시스템에 일회용 밴드 붙이기'일 뿐이다.[52]

---

52. 제정임(2025), 「'한국 소멸'을 막을 수 있을까」, 『한겨레』, 2025. 5. 5.

참고문헌

I. 정치교육의 학문 토대

1. 정치교육 역사

Biskupek, Sigrid 2002: Transformationsprozesse in der politischen Bildung. Von der Staatsbürgerkunde der DDR zum Politikunterricht in den neuen Ländern. Schwalbach/Ts.

Busch, Matthias 2016: Staatsbürgerkunde in der Weimarer Republik. Genese einer demokratischen Fachdidaktik. Bad Heilbrunn

Busch, Matthias 2020: Demokratielernen in der Weimarer Republik. In: Aus Politik und Zeitgeschichte, 70. Jg., H. 14-15, S. 28-34

Ciupke, Paul 2016: Blicke auf die Geschichte der politischen Erwachsenenbildung von der Aufklärung bis zum Ende des Zweiten Weltkriegs. In: Hufer, Klaus-Peter/Lange, Dirk (Hg.): Handbuch politische Erwachsenenbildung. Schwalbach/Ts., S. 23-32

Dachs, Herbert 2008: Politische Bildung in Österreich-ein historischer Rückblick. In: Klepp, Cornelia/Rippitsch, Daniela (Hg.): 25 Jahre Universitätslehrgang Politische Bildung in Österreich. Wien

Detjen, Joachim 2013: Politische Bildung. Geschichte und Gegenwart in Deutschland. 2., aktual. und erw. Aufl., München

Detjen, Joachim 2016: Politische Erziehung als Wissenschaftsaufgabe. Das Verhältnis der Gründergeneration der deutschen Politikwissenschaft zur politischen Bildung. Baden-Baden

Diendorfer, Gertraud/Hellmuth, Thomas/Hladschik, Patricia 2012: Politische Bildung als Beruf. Professionalisierung in Österreich. Schriftenreihe der Interessengemeinschaft Politische Bildung. Schwalbach/Ts.

Exner, Adolf 1892: Über politische Bildung. Rede gehalten bei der Übernahme der Rektoratswürde an der Universität Wien. 3. Ausgabe, Leipzig

Flitner, Andreas 1957: Die politische Erziehung in Deutschland. Geschichte und Probleme 1970-1880. Tübingen

Frech, Siegfried/Richter, Dagmar (Hg.) 2017: Der Beutelsbacher Konsens. Bedeutung, Wirkung, Kontroversen. Schwalbach/Ts.

Gagel, Walter 2005: Geschichte der politischen Bildung in Deutschland 1945-1989/90.3., überarb. und erw. Aufl., Wiesbaden

Gollob, Rolf/Graf-Zumsteg, Christian/Bachmann, Bruno/Gattiker, Susanne/Ziegler, Béatrice 2007: Politik und Demokratie-leben und lernen. Bern

GPJE (Gesellschaft für Politikdidaktik und politische Jugend-und Erwachsenenbildung) 2004: Nationale Bildungsstandards für den Fachunterricht in der Politischen Bildung an Schulen. Ein Entwurf. Schwalbach/Ts.

Grammes, Tilman/Schluß, Henning/Vogler, Hans-Joachim 2006: Staatsbürgerkunde in der DDR. Ein Dokumentenband. Opladen

Hellmuth, Thomas/Klepp, Cornelia 2010: Politische Bildung. Geschichte-

Modelle-Praxisbeispiele. Wien/Köln/Weimar

Kerschensteiner, Georg 1966: Staatsbürgerliche Erziehung der deutschen Jugend. In: Georg Kerschensteiner. Berufsbildung und Berufsschule. Ausgewählte pädagogische Schriften, Bd. 1, besorgt von Georg Wehle. Paderborn

Kuhn, Hans Werner/Massing, Peter/Skuhr, Werner (Hg.) 1993: Politische Bildung in Deutschland. Entwicklung-Stand-Perspektiven. 2. Aufl., Opladen

Lötscher, Alexander/Schneider, Claudia/Ziegler, Béatrice (Hg.) 2016: Reader Was soll Politische Bildung? Elf Konzeptionen von 1799 bis heute. Bern

Mambour, Gerrit 2007: Zwischen Politik und Pädagogik. Eine politische Geschichte der politischen Bildung in der Bundesrepublik Deutschland. Schwalbach/Ts.

Massing, Peter 2014: Politische Bildung im Prozess der deutschen Vereinigung. In: Sander, Wolfgang/Steinbach, Peter (Hg.): Politische Bildung in Deutschland. Profile, Personen, Institutionen. Bonn, S. 226-239

Moser-Léchot, Daniel V. 2000: Politische Bildung: Ihre Stellung im Fächerkanon und die Entwicklung der Inhalte. In: Reichenbach, Roland/Oser, Fritz (Hg.): Zwischen Pathos und Ernüchterung. Zur Lage der politischen Bildung in der Schweiz. Freibutg/Ue.

Moser, Heinz/Kost, Franz/Holdener, Walter 1978: Zur Geschichte der politischen Bildung in der Schweiz. Stuttgart

Negt, Oskar 1968: Soziologische Phantasie und exemplarisches Lernen. Zur Theorie und Praxis der Arbeiterbildung. Frankfurt/M./Köln

Oser, Fritz/Reichenbach, Roland 2000: Politische Bildung in der Schweiz. Schlussbericht, hg. von der Schweizerischen Konferenz der kantonalen Erziehungsdirektoren (EDK). Bern

Quackernack, Jürgen 1991: Politische Bildung in der Schweiz. Ein republikanisch-demokratisches Musterbeispiel? Opladen

Rühlmann, Paul 1908: Politische Bildung. Ihr Wesen und ihre Bedeutung. Leipzig

Sander, Wolfgang 2009: Über politische Bildung. Politik-Lernen nach dem "politischen Jahrhundert". Schwalbach/Ts.

Sander, Wolfgang 2013: Politik in der Schule. Kleine Geschichte der politischen Bildung in Deutschland. 3., aktual. Aufl., Marburg

Sander, Wolfgang 2017: Aufgaben und Probleme politischer Bildung in Österreich. In: Helms, Ludger/Wineroither, David M. (Hg.): Die österreichische Demokratie im Vergleich. 2. Aufl., Baden-Baden, S. 503-526

Sander, Wolfgang/Steinbach, Peter (Hg.) 2014: Politische Bildung in Deutschland. Profile, Personen, Institutionen. Bonn

Schiele, Siegfried/Schneider, Herbert (Hg.) 2016: Reicht der Beutelsbacher Konsens? Schwalbach/Ts.

Schneider, Heinrich 1977: Der Minimalkonsens. Eine Einführung in ein Problem der politischen Bildung. In: Schiele, Siegfried/Schneider, Herbert (Hg.): Das Konsensproblem in der politischen Bildung. Stuttgart, S. 11-36

Wehling, Hans-Georg 1977: Konsens à la Beutelsbach? In: Schiele, Siegfried/Schneider, Herbert (Hg.): Das Konsensproblem in der politischen Bildung. Stuttgart, S. 173-184

Widmaier, Benedikt/Zorn, Peter (Hg.) 2016: Brauchen wir den Beutelsbacher Konsens? Eine Debatte in der politischen Bildung. Bonn

2. 정치교수학 구상들

Blankertz, Herwig 1973: Theorien und Modelle der Didaktik. München

Busch, Matthias 2016: Staatsbürgerkunde in der Weimarer Republik. Genese einer demokratischen Fachdidaktik. Bad Heilbrunn
Detjen, Joachim 2013: Politische Bildung. Geschichte und Gegenwart in Deutschland. 2. Aufl., München
Gagei, Walter 1983: Einführung in die Didaktik des politischen Unterrichts. Studienbuch politische Didaktik 1. Opladen
Giesecke, Herrmann 1965: Didaktik der Politischen Bildung. München
Giesecke, Herrmann 1972: Didaktik der Politischen Bildung. Neue Ausgabe. München
Grammes, Tilman 1998: Kommunikative Fachdidaktik. Politik. Geschichte. Recht. Wirtschaft. Opladen
Hilligen, Wolfgang 1985: Zur Didaktik des politischen Unterrichts. Wissenschaftliche Voraussetzungen–Didaktische Konzeptionen–Praxisbezug. Ein Studienbuch. Opladen
Jank, Werner/Meyer, Hilbert 2008: Didaktische Modelle. Berlin
Lißmann, Hans-Joachim/Sandmann, Fritz 1987: Unterrichtsmodelle–ein Thema–drei didaktische Konzeptionen. In: Nitzschke, Volker/Sandmann, Fritz (Hg.): Metzler Handbuch für den politischen Unterricht. Stuttgart, S. 86-110
Massing, Peter 2011: Politikdidaktik als Wissenschaft. Ein Studienbuch. Schwalbach/Ts.
May, Michael 2015: Kompetenzorientierte Unterrichtsplanung mit Anforderungssituationen und nach politikdidaktischen Prinzipien. In: Frech, Siegfried/Richter, Dagmar (Hg.): Politikunterricht professionell planen. Schwalbach/Ts., S. 50-68
May, Michael/Schattschneider, Jessica (Hg.) 2011: Klassiker der Politikdidaktik neu gelesen. Originale und Kommentare. Schwalbach/Ts.
May, Michael/Schattschneider, Jessica 2014: "Klassische" didaktische Theorien zur politischen Bildung. In: Sander, Wolfgang (Hg.): Handbuch politische Bildung. Schwalbach/Ts., S. 31-41
Petrik, Andreas 2013: Von den Schwierigkeiten, ein politischer Mensch zu werden. Konzept und Praxis einer genetischen Politikdidaktik. Opladen/Berlinl/Toronto
Pohl, Kerstin 2010: Biografie und Theorie–Wolfgang Hilligens erste Schritte zur politischen Bildung. In: Breit, Gotthard/Debus, Tessa/Massing, Peter (Hg.): Hauptsache politische Bildung. Kontroversität, Schülerorientierung, Aktualität, Problemorientierung. Schwalbach/Ts., S. 75-87
Pohl, Kerstin 2014: Gesellschaftstheorie in der Politikdidaktik. Die Theorierezeption bei Hermann Giesecke, 2., korr. Aufl., Schwalbach/Ts.
Pohl, Kerstin 2020: Politikdidaktische Konzeptionen. In: Achour et al. (Hg.): Wörterbuch Politikunterricht, Frankfurt/M., S. 159-162
Pohl, Kerstin/Buchstein Hubertus 2020: Die Kontroverse als Konsens? Kontroversität in der Demokratie und in der politischen Bildung. In: Journal für politische Bildung, H. 4, S. 10-16
Reinhardt, Sibylle 2018: Politikdidaktik. Handbuch für die Sekundarstufe I und II, 9. Aufl., Berlin
Sander, Wolfgang 2005: Theorie der politischen Bildung: Geschichte–didaktische Konzeptionen–aktuelle Tendenzen und Probleme. In: Ders. (Hg.): Handbuch politische Bildung, 3. Aufl., Schwalbach/Ts., S. 13-47
Sander, Wolfgang 2013: Politik entdecken–Freiheit leben. Neue Lernkulturen in der politischen Bildung. 4. Aufl., Schwalbach/Ts.

Schiele, Siegfried/Schneider, Herbert (Hg.) 1980: Die Familie in der politischen Bildung-Konsens auf dem Prüfstand der Praxis. Stuttgart.

Schmiederer, Rolf 1971: Zur Kritik der politischen Bildung. Ein Beitrag zur Soziologie und Didaktik des politischen Unterrichts, Frankfurt/M.

Schmiederer, Rolf 1977: Politische Bildung im Interesse der Schüler. Hannover

Sutor, Bernhard 1984: Neue Grundlegung politischer Bildung. 2 Bde., Paderborn

Sutor, Bernhard 1992: Politische Bildung als Praxis. Grundzüge eines didaktischen Konzepts. Schwalbach/Ts.

Terhart, Ewald 2019: Allgemeine Didaktik-didaktische Modelle. In: Harring, Marius/Rohlfs, Carsten/Gläser-Zikuda, Michaela (Hg.): Handbuch Schulpädagogik. Münster/New York, S. 409-417

Wahl, Diethelm 1991: Handeln unter Druck. Der weite Weg vom Wissen zum Handeln bei Lehrern, Hochschullehrern und Erwachsenenbildnern. Weinheim

3. 정치교육의 전공학문 기초: 입장과 논쟁

Autorengruppe Fachdidaktik 2011: Konzepte der politischen Bildung. Eine Streitschrift. Schwalbach/Ts.

Detjen, Joachim/Massing, Peter/Richter, Dagmar/Weißeno, Georg 2012: Politikkompetenz-ein Modell. Wiesbaden

Engartner, Tim/Hedtke, Reinhold/Zurstrassen, Bettina 2021: Sozialwissen schaftliche Bildung. Politik-Wirtschaft-Gesellschaft. Paderborn

Franke, Uwe/Pohl, Kerstin 2020: Politikdidaktik und Politikwissenschaft. In: Lauth, Hans-Joachim/Wagner, Christian (Hg.): Politikwissenschaft. Eine Einführung. 10. Aufl., Stuttgart, S. 369-400

Gagel, Walter 2000: Einführung in die Didaktik des politischen Unterrichts. 2. Aufl., Opladen

Gesellschaft für Fachdidaktik 2009: Mindeststandards am Ende der Pflichtschulzeit. In: Zeitschrift für Didaktik der Naturwissenschaften, H. 15, S. 371-377

Grammes, Tilman 1998: Kommunikative Fachdidaktik. Politik, Geschichte, Recht, Wirtschaft. Opladen

Grammes, Tilman 2009: Vermittlungswissenschaft. Zur Verwendung sozialwissenschaftlichen Wissens am Beispiel einer Weiterbildung. In: Journal of Social Science Education, 8. Jg., H. 2, S. 146-164

Grammes, Tilman 2011: Konzeption der politischen Bildung-bildungstheoretische Lesarten aus ihrer Geschichte. In: Autorengruppe Fachdidaktik, S. 27-50

Hedtke, Reinhold 2011: Die politische Domäne im sozialwissenschaftlichen Feld. In: Konzepte der politischen Bildung. Eine Streitschrift. Schwalbachi/Ts., S. 51-68.

Hedtke, Reinhold 2018: Das Sozioökonomische Curriculum. Schwalbach/Ts.

Hedtke, Reinhold 2019: Das Konkordanzprinzip als domänendidaktische Leitidee der gesellschaftlichen Bildung. In: Lotz, Mathias/Pohl, Kerstin (Hg.): Gesellschaft im Wandel. Neue Aufgaben für die politische Bildung und ihre Didaktik. Frankfurt/M., S. 105-112

Henkenborg, Peter 2011: Wissen in der politischen Bildung. Positionen der Politikdidaktik. In: Autorengruppe Fachdidaktik, S. 111-132

Hilligen, Wolfgang 1985: Zur Didaktik des politischen Unterrichts. 4. Aufl., Opladen

Hippe, Thorsten 2010: Wie ist sozialwissenschafdiche Bildung möglich? Gesellschaftliche Schlüsselprobleme als integrativer Gegenstand der

ökonomischen und politischen Bildung. Wiesbaden
Klafki, Wolfgang 1996: Thesen zur "Wissenschaftsorientierung" des Unterrichts. In: Ders.: Neue Studien zur Bildungstheorie und Didaktik. Zeitgemäße Allgemeinbildung und kritisch-konstruktive Didaktik. Weinheim/Basel, S. 162-172
Krebs, Oliver/Szukala, Andrea 2021: Forschendes Lernen im Politikunterricht. Frankfurt/M.
Lange, Dirk 2011: Konzepte als Grundlage der politischen Bildung. Lerntheoretische und fachdidaktische Überlegungen. In: Autorengruppe Fachdidaktik, S. 95-110
Lehner, Franz 2011: Sozialwissenschaft. Wiesbaden
Loerwald, Dirk 2020: Ökonomische Bildung in Deutschland. Status quo und Perspektiven. In: List Forum, 45. Jg., H. 3, S. 239-253
Massing, Peter 2002: Politikdidaktik als Wissenschaft? In: GPJE (Hg.): Politische Bildung als Wissenschaft. Bilanz und Perspektiven. Schwalbach/Ts., S. 32-44
Mittelstraß, Jürgen (Hg.) 2005: Enzyklopädie Philosophie und Wissenschaftstheorie. Bd. 2: C-F. 2. Aufl., Stuttgart/Weimar
Münch, Ursula 2012: Politische Bildung und die Misere von Politik und Politikwissenschaft. In: Zeitschrift für Politikwissenschaft, 22. Jg., H. 3, S. 449-457
Oberle, Monika 2017: Politikwissenschaft als Bezugsdisziplin der Politischen Bildung. In: Oberle, Monika/Weißeno, Georg (Hg.): Politikwissenschaft und Politikdidaktik. Theorie und Empirie. Wiesbaden, S. 17-29
Popkewitz, Thomas S. 1997: The production of reason and power: curriculum history and intellectual traditions. In: Journal of Curriculum Studies, 29. Jg., H. 2, S. 131-164
Sander, Wolf gang 2010: Soziale Studien 2.0? Politische Bildung im Fächerverbund. In: Juchler, Ingo (Hg.): Kompetenzen in der politischen Bildung. Schwalbach/Ts., S. 29-45
Sander, Wolfgang 2011: Kompetenzorientierung in Schule und politischer Bildung–eine kritische Zwischenbilanz. In: Autorengruppe Fachdidaktik, S. 9-25
Sutor, Bernhard 1984: Neue Grundlegung politischer Bildung. Bd. I und II. Politikbegriff politische Anthropologie. Paderborn/München/Wien/Zürich
Weinert, Franz E. 2001: Concept of Competence: A Conceptual Clarification. In: Rychen, Dominique Simone/Sagalnik, Laura H. (Hg.): Defining and Selecting Key Competencies. Seatle, S. 45-66
Weingart, Peter 2003: Wissenschaftssoziologie. Bielefeld
Weißeno, Georg/Massing, Peter 2020: Politikdidaktik. Bestandsaufnahme und Forschungsperspektiven. In: Rothgangel, Martin/Abraham, Ulf/Bayrhuber, Horst (Hg.): Lernen im Fach und über das Fach hinaus. Bestandsaufnahmen und Forschungsperspektiven aus 17 Fachdidaktiken im Vergleich. Münster, S. 315-338

4. 정치교육의 교육이론 토대

Adorno, Theodor W. 2006: Theorie der Halbbildung. Frankfurt/M.
Autorengruppe Fachdidaktik 2011: Konzepte der politischen Bildung. Eine Streitschrift. Schwalbach/Ts.
Autorengruppe Fachdidaktik 2017: Was ist gute politische Bildung? Leitfaden für den sozialwissenschaftlichen Unterricht. 2. Aufl., Schwalbach/Ts.

Bourdieu, Pierre 1992: Politik, Bildung und Sprache. In: Ders.: Die verborgenen Mechanismen der Macht. Hamburg, S. 13-30
Busch, Hans-Joachim 2001: Subjektivität in der spätmodernen Gesellschaft. Weilerswist
Combe, Arno/Gebhard, Ulrich 2012a: Verstehen im Unterricht. Die Rolle von Phantasie und Erfahrung. Wiesbaden
Combe, Arno/Gebhard, Ulrich 2012b: Annäherungen an das Verstehen im Unterricht. In: Zeitschrift für interpretative Schul- und Unterrichtsforschung, H. 1, S. 221-230
Detjen, Joachim 2013: Politische Bildung. Geschichte und Gegenwart in Deutschland. 2. aktual. Aufl., München
Dewey, John 2011: Demokratie und Erziehung. Eine Einleitung in die philosophische Pädagogik. 5. Aufl., Weinheim
Fischer, Kurt Gerhard 1993: Das Exemplarische im Politikunterricht. Beiträge zu einer Theorie politischer Bildung. Schwalbach/Ts.
Friedrichs, Werner 2020: Materiale politische Bildungen in der critical zone und ihre didaktische Explikation. In: Friedrichs, Werner/Hamm, Sebastian (Hg.): Zurück zu den Dingen. Politische Bildungen im Medium gesellschaftlicher Materialität. Baden-Baden, S. 169-216
Gessner, Susann 2014: Politikunterricht als Möglichkeitsraum. Perspektiven auf schulische politische Bildung von Jugendlichen mit Migrationshintergrund. Schwaibach/Ts.
Giesecke, Hermann 1974: Didaktik der politischen Bildung. 9. Aufl., München
Gruschka, Andreas 2019: Erziehen heißt Verstehen lehren. Ein Plädoyer für guten Unterricht. 2. erw. und aktual. Aufl., Stuttgart
Hedtke, Reinhold 2011: Das Interesse der Schüler-Abwehr entfremdeten Lernens bei RolfSchmiederer. Interpretation und Kommentar. In: May, Michael/Schattschneider, Jessica (Hg.): Klassiker der Politikdidaktik neu gelesen. Originale und Kommentare. Schwalbach/Ts., S. 178-189
Humboldt, Wilhelm von 1986: Theorie der Bildung des Menschen. Bruchstücke. In: Ders.: Werke 1, 1785-1795, hg. von A. Leitzmann, Berlin 1903, hier zit. nach Tenorth, Heinz-Elmar (Hg.): Allgemeine Bildung. Analysen zu ihrer Wirklichkeit, Versuche über ihre Zukunft. Weinheim/München
Juchler, Ingo 2011: Der Konflikt-Kategoriale Politikdidaktik bei Hermann Giesecke. Interpretation und Kommentar. In: May, Michaei/Schattschneider, Jessica (Hg.): Klassiker der Politikdidaktik neu gelesen. Originale und Kommentare. Schwalbach/Ts., S. 100-113
Klafki, Wolfgang 1959: Das pädagogische Problem des Elementaren und die Theorie der kategorialen Bildung. Weinheim
Koller, Hans-Christoph 2006: Doppelter Abschied. Zur Verschränkung adoleszenz-und migrationsspezifischer Bildungsprozesse am Beispiel von Lena Goreliks Roman, 'Meine weißen Nächte'. In: King, Vera/Koller, HansChristoph (Hg.): Adoleszenz-Migration-Bildung. Bildungsprozesse Jugendlicher und junger Erwachsener mit Migrationshintergrund. 2. erw. Aufl., Wiesbaden, S. 195-211
Koller, Hans-Christoph 2012: Bildung anders denken. Einführung in die Theorie transformatorischer Bildungsprozesse. Stuttgart
Nohl, Arndt-Michael 2009: Bildung als Formierung politischer Grundorientierungen-Anmerkungen aus Sicht der "Pädagogik kollektiver Zugehörigkeiten". In: Erwägen Wissen Ethik. Forum für Erwägungskultur, H. 2,

S. 299-301
Nohl, Arndt-Michael 2018: Die Überwindung des konjunktiven Erfahrungsraumes: eine pädagogische Sisyphusarbeit? In: Glaser, Edith/Koller, HansChristoph/Thole Werner/Krumme, Sabine (Hg.): Räume für Bildung-Räume der Bildung. Beiträge zum 25. Kongress der Deutschen Gesellschaft für Erziehungswissenschaft. Opladen, S. 70-77
Peukert, Helmut 2015: Bildung in gesellschaftlicher Transformation. Paderborn
Rendtorff, Barbara 2016: Bildung-Geschlecht-Gesellschaft: Eine Einführung. Weinheim/Basel
Rieger-Ladich, Markus 2020: Bildungstheorien. Zur Einführung. 2. ergänzte Aufl., Hamburg
Rucker, Thomas 2019: Bildungstheoretische Didaktik revisited? Über die Möglichkeiten und Grenzen einer bildungstheoretischen Neujustierung der Allgemeinen Didaktik. In: Bildung und Erziehung, 72. J g. H. 1, S. 104-121
Sander, Wolfgang 2013: Politik entdecken-Freiheit leben. Didaktische Grundlagen politischer Bildung. 4. Aufl., Schwalbach/Ts.
Sander, Wolfgang 2014: Bildung-zur Einführung in das Schwerpunktthema. In: Zeitschrift für Didaktik der Gesellschaftswissenschaften, H. 2, S. 7-15
Sander, Wolfgang 2018: Bildung-ein kulturelles Erbe für die Weltgesellschaft. Frankfurt/M.
Sander, Wolfgang 2019: Der Beitrag der politischen Bildung zur Allgemeinbildung. In: Böttcher, Wolfgang/Heinemann, Ulrich/Priebe, Botho (Hg.): Allgemeinbildung im Diskurs. Plädoyer für eine Kernaufgabe der Schule. Hannover
Schmiederer, Rolf 1977: Politische Bildung im Interesse der Schüler. Köln/Frankfurt/M.
Stojanov, Krassimir 2006: Bildung und Anerkennung. Soziale Voraussetzungen von Selbst-Entwicklung und Welt-Erschließung. Wiesbaden
Strenger, Carlo 2017: Abenteuer Freiheit. Ein Wegweiser für unsichere Zeiten. 2. Aufl., Berlin
Strenger, Carlo 2019: Diese verdammten liberalen Eliten. Wer sie sind und warum wir sie brauchen. Berlin
Zimbardo, Philip G./Gerrig, Richard J. u. a. 2008: Psychologie. Pearson Education Deutschland (Hallbergmoos), 18., aktual. Aufl., München

Ⅱ. 정치교육의 실제

1. 취학 전 교육기관의 정치교육

Blaschke, Gerald 2006: Interkulturelle Erziehung in der frühen Kindheit. Grundlagen-Konzepte-Qualität. Berlin
Booth, Tony/Ainscow, Mel/Kingston, Denise 2006: Index für Inklusion. Lernen, Partizipation und Spiel in der inklusiven Kindertageseinrichtung entwickeln. Frankfurt/M.
Braunmühl, Ekkehard von 1989: Antipädagogik. Studien zur Abschaffung der Erziehung. Weinheim/Basel
Bruner, Claudia Franziska/Winkelhofer, Ursula/Zinser, Claudia 2001: Partizipation-ein Kinderspiel? München
Bundesministerium für Familie, Senioren, Frauen und Jugend (BMFSFJ) 2010: Für ein kindgerechtes Deutschland. Qualitätsstandards für Beteiligung von

Kindern und Jugendlichen. Allgemeine Qualitätsstandards und Empfehlungen für die Praxisfelder Kindertageseinrichtungen, Schule, Kommune, Jugendarbeit und erzieherische Hilfen. Berlin

Derman-Sparks, Louise and the A.B.C. Task Force 1989: Anti-Bias-Curriculum. Tools for Empowering Young Children. National Association for the Education of Young Children. Washington D.C.

Dittmann, Mara 2000: Die Kinderkonferenz-nur ein neuer Name flir den Stuhlkreis? In: Dittmann, Mara (Hg.): Werkstatt Situationsansatz. Ein Arbeitsbuch mit vielen Berichten aus der Praxis. Weinheim/Basel, S. 70-76

Gaine, Brendah/Keulen, Anke van 2000: Wege zu einer vorurteilsbewussten Kleinkindpädagogik. Handbuch für Auszubildende und Lehrkräfte. Arbeitsmaterialien des Projekts in Kinderwelten. Berlin

Hansen, Rüdiger 2012: Die Kinderstube der Demokratie-Demokratiebildung in Kindertageseinrichtungen. In: Jugendhilfe, Ausgabe 1, S. 27-32

Hansen, Rüdiger/Knauer, Reingard/Friedrich, Bianca 2004: Die Kinderstube der Demokratie. Partizipation in Kindertageseinrichtungen. Kiel

Hansen, Rüdige/Knauer, Reingard/Sturzenhecker, Benedikt 2011: Partizipation in Kindertageseinrichtungen. So gelingt Demokratiebildung mit Kindern! Weimar/Berlin

Hansen, Rüdiger/Knauer, Reingard/Sturzenhecker, Benedikt 2009: Die Kinderstube der Demokratie. Partizipation von Kindern in Kindertageseinrichtungen. In: TPS (2), S. 46-50

Hansen, Rüdiger/Knauer, Reingard 2013: Partizipation-eine didaktische Herausforderung. In: Neuß, Norbert (Hg.): Grundwissen Elementardidaktik. Berlin

Kant, Immanuel 1983: Beantwortung der Frage: Was ist Aufklärung? In: Bahr, Ehrhard (Hg.): Was ist Aufklärung? Thesen und Definitionen. Stuttgart

Wagner, Petra 2003: Anti-Bias-Arbeit ist eine lange Reise. Grundlagen vorurteilsbewusster Praxis in Kindertageseinrichtungen. In: Preissing, Christal Wagner, Petra (Hg.): Kleine Kinder-Keine Vorurteile? Freiburg

Wagner, Petra 2008: Vielfalt respektieren, Ausgrenzung widerstehen-aber wie? Anforderungen an pädagogische Fachkräfte. In: Wagner, Petra (Hg.): Handbuch Kinderwelten. Vielfalt als Chance. Grundlagen einer vorurteilsbewussten Bildung und Erziehung. Freiburg

Zimmer, Jürgen 1995: Der Situationsansatz als Bezugsrahmen der Kindergartenreform. In: Zimmer, Jürgen (Hg.): Erziehung in früher Kindheit. Stuttgart, S. 21-38

2. 학교 수업과목으로서의 정치교육

Besand, Anja 2014: Monitor politische Bildung an beruflichen Schulen. Probleme und Perspektiven. Schwalbach/Ts.

Busch, Matthias 2016: Staatsbürgerkunde in der Weimarer Republik. Genese einer demokratischen Fachdidaktik. Bad Heilbrunn

Busch, Matthias/Dittgen, Michell W./Mönter, Leif O. 2020: Das Integrationsfach Gesellschaftslehre in der Praxis. Professionalisierung, Fachkultur und Entwicklungspotentiale aus der Lehrendenperspektive. In: ZDG, 11. Jg., H. 2, S. 54-71

Detjen, Joachim 2013: Politische Bildung. Geschichte und Gegenwart in Deutschland. 2. aktual. u. erw. Aufl., München

Detjen, Joachim/Massing, Peter/Richter, Dagmar/Weißeno, Georg 2012:

Politikkompetenz – ein Modell. Wiesbaden

Engartner, Tim 2013: Das Fach "Wirtschaft" als Fach der Wirtschaft? Einige ausgewählte Aspekte vergangener und gegenwärtiger Debatten. In: GWP-Gesellschaft, Wirtschaft, Politik, H. 3, S. 439-446

Frech, Siegfried/Richter, Dagmar 2017: Der Beutelsbacher Konsens. Bedeutung, Wirkung, Kontroversen. Schwalbach/Ts.

GDSU (Gesellschaft für die Didaktik des Sachunterrichts) (Hg.) 2013: Perspektivrahmen Sachunterricht. Bad Heilbrunn

GPJE (Gesellschaft für Politikdidaktik und politische Jugend- und Erwachsenenbildung) 2004: Nationale Bildungsstandards für den Fachunterricht in der Politischen Bildung an Schulen. Schwalbach/Ts.

Gökbudak, Mahir/Hedtke, Reinhold/Hagedorn, Udo 2020: 4. Ranking Politische Bildung. Politische Bildung in der Sekundarstufe I und in der Berufsschule im Bundesländervergleich, Working Papers Didaktik der Sozialwissenschaften, Nr. 12/2020. https://pub.uni-bielefeld.de/download/2955456/2955502/Ranking_Politische_Bildung_2020.pdf (01.07.2021)

Kuhn, Hans-Werner/Massing, Peter|Skuhr, Werner 1993: Politische Bildung in Deutschland. Entwicklung-Stand-Perspektiven. 2. Aufl., Opladen

Langner, Frank 2010: Schulbuch. In Besand, Anja/Sander, Wolfgang (Hg.): Handbuch Medien in der politischen Bildung, S. 432-443

Manzel, Sabine/Weißeno, Georg 2017: Modell der politischen Urteilsfähigkeit – eine Dimension der Politikkompetenz. In: Oberle, Monika/Weißeno, Georg (Hg.): Politikwissenschaft und Politikdidaktik. Wiesbaden, S. 59-86

Massing, Peter 2011: Theoretische und normative Grundlagen politischer Bildung. In: Ders.: Politikdidaktik als Wissenschaft. Ausgewählte Aufsätze. Studienbuch. Schwalbach/Ts., S. 113-183

Oberle, Monika/Ivens, Sven/Leunig, Johanna 2018: Grenzenlose Toleranz? Lehrervorstellungen zum Beutelsbacher Konsens und dem Umgang mit Extremismus im Unterricht. In: Möllers, Laura/Manzel, Sabine (Hg.): Populismus und politische Bildung, Schriftenreihe der GPJE. Frankfurt/M., S. 53-62

Oberle, Monika/Pohl, Kerstin 2020: Politik in der Lehrerinnen- und Lehrerbildung. Professionalisierung für ein vielgestaltiges Unterrichtsfach. In: Cramer, Colin et al. (Hg.): Handbuch Lehrerinnen- und Lehrerbildung. Bad Heilbrunn, S. 509-516

Pohl, Kerstin 2016: Politikdidaktik im Jahr 2015. Ein Resümee. In: Dies. (Hg.): Positionen der politischen Bildung. Interviews zur Politikdidaktik, vollständig überarbeitete Neuausgabe. Schwalbach/Ts., S. 514-555

Pohl, Kerstin 2019a: Brauchen wir ein eigenes Unterrichtsfach Wirtschaft? In: Bundeszentrale für politische Bildung (bpb): Dossier Politische Bildung. www.bpb.de/gesellschaft/bildung/politische-bildung/301282Ifach-wirtschaft (01.07.2021)

Pohl, Kerstin 2019b: Mit der Klasse zur Demo? Chancen und Gefahren realen politischen Handelns im Kontext politischer Bildung. In: Bundeszentrale für politische Bildung (bpb): Dossier Politische Bildung. www.bpb.de/gesellschaft/bildung/politische-bildung/299187/politisch-handeln (01.07.2021)

Pohl, Kerstin 2019c: Politische aktive Bürgerinnen und Bürger – ein Leitbild für die politische Bildung? In: Bundeszentrale für politische Bildung (bpb): Dossier Politische Bildung. www.bpb.de/gesellschaft/bildung/politischebildung/2991211buergerleitbilder (01.07.2021)

Reinhardt, Sibylle 2020: Neurralitätsgebot: ein Fehlverständnis für politische Bildung. In: Polis, 24. Jg., H. 1, S. 14-15
Sander, Wolfgang 2013: Politik entdecken-Freiheit leben. Didaktische Grundlagen politischer Bildung. 4. Aufl., Schwaibach/Ts.
Schulministerium NRW O. J.: Schulfach Wirtschaft, www.schulministerium. nrw/schulfach-wirtschaft (01.07.2021)
Widmaier, Benedikt/Zorn, Peter (Hg.) 2016: Brauchen wir den Beutelsbacher Konsens? Eine Debatte der politischen Bildung. Bonn

3. 학교의 범교과적 과제로서의 정치교육

Autorengruppe Fachdidaktik 2017: Was ist gute politische Bildung? Leitfaden für den sozialwissenschaftlichen Unterricht. 2. Aufl., Schwalbach/Ts.
Brühne, Thomas 2014: Bestandsaufnahme gesellschaftswissenschaftlicher Fächerverbünde in Deutschland und Überlegungen zu einer stärker integrativ ausgerichteten Organisationsform. In: zeitschrift für didaktik der gesellschaftswissenschaften (zdg), H. 1.
Deichmann, Carl/Tischner, Christian K. (Hg.) 2014: Handbuch Fächerübergreifender Unterricht in der politischen Bildung. Schwalbach/Ts.
Juchler, Ingo (Hg.) 2010: Kompetenzen in der politischen Bildung. Schriftenreihe der GPJE Bd. 9. Schwalbach/Ts.
Klafki, Wolfgang 1991: Grundzüge eines neuen Allgemeinbildungskonzepts. Im Zentrum: Epochaltypische Schlüsselprobleme. In: Ders.: Neue Studien zur Bildungstheorie und Didaktik. Zeitgemäße Allgemeinbildung und kritischkonstruktive Didaktik. 2. Aufl., Weinheim/Basel
Mambour, Gerrit 2007: Zwischen Politik und Pädagogik. Eine politische Geschichte der politischen Bildung in der Bundesrepublik Deutschland. Schwalbach/Ts.
NCSS (National Coundl for the Sodal Studies) 2006: National Standards for Social Studies Teachers. Second printing. Silver Spring
Nonnenrnacher, Frank (Hg.) 1996: Das Ganze sehen. Schule als Ort politischen und sozialen Lernens. Schwalbach/Ts.
Pohl, Kerstin/Höffer-Mehlmer, Markus (Hg.) 2021: Brennpunkt Populismus. 15 Antworten aus Fachdidaktik und Bildungswissenschaft, Frankfurt/M., i.E.
Sander, Wolfgang (Hg.) 1985: Politische Bildung in den Fächern der Schule. Stuttgart
Sander, Wolfgang 2010: Soziale Studien 2.0? Politische Bildung im Fächerverbund. In: kursiv-Journal für politische Bildung, H. 1.
Sander, Wolfgang 2013: Politik entdecken-Freiheit leben. Didaktische Grundlagen politischer Bildung. 4. Auß., Schwalbach/Ts.
Sander, Wolfgang 2017: Fächerintegration in den Gesellschaftswissenschaften-neue Ansätze und theoretische Grundlagen. In: Hellmuth, Thomas (Hg.): Politische Bildung im Fächerverbund. Schwalbach/Ts.
Schörken, Rolf (Hg.) 1978: Zur Zusammenarbeit von Geschichts-und Politikunterricht. Stuttgart
Schreiber, Waltraud 2005: Die Schulreform in Hessen zwischen 1967 und 1982. Die curriculare Reform der Sekundarstufe I: Geschichte in der Gesellschaftslehre. Neuried
Ulshöfer, Robert/Götz, Theo (Hg.) 1975: Politische Bildung-ein Auftrag aller Fächer. Freiburg

4. 정치교육을 위한 교사교육

Achour, Sabine 2015: Politikdidaktisches Unterrichtscoaching. Ein Vorschlag zur Förderung der Planungskompetenz als Facette fachdidaktischer Professionalität. In: Frech, Siegfried/Richter, Dagmar (Hg.): Politikunterricht professionell planen. Schwalbach/Ts., S. 148-166

Allenspach, Dominik 2012: Verständnisse Deutschschweizer Lehrpersonen von politischer Bildung: eine Typenbildung. In: zdg, H. 1, 76-94

Besand, Anja 2009: 12 Jahre Berufserfahrung-die besondere Situation des Lehramtsstudiums als Herausforderung für die fachdidaktische Ausbildung. In: JSSE, H. 2, S. 46-56

Cramer, Colin/König, Johannes/Rothland, Martin/Blömeke, Sigrid 2020 (Hg.): Handbuch Lehrerinnen-und Lehrerbildung. Bad Heilbrunn

Detjen, Joachim 2007: Politische Bildung. Geschichte und Gegenwart in Deutschland. München/Wien

Gessner, Susann/Klingeler, Philipp 2020: Politische Bildung: Fachunterricht planen und gestalten. Frankfurt/M.

Grammes, Tilman 2015: Was wissen wir über das professionelle Planungsdenken von Politiklehrerinnen und Politiklehrern. In: Frech, Siegfried/Richter, Dagmar (Hg.): Politikunterricht professionell planen. Schwalbach/Ts., S. 207-226

Hedtke, Reinhold 2020: Wissenschaft und Weltoffenheit. Wider den Unsinn der praxisbornierten Lehrerausbildung. In: Scheid, Claudia/Wenzel, Thomas (Hg.): Wieviel Wissenschaft braucht die Lehrerbildung? Zum Stellenwert von Wissenschaftlichkeit im Lehramtsstudium. Wiesbaden, S. 79-108

Henkenborg, Peter 2006: Alltägliche Philosophien der politischen Bildung. Ergebnisse einer empirischen Untersuchung. In: kursiv. Journal für politische Bildung, H. 2, S. 76-88

Kessler, Stefanie 2021 (i. E.): Demokratielehre in Politikunterricht und Schule. Eine qualitativ-rekonstrukrive Studie zu Lehrorientierungen von Politiklehrer/-innen. Weinheim

KMK 2012: Ländergemeinsame Anforderungen für die Ausgestaltung des Vorbereitungsdienstes und die abschließende Staatsprüfung. Berlin/Bonn

KMK 2019a: Ländergemeinsame inhaltliche Anforderungen für die Fachwissenschaften und Fachdidaktiken in der Lehrerbildung. Berlin/Bonn

KMK 2019b: Standards für die Lehrerbildung: Bildungswissenschaften. Berlinl Bonn

König, Johannes 2020: Kompetenzorientierter Ansatz in der Lehrerinnen-und Lehrerbildung. In: Cramer, Colin et al., S. 163-171

May, Michael 2014: Das Brücken-, Urteils- und Emanzipationsproblem als strukturelle Bedingung kompetenten Lehrerhandelns im Sozialkundeunterricht. In: Kleinespel, Karin (Hg.): Ein Praxissemester in der Lehrerbildung. Konzepte, Befunde, Entwicklungsperspektiven am Beispiel des Jenaer Modells. Bad Heilbrunn, S. 177-192

May, Michael 2021 (i. E.): Professionalisierung angehender Politik-Lehrkräfte-Theorie-Praxis-Relationierung im Jenaer Modell der Lehrerbildung. In: Caruso, Carina/Harteis, Christian/Gröschner, Alexander (Hg.): Fachdidaktische Entwicklung von Lehrkräften fördern. Ansätze zur Theorie-Praxis-Relationierung in der Lehrerbildung. Wiesbaden

Monitor Lehrerbildung 2013: Praxisbezug in der Lehrerbildung-je mehr, desto besser?! https://www.monitor-lehrerbildung.de/web/thema/praxisbezug (23.02.2021)

Monitor Lehrerbildung 2020: Flexible Wege ins Lehramt?! Qualifizierung für einen Beruf im Wandel. https://www.monitor-lehrerbildung.de/web/publikationeniwege (23.02.2021)

Monitor Lehrerbildung 2021: Matrix der Lehramtstypen. https://www.monitorlehrerbildung.de/web/lehramtstyp/matrix (23.02.2021)

Oberle, Monika/Pohl, Kerstin 2020: Politik in der Lehrerinnen-und Lehrerbildung. Professionalisierung für ein vielgestaltiges Unterrichtsfach. In: Cramer, Colin et al., S. 509-516

Petrik, Andreas 2009: "… aber das klappt nicht in der Schulpraxis!" Skizze einer kompetenz-und fallorientierten Hochschuldidaktik für die PolitiklehrerAusbildung. In: JSSE, H. 2, S. 57-80

Reinhardt, Sibylle 2009: Gelingende Lehrerbildung-Professionstheorie und Fachdidaktik, Erfahrungen und Konsequenzen. In: JSSE, H. 2, S. 23-31

Weschenfelder, Eva 2014: Professionelle Kompetenz von Politiklehrkräften. Eine Studie zu Wissen und Überzeugungen. Wiesbaden

Ⅲ. 정치교육 교수법의 원칙

1. 수신자 지향

Bischoff, Mirko 2012: Von der Perspektivenübernahme zum Werturteil. Lernprozessanalysen am Beispiel der Unterrichtseinheit "Soziale Ungleichheit in Deutschland" hinsichtlich der Kompetenz der Perspektivenübernahme. Arbeit zum 2. Staatsexamen im Fach Sozialkunde. Halle (Saale)

Breit, Gotthard 1991: Mit den Augen des anderen sehen. Eine neue Methode zur Fallanalyse. Schwalbach/Ts.

Gagel, Walter 2000: Einführung in die Didaktik des politischen Unterrichts. 2. völlig überarb. Aufl., Opladen

Grammes, Tilman 1998: Kommunikative Fachdidaktik. Politik-Geschichte-Recht-Wirtschaft. Opladen

Haarmann, Moritz-Peter/Lange, Dirk 2013: Der subjekt-/schülerorientierte Ansatz. In: Deichmann, Carl/Tischner, Christian K. (Hg.): Handbuch Ansätze der politischen Bildung. Schwalbach/Ts., S. 19-36

Hericks, Uwe 1998: Schule verändern, ohne revolutionär zu sein?! Bildungsgangforschung zwischen didaktischer Wissenschaft und Schulpraxis. In: Meyer, Meinert A./Reinartz, Andrea (Hg.): Bildungsgangdidaktik. Denkanstöße für pädagogische Forschung und schulische Praxis. Opladen, S. 290-301

Hedtke, Reinhold 2011: Das Interesse der Schüler-Abwehr entfremdeten Lernens bei RolfSchmiederer. In: May, Michael/Schattschneider, Jessica (Hg.): Klassiker der Politikdidaktik neu gelesen. Originale und Kommentare. Schwalbach/Ts., S. 167-190

Hess, Diana; Ganzler, Louis 2007: Patriotism and Ideological Diversity in the Classroom. In: Westheimer, Joel (Hg.): Pledging Allegiance: The Politics of Patriotism in America's Schools. New York, S. 131-138

Hufer, Klaus-Peter 2017: Emanzipation und politische Bildung. In: Lange, Dirk/Reinhardt, Volker (Hg.): Konzeptionen, Strategien und Inhaltsfelder Politischer Bildung. Basiswissen Politische Bildung-Handbuch für den sozialwissenschaftlichen Unterricht, Bd. 1. Hohengehren, S. 149-158

Lange, Dirk 2011: Bürgerbewusstsein empirisch-Gegenstand und Methoden fachdidaktischer Forschung zur Politischen Bildung. In: Lange, Dirk/Fischer, Sebastian (Hg.): Politik und Wirtschaft im Bürgerbewusstsein. Untersuchungen zu den fachlichen Konzepten von Schülerinnen und Schülern in der politischen Bildung. Schwalbach/Ts., S. 5-11

Lange, Dirk/Fischer, Sebastian (Hg.) 2011: Politik und Wittschaft im Bürgerbewusstsein. Untersuchungen zu den fachlichen Konzepten von Schülerinnen und Schülern in der politischen Bildung. Schwalbach/Ts., S. 5-11

Lösch, Bettina/Thimmel, Andreas (Hg.) 2010: Kritische politische Bildung. Ein Handbuch. Schwalbach/Ts.

Nittel, Dieter 2018: Biographietheoretische Ansätze in der Erwachsenenbildung. In: Tippelt, Rudolf/von Hippel, Aiga (Hg.): Handbuch Erwachsenenbildung/ Weiterbildung. Band 1. Wiesbaden, S. 145-159

Oerter, Rolf/Dreher, Eva 2002: Jugendalter. In: Oerter, Rolf/Montada, Leo (Hg.): Entwicklungspsychologie. 5. vollst. üb. Aufl., Weinheim u. a., S. 258-273

Oser, Fritz/Biedermann, Horst 2007: Zur Entwicklung des politischen Urteils bei Kindern und Jugendlichen. In: Biedermann, Horst/Oser, Fritz/Quesel, Carsten (Hg.): Vom Gelingen und Scheitern Politischer Bildung. Studien und Entwürfe. Zürich u. a., S. 163-187

Petrik, Andreas 2013a: Von den Schwierigkeiten, ein politischer Mensch zu werden. Konzept und Praxis einer genetischen Politikdidaktik. Studien zur Bildungsgangforschung Bd. 13. 2. erw. u. aktual. Aufl., Opladen/Berlin/Toronto

Petrik, Andreas 2013b: Entwicklungswege des politischen Selbst. Über den unterschätzten Beitrag der Wertewandelforschung zur Rekonstruktion von Politisierungsprozessen in Lebenswelt und Politikunterricht. In: Bremer, Helmut/Kleemann-Gähring, Mark/Teiwes-Kügler, Christel/Trumann, Jana (Hg.): Politische Bildung zwischen Politisierung, Partizipation und politischem Lernen. Beiträge für eine soziologische Perspektive. Weinheim, S. 157-181

Petrik, Andreas/Kähler, Anne/Hentschel, Jannis 2018: Lernort Schule: die "Dorfgründung" als demokratischer Prozess. Ergebnisse eines Simulationsspiels im Unterricht. Forschungsbericht. Halle (Saale)

Reinhardt, Sibylle 2018: Politik-Didaktik. Berlin

Richter, Dagmar 2009: Politisches Lernen mit und ohne Concept Maps. In: Zeitschrift für Grundschulforschung, 2. Jg., H. 1, S. 91-103

Schelle, Carla 1995: Schülerdiskurse über Gesellschaft. "Wenn du ein Ausländer wärst". Untersuchung zur Neuorientierung schulisch politischer Bildungsprozesse. Schwalbach/Ts.

Schelle, Carla 2003: Politisch-historischer Unterricht hermeneutisch rekonstruiert. Von den Ansprüchen Jugendlicher, sich selbst und die Welt zu verstehen. Bad Heilbrunn

Schelle, Carla 2005: Adressatenorientierung. In: Sander, Wolfgang (Hg.): Handbuch politische Bildung. Schwalbach/Ts., S. 79-92

Schmiederer, Rolf 1977: Politische Bildung im Interesse der Schüler. Frankfurt/M./ Köln

Spranger, Eduard 1963: Gedanken zur staatsbürgerlichen Erziehung. 4., erw. Aufl., Bochum

Ziehe, Thomas 1996: Vom Preis des selbstbezüglichen Wissens. Entzauberungseffekte in Pädagogik, Schule und Identitätsbildung. In: Combe, Arnol Helsper, Werner: Pädagogische Professionalität. Untersuchungen zum Typus pädagogischen Handelns. Frankfurt/M., S. 924-942

2. 문제 지향

Ackermann, Paul/Breit, Gotthart/Cremer, Will/Massing, Peter/Weinbrenner Peter (Hg.) 2010: Politikdidaktik kurzgefasst. 13 Planungsfragen für den Politikunterricht. Schwalbach/Ts.

Bernauer, Thomas/Jahn, Detlef/Kuhn, Patrick M./Walter, Stefanie (Hg.) 2009: Einführung in die Politikwissenschaft. Baden-Baden

Breit, Gotthard 2005: Problemorientierung. In: Sander, Wolfgang (Hg.): Handbuch politische Bildung. Schwalbach/Ts., S. 108-125 (auch: Schriftenreihe der Bundeszentrale für politische Bildung Bd. 476, Bonn)

Detjen, Joachim 2013: Politische Bildung. Geschichte und Gegenwart in Deutschland. München

Gagel, Walter 1986: Unterrichtsplanung: Politik/Sozialkunde. Studienbuch politische Didaktik II. Opladen

Gagel, Walter 2000: Einführung in die Didaktik des politischen Unterrichts. Ein Studienbuch. 2., völlig überarb. Aufl., Opladen

Goll, Thomas 2020: Problemorientierung. In: Achour, Sabine/Busch, Matthias/Massing, Peter/Meyer-Heidemann, Christian (Hg.): Wörterbuch Politikunterricht. Frankfurt/M., S. 195-197

Grammes, Tilman 1999: Problemorientiertes Lernen. In: Mickel, Wolfgang W. (Hg.): Handbuch zur politischen Bildung. Schwalbach/Ts. (auch: Schriftenreihe der Bundeszentrale für politische Bildung Bd. 358, Bonn)

Hattie, John 2009: Visible Learning. A synthesis of over 800 meta-analyses relating to achievement. London/New York

Hilligen, Wolfgang 1985: Zur Didaktik des politischen Unterrichts. Wissenschaftliche Voraussetzungen. Didaktische Konzeptionen. Unterrichtspraktische Vorschläge. 4., vollständig neubearb. Aufl., Opladen

Hodel, Jan 2017: Problemorientierung. In: Lange, Dirk/Reinhardt, Volker (Hg.): Basiswissen Politische Bildung, Bd. 1: Konzeptionen, Strategien und Inhaltsfelder Politischer Bildung. Baltmannsweiler, S. 120-130

Janssen, Bernd 1997: Konzepte zur Sachanalyse und Unterrichtsplanung. Schwalbach/Ts.

Knoblauch, Hubert 2005: Wissenssoziologie. Konstanz

Meyer, Thomas 2003: Was ist Politik? 2. Aufl., Wiesbaden

Petrik, Andreas: Von den Schwierigkeiten, ein politischer Mensch zu werden. Konzept und Praxis einer genetischen Politikdidaktik. 2., erw. u. aktual. Aufl., Opladen/Berlin/Toronto

Pohl, Kerstin 2016: Politikdidaktik im Jahr 2015. Ein Resümee. In: Pohl, Kerstin (Hg.): Positionen der politischen Bildung 2. Interviews zur Politikdidaktik. Schwalbach/Ts., S. 514-555

Popper, Karl Raimund 1994: Alles Leben ist Problemlösen. Über Erkenntnis, Geschichte und Politik. München

Reinhardt, Sibylle 2005: Politik-Didaktik. Praxishandbuch für die Sekundarstufe I und II. Berlin

Schmidt, Manfred G. 2008: Demokratietheorien. Eine Einführung. Wiesbaden

Stiller, Edwin 1988: Problemzentriertes Lernen. In: Mickel, Wolfgang w./Zitzlaff, Dietrich (Hg.): Handbuch zur politischen Bildung (auch Schriftenreihe der Bundeszentrale für politische Bildung Bd. 264). Bonn, S. 205-208.

Sutor, Bernhard 1984: Neue Grundlegung politischer Bildung, Band 2. Paderborn u.a.

Weißeno, Georg u. a. 2010: Konzepte der Politik. Ein Kompetenzmodell.

Schwalbach/Ts. (auch: Schriftenreihe der Bundeszentrale für politische Bildung Bd. 1016, Bonn)

3. 논쟁성

Adorno, Theodor W. 1971: Erziehung zur Mündigkeit. Vorträge und Gespräche mit Hellrnut Becker 1959-1969. Frankfurt/M.

Autorengruppe Fachdidaktik (Hg.) 2016: Was ist gute politische Bildung? Leitfaden für den sozialwissenschaftlichen Unterricht. Schwalbach/Ts.

Busch, Matthias 2016: Staatsbürgerkunde in der Weimarer Republik. Genese einer demokratischen Fachdidaktik. Bad Heilbrunn

Detjen, Joachim 2017: Indoktrinationsverbot und Kontroversitätsgebot vor 'Beutelsbach'. Äußerungen der frühen Politikwissenschaft zur politischen Bildung in der Demokratie. In: Frech, Siegfried/Richter, Dagmar (Hg.): Der Beutelsbacher Konsens. Schwalbach/Ts., S. 179-194

Engartner, Tim/Hedtke, Reinhold/Zurstrassen, Bettina 2020: Sozialwissenschaftliche Bildung. Politik-Wirtschaft-Gesellschaft. Stuttgart

Grammes, Tilman 1996: Unterrichtsanalyse – ein Defizit der Fachdidaktik. In: Schiele, Siegfried/Schneider, Herbert (Hg.): Reicht der Beutelsbacher Konsens? Schwalbach/Ts., S. 143-169

Henkenborg, Peter (2009): Prinzip Kontroversität – Streitkultur und politische Bildung. Zwischen Anspruch und Wirklichkeit: Das schwierige Prinzip der Kontroversität. In: kursiv. Journal für politische Bildung, 13. Jg, H. 3, S. 26-38

Jehle, May 2017: Möglichkeitsräume des Performativen. Potenziale handlungsorientierter Methoden zur Förderung von Mündigkeit im Politikunterricht. In: Zeitschrift für interpretative Schul- und Unterrichtsforschung, 6. Jg., H. 1, S. 68-82

Kant, Immanuel 1956: Über Pädagogik. In: Ders. (Hg.): Schriften zur Anthropologie, Geschichtsphilosophie, Politik und Pädagogik. Darmstadt, S. 691-764

Müller, Stefan 2020a: Reflexivität in der politischen Bildung. Untersuchungen zur sozialwissenschafdichen Fachdidaktik. Frankfurt/M.

Müller, Stefan 2020b: Das Versprechen vom Bessermachen. Reflexion und Kritik im Kontext institutioneller Bildung. https://www.itdb.ch/index.php/itdb/article/view/24/32 (09.03.2021)

Oberle, Monika 2017: Wie politisch dürfen, wie politisch sollen Politiklehrer/-innen sein? Politische Orientierungen von Lehrkräften als Element ihrer professionellen Kompetenz. In: Frech, Siegfried/Richter, Dagmar (Hg.): Der Beutelsbacher Konsens. Bedeutung, Wirkung, Kontroversen Schwalbach/Ts., S. 114-127

Pohl, Kerstin/Will, Stefanie 2016: Der Beutelsbacher Konsens: Wendepunkt in der Politikdidaktik? In: Widmaier, Benedikt/Zorn, Peter (Hg.): Brauchen wir den Beutelsbacher Konsens? Eine Debatte der politischen Bildung. Bonn, S. 39-67

Reinhardt, Sibylle 2018: Politik-Didaktik. Handbuch für die Sekundarsrufe I und 11. Berlin.

Reinhardt, Sibylle 2019: Jagd auf Lehrer statt Beutelsbacher Konsens. Kommentar zum Portal "Neutrale Schulen" der AfD in Hamburg. In: Gesellschaft-Wirtschaft-Politik (GWP), 68. Jg., H. 1, S. 13-19

Ritsert, Jürgen 2017: Zur Philosophie des Gesellschaftsbegriffs. Studien über eine undurchsichtige Kategorie. Mit einem Vorwort von Stefan Müller und Albert

Scherr. Weinheim

Sander, Wolfgang (1996): Politische Bildung nach dem Beutelsbacher Konsens. In: Schiele, Siegfried/Schneider, Herbert (Hg.): Reicht der Beutelsbacher Konsens? Schwaibach/Ts., S. 29-38

Sander, Wolfgang 2009: Bildung und Perspektivität. Kontroversität und Indoktrinationsverbot als Grundsätze von Bildung und Wissenschaft. In: Erwägen-Wissen-Ethik (EWE), 20. Jg., H. 2, S. 239-248

Scaramuzza, Elia 2018: Kritik und Normativität in der (Kritischen) Politischen Bildung. In: Zeitschrift für Didaktik der Gesellschaftswissenschaften, 9. Jg., H. 1, S. 80-95

Wehling, Hans-Georg 1977: Konsens à la Beuteisbach? Nachlese zu einem Expertengespräch. In: Schiele, Siegfried/Schneider, Herbert (Hg.): Das Konsensproblem in der politischen Bildung. Stuttgart, S. 173-184

Widmaier, Benedikt/Zorn, Peter (Hg.) 2016: Brauchen wir den Beutelsbacher Konsens? Eine Debatte der politischen Bildung. Bonn

4. 범례의 원칙

Busch, Matthias 2016: Staatsbürgerkunde in der Weimarer Republik. Bad Heilbrunn

Dewey, John 1993: Demokratie und Erziehung. Weinheim

Dörpinghaus, Andreas 2020: Vom beispielhaft Exemplarischen. Skeptische Einsärze einer dekonstruktiven Didaktik. In: Pädagogische Rundschau, 74. Jg., H. 6, S. 641-654

Engelhardt, Rudolf 1964: Parteipolitik in der Schule. In: Politisch bilden-aber wie? Essen: nds, S. 87-100. Online in der englischen Übersetzung verfügbar. https://www.jsse.org/index.php/jsse/article/view/523/520 (15.6.2021)

Fischer, Kurt Gerhard 1993: Das Exemplarische im Politikunterricht. Schwalbach/Ts.

Friedrichs, Werner 2020: Materiale politische Bildungen in der critical zone und ihre didaktische Explikation. In: Friedrichs, Werner/Hamm, Sebastian (Hg.): Zurück zu den Dingen. Wiesbaden, S. 169-215

Gagel, Walter 2000: Einführung in die Didaktik des politischen Unterrichts. 2. Aufl., Opladen

Giesecke, Hermann 1979: Didaktik der politischen Bildung. 11. Aufl., München

Grammes, Tilman 2004: Kerncurriculum: Suchstrategien und Kriterien für einen Lehrstück-Kanon im Lernfeld Gesellschaft/Politik. In: JSSE, H. 1. https://www.jsse.orglindex.php/jsse/article/view/316/313 (15.06.2021)

Grammes, Tilman 2012: Einführung in fachdidaktisches Denken. Hamburg. https://www.ew.uni-hamburg.de/ueber-die-fakultaet/personen/grammes/files/skript-tg.pdf (01.07.2021)

Hilligen, Wolfgang 1991: Didaktische Zugänge in der politischen Bildung. Schwalbach/Ts.

Klafki, Wolfgang 1999: Exemplarisches Lehren und Lernen, Exemplarisches Prinzip. In: Pädagogik-Lexikon. München/Wien, S. 191-194

Leps, Horst 2006: Lehrkunst und Politikunterricht. Diss., Marburg. https://archiv.ub.uni-marburg.de/diss/zl006/0104/pdf/dhl.pdf (01.07.2021)

Martin-Luther-Universität Halle-Wittenberg o. J.: Didaktischer Koffer-Unterrichtsreihen zur politischen Bildung. https://www.zsb.uni-halle.de/download/didaktischer-koffer/unterrichtsreihen/ (15.06.2021)

Meyer, Meinert A./Meyer, Hibert 2007: Wolfgang Klafki. Eine Didaktik für das 21.

Jahrhundert? Weinheim
Negt, Oskar 2016: Soziologische Phantasie und exemplarisches Lernen. Werkausgabe Bd. 2. Frankfurt/M.
Petrik, Andreas 2013: Von den Schwierigkeiten, ein politischer Mensch zu werden. Konzept und Praxis einer genetischen Politikdidaktik. 2. Aufl., Opladen/Berlin/Toronto
Reckwitz, Andreas 2017: Die Gesellschaft der Singularitäten. Zum Strukturwandel der Moderne. Berlin
Reinhardt, Sibylle 2018: Politikdidaktik. 7. Aufl., Berlin
Sander, Wolfgang 2017: Einsichten in das Politische. In: Lange, Dirk/Reinhardt, Volker (Hg.): Konzeptionen, Strategien und Inhaltsfelder Politischer Bildung. Baltmannsweiler, S. 113-119
Scheuerl, Hans 1964: Die exemplarische Lehre. 2. Aufl., Tübingen
Schmiederer, Rolf 1977: Politische Bildung im Interesse des Schülers. Köln/Frankfurt/M.
Sutor, Bernhard 1971: Didaktik des politischen Unterrichts. Paderborn
Tenorth, Heinz-Elmar 1994: "Alle alles zu lehren". Möglichkeiten und Perspektiven allgemeiner Bildung. Darmstadt
Torrau, Sören 2020: Wie Präsentationen Wissen formen. Wiesbaden
Wagenschein, Martin 2010: Verstehen lehren. Genetisch-sokratisch-exemplarisch. 5. Aufl., Weinheim
Wilhelm, Theodor 1967: Theorie der Schule. Stuttgart

5. 행동 지향

Achour, Sabine/Frech, Siegfried/Massing, Peter/Strassner, Veit (Hg.) 2020: Methodentraining für den Politikunterricht. Frankfurt/M.
Bourdieu, Pierre 1982: Die feinen Unterschiede. Kritik der gesellschaftlichen Urteilskraft. Frankfurt/M.
Bödeker, Sebastian 2012: Das uneingelöste Versprechen der Demokratie. Zum Verhältnis von sozialer Ungleichheit und politischer Partizipation in der repräsentativen Demokratie. In: Vorgänge-Zeitschrift für Bürgerrechte und Gesellschaftspolitik, Jg. 51, H. 3, S. 43-52
Dewey, John 1949: Demokratie und Erziehung. Braunschweig [Erstausgabe 1915]
Giesecke, Hermann 1972: Didaktik der politischen Bildung. 7. Aufl., München
Lange, Dirk 2007: Politik im Alltag. In: Lang, Dirk/Reinhardt, Volker (Hg.): Strategien der Politischen Bildung. Handbuch für den sozialwissenschaftlichen Unterricht, Bd. 2. Baltmannsweiler, S. 108-114
Massing, Peter 2012: Die vier Dimensionen der Politikkompetenz. In: APuZ, H. 46-47, S. 23-29
Moegling, Klaus 2007: Politisches Handeln/Handlungsorientierung. In: Lange, Dirk/Reinhardt, Volker (Hg.): Strategien der Politischen Bildung. Handbuch für den sozialwissenschafclichen Unterricht. Bd. 2. Baltmannsweiler, S. 100-107
Nonnenmacher, Frank 1999: Politisches Lernen in der Schule. Begründung einer fach-didaktischen Konzeption. Frankfurt/M.
Nonnenmacher, Frank 2011: Handlungsorientierung und politische Aktion in der schulischen politischen Bildung. Ursprünge, Grenzen und Herausforderungen. In: Widmaier, Benedikt/Nonnenmacher, Frank (Hg.): Partizipation als Bildungsziel. Politische Aktion in der politischen Bildung. Schwalbach/Ts., S. 83-100.
Petrik, Andreas/Rappenglück, Stefan (Hg.) 2017: Planspiele in der politischen

Bildung. Schwalbach/Ts.
Quintelier, Ellen/van Deth, Jan W. 2014: Supporting Democracy: Political Participation and Political Attitudes. Exploring Causality Using Panel Data. In: Political Studies, H. 1, S. 153-171
Reinhardt, Sibylle 2009: Politikdidaktik. Praxishandbuch für die Sekundarstufe I und 11. 5. Aufl., Berlin
Richter, Emanuel 2016: Demokratischer Symbolismus. Eine Theorie der Demokratie. Berlin
Schedelik, Michael 2018: Was wird in Planspielen gelernt? Eine Zusammenschau theoretischer und empirischer Erkenntnisse. In: Meßner, Theresa Maria/Schedelik, Michael/Engartner, Tim (Hg.): Planspiele in der sozialwissenschaftlichen Hochschullehre. Schwalbach/Ts., S. 71-84
Wohnig, Alexander 2020: Demokratisierung durch Kooperationen? Politische Bildung, Schule und außerschulische Jugendarbeit. In: Haarmann, Moritz Peter/Kenner, Steve/Lange, Dirk (Hg.): Demokratie, Demokratisierung und das Demokratische. Wiesbaden, S. 157-176
Wohnig, Alexander (Hg.) 2021: Politische Bildung als politisches Engagement. Überzeugungen entwickeln–sich einmischen–Flagge zeigen. Frankfurt/M.
Wohnig, Alexander 2021b (i. E.): Politische Partizipation als Weg zum Ziel politischer Bildung. In: Ders./Zorn, Peter: Neutralität ist keine Lösung! Politik, Bildung–politische Bildung. Bonn
Wohnig, Alexander 2021c (i.E.): Politische Bildungsprozesse durch politisches Engagement? Fragmente einer Didaktik für eine partizipationsafline politische Bildung. In: heiEDUCATION Journal. Transdisziplinäre Studien zur Lehrerbildung, H. 1, S. 73-95

6. 학문 지향

Arendt, Hannah 1998: Das Urteilen. Texte zu Kants Politischer Philosophie. Hg. von Ronald Beiner. München/Zürich
Arendt, Hannah 2001: Vita activa oder Vom tätigen Leben. München/Zürich
Dahrendorf, Ralf 1965: Bildung ist Bürgerrecht. Plädoyer für eine aktive Bildungspolitik. Hamburg
Deutscher Bildungsrat 1970: Strukturplan für das Bildungswesen. Stuttgart
Friedrichs, Werner 2019: Der einbildende Bildner. Politische Bildung im postfaktischen Zeitalter. In: Deichmann, Carl/May, Michael (Hg.): Orientierungen politischer Bildung im "postfaktischen Zeitalter". Wiesbaden, S. 13-28
Glöckel, Hans 2003: Vom Unterricht. Lehrbuch der Allgemeinen Didaktik. Bad Heilbrunn
GPJE 2004 (Hg.): Nationale Bildungsstandards für den Fachunterricht in der Politischen Bildung an Schulen. Ein Entwurf. Schwalbach/Ts.
Hahn, Stefan 2008: Wissenschaftspropädeutik: Der "kompetente" Umgang mit Fachperspektiven. In: Keuffer, Josef/Kublitz-Kramer, Maria (Hg.): Was braucht die Oberstufe? Diagnose, Förderung und selbstständiges Lernen. Weinheim/Basel, S. 157-168
Juchler, Ingo 2012: Politisches Urteilen. In: Zeitschrift für Didaktik der Gesellschaftswissenschaften, H. 2, S. 10-27
Kaiser, Astrid 2010: Neue Einführung in die Didaktik des Sachunterrichts. Baltmannsweiler
Keil, Geert 2019: Über Tatsachen–An die Gebildeten unter ihren Verächtern. In:

Forschung & Lehre, Jg. 26, H. 10, S. 895-897
KMK 2020: Vereinbarung über die Schularten und Bildungsgänge im Sekundarbereich 1. (Beschluss der Kultusministerkonferenz vom 03.12.1993 i. d. F. vom 26.03.2020.) https://www.kmk.org/fileadmin/Dateien/veroeffentlichungen_beschluesse/1993/1993-12-03-VB-Sek-1.pdf (20.02.2021)
Massing, Peter 1997: Kategorien politischen Urteilens und Wege zur politischen Urteilsbildung. In: Massing, Peter/Weißeno, Georg (Hg.): Politische Urteilsbildung. Zentrale Aufgabe für den Politikunterricht. Schwalbach/Ts., S. 115-131
Massing, Peter 2007: Bezugswissenschaften. In: Weißeno, Georg/Hufer, Klaus Peter/Kuhn, Hans-Werner/Massing, Peter/Richter, Dagmar (Hg.): Wörterbuch Politische Bildung. Schwalbach/Ts., S. 30-38
Moegling, Klaus 2006: Politik unterrichten in der Sekundarstufe 11. Handlungsorientierung versus Wissenschaftspropädeutik. Schwalbach/Ts.
Picht, Georg 1964: Die deutsche Bildungskatastrophe. Analyse und Dokumentation. Olten, Freiburg
Ziegler, Béatrice/Jung, Michael 2010: Politik erforschen. In: Lange, Dirk/Reinhardt, Volker (Hg.): Basiswissen Politische Bildung. Handbuch für den sozialwissenschaftlichen Unterricht. Bd. 2: Strategien der Politischen Bildung. Baltmannsweiler, S. 72-84

Ⅳ. 정치교육의 과제 영역

1. 제도 학습

Deichmann, Carl 1999: Institutionenkunde. In: Mickel, Wolfgang (Hg.): Handbuch zur politischen Bildung. Bonn, S. 231-236
Gagel, Walter 1989: Renaissance der Institutionenkunde? Didaktische Ansätze zur Integration von Institutionenkundlichem in den politischen Unterricht. In: Gegenwartskunde, H. 3, S. 387-418
Göhler, Gerhard 2006: Institution. In: Göhler, Gerhard/lser, Mattias/Kerner, Ina (Hg.): Politische Theorie. 22 umkämpfte Begriffe zur Einführung. Wiesbaden, S. 209-226
Grammes, Tilman 1994: Institutionenbewusstsein und Institutionendidaktik, Willensbildungsprozesse in Institutionen und ihre Erscheinungsformen in Alltagsbewusstsein und Schule. In: Sarcinelli, Ulrich (Hg.): Öffentlichkeitsarbeit des Parlaments, Politikvermittlung zwischen Public Relations und Parlarnentsdidaktik. Baden-Baden, S. 170-192
Grarnmes, Tilman 1995: Brücken von der Mikro-zur Makrowelt. In: Massing, Peter/Weißeno, Georg (Hg.): Politik als Kern politischer Bildung. Wege zur Überwindung unpolitischen Politikunterrichts. Opladen, S. 133-159
Greven, Michael Th. 1983: Institutionelle Aspekte. In: Hartwich, Hans-Hermann (Hg.): Gesellschaftliche Probleme als Anstoß und Folge von Politik. Opladen, S. 510-525
Guggenberger, Bernd. 1985: Parlamentarische Parteiendemokratie, Bürokratie und Justiz. Aspekte der Theorie und Praxis politischer Institutionen in der Bundesrepublik. In: Fetscher, Iring/Münkler, Herfried (Hg.): Politikwissenschaft. Reinbek bei Harnburg, S. 494-544
Massing, Peter 2010: Institutionen. In: Besand, Anja/Sander, Wolfgang (Hg.): Handbuch Medien in der politischen Bildung. Schwalbach/Ts., S. 225-235

Sarcinelli, Ulrich 1991: Politische Institutionen, Politikwissenschaft und politische Bildung. Überlegungen zu einem "aufgeklärten Institutionalismus". In: Aus Politik und Zeitgeschichte, H. 50, S. 41-53

Sutor, Bernhard 1990: Institutionen und politische Ethik: über den Zusammenhang zweier vernachlässigter Aufgaben politischer Bildung. In: Mols, Manfred/Mühleisen, Hans-Otto/Stammen, Theo/Vogel, Bernhard (Hg.): Normative und institutionelle Ordnungsprobleme des modernen Staates. Festschrift zum 65. Geburtstag von Manfred Hättich. Paderborn, München, Wien, Zürich, S. 311-327

Weber, Florian 2015: Reflexion von Ordnungserfahrung-Begegnung mit Institutionen. Überlegungen zu einer genetischen Institutionenkunde in der Politischen Bildung. In: zdg, H. 1, S. 52-71

Weißeno, Georg 1995: Welche Wege zum Politischen werden Referendaren in der Ausbildung vermittelt? In: Massing, Peter/Weißeno, Georg (Hg.): Politik als Kern der politischen Bildung: Wege zu Überwindung unpolitischen Politikunterrichts. Opladen, S. 27-60

2. 정치교육 대상인 정치 과정

Boeser-Schnebel, Christian 2014: Bekommen wir "politikverdrossene" Lehrer? Ergebnisse einer ersten empirischen Annäherung bei Lehramtsstudierenden. In: Gwp, 64. Jg., H. 4, S. 491-503

Detjen, Joachim 2007: Erkundung. In: Lange, Dirk (Hg.): Methoden politischer Bildung. Handbuch für den sozialwissenschaftlichen Unterricht. Baltmannsweiler, S. 63-69

Detjen, Joachim/Massing, Peter/Richter, Dagmar/Weißeno, Georg 2012: Politikkompetenz-ein Modell. Wiesbaden

Giesecke, Hermann 1965: Didaktik der politischen Bildung. München

Hibbing, John R./Theiss-Morse, Elisabeth 1995: Congress as Public Enemy. Public attitudes toward American political institutions. Cambridge

Hibbing, John R./Theiss-Morse, Elisabeth 2002: Stealth Democracy. Americans' beliefs about how government should work. Cambridge

Massing, Peter 1995: Wege zum Politischen. In: Massing, Peter/Weißeno, Georg (Hg.): Politik als Kern der politischen Bildung. Wege zur Überwindung unpolitischen Politikunterrichts. Opladen, S. 61-98

Massing, Peter/Weißeno, Georg (Hg.) 1995: Politik als Kern der politischen Bildung. Wege zur Überwindung unpolitischen Politikunterrichts. Opladen

Meyer, Thomas 2012: Was ist Politik? 4. Auß., Wiesbaden

Mounk, Yascha 2018: The People vs. Democracy: Why our freedom is in danger and how to save it. Harvard

Müller, Jan-Werner 2016: Was ist Populismus? Ein Essay. Bonn

Oberle, Monika/Bischewski, Marret/Tatje, Christian 2021: Schulbücher als Vermittler der Europäischen Integration? Eine produkt-und wirkungsorientierte Studie zum politischen Fachunterricht. Göttingen

Oberle, Monika/Leunig, Johanna/Ivens, Sven 2020: What do students learn from political simulation games? A mixed-method approach exploring the relation berween conceptual and attitudinal changes. European Political Science. https://doi.org/10.1057/s41304-020-00261-2

Oberle, Monika/Leunig, Johanna 2018: Wirkungen politischer Planspiele auf Einstellungen, Motivationen und Kenntnisse von Schüler/-innen zur Europäischen Union. In: Ziegler, Béatrice/Waldis, Monika (Hg.): Politische

Bildung in der Demokratie. Interdisziplinäre Perspektiven. Wiesbaden, S. 213-237
Patzelt, Werner J. 2013: Einführung in die Politikwissenschaft. Passau
Petrik, Andreas/Rappenglück, Stefan (Hg.) 2017: Handbuch Planspiele in der politischen Bildung. Schwalbach/Ts.
Schöne, Helmar 2010: Politische Institutionen im Urteil von Lehramtsstudierenden und Lehramtsanwärtern. In: Gwp, 59. Jg., H. 1, S. 91-104
Schöne, Helmar 2017: Politikwissenschaftliche Mikroanalyse und Politische Bildung. In: Oberle, Monika/Weißeno, Georg (Hg.): Politikwissenschaft und Politikdidaktik-Theorie und Empirie. Wiesbaden, S. 87-101
Schöne, Helmar 2020: Entscheidungsprozesse im Demokratiemodell. In: Kost, Andreas/Massing, Peter/Reiser, Marion (Hg.): Handbuch Demokratie. Frankfurt/M., S. 193-205
Weber, Iris 2015: Die Europäische Union vor Ort erleben. In: Oberle, Monika (Hg.): Die Europäische Union vermitteln. Perspektiven der politischen EUBildung heute. Wiesbaden, S. 249-261
Weißeno, Georg 2000: Erkundung. In: Kuhn, Hans-Werner/Massing, Peter (Hg.): Lexikon der politischen Bildung. Methoden und Arbeitstechniken (Bd. 3). Schwalbach/Ts., S. 37-44
Weißeno, Georg/Detjen, Joachim/Juchler, Ingo/Massing, Peter/Richter, Dagmar 2010: Konzepte der Politik-ein Kompetenzmodell. Wiesbaden

3. 경제 학습

Acemoglu, Daron/Robinson, James A. 2019: Gleichgewicht der Macht. Der ewige Kampf zwischen Staat und Gesellschaft. Frankfurt/M.
Bank, Volker 2011: Ökonomische Bildung. In: Mertens, Gerhard/Frost, Ursula/Böhm, Winfried/Koch, Lutz/Ladenthin, Volker (Hg.): Allgemeine Erziehungswissenschaft II. Handbuch der Erziehungswissenschaft 2. Paderborn, S. 289-302
Chopra, Felix/Eisenhauer, Philipp/Falk, Armin/Graeber, Thomas 2021: Intertemporal Altruism. IZA Discussion Paper 14059. Bonn. https://ssrn.com/abstract=3771742 (04.03.2021)
Deutscher Lehrerverband 2000: Memorandum: Ökonomische Grundbildungist Teil der Allgemeinbildung. Bonn. http://www.lehrerverband.de/memoekon.htm (04.03.2021)
Engartner, Tim 2018: Eckpfeiler sozioökonomischer Bildung-oder: Zur Bedeutsamkeit der Kontextualisierung ökonomischer Frage-und Problemstellungen. In: Engartner, Tim/Fridrich, Christian/Graupe, Silja/Hedtke, Reinhold/Tafner, Georg (Hg.): Sozioökonomische Bildung und Wissenschaft: Entwicklungslinien und Perspektiven. Wiesbaden, S. 27-51
Engartner, Tim 2019: Wirtschaftliches Handeln als soziales Handeln-oder: Eckpfeiler eines Modells sozioökonomischer Bildung. In: zdg. Zeitschrift für Didaktik der Gesellschaftswissenschaften, H. 1, S. 38-55
Engartner, Tim/Hedtke, Reinhold/Zurstrassen, Bettina 2021: Sozialwissenschaftliche Bildung. Politik-Wirtschaft-Gesellschaft. Paderborn
Galbraith, John K. 2001: The Myth of Consumer Sovereignty. In: Galbraith, John K. (Hg.): The Essential Galbraith. New York, S. 31-39
GSÖBW (Gesellschaft für sozioökonomische Bildung und Wissenschaft) 2016: Gründungserklärung. https://soziooekonomie-bildung.eu/gruendungserklaerung (04.03.2021)
Guerrien, Bernard/Jallais, Sophie 2009: Why Economics Needs Pluralism. In:

Reardon, Jack (Hg.): The Handbook of Pluralist Economics Education. London, S. 32-42
Hedtke, Reinhold 2014: Ökonomisches Lernen. In: Sander, Wolfgang (Hg.): Handbuch politische Bildung. Schwalbach/Ts., S. 312-320
Hedtke, Reinhold 2018: Das Sozioökonomische Curriculum. Frankfurt/M.
Hedtke, Reinhold 2019: Ökonomisierung: Programm oder Problem? In: bwp@ Berufs-und Wirtschaftspädagogik-online (35). http://www.bwpat.de/ausgabe35/hedtke_bwpat35.pdf (04.03.2021)
Hippe, Thorsten 2012: Wirtschaft kann man ohne Politik nicht verstehen. In: GWP-Gesellschaft. Wirtschaft. Politik, H. 4, S. 543-555
Kaminski, Hans/Brettschneider, Volker/Eggert, Katrin/Hübner, Manfred/Koch, Michael 2007: Mehr Wirtschaft in die Schule. Wiesbaden
Kruber, Klaus-Peter 2000: Kategoriale Wirtschaftsdidaktik-der Zugang zur ökonomischen Bildung. In: Gegenwartskunde, H. 3, S. 284-295
Müller, Christian/Nass, Elmar/Zabel, Johannes 2020: Soziale Marktwirtschaft-Ordnung der Zukunft. Münster
Pies, Ingo/von Winning, Alexandra 2004: Wirtschaftsethik. Diskussionspapier, H. 13. Wittenberg. https://www.econsror.eu/bitstream/10419/170249/1/dp2004-13.pdf (04.03.2021)
Schuhen, Michael/Wohlgemuth, Michael/Müller, Christian (Hg.) 2012: Ökonomische Bildung und Wirtschaftsordnung: Schriften zu Ordnungsfragen der Wirtschaft. Sruttgart
Seeber, Günther/Retzmann, Thomas/Remmele, Bernd/Jongebloed, Hans-Carl 2012: Bildungsstandards der ökonomischen Allgemeinbildung. Kompetenzmodell-Aufgaben-Handlungsempfehlungen. Schwalbach/Ts.
Seeber, Günther/Körber, Laura/Hentrich, Sarah/Rolfes, Tobias/Haustein, Bernd 2018: Ökonomische Kompetenzen Jugendlicher in Baden-Württemberg. Testergebnisse für die Klassen 9, 10 und 11 der allgemeinbildenden Schulen. Künzelsau
Weber, Birgit 2001: Stand ökonomischer Bildung und Zukunftsaufgaben. https://www.sowi-online.de/journal/2001_2/weber_stand_oekonomischer_bildung_zukunftsaufgaben.html (04.03.2021)
Weber, Birgit 2008: Aufgaben der Wirtschaftsdidaktik. In: Hedtke, Reinhold/Weber, Birgit (Hg.): Wörterbuch Ökonomische Bildung. Schwalbach/Ts., S. 53-56
Weber, Birgit 2015: Stellungnahme zu den Anhörungsfassungen: Wirtschaft/Berufsorientierung unter Berücksichtigung des Faches Gemeinschaftskunde zum Bildungsplan 2016 in Baden-Württemberg. Köln

4. 정치교육의 주제 영역인 사회

Abels, Heinz (2004): Interaktion, Identität. Präsentation. Kleine Einführung in interpretative Theorien der Soziologie. Wiesbaden
Bauman, Zygmunt 2015: Vom Nutzen der Soziologie. 3. Aufl., Frankfurt/M.
Bödeker, Sebastian 2012: Soziale Ungleichheit und politische Partizipation in Deutschland. In: WZBrief Zivilengagement, Nr. 5, Wissenschaftszentrum Berlin für Sozialforschung (WZB). Berlin
Engartner, Tim 2021: Sozialwissenschaftliche Bildung in der Schule. In: Engartner et al. (Hg.) 2021, S. 47-61
Engartner, Tim/Hedtke, Reinhold/Zurstrassen, Bettina (Hg.) 2021: Das Leitbild der sozialwissenschaftlich gebildeten Persönlichkeit. In: Engartner et al. (Hg.)

2021, S. 12-18
Engartner, Tim/Hedtke, Reinhold/Zurstrassen, Bettina (Hg.) 2021: Sozialwissenschaftliche Bildung. Politik-Wirtschaft-Gesellschaft. Paderborn
Giesecke, Hermann 2000: Verteidigung des Unterrichts, Politische Bildung seit 1945, Lehrerbildung, Was ist ein "Schlüsselproblem", Lehreralltag. Gesammelte Schriften aus dem Jahr 1997, Band 23. Weinheim
Gottfredson, Linda S. 1981: Circumscription and compromise: A developmental theory of occupational aspirations. In: Journal of Counseling Psychology, 28. Jg., H. 6, S. 545-579
Hedtke, Reinhold 2005: Gemeinsam und unterschieden. Zum Problem der Integration von politischer und ökonomischer Bildung. In: Kahsnitz, Dietmar (Hg.): Integration von politischer und ökonomischer Bildung? Wiesbaden, S. 20-74
Hedtke, Reinhold 2018: Sozialwissenschaft als sozioökonomiedidaktisches Prinzip. In: Engartner, Tim/Fridrich, Christian/Graupe, Silja/Hedtke, Reinhold/Tafner, Georg (Hg.): Sozioökonomische Bildung und Wissenschaft. Entwicklungslinien und Perspektiven. Wiesbaden, S. 1-26
Hillebrandt, Frank 2018: Soziologisch denken. Grundlagen und Theorien. Wiesbaden
Klafki, Wolfgang 2005: Allgemeinbildung in der Grundschule als Bildungsauftrag des Sachunterrichts. Online: www.widerstreit-sachunterricht.de. H. 4, S. 1-10
Klatki, Wolfgang 1993: Allgemeinbildung heute-Grundzüge internationaler Erziehung. In: Pädagogisches Forum, H. 1, S. 21-28
Müller, Stefan/Keller, Reiner 2020: Politische Bildung mit soziologischem Blick. In: Politisches Lernen, 10. Jg., H. 1, S. 10-15
Sander, Wolfgang 2016: Der Symbolische Interaktionismus. https://www.bpb.de/lernen/grafstat/krise-und-sozialisation/2408181/der-symbolische-interaktionismus (01.07.2021)
Schneekloth, Ulrich/Albert, Mathias 2019: Jugend und Politik: Demokratieverständnis und politisches Interesse im Spannungsfeld von Vielfalt, Toleranz und Populismus. In: ShellJugendstudie, S. 47-101
Schwier, Volker 2015: Soziologische Aspekte. In: Kahlert, Joachim/Fölling-Albers, Maria/Götz, Margarete/Hartinger, Andreas (Hg.): Handbuch Didaktik des Sachunterrichts. Bad Heilbrunn, S. 150-154
Zurstrassen, Bettina 2021: Sozialstruktur und soziale Ungleichheit. In: Engartner et al. (Hg.) 2021, S. 215-221

5. 법교육

Adamski, Heiner (Hg.) 1986: Politische Bildung-Recht und Erziehung. Quellentexte zur Rechtskunde und Rechtserziehung von der Weimarer Republik bis zur Gegenwart. 2 Bände. München
Breit, Gotthard/Schiele, Siegfried (Hg.) 2000: Werte in der politischen Bildung. Schwalbach/Ts.
Deimling, Gerhard 1989: Erziehung und Recht. Köln
Frantzen, Eleonore 1980: Rechtserziehung. Versuch einer theoretischen Grundlegung. Bonn
Fritzsche, K. Peter 2004: Menschenrechtsbildung: Warum wir sie brauchen und was sie ausmacht. Ein Profil in 15 Thesen. In: Edelstein, Wolfgang/Fauser, Peter (Hg.): Beiträge zur Demokratiepädagogik. Eine Schriftenreihe des BLK-Programms: "Demokratie lernen & leben". Berlin

Fritzsche, K. Peter 2018: Menschenrechtsbildung in Zeiten eines erstarkenden autoritären Populismus. In: Kenner, Steve/Lange, Dirk (Hg.): Citizenship Education. Konzepte, Anregungen und Ideen zur Demokratiebildung. Schwalbach/Ts., S. 188-200

Fritzsche, K. Peter/Kirchschläger, Peter G./Kirchschläger, Thomas 2017: Grundlagen der Menschenrechtsbildung: Theoretische Überlegungen und Praxisorientierungen. Frankfurt/M.

Gesellschaft für Politikdidaktik und politische Jugend-und Erwachsenenbildung (GPJE) (Hg.) 2004: Nationale Bildungsstandards für den Fachunterricht in der politischen Bildung an Schulen. Ein Entwurf. Schwalbach/Ts.

Hadding, Walther 1998: Zur Lage des Rechtsunterrichts an Schulen und zu den Bedürfnissen. In: Salje, Peter (Hg.): Recht-Rechtstatsachen-Technik. Festschrift für Helmut Pieper. Hamburg, S. 175-205

Kemfpler, Klaus Friedrich 2003: Rechtsbewusstsein und Rechtserziehung als Elemente politischer Bildung. In: Die neue Ordnung, 57. Jg., H. 3, S. 212-222

Limbeck, Bernhard/Johannkemper, Rüdiger 1998: Wertevermittlung durch Rechtsunterricht. In: Gauger, Jörg-Dieter (Hg.): Sinnvermittlung, Orientierung, Werte-Erziehung. St. Augustin

Mahler, Claudia/Mihr, Anja (Hg.) 2004: Menschenrechtsbildung. Bilanz und Perspektiven. Wiesbaden

Mickel, Wolfgang W. 1995: Rechtserziehung als Teil der politischen Bildung. In: Geschichte, Erziehung, Politik (GEP), H. 12, S. 763ff.

Mihr, Anja 2012: Towards a Human Rights Pedagogy. Keynote Speech Janusz Korczak Seminar on Education for Democracy. Straßbourg 28.11.2012. https:llrm.coe.int/16802f9acd (26.04.2021)

Mihr, Anja/Rosemann, Nils 2004: Bildungsziel: Menschenrechte-Standard und Perspektiven für Deutschland, Studien zu Politik und Wissenschaft. Schwalbach/Ts.

Perschel, Wolfgang 1988: Rechtswissenschaft. In: Mickel, Wolfgang W./Zitzlaff, Dietrich (Hg.): Handbuch zur politischen Bildung. Opladen, S. 577 fE

Reimer, Franz 2020: Recht. In: Görres-Gesellschaft und Verlag Herder (Hg.): Staatslexikon. Recht-Wirtschaft-Gesellschaft. Bd. IV. 8., völlig neu bearb. Aufl., Freiburg/Basel/Wien, S. 1172-1182

Reinhardt, Sibylle 1986: Stundenblätter. Der Fall Christian. Fallstudie zum Familienrecht für die Klassen 8-10. Stuttgart

Sandmann, Fritz 1975: Didaktik der Rechtskunde. Paderborn

Scherb, Armin/Gloe, Markus 2018: Kompetenzorientierte Menschenrechtserziehung. In: POLIS, H. 3, S. 15ff

Wathling, Ursula 1999: Rechtsdidaktik. In: Richter, Dagmar/Weißeno Georg (Hg.): Didaktik und Schule. Lexikon der politischen Bildung. Bd. 1. Schwalbach/Ts.

Woyke, Wichard (Hg.) 2010: Menschenrechte. Politische Bildung. Bd. 3. Schwalbach/Ts.

6. 정치교육 차원의 역사 학습

Baricelli, Michele 2013: Collected Memories statt kollektives Gedächtnis. Zeitgeschichte in der Migrationsgesellschaft. In: Furrer, Markus/Messmer, Kurt (Hg.): Handbuch Zeitgeschichte im Geschichtsunterricht. Schwalbach/Ts., S. 89-118

Eisenhart, Walter 2014: Historische und politische Bildung: Geschichts-und Politikunterricht als Gegenstand der Bildungspolitik in Bayern und Nordrhein-

Westfalen. Ein empirischer Bildungsvergleich. Schwalbach/Ts.
Giesecke, Hermann 1965: Didaktik der Politischen Bildung. München
Grammes, Tilman 1998: Kommunikative Fachdidaktik. Opladen
Hagemann, Ulrich 2020: Das Modell historisch-politischer Urteilsbildung–eine legitime Grenzüberschreitung? In: GWU, 71. Jg., H. 1-2, S. 19-34
Hedtke, Reinhold 2003: Historisch-politische Bildung–ein Exempel für das überholte Selbstverständnis der Fachdidaktiken. In: Politisches Lernen, 21. Jg., Heft 1-2, S. 112-122
Hedtke, Reinhold/Reeken, Dietmar v. (Hg.) 2005: sowi-online-Reader: Historische und politische Bildung. https://www.sowi-online.de/reader/historische_politische_bildung.html (01.07.2021)
Hellmuth, Thomas 2017: Eine "liaison dangereuse"? Der Unterricht in Geschichte und Politischer Bildung als historisch-politische Sinnbildung. In: Ders. (Hg.): Politische Bildung im Fächerverbund. Schwalbach/Ts., S. 23-53
Hellmuth, Thomas 2014: Historisch-politische Sinnbildung. Schwaibach/Ts.
Kayser, Jörg/Hagemann, Ulrich 2010: Urteilsbildung im Geschichts-und Politikunterricht. 2. Aufl., Hohengehren
Jeismann, Karl-Ernst 1992: Thesen zum Verhältnis von Politik-und Geschichtsunterricht. In: Geschichte in Wissenschaft und Unterricht, 43. Jg., H. 9, S. 557-569
Lange, Dirk 2009: Historisch-politische Didaktik. Zur Begründung historischpolitischen Lernens. 2. Aufl., Schwaibach/Ts.
Leps, Horst 2013: Lehrstücke im Politikunterricht. Welches ist nun aber die beste Verfassung? Schwalbach/Ts.
Massing, Peter 2013: Der historische Ansatz als integraler Bestandteil der politischen Bildung. In: Deichmann, Carl/Tischner, Christian K. (Hg.): Handbuch Dimensionen und Ansätze in der politischen Bildung. Schwalbach/Ts., S. 145-156
Pandel, Hans-Jürgen 1997: Geschichte und politische Bildung. In: Bergmann, Klaus/Fröhlich, Klaus/Kuhn, Annette (Hg.): Handbuch der Geschichtsdidaktik. 5. Aufl., Seelze, S. 319-323
Pandel, Hans-Jürgen 2013: Geschichtsdidaktik. Eine Theorie für die Praxis. Schwalbach/Ts.
Sauer, Michael 2015: Geschichte unterrichten. Eine Einführung in die Didaktik und Methodik. Seelze
Schörken, Rolf 1999: Kooperation von Geschichts- und Politikunterricht. In: Mickel, Wolfgang (Hg.): Handbuch zur politischen Bildung. Bonn
Sutor, Bernhard 1984: Neue Grundlegung politischer Bildung. Band II. Paderborn
Sutor, Bernhard 2005: Geschichte als politische Bildung. In: Detjen, Joachim (Hg.): Politische Bildung und Praktische Philosophie. Paderborn u. a., S. 331-356

7. 정치교육으로 민주주의 배우기

Beutel, Wolfgang/Fauser, Peter (Hg.) 2007: Demokratiepädagogik. Lernen für die Zivilgesellschaft. Schwalbach/Ts.
Beutel, Wolfgang/Fauser, Peter/Rademacher, Helmolt 2012: Demokratiepädagogik. In: Beutel, Wolfgang/Fauser, Peter/Rademacher, Helmolt (Hg.): Jahrbuch Demokratiepädagogik 1. Aufgabe für Schule und Jugendbildung. Schwalbach/Ts., S. 17-38
Beutel, Wolfgang/Feutich, Arila 2020: Wirkungsanalysen und Demokratieforschung–der Beitrag vom Wettbewerb und Förderprogramm

"Demokratisch Handeln". In: Burt, Hans-Peter/Reinhardt, Volker (Hg.): Wirkungsanalysen von Demokratie-Lernen. Empirische und theoretische Untersuchungen zur Demokratiedidaktik in Schule und Hochschule. Opladen/Berlin/Toronto, S. 189-205

Biedermann, Horst 2017: Demokratisches Lernen. In: Lange, Dirk/Reinhardt, Volker (Hg.): Handbuch für den sozialwissenschaftlichen Unterricht, Band 1: Konzeptionen, Strategien und Inhaltsfelder Politischer Bildung. Baltmannsweiler, S. 519-531

Edelstein, Wolfgang/Fauser, Peter 2001: "Demokratie lernen und leben". Gutachten für ein Modellversuchsprogramm der BLK. Berlin. http://www.blkbonn.de/papers/heft96.pdf (20.02.2021)

Europarat 2016: Kompetenzen für eine demokratische Kultur. Gleichberechtigtes Zusammenleben in kulturell unterschiedlichen demokratischen Gesellschaften. Eine Zusammenfassung. Straßburg

Friedrichs, Werner 2020: Demokratie ist Politische Bildung. In: Haarmann, Moritz Peter/Kenner, Steve/Lange Dirk (Hg.): Demokratie, Demokratisierung und das Demokratische. Aufgaben und Zugänge der Politischen Bildung. Wiesbaden, S. 9-30.

Gagel, Walter 1979: Politik, Didaktik, Unterricht. Eine Einführung in didaktische Konzeptionen des politischen Unterrichts. Stuttgart

Gagel, Walter 1995: Geschichte der politischen Bildung in der Bundesrepublik Deutschland 1945-1989. Opladen

Gebauer, Bernt/Lenz, Claudia 2019: Kompetenzen für eine demokratische Kultur —Eine Ressource für Demokratielernen in der Schule? In: Gloe, Markus/Rademacher, Helmolt (Hg.): Demokratische Schule als Beruf-6. Jahrbuch für Demokratiepädagogik. Schwalbach/Ts., S. 175-189

Gloe, Markus/Oeftering, Tonio 2017: Politische Bildung meets Politische Theorie. In: Gloe, Markus/Oeftering, Tonio (Hg.): Politische Bildung meets Politische Theorie. Baden-Baden, S. 9-28

Haarmann, Moritz Peter/Kenner, Steve/Lange Dirk 2020: Demokratie, Demokratisierung und das Demokratische. Aufgaben und Zugänge der Politischen Bildung. Eine Hinführung. In: Haarmann, Moritz Peter/Kenner, Steve/Lange Dirk (Hg.): Demokratie, Demokratisierung und das Demokratische. Aufgaben und Zugänge der Politischen Bildung. Wiesbaden, S. 1-6

Habermas, Jürgen 1992: Faktizität und Geltung. Beiträge zur Diskurstheorie des Rechts und des demokratischen Rechtsstaats. Frankfurt/M.

Himmelmann, Gerhard 2007: Demokratie Lernen als Lebens-, Gesellschaftsund Herrschaftsform. Ein Lehr- und Arbeitsbuch. Schwalbach/Ts.

Litt, Theodor 1956: Die politische Selbsterziehung des deutschen Volkes. Bonn

Massing, Peter 2002: Demokratie-Lernen oder Politik-Lernen? In: Breit, Gotthard/Schiele, Siegfried (Hg.): Demokratie-Lernen als Aufgabe der politischen Bildung. Schwalbach/Ts., S. 160-187

Massing, Peter 2012: Die vier Dimensionen der Politikkompetenz. In: Aus Politik und Zeitgeschichte, 62. Jg., H. 46-47, S. 23-29

May, Michael 2008: Demokratielernen oder Politiklernen? Schwalbach/Ts.

Negt, Oskar 2016: Versuch einer Ortsbestimmung der politischen Bildung. In: Hufer, Klaus-Peter/Lange, Dirk (Hg.): Handbuch politische Erwachsenenbildung. Schwalbach/Ts., S. 10-20

Reinhardt, Volker 2017: Projekrarbeit und projekrorientiertes Lernen. In: Reinhardt, Volker/Lange, Dirk (Hg.): Forschung, Planung und Methoden

Politischer Bildung. Handbuch für den sozialwissenschaftlichen Unterricht. Bd. 2. Baltmannsweiler, S. 520-526

Ritzi, Claudia 2014: Die Postdemokratisierung politischer Öffentlichkeit. Kritik zeitgenössischer Demokratie-theoretische Grundlagen und analytische Perspektiven. Wiesbaden

Ritzi, Claudia 2019: Politische Öffentlichkeit zwischen Vielfalt und Fragmentierung. In: Hofmann Jeanette/Kersting, Norbert/Ritzi, Claudia/Schünemann, Wolf J. (Hg.): Politik in der digitalen Gesellschaft: Zentrale Problemfelder und Forschungsperspektiven. Bielefeld, S. 61-82

Ritzi, Claudia/Zierold, Alexandra 2020: Grenzenlos, frei und politisch? Öffentlichkeit unter den Bedingungen der Digitalisierung aus radikaldemokratischer Perspektive. In: Oswald, Michael/Borucki, Isabell (Hg.): Demokratietheorie im Zeitalter der Frühdigitalisierung. Wiesbaden, S. 25-46

Sander, Wolfgang 2007: Politik entdecken-Freiheit leben. Schwalbach/Ts.

Welz, Eberhard 2005: Wir wollen's wissen. Schule bewegen! Das BLK-Programm -"Demokratie lernen & leben". In: Himmelmann, Gerhard/Lange, Dirk (Hg.): Demokratiekompetenz. Beiträge aus Politikwissenschaft, Pädagogik und politischer Bildung. Wiesbaden, S. 179-18

8. 전문어와 교양어의 촉진

Arnold, Nina/Fackelmann, Bettina/Graffi, Michael/Krüger, Frank/Talaska, Stefanie/Weißenfels, Tobias 2011: Sprichst du Politik? Ergebnisse des Forschungsprojekts und Handlungsempfehlungen. http://library.fes.de/pdffiles/dol08234.pdf (l0.01.2021)

Artelt, Cordula/Baumert, Jürgen/Klieme, Eckhard/Neubrand, Michael/Prenzel, Manfred/Schiefele, Ulrich/Schneider, Wolfgang/Schümer, Gundel/Stanat, Petra/Tillmann, Klaus-Jürgen/Weiß, Manfred (Hg.) 2001: PISA 2000-Zusammenfassung zentraler Befunde. Berlin

Brockhaus Online Lexikon 2013: Bildungssprache. https://brockhaus.de/ecs/enzy/article/bildungssprache (10.01.2020)

Cummins, Jim 2000: Language, Power and Pedagogy. Bristol

Cummins, Jim 2008: BICS and CALP: Empirical and theoretical status of the distinction. In: Brian Stteet/Nancy H. Hornberger (Hg.): Encyclopedia of language and education, 2nd edition (Bd. 2: Literacy). New York, S. 71-83

Detjen, Joachim/Massing, Peter/Richter, Dagmar/Weißeno, Georg 2012: Politikkompetenz-ein Modell. Wiesbaden

Eitz, Thorsten 2010: Das Problem des Wortes. In: Online-Dossier Sprache und Politik der Bundeszentrale für politische Bildung. https://www.bpb.de/politik/grundfragen/sprache-und-politik/42678/einstieg (10.01.2021)

Giraz, Muhammed 2020: Sprachbildung in der Lehrer*innenbildung für den (Politik-)Unterricht. In: Wochenschau Sek. 1+II, 71. Jg., H. 1, S. 47-79

Goll, T. 2012: Sprachhandeln: Verhandeln, Argumentieren, überzeugen-eine vernachlässigte Kompetenz im Politikunterricht? In: Buchstein, Hubertus/Weißeno, Georg (Hg.): Politisches Handeln. Modelle, Möglichkeiten, Kompetenzen. Bonn, S. 193-209

Girnth, Heiko 2010: Einstieg: Sprache und Politik. In: Online-Dossier Sprache und Politik der Bundeszentrale für politische Bildung. https://www.bpb.de/politik/grundfragen/sprache-und-politik/42678/einstieg (10.01.2021)

Habermas, Jürgen 1977: Umgangssprache, Wissenschaftssprache, Bildungssprache. In: Max-Planck-Gesellschaft (Hg.): Jahrbuch der Max-Planck-Gesellschaft, S.

36-51

Hoffmann, Lothar 1987: Kommunikationsmittel Fachsprache. Eine Einführung, 3.Aufl., Berlin

Hoffmann, Ludger 2019: Alltagssprache. https://epub.ub.uni-muenchen.de/61747/1/Hoffmann_Alltagssprache.pdf (05.01.2021)

Juchler, Ingo 2008: Politische Begriffe der Außenpolitik. Konstituenten von Fachkonzepten und Political Literacy. In: Weißeno, Georg (Hg.): Politikkompetenz. Was Unterricht zu leisten hat. Wiesbaden, S. 169-183

Klein, Josef 1989: Wortschatz, Wortkampf, Wortfelder in der Politik. In: Klein, Josef (Hg.): Politische Semantik. Opladen, S. 3-50

Koch, Peter/Oesterreicher, Wulf 1985: Sprache der Nähe-Sprache der Distanz. Mündlichkeit und Schriftlichkeit im Spannungsverhältnis von Sprachtheorie und Sprachgeschichte. In: Romanistisches Jahrbuch 36, S. 15-43

Leisen, Josef 2011: Praktische Ansätze schulischer Sprachförderung–Der sprachsensible Fachunterricht. http://www.josefleisen.de/downloads/sprachbildung/Praktische%20Ansätze%20schulischer%20Sprachförderung%20-%20Der%20sprachsensible%20Fachunterricht%202011.pdf (06.01.2021)

Leisen, Josef 2018: Von der Alltagssprache über die Unterrichtssprache zur Fachsprache. Sprachbildung im Fachunterricht. In: Fremdsprache Deutsch. Zeitschrift für die Praxis des Deutschunterrichts, H. 58, S. 10-23

Lutter, Andreas/Wüste, Andreas 2020: Im Fokus: Sprache. In: Wirtschaft+Politik, H.1, S. 2-7

MSB [Ministerium für Schule und Bildung] NRW 2019: Gestaltungsaufgaben im Fachbereich Sozialwissenschaften. https://www.standardsicherung.schulministerium.nrw.de/cms/zentralabitur-gost/faecher/getfile.php?file=4980 (05.01.2021)

Reiss, Kristin/Weis, Mirjam/Klieme, Eckhard/Köller, Olaf (Hg.) 2018: PISA 2018: Grundbildung im internationalen Vergleich. Münster/New York

Strauß, Gerhard 1985: Schwere Wörter in der Politik. In: Ders. 1986 (Hg.): Der politische Wortschatz: Zur Kommunikations-und Textsortenspezifik. Tübingen, S. 149-280

Weißeno, Georg 2013: Fachsprache in Schulbüchern für Politik/Sozialkunde: eine empirische Studie. In: Massing, Peter/Weißeno, Georg (Hg.): Demokratischer Verfassungsstaat und Politische Bildung. Schwalbach/Ts., S. 151-170

9. 감정과 정치 학습

Besand, Anja 2015: Gefühle über Gefühle. Zum Verhältnis von Emotionalität und Rationalität der politischen Bildung. In: Korte, Karl-Rudolf (Hg.): 344 Emotionen und politisches Lernen Emotionen und Politik. Begründungen, Konzeptionen und Praxisfelder einer politikwissenschaftlichen Emotionsforschung. Baden-Baden, S. 213-223

Besand, Anja et al. (Hg.) 2019: Politische Bildung mit Gefühl. Bonn

Besand, Anja/Overwien, Bernd/Zorn, Peter 2019: Gefühle über Gefühle. Zum Verhältnis von Emotionalität und Rationalität der politischen Bildung-eine Einführung. In: Besand et al. (Hg.) 2019, S. 11-21

Besand, Anja 2019: Hoffnung und ihre Losigkeit. Politische Bildung im Zeitalter der Illusionskrise. In: Besand et al. (Hg.) 2019, S. 173-186

Breit, Gotthard 2016: Mit Leidenschaft und Augenmaß zugleich. Zum Spannungsverhältnis von Rationalität und Emotionalität im Politikunterricht. Schwalbach/Ts.

Eis, Andreas/Metje, Frederik 2019: Zur Rolle von Wut und Empörung im Politischen. In: Besand et al. (Hg.) 2019, S. 188-199

Frech, Siegfried/Richter, Dagmar (Hg.): Emotionen im Politikunterricht. Frankfurt/M.

Friedrichs, Werner 2018: Gefühle politisch artikulieren. Über die Bedeutung von Gefühlen für die politische Bildung vor dem Hintergrund der neuen Demokratietheorien. In: Journal für politische Bildung, Nr. 2, S. 16-22

Gessner, Susann 2019: "Ich fühle mich jetzt eingedrängt. (…) Ich fühl mich so (…) von Ihnen. Ja weil ich keine Wörter mehr finde". Über Gefühle im Politikunterricht im Kontext von Migration. In: Besand et al. (Hg.) 2019, S. 320-337

Hammer-Tugendhat, Daniela/Lutter, Christina 2010: Emotionen im Kontext. Eine Einleitung. In: Hammer-Tugendhat, Daniela/Lutter, Christina (Hg.): Emotionen. Zeitschrift für Kulturwissenschaften, Nr. 2. Bielefeld, S. 7-14

Heidenreich, Felix 2012: Versuch eines Überblicks: Politische Theorie und Emotionen. In: Heidenreich, Felix/Schaal, Gary (Hg.): Politische Theorie und Emotionen. Baden-Baden, S. 9-26

Heidenreich, Felix 2019a: Politische Gefühle in der Demokratie: Hilfreiche Unterscheidungen. In: Frech/Richter (Hg.), S. 25-43

Heidenreich, Felix 2019b: Die emotionale Wirkung politischer Entscheidungsprozesse-Von der naiven zur reflektierten Gefühlspolitik. In: Besand et al. (Hg.) 2019, S. 26-42

Kölzer, Carolin 2011: Arbeitslosigkeit als Lebens- und Lernsituation. In: Zeitschrift für Didaktik der Gesellschaftswissenschaften, H. 1, S. 50-69

Korte, Karl-Rudolf 2015: Emotionen und Politik. Begründungen, Konzeptionen und Praxisfelder einer politikwissenschaftlichen Emotionsforschung. In: Korte, Karl-Rudolf(Hg.): Emotionen und Politik. Begründungen, Konzeptionen und Praxisfelder einer politikwissenschaftlichen Emotionsforschung. Baden-Baden, S. 11-24

Kuhn, Hans-Werner 2019: But I will always be emotionally yours … (Bob Dylan)-Musik und Politikunterricht. In: Frech/Richter (Hg.), S. 170-188

Manemann, Jürgen 2020: Emotionen und Demokratie. In: Politikum. Analysen, Kontroversen, Bildung. Heft 1, S. 22-25

Mkayton, Noa 2011: "…the great danger is tears…"-Die Bedeutung von Literatur Empathie und Emotionen im Holocaustunterricht. In: Zeitschrift für Didaktik der Gesellschaftswissenschaften, H. 1, S. 28-48

Müller-Mall, Sabine 2019: Gefühltes Recht? Überlegungen zur Angst vor dem Gefiihl im Recht. In: Besand et al. (Hg.) 2019, S. 78-88

Nielsen, Philipp 2015: Politik und Emotionen aus der Perspektive der Geschichtswissenschaft. In: Korte, Karl-Rudolf(Hg.): Emotionen und Politik. Begründungen, Konzeptionen und Praxisfelder einer politikwissenschaftlichen Emotionsforschung. Baden-Baden, S. 27-47

Oeftering, Tonio 2019: "I've got a feeling"-Musik, Emotionen und politische Bildung. In: Besand et al. (Hg.) 2019, S. 380-394

Petri, Annette 2018: Emotionssensibler Politikunterricht. Konsequenzen aus der Emotionsforschung für Theorie und Praxis politischer Bildung. Frankfurt/M.

Petri, Annette 2019a: Unbehagen gegenüber Neid entwickeln-ein Ziel politischer Bildung? Über Emotionen in Prozessen der politischen Bildung. In: Besand et al. (Hg.) 2019, S. 200-216

Petri, Annette 2019b: Eintagsfliege oder Süßwasserpolyp? Plädoyer für eine

langlebige Auseinandersetzung mit Emotionen in der politischen Bildung. In: Demokratie gegen Menschenfeindlichkeit, H. 2, S. 106-115
Petri, Annette 2019c: Emotionen im Politikunterricht-Perspektiven für die Praxis politischer Bildung. In: Frech/Richter (Hg.), S. 135-149
Petri, Annette 2020: Emotionen. In: Achour, Sabine et al. (Hg.): Wörterbuch Politikunterricht. Frankfurt/M., S. 63-65
Sander, Wolfgang 2013: Politik entdecken-Freiheit leben. Didaktische Grundlagen politischer Bildung. 4. Aufl., Schwalbach/Ts.
Schiele, Siegfried/Schneider, Herbert (Hg.) 1990: Rationalität und Emotionalität in der politischen Bildung. Stuttgart
Schwarz-Friesel, Monika 2013: Sprache und Emotionen. 2., aktual. und erw. Aufl., Tübingen
Seyd, Benjamin 2015: Das Politische Fühlen. Der Poststrukturalismus, das Politische und die Wende zum Gefühl. In: Korte, Karl-Rudolf (Hg.): Emotionen und Politik. Begründungen, Konzeptionen und Praxisfelder einer politikwissenschaftlichen Emotionsforschung. Baden-Baden, S. 113-135
Straßner, Veit 2019: Audiovisuelle Alphabetisierung zum Schutz vor emotionaler Überwältigung: Videoclips als Herausforderung für die politische Bildung. In: Frech/Richter (Hg.), S. 189-211
Wehner, Michael 2019: Gefühlte politische Bildung und was daran gut sein kann: Sechs Hoffnungen auf mehr Emotion in der politischen Bildung. In: Frech/Richter (Hg.), S. 212-232
Uhlmann, Gyburg 2020: Emotionen in der Rhetorik der neuen Rechten. In: Politikum. Analysen, Kontroversen, Bildung. 6. Jg., H. 1, S. 32-38
Widmaier, Benedikt 2019: Emotionale Momente. Politische Bildung zwischen Anekdote und Analyse. In. Besand et al. (Hg.) 2019, S. 396-409
Zuckmayer, Carl 2013: Als wär's ein Stück von mir. Horen der Freundschaft. 34. ungekürzte Aufl., Frankfurt/M.

10. 도덕적 학습

Beck, Ulrich 1986: Risikogesellschaft. Auf dem Weg in eine andere Moderne. Frankfurt/M.
Breit, Gotthard/Schiele, Siegfried (Hg.) 2000: Werte in der politischen Bildung. Schwalbach/Ts.
Detjen, Joachim 2000: Werteerziehung im Politikunterricht mit Lawrence Kohlberg? Skeptische Anmerkungen zum Einsatz eines Klassikers der Moralpsychologie in der Politischen Bildung. In: Breit/Schiele (Hg.), a. a. O., S. 303-335
Edelstein, Wolfgang/Oser, Fritz/Schuster, Peter (Hg.) 2001: Moralische Erziehung in der Schule. Weinheim/Basel
Fischer, Christian 2011: Die Moralstufenanalyse als Instrument-am Beispiel Rechtsextremismus. In: Gesellschaft-Wirtschaft-Politik, H. 2, S. 255-266
Habermas, Jürgen 1992: Faktizität und Geltung. Frankfurt/M.
Henkenborg, Peter 2000: Werte und kategoriale Schlüsselfragen im Politikunterricht. In: Breit/Schiele (Hg.), a. a. O., S. 263-287
Joas, Hans 2005: Einleitung. In: Joas, Hans/Wiegandt, Klaus (Hg.): Die kulturellen Werte Europas. Frankfurt/M., S. 11-39
Kohlberg, Lawrence 2001/1976: Moralstufen und Moralerwerb. Der Kognitiventwicklungstheoretische Ansatz (1976). In: Edelstein et al. (Hg.), S. 35-61
Lind, Georg 2003: Moral ist lehrbar. München

Lutter-Link, Christine/Reinhardt, Sibylle 1993: "Export einer Chemiefabrik"-Schüler/-innen diskutieren eine moralische Frage. In: Grammes, Tilman/Weißeno, Georg (Hg.): Sozialkundestunden. Opladen, S. 35-51
May, Michael 2013: Der werteorientierte Ansatz. In: Deichmann, Carl/Tischner, Christian K. (Hg.): Handbuch Dimensionen und Ansätze in der politischen Bildung. Schwalbach/Ts., S. 175-187
Nolte, Paul 2012: Was ist Demokratie? Geschichte und Gegenwart. Bonn
Oser, Fritz 2001: Acht Strategien der Wert- und Moralerziehung. In: Edelstein et al. (Hg.), S. 63-89
Reckwitz, Andreas 2017: Die Gesellschaft der Singularitäten. Berlin
Reinhardt, Sibylle 1999: Werte-Bildung und politische Bildung. Opladen
Reinhardt, Sibylle 2000: Bildung zur Solidarität. In: Breit/Schiele (Hg.), a. a. O., S. 288-302
Reinhardt, Sibylle 2009: Wie kommen die Werte in die politische Bildung? In: Oberreuter, Heinrich (Hg.): Standortbestimmung Politische Bildung. Schwalbach/Ts., S. 37-47
Reinhardt, Sibylle 2013: Politische Bildung durch Empörung? Werte und Institutionen gehören zusammen! Das Dilemma der Beschneidung (…). In: Syring, Marcus/Flügge, Erik (Hg.): Die Erstbegegnung mit dem Politischen. Immenhausen, S. 55-70
Reinhardt, Sibylle 2016: Werteorientierte Demokratiepolitik. In: Friedrichs, Werner/Lange, Dirk (Hg.): Demokratiepolitik. Wiesbaden, S. 95-109
Reinhardt, Sibylle 2019a: Politik-Didaktik. Handbuch für die Sekundarstufe I und II. 9. Aufl., Berlin
Reinhardt, Sibylle 2019b: Fridays For Future-Moral und Politik gehören zusammen. In: Gesellschaft-Wirtschaft-Politik (GWP), H. 2, S. 159-162
Rosa, Hartmut 2012: Weltbeziehungen im Zeitalter der Beschleunigung. Frankfurt/M.
Sutor, Bernhard 2000: Zwischen moralischer Gesinnung und politischer Urteilskraft-Ethik als Dimension politischer Bildung. In: Breit/Schiele (Hg.), a. a. O., S. 108-120
Thome, Helmut 2005: Wertewandel in Europa aus der Sicht der empirischen Sozialforschung. In: Joas/Wiegandt (Hg.), a. a. O., S. 386-443
Weber-Stein, Florian 2019: Politik als Herzensangelegenheit. In: Besand, Anja/Overwien, Bernd/Zorn, Peter (Hg.): Politische Bildung mit Gefühl. Bonn, S. 218-231

V. 정치교육의 방법과 매체

1. 진단 방법: 관념, 태도 그리고 지식 파악

Anderson, Lorin W./Krathwohl, David R. (Hg.) 2001: A Taxonomy for Learning, Teaching and Assessing: A Revision of Bloom's Taxonomy of Educational Objectives. New York
Füchter, Andreas 2010: Diagnostik und Förderung im gesellschaftswissenschaftlichen Unterricht. Immenhausen
Füchter, Andreas 2011a: Pädagogische und didaktische Diagnostik-eine schulische Entwicklungsaufgabe mit hohem Professionalitätsanspruch. In: Füchter, Andreas/Moegling, Klaus (Hg.): Diagnostik und Förderung. Teil 1: Didaktische Grundlagen. Bd. 14. Immenhausen, S. 45-83

Füchter, Andreas 2015a: Grundlagen politischer Urteilsbildung (und der Diagnose politischer Urteile). In: Wirtschaft + Politik, H. 2, S. 1-11

Füchter, Andreas 2015b: Wege zur individuellen Förderung. Möglichkeiten der inneren Differenzierung und Individualisierung im politisch-sozialwissen schaftlichen Unterricht. In: Wochenschau. Sonderausgabe, Juni/Juli 2015: Heterogenität, S. 46-59

Henkenborg, Peter 2011: Wissen in der politischen Bildung-Positionen der Politikdidaktik. In: Autorengruppe Fachdidaktik: Konzepte der politischen Bildung. Eine Streitschrift. Schwalbach/Ts., S. 111-132

Hessisches Kultusministerium (HKM) 2015: Kerncurriculum gymnasiale Oberstufe. POLITIK UND WIRTSCHAFT. Wiesbaden

Horstkemper, Marianne 2006: Fördern heißt diagnostizieren. In: Diagnostizieren und Fördern. Friedrich Jahresheft XXIv. Seelze, S. 4-7

Ingenkamp, Kariheinz/Lissmann, Urban 2008: Lehrbuch der Pädagogischen Diagnostik. 6. Aufl., Weinheim

Langner, Frank 2007: Diagnostik als Herausforderung der Politikdidaktik. In: Schattschneider, Jessica (Hg.): Domänenspezifische Diagnostik. Wissenschaftliche Beiträge für die politische Bildung. Frankfurt/M., S. 58-70

Lutter, Andreas 2009: Wie sich Schülerinnen und Schüler "Integration" vorstellen. (Elektronische Ressource) Oldenburg, Univ., Diss. (urn:nbn:de:gbv:715-oops-9809)

Massing, Peter 2006: Bildungsstandards als Diagnoseinstrument für den Politikunterricht. In: Richter, Dagmar/Schelle, Carla (Hg.): Politikunterricht evaluieren. Baltmannsweiler, S. 141-160

May, Michael 2015: Kompetenwrientierte Unterrichtsplanung mit Anforderungssituationen und nach politikdidaktischen Prinzipien-eine Skizze. In: Frech, Siegfried/Richter, Dagmar (Hg.): Politikunterricht professionell planen. Schwaibach/Ts., S. 50-68

Mosch, Mirka 2011: Verstehen statt bewerten. Zu den Problemen und Herausforderungen einer politikdidaktischen Diagnostik in der schulischen politischen Bildung. In: Polis, H. 2, S. 14-16

Mosch, Mirka 2013: Diagnostikmethoden in der politischen Bildung. Vorstellungen von Schüler/-innen im Unterricht erheben und verstehen. Dissertation an der Universität Gießen. http://geb.uni-giessen.de/geb/volltexte/2013/9404/pdf/MoschMirka_2013_02_21.pdf (07.03.2016)

Mosch, Mirka 2014: Methoden der Diagnostik: Vorstellungen und Vorwissen erfassen. In: Sander, Wolfgang (Hg.): Handbuch politische Bildung. 4. Aufl., Schwaibach/Ts., S. 415-423

Weber, Birgit 2016: Diagnostik-zur Einführung in das Schwerpunktthema. In: zdg (zeitschrift für didaktik der gesellschaftswissenschaften), H. 1, S. 1-10

2. 시작 방법: 수업 도입 단계

Ackermann, Paul/Althoetmar-Smarczyk, Susanne 1994: Politikdidaktik kurzgefasst. Planungsfragen für den Politikunterricht. Bonn (Schriftenreihe der Bundeszentrale für politische Bildung, Bd. 326)

Breit, Gotthard 2005: Problemorientierung. In: Sander, Wolfgang (Hg.): Handbuch politische Bildung. Schwalbach/Ts., S. 108-125

Gagel, Wolfgang 2007: Drei didaktische Konzeptionen. Giesecke, Hilligen, Schmiederer. Schwalbach/Ts.

Grell, Monika und Jochen 1990: Unterrichtsrezepte. Weinheim/Basel

Greving, Johannes/Paradies, Liane 2012: Unterrichts-Einstiege. 9. Aufl., Berlin
Klafki, Wolfgang 1958: Didaktische Analyse als Kern der Unterrichtsvorbereitung. In: Die deutsche Schule, II. 10, hier zitiert nach: Roth, Heinrich/Blumenthal, Alfred: Grundlegende Aufsätze aus der Zeitschrift "Die deutsche Schule". Hannover 1964, S. 5-34
Lach, Kurt/Massing, Peter 2006: Die Einstiegsphase. In: Breit, Gotthard/Frech, Siegfried/Eichner, Detlef/Lach, Kurt/Massing, Peter (Hg.): Methodentraining für den Politikunterricht II. Bonn (Lizenzausgabe der Bundeszentrale für politische Bildung), S. 209-218
Meyer, Hilbert 1999: Unterrichtsmethoden II. Praxisband. Berlin
Reinhardt, Sybille 2005: Politik Didaktik. Praxishandbuch für die Sekundarstufe I und II. Berlin

3. 포괄적이고 개별화된 정치 학습: 정치교육과 분화법

Altrichter, Herbert/Trautmann, Matthias/Wischer, Beate/Sommerauer, Sonja/Doppler, Birgit 2009: Unterrichten in heterogenen Gruppen: Das Qualitätspotenzial von Individualisierung, Differenzierung und Klassenschüler zahl. In: Specht, Werner (Hg.): Nationaler Bildungsbericht Österreich 2009. Graz, S. 341-360
Achour, Sabine (Hg.) 2015a: Heterogenität. In: Wochenschau, 66. Jg., Sonderausgabe Juni-Juli 2015. Frankfurt/M.
Achour, Sabine 2015b: Heterogenität im Politikunterricht-eine Einführung in das Thema. In: Achour (Hg.) 2015a, S. 4-6
Arthur, James/Cremin, Hilary (Hg.) 2012: Debates in Citizenship Education. London
Astleitner, Hermann 2007: Das Verhältnis von Wissenschaft und Praxis bei innerer Differenzierung im Unterricht: Das besondere Problem der Umsetzungshilfen. In: Gastager, Andreas/Schwetz, Herbert/Hascher, Tina (Hg.): Pädagogisches Handeln: Balancierung zwischen Theorie und Praxis. Landau, S. 137-146
Barsch, Sebastian/Degner, Bettina/Kühberger, Christoph/Lücke, Martin (Hg.) 2020: Handbuch Diversität im Geschichtsunterricht. Inklusive Geschichtsdidaktik. Frankfurt/M.
Barsch, Sebastian/Kühberger, Christoph 2019: Das Universal Design of Learning. In: Geschichte Lernen, H. 190, S. 61-62
Biddulph, Ma 2012: Sexualities and citizenship education. In: Arthur et al. (Hg.) 2012, S. 100-114
Bohl, Thorsten/Kucharz, Diemut 2010: Offener Unterricht. Konzeptionelle und didaktische Weiterentwicklung. Weinheim/Basei
Bundeszentrale für Politische Bildung (Hg.) 2011: Projektunterricht mit dem Schületwettbewerb zur politischen Bildung. Bonn
Cremin, Hilary 2012: Citizenship, inclusion, gender and young people. In: Arthur et al. (Hg.) 2012, S. 92-99
Dewey, John 1916: Demokratie und Erziehung. Eine Einleitung in die philosophische Pädagogik. Weinheim/Basel
Döngel, Christoph/Hilpert, Wolfram/Zurstrassen, Bettina (Hg.) 2015: Didaktik der inklusiven politischen Bildung. Bonn
Eikel, Angelika 2007: Demokratische Partizipation in der Schule. In: Eikel, Anke/de Haan, Gerhard (Hg.): Demokratische Partizipation in der Schule ermöglichen, fördern, umsetzen. Schwalbach/Ts., S. 7-41

Fischer, Christian 2020: Inklusion im Politikunterricht. Ein fallbezogener Denkanstoß. Frankfurt/M.
Füchter, Andreas 2010: Diagnostik und Förderung im gesellschaftswissenschaftlichen Unterricht. Didaktische Konzeption und unterrichtspraktische Ansätze für die Unterrichtsfächer Politik, Wirtschaft, Geschichte und Geographie. Immenhausen
Füchter, Andreas 2015: Möglichkeiten der inneren Differenzierung und Individualisierung im politisch-sozialwissenschaftlichen Unterricht. In: Achour (Hg.) 2015a, S. 46-59
George, Uta 2015: Das Fach Sozialkunde in sonderpädagogischer Perspektive. Das Thema Menschenrechte im inklusiven Unterricht. In: Riegert, Judith/Musenberg, Oliver (Hg.): Inklusiver Fachunterricht in der Sekundarstufe. Stuttgart, S. 238-245
Hartas, Dimitra 2006: Special Educational Needs in Citizenship. In: Gearon, Liam (Hg.): Learning to Teach Citizenship in the Secondary School. London, S. 131-148
Klee, Andreas 2010: Schüler-und Teilnehmerorientierung. In: Lange (Hg.) 2010, S. 115-123
Kruschel, Robert (Hg.) 2017: Menschenrechtsbasierte Bildung. Inklusive und demokratische Lern- und Erfahrungswelten im Fokus. Bad Heilbrunn
Kronberger, Silvia 2016: Geschlechterdemokratie ist schön-macht aber viel Arbeit. Erfahrungen mit Geschlechterdemokratie und geschlechtergerechter Sprache in der Volksschule. In: Kronberger et al. (Hg.) 2016, S. 57-69
Kronberger, Silvia/Kühberger, Christoph/Oberlechner, Manfred (Hg.) 2016: Diversitätskategorien in der Lehramtsausbildung. Ein Handbuch. Innsbruck
Kühberger, Christoph 2015: Subjektorientierte Geschichtsdidaktik. Eine Annäherung zwischen Theorie, Empirie und Pragmatik. In: Ammerer, Heinrich/Hellmuth, Thomas/Kühberger, Christoph (Hg.): Subjektorientierte Geschichtsdidakrik. Schwalbach/Ts., S. 13-47
Kühberger, Christoph 2018: Innere Differenzierung. Eine diversitätssensible Annäherung für den Wirtschafts-und Politikunterricht. In: Unterricht Wirtschaft und Politik, H. 2, S. 2-7
Kühberger, Christoph/Barsch, Sebastian 2020: Lernsettings für einen inklusiven Geschichtsunterricht. Zugänge für diversitätssensibles und individuelles historisches Lernen. In: Barsch et al. (Hg.) 2020, S. 297-310
Kühberger, Christoph/Windischbauer, Elfriede 2013: Individualisierung und Differenzierung im Politikunterricht. Offenes Lernen in Theorie und Praxis. Schwalbach/Ts.
Kühberger, Christoph/Windischbauer, Elfriede 2016: Diversität mit Individualisierung und Differenzierung begegnen. In: Kronberger et al. (Hg.) 2016, S. 315-32
Lange, Dirk 2007: Projekt. In: Reinhardt, Sibylle/Richter, Dagmar (Hg.): Politik-Methodik. Handbuch für die Sekundarstufe I und II. Berlin, S. 78-82
Lange, Dirk (Hg.) 2010: Strategien der Politischen Bildung. Bd. 2. Baltmannsweiler
Lücke, Martin 2015: "Der Staat macht keinen Menschen schwul." Geschlechtliche und sexuelle Vielfalt im gesellschaftswissenschaftlichen Lernen. In: Achour (Hg.) 2015a, S. 38-44
Malik, Alveena 2012: Citizenship education, race, and community. In: Arthur et al. (Hg.) 2012, S. 67-79
Mason, Carolynne 2012: The civic engagement of young people living in areas of socio-economic disadvantage. In: Arthur et al. (Hg.) 2012, S. 80-90

Manzel, Sabine 2010: Offener Unterricht. In: Lange (Hg.) 2010, S. 134-141
Massing, Peter/Niehoff, Mirko (Hg.) 2014: Politische Bildung in der Migrationsgesellschaft. Schwalbach/Ts.
Micek, Simone 2015: Sexuelle Vielfalt und Diversity im Politikunterricht. In: Huch, Sarahl Lücke, Martin (Hg.): Sexuelle Vielfalt im Handlungsfeld Schule. Konzepte aus Erziehungswissenschaft und Fachdidaktik. Bielefeld, S. 169-179
Osler, Audrey/Starky, Hugh 2010: Changing Citizenship. Democracy and Inclusion in Education. New York
Paradies, Liane/Linser, Hans Jürgen 2001: Differenzieren im Unterricht. Berlin
Prengel, Annedore 2015: Inklusive Pädagogik in Schulen und ihre Bedeutung für Politische Bildung. In: Gesellschaft-Wirtschaft-Politik, H. 3, S. 345-356
Reinhardt, Sibylle 2005: Politik-Didaktik. Praxishandbuch für die Sekundarstufe I und II. Berlin
Pädagogisches Landesinstitut Rheinland-Pfalz 2012: Kernkompetenzraster für das Fach Sozialkunde/Wirtschaftslehre. o. O. https://studienseminar.rlp.de/fileadmin/user_upload/studienseminar.rlp.de/bb-nr/fl-grafik/Sozialwissenschaften/Fachkompetenzraster-SK.pdf (27.1.2021)
Ruf, Urs/Keller, Stefan/Winter, Felix (Hg.) 2008: Besser lernen im Dialog. Dialogisches Lernen in der Unterrichtspraxis. Seelze-Velber
van der Gieth, Hans-Jürgen/van der Gieth, Hildegard 2005: Lernzirkel Bundesrepublik. Lernzirkel Grundrechte, Lernzirkel Soziales Netz. Unterrichtsmaterialien für die 7. bis 11. Klassen. Kempen
Vennemeyer, Kerstin 2019: Inklusion im Politikunterricht. Impulse durch Intersektionalität, Partizipation und Lebensweltbezug. In: Hölzel, Tina/Jahr, David (Hg.): Konturen einer inklusiven politischen Bildung. Wiesbaden, S. 35-49
Ziegler, Béatrice/Jung, Michael 2010: Politik erforschen. In: Lange (Hg.) 2010, S. 72-84
Ziegler, Beatrice/Schneider, Claudia/Sperisen, Vera/Zamora, Patrik/Kübler, Roxane 2012: Kompetenzraster Politische Bildung. Aarau. http://politischebildung.ch/systeml/files/downloads/politische_bildung_kompetenzraster.pdf (27.1.2021)

4. 대화를 통한 학습: 정치교육에서 대화 형태

Becker, Georg E. 1999: Gesprächs-und Diskussionsformen. In: Mickel, Wolfgang (Hg.): Handbuch zur politischen Bildung. Bonn, S. 481-485
Cremer, Will 2000: Sokratisches Gespräch. In: Kuhn, Hans-Werner/Massing. Peter (Hg.) 2000: Lexikon der politischen Bildung. Bd. 3. Schwalbach/Ts., S. 166-168
De Boer, Heike 2015: Lernprozesse in Unterrichtsgesprächen. In: de Boer, Heike/Bonanati, Marina (Hg.): Gespräche über Lernen-Lernen im Gespräch. Wiesbaden, S. 17-36
Detjen, Joachim/Massing, Peter/Richter, Dagmar/Weißeno, Georg 2012: Politikkompetenz-ein Modell. Wiesbaden
Giesecke, Hermann 1973: Methodik des politischen Unterrichts. München
Horster, Dedef 1994: Das Sokratische Gespräch in Theorie und Praxis. Opladen
Hufer, Klaus-Peter (Hg.) 1995: Politische Bildung in Bewegung. Neue Lernformen der politischen Jugend- und Erwachsenenbildung. Schwalbach/Ts.
Kuhn, Hans-WernerlMassing, Peter (Hg.) 2000: Lexikon der politischen Bildung. Bd. 3. Schwalbach/Ts.
Leisen, Josef 2015: Unterrichtsgespräch: Fragend-entwickelnder Unterricht, sokratischer Dialog und Schülergespräche. http://www.josefleisen.de/

downloads/lehrenlernen/030/020Unterrichtsgespr%C30/0A4ch%20 -0/020Fragenden twickeinder%20Unterricht.pdf (27.6.2020)

Massing, Peter 2020: Zur Bedeutung von Bildungssprache und Fachsprache im Politikunterricht. In: Debus, Bernward/Debus, Tessa/Massing, Peter/ Achour Sabine (Hg.): Sprachbildung im Politikunterricht, Wochenschau Sonderausgabe, S. 4-9

Reinhardt, Sibylle 2000: Unterrichtsgespräch. In: Kuhn, Hans-Werner/Massing. Peter (Hg.) 2000: Lexikon der politischen Bildung. Bd. 3. Schwalbach/Ts., S. 198-201

Sutor, Bernhard 1971: Didaktik des politischen Unterrichts. 2. Aufl., Paderborn

Weißeno, Georg 2004: Gespräche führen im Politikunterricht. In: Siegfried Frech/Kuhn, Hans-Werner/Massing, Peter (Hg.): Methodentraining im Politikunterricht. Schwalbach/Ts., S. 49-64

5. 텍스트를 통합 학습: 텍스트 출처와 텍스트 분석

Antos, Gerd 1997: Texte als Konstitutionsformen von Wissen. In: Gerd Antos/ Heike Tietz (Hg.): Die Zukunft der Textlinguistik. Tübingen, S. 43-63

Breit, Gotthard 2000: Artikel Zeitung. In: Kuhn, Hans-Werner/Massing, Peter (Hg.): Methoden und Arbeitstechniken. Bd. 3 des Lexikons der politischen Bildung. Schwalbach/Ts., S. 212

Breit, Gotthard/Lesske, Frank 2002: Politikunterricht mit Zeitungstexten aus dem Internet-ein Experiment. In: Weißeno, Georg (Hg.): Politikunterricht im Informationszeitalter. Medien und neue Lernumgebungen. Schwalbach/Ts., S. 145-158

Bundeszentrale für politische Bildung 2017: Spezial zum Thema "Fake News". Bonn. http://bpb.de/gesellschaft/medien-und-sport/fake-news/ (31.01.2021)

Deichmann, Carl/Juchler, Ingo (Hg.) 2010: Politik verstehen lernen. Zugänge im Politikunterricht. Schwalbach/Ts.

Detjen, Joachim 2004: Politische Urteilsfähigkeit-eine domainenspezifische Kernkompetenz der politischen Bildung. In: Politische Bildung, H.3, S. 44-58

Detjen, Joachim 2007: Lehrervortrag, Unterrichtsgespräch und Textarbeit als zentrale unterrichtliche Handlungsformen. In: Detjen, Joachim (Hg.): Politische Bildung. München, S. 346-351

Duncker, Ludwig 2003: Didaktik und Journalismus. Wechselwirkung im Dienste des Lehrens und Lernens. In: kursiv, H. 1, S. 12-17

Gadamer, Hans-Georg 1995: Wahrheit und Methode. Grundzüge einer philosophischen Hermeneurik. 4. Aufl., Tübingen

Gloe, Markus/Kuhn, Hans-Werner 2017: Die Pro-Contra-Debatte. In: Reinhardt, Volker/Lange, Dirk (Hg.): Forschung, Planung und Methoden Politischer Bildung. Bd. 2. Baltmannsweiler, S. 577-586

Gloe, Markus/Oeftering, Tonio 2017: Politikdidaktische Hermeneutik als Instrument der qualitativen Unterrichtsforschung. In: Dies. (Hg.): Perspektiven auf Politikunterricht heute. Vom sozialwissenschaftlichen Sachunterricht bis zur Politiklehrerausbildung. Baden-Baden, S. 223-226

Hartinger, Andreas/Fölling-Albers, Maria/Lankes, Eva-Maria/Marenbach, Dieter/ Molfenter, Judith 2001: Lernen in authentischen Situationen versus Lernen mit Texten. Zum Aufbau anwendbaren Wissens in der Schriftsprachdidaktik. In: Unterrichtswissenschaft. Zeitschrift für Lernforschung, 29. Jg., H. 2, S. 108-130

Holzbrecher, Alfred/Oomen-Welke, Ingelore/Schmolling, Jan (Hg.) 2006: Foto+Text. Handbuch für die Bildungsarbeit. Wiesbaden

Juchler, Ingo 2017: Hermeneutik. In: Reinhardt, Volker/Lange, Dirk (Hg.): Forschung, Planung und Methoden Politischer Bildung. Bd. 2. Baltmannsweiler, S. 453-458

Juchler, Ingo 2017a: Texte. In: Reinhardt, Volker/Lange, Dirk (Hg.): Forschung, Planung und Methoden Politischer Bildung. Bd. 2. Baltmannsweiler, S. 361-366

Kuhn, Hans-Werner 2006: Metakommunikation im Politikunterricht: Wie argumentieren Oberstufenschüler/-innen? In: Grundler, Elke/Nogt, Rüdiger (Hg.): Argumentieren in Schule und Hochschule. Interdisziplinäre Studien. Tübingen, S. 147-156

Kuhn, Hans-Werner 2007, Überarbeitung 2020: Unterrichtsbeobachtung. https://quasus.ph-freibutg.de/unterrichtsbeobachtung (03.01.2021)

Kuhn, Hans-Werner 2007, Überarbeitung 2020: Video analyse. https://quasus.ph-freiburg.de/videoanalyse (03.01.2021)

Kuhn, Hans-Werner 2009: Politikdidaktische Hermeneutik. Potenziale empirischer Unterrichtsforschung. In: Heinrich Oberreuter (Hg.): Standortbestimmung Politische Bildung. Schwalbach/Ts., S. 195-215

Kuhn, Hans-Werner 2021: Musik und Politik. In: Friedrichs, Werner/Goll, Thomas (Hg.): Politik in der Kunst-Kunst in der Politik. Zum Potential ästhetischer Zugänge zur Politik. Wiesbaden, S. 63-82 (im Erscheinen)

Kuhn, Hans-Werner/Gloe, Markus/Oeftering, Tonio/Lambertz, Hans-Georg/Biegert, Matthias 2014: Musik und Politik, Elf Bausteine für die schulische und außerschulische politische Bildung. Bonn

Langner, Frank/Arnoldt, Wolfgang 2018: Texte im sozialwissenschaftlichen Unterricht analysieren. In: Politisches Lernen, H. 3-4, S. 44-52

Massing, Peter 1998: Handlungsorientierter Politikunterricht. Ausgewählte Methoden. Schwalbach/Ts

Massing, Peter 2020: Zur Bedeutung von Bildungssprache und Fachsprache im Politikunterricht. In: Sprachbildung im Politikunterricht. Wochenschau Sonderausgabe, Sekundarstufe I/II, Juli 2020, S. 4-9

Schneider, Gerhard 1999: Die Arbeit im schriftlichen Quellen. In: Pandel, Hans-Jürgen/Schneider, Gerhard (Hg.): Handbuch Medien im Geschichtsunterricht. Schwalbach/Ts., S. 15-44

Weißeno, Georg 1993: Über den Umgang mit Texten im Politikunterricht. Didaktisch-methodische Grundlegung, Politische Bildung Kleine Reihe. Schwalbach/Ts.

Weißeno, Georg 1997: Aus Quellen lernen: Arbeit mit Texten, Grafiken, Karikaturen, Fotos und Film. In: Sander, Wolfgang (Hg.): Handbuch politische Bildung. 1. Aufl., Schwalbach/Ts., S. 431-445

6. 디지털 미디어를 통한 학습: 학습 결과와 학습 환경

Bowyer, Benjamin/Kahne, Joseph 2020: The digital dimensions of civic education: Assessing the efFects of learning opportunities. Journal of Applied Developmental Psychology, 69. Jg., S. 101-162

Detjen, Joachim/Massing, Peter/Richter, Dagmar/Weißeno, Georg 2012: Politikkompetenz: Ein Modell. Wiesbaden

Eickelmann, Birgitt/Schaumburg, Heike/Drossel, Kerstin/Lorenz, Ramona 2014: Schulische Nutzung von neuen Technologien in Deutschland im internationalen Vergleich. In: Bos, Wilfried/Eickelmann, Birgit/Gerick, Julia/Goldhammer Frank/Schaumburg, Heike/Schwippert, Knut/Senkbeil, Martin/Schulz-Zander, Renate/Wendt, Heike (Hg.): ICILS 2013. Computer-und informationsbezogene Kompetenzen von Schülerinnen und Schülern in der 8. Jahrgangsstufe im internationalen Vergleich. Münster, S. 197-230

Fadel, Charrles/Bialik, Maya/Trilling, Bernie 2017: Die vier Dimensionen der Bildung. Hamburg

Fraillon, Julian/Ainley, John/Schulz, Wolfram/Friedman, Tim/Gebhardt, Eveline 2014: Preparing for life in a digital age: The IEA International Computer and Information Literacy Study international report. Wiesbaden

GPJE 2004: Nationale Bildungsstandards für den Fachunterricht in der Politischen Bildung an Schulen. Ein Entwurf. Schwalbach/Ts.

Hattie, John 2009: Visible learning: A synthesis of over 800 meta analyses relating to achievement. Oxon

Hauk, Dennis 2017: Der Einsatz digitaler Medien im Politikunterricht: empirischer Forschungsstand und politikdidaktische Handlungsfeider. In: Gapski, Harald/Oberle, Monika/Staufer, Walter (Hg.): Medienkompetenz. Herausforderung für Politik, politische Bildung und Medienbildung. Bonn, S. 218-225

Hauk, Dennis 2018: Zur fachspezifischen Einbindung digitaler Medien in den Politikunterricht-Ergebnisse einer qualitativ-komparativen Fallstudie. In: Gesellschaft-Wirtschaft-Politik (GWP), 67. Jg., H. 4, S. 537-546

Hippe, Thorsten 2020: Digitalisierung-Fluch oder Segen für Mündigkeit? In: Zeitschrift für Didaktik der Gesellschaftswissenschaften, 11. Jg., H. 1, S. 83-102

Hobbs, Renee 2010: Digital and Media Literacy: A Plan of Action. A White Paper on the Digital and Media Literacy Recommendations of the Knight Commission on the Information Needs of Communities in a Democracy. Washington

Jenkins, Henry 2009: Confronting the challenges of participatory culture: Media education for the 21st centuty. Chicago

Kahne, J./Bowyer, B. 2019: Can media literacy education increase digital engagement in politics? In: Learning, Media and Technology, 44. Jg., H. 2, S. 211-224

Kahne, Joseph/Hodgin, Erica/Eidman-Aadahl, Elyse 2016: Redesigning civic education for the digital age: Participatory politics and the pursuit of democratic engagement. In: Theory & Research in Social Education, 44. Jg., H. 1, S. 1-35

Kultusministerkonferenz 2016: Bildung in der digitalen Welt. Strategie der Kultusministerkonferenz. https://www.kmkorg/fileadmin/pdf/Presse UndAktuelles/2018/Digitalstrategie_2017_mic_Weiterbildung.pdf (09.07.2021)

Kyriakou, Artemis/Higgins, Steve 2016: Systematic review of the studies examining the impact of the interactive whiteboard on teaching and learning: What we do learn and what we do not. In: Preschool and primary education, 4. Jg., H. 2, S. 254-275

Levine, Peter 2008: A public voice for youth: The audience problem in digital media and civic education. In: Bennett, Lance (Hg.): Civic Life Online: Learning How Digital Media Can Engage Youth. Cambridge, S. 119-138

Manzel, Sabine 2007: Kompetenzzuwachs im Politikunterricht: Ergebnisse einer Interventionsstudie zum Kernkonzept Europa. Münster

Mihailidis, Paul/Thevenin, Benjamin 2013: Media literacy as a core competency for engaged citizenship in participatory democracy. In: American Behavioral Scientist, 57. Jg., H. 11, S. 1611-1622

Motyka, Mare 2018: Digitales, spielbasiertes Lernen im Politikunterricht. Bonn

Sander, Wolfgang 2017: Von der Medienkompetenz zur Medienkritik? Plädoyer für eine Neuorientierung im Umgang mit digitalen Medien in der politischen Bildung. In: Gloe, Markus/Oeftering, Tonio (Hg.), Perspektiven auf Politikunterricht heute: Vom sozialwissenschaftlichen Sachunterricht bis zur Politiklehrerausbildung: Festschrift für Hans-Werner Kuhn. Baden-Baden, S. 129-148

Schaumburg, Heike/Prasse, Doreen/Tschackert, Karin/Blömeke, Sigrid 2007: Lernen in Notebook-Klassen. Endbericht zur Evaluation des Projekts "1000ma11000: Notebooks im Schulranzen". Bonn

Schmidt, Eric/Cohen, Jared 2013: Die Vernetzung der Welt: Ein Blick in unsere Zukunft. Hamburg

Spitzer, Manfred 2014: Information technology in education: Risks and side effects. Trends in Neuroscience and Education, 3. Jg., H. 3-4, S. 81-85

Sung, Yao-Ting/Chang, Kuo-En/Liu, Tzu-Chien. 2016: The effects of integrating mobile devices with teaching and learning on students' learning performance: A meta-analysis and research synthesis. In: Computers & Education, 94. Jg., S. 252-275.

Tamim, Rana/Pickup, David/Borokhovski, Eugene/Bernard, Robert/El Saadi, Lina 2015: Tablets for teaching and learning: A systematic review and metaanalysis. Burnaby

Theunert, Helga 2015: Medienaneignung und Medienkompetenz in der Kindheit. In: von Gross, Friederike/Meister, Dorothee/Sander, Uwe (Hg.): Medienpädagogik-ein Überblick. Weinheim, S. 136-163

Waldis, Monika 2020: "Civic media literacy", "digital citizenship" und Politische Kompetenz-Annäherungen an ein theoretisches Rahmenmodell für die digitale Politische Bildung. In: Binder, Ulrich/Drerup, Johannes (Hg.): Demokratieerziehung und die Bildung digitaler Öffentlichkeit. Wiesbaden, S. 55-70

Zheng, Binbin/Warschauer, Mark/Lin, Chin-Hsi,/Chang, Chi 2016: Learning in one-to-one laptop environments: A meta-analysis and research synthesis. In: Review of Educational Research, 86. Jg., H. 4, S. 1052-1084

7. 디지털과 아날로그 미디어 연결하기: 블렌디드 러닝

Baker, Wesley 2000: The classroom flip: Using web course management tools to become the guide by the side. http://www.classroomflip.com/files/classroom_flip_bakec2000.pdf (12.07.2021)

Berger, Claudia/Kühberger, Christoph 2008: Politische Bildung und das Internet. Optionen des blended learning. In: Informationen zur politischen Bildung, H. 29, S. 64-68

Bergmann, Jonathan/Sams, Aaron 2012: Flip your classroom: Reach every student in every class every day. Portland.

Brombach, Guido 2012: Gastbeitrag: Welche Kompetenzen braucht politische Bildung 2.0? https://www.bpb.de/dialog/143860/gastbeitrag-welche-kompetenzen-braucht-politische-bildung-2-0 (12.07.2021)

Cheng, Li/Ritzhaupt, Albert/Antonenko, Pavlo 2019: Effects of the flipped classroom instructional strategy on students' learning outcomes: a metaanalysis. In: Educational Technology Research and Development, 67. Jg., H. 4, S. 793-824

Deichmann, Carl/Tischner, Christian 2013: Handbuch Dimensionen und Ansätze in der politischen Bildung. Schwalbach/Ts.

Gros, Begoña 2007: Digital games in education: The design of games-based learning environments. In: Journal of Research on Technology in Education, 40. Jg., H. 1, S. 23-38

Hauk, Dennis 2018: Zur fachspezifischen Einbindung digitaler Medien in den Politikunterricht-Ergebnisse einer qualitativ-komparativen Fallstudie. In: Gesellschaft-Wirtschaft-Politik (GWP), 67. Jg., H. 4, S. 537-546

Ke, Fengfeng 2016: Designing and integrating purposeful learning in game play: a systematic review. In: Educational Technology Research and Development, 64. Jg., H. 2, S. 219-244

May, Michael/Knothe, Doreen 2020: Politikunterricht 16-mal anders? Der Bildungsföderalismus am Beispiel eines Unterrichtsfaches. In: Pädagogik, 72. Jg., H. 3, S. 42-46

Manzel, Sabine 2007: Kompetenzzuwachs im Politikunterricht: Ergebnisse einer Interventionsstudie zum Kernkonzept Europa. Münster

Means, Barbara/Toyama, Yukie/Murphy, Robert/Baki, Marianne 2013: The Effectiveness of Online and Blended Learning: A Meta-Analysis of the Empirical Literature. In: Teachers College Record, 115. Jg., H. 3, S. 1-47

Motyka, Marc 2017: Politik-Lernen mit digitalen Spielen. In: Gapski, Harald/Oberle, Monika/Staufer, Walter (Hg.): Medienkompetenz: Herausforderungen für Politik, politische Bildung und Medienbildung. Bonn, S. 235-242

Motyka, Marc 2018: Digitales, spielbasiertes Lernen im Politikunterricht. Wiesbaden

Oberle, Monika/Raiser, Simon/Warkalla, Björn/Kaiser, Konstantin/Leunig, Johanna 2017: Online-Planspiele in der politischen Bildung-Ergebnisse einer Pilotstudie. In: Gapski, Harald/Oberle, Monika/Staufer, Walter (Hg.): Medienkompetenz-Herausforderung für Politik, politische Bildung und Medienbildung. Bonn, S. 243-256

Osguthorpe, Russell/Graham, Charles 2003: Blended learning environments: Definitions and directions. In: Quarterly Review ofDistance Education, 4. Jg., H. 3, S. 227-233

Petko, Dominik 2010: Lernplattformen, E-Learning und Blended Learning in Schulen. In: Ders. (Hg.): Lernplattformen in Schulen. Wiesbaden, S. 9-27

Petrik, Andreas 2003: Sich selbst als politisches Wesen entdecken. Das genetische Prinzip als Beitrag zur handlungsorientierten politischen Urteilsbildung am Beispiel des Lehrstücks Dorfgründung. In: Politik unterrichten, H. 2, S. 24-32

Poirier, Mark/Law, Jeremy/Veispak, Annell 2019: A Spotlight on Lack of Evidence Supporting the Integration of Blended Learning in K-12 Education: A Systematic Review. In: International Journal of Mobile and Blended Learning, 11. Jg., H. 4, S. 1-14

Reinhardt, Sibylle (Hg.) 2018: Politikdidaktik: Handbuch für die Sekundarstufe I und Ⅱ. Berlin

Reinhardt, SibylleIRichter, Dagmar. (Hg.) 2007: Politik-Methodik. Berlin

Spanjers, Ingrid/Könings, Karen/Leppink, Jimmie/Verstegen, Daniellel/de Jong, Nynke/Czabanowska, Katarzyna/van Merrienboer, Jeroen 2015: The promised land of blended learning: Quizzes as a moderator. In: Educational Research Review, 15. Jg., S. 59-74

Thorne, Kaye 2003: Blended learning: how to integrate online & traditional learning. London

8. 역량중심수업: 문제 상황 설정 및 인지 활동을 촉진하는 학습과제

Abs, Hermann Josef/Hahn-Laudenberg, Katrin (Hg.) 2017: Das politische Mindset von 14-Jährigen. Ergebnisse der International Civic and Citizenship

Education Study 2016. Münster

Achour, Sabine 2020: Politische Urteilsbildung. Grundlegende Methoden der politischen Urteilsbildung. In: Achour, Sabine/Frech, Siegfried/Massing, Peter/Straßner, Veit (Hg.): Methodentraining für den Politikunterricht. Frankfurt/M., S. 244-249

Achour, Sabine/Jordan, Annemarie 2017: Formulieren politischer Urteile. Professionell Wahrnehmen und kompetent Fördern. In: Achour, Sabine/Massing, Peter (Hg.): Individuelle Förderung. Wochenschau Sonderheft. Schwalbach/Ts., S. 16-23

Autorengruppe Fachdidaktik (Hg.) 2011: Konzepte der politischen Bildung. Eine Streitschrift. Schwalbach/Ts.

Autorengruppe Fachdidaktik (Hg.) 2015: Was ist gute politische Bildung? Leitfaden für den sozialwissenschaftlichen Unterricht. Schwalbach/Ts.

Breit, Gotthard/Weißeno, Georg 2012: Planung des Politikunterrichts. Eine Einführung. Schwalbach/Ts.

Breit, Gotthard/Weißeno, Georg 2015: Kompetenzorientierter Politikunterricht in neun Schritten vom Modell zur Unterrichtsplanung. In: Frech, Siegfried/Richter, Dagmar (Hg.): Politikunterricht professionell planen. Schwalbach/Ts., S. 167-187

Busch, Matthias 2009: Anleitungen zur Unterrichtsplanung in sozialwissenschaftlichen Fächern. Bereichsrezension aktueller fachdidaktischer Planungskonzepte. In: JSSE -Journal of Social Science Education, H. 2, S. 124-145

Detjen, Joachim/Massing, Peter/Richter, Dagmar/Weißeno, Georg 2012: Politikkompetenz - ein Modell. Wiesbaden

Goll, Thomas 2020: Basis-und Fachkonzepte. In: Achour, Sabine/Busch, Matthias/Massing, Peter/Meyer-Heidemann, Christian (Hg.): Wörterbuch Politikunterricht. Frankfurt/M., S. 23-26

GPJE 2004: Anforderungen an nationale Bildungsstandards für den Fachunterricht in der Politischen Bildung an Schulen. Ein Entwurf. Schwalbach/Ts.

Gronostay, Dorothee 2019: Argumentative Lehr-Lern-Prozesse im Politikunterricht. Wiesbaden

Hahn-Laudenberg, Katrin 2017: Konzepte von Demokratie bei Schülerinnen und Schülern. Erfassung von Veränderungen politischen Wissens mit Concept-Maps. Wiesbaden

Hartig, Johannes/Klieme, Eckhard 2006: Kompetenz und Kompetenzdiagnostik. In: Schweizer, Karl (Hg.): Leistung und Leistungsdiagnostik. Berlin, S. 127-143

Heldt, Inken 2018: Die subjektive Dimension von Menschenrechten. Zu den Implikationen von Alltagsvorstellungen für die Politische Bildung. Wiesbaden

Klieme, Eckhard 2019: Unterrichtsqualität. In: Harring, Marius/Rohlfs, Carsten/Gläser-Zikuda, Michaela (Hg.): Handbuch Schulpädagogik. Stuttgart, S. 393-408

Kultusministerkonferenz 2005: Einheitliche Prüfungsanforderungen in der Abiturprüfung Sozialkunde/Politik (EPA). EPA. vom 01.12.1989 i.d.F. vom 17.11.2005

Manzel, Sabine/Nagel, Farina 2019: Sprachliches Lernen und Wissenserwerb im Politikunterricht. Empirische Hinweise für eine fachspezifische Sprachund Schreibförderung. In: Roll, Heike/Bernhardt, Markus (Hg.): Schreiben im Fachunterricht der Sekundarstufe I unter Einbeziehung des Türkischen. Empirische Befunde aus den Fächern Geschichte, Physik, Technik, Politik,

Deutsch und Türkisch (Mehrsprachigkeit). Münster, S. 149-172
Manzel, Sabine/Sowinski, Matthias 2014: Lernaufgaben entwickeln, bearbeiten und überprüfen. Ergebnisse und Perspektiven fachdidaktischer Forschung. In: Ralle, Bernd/Prediger, Susanne/Hammann, Marcus/Rothgangel, Martin (Hg.): Lernaufgaben entwickeln, bearbeiten und überprüfen. Ergebnisse und Perspektiven der fachdidaktischen Forschung. Münster u. a., S. 71-84
May, Michael 2010: Planung kompetenzorientierten Politikunterrichts. Auswirkungen eines aktuellen Paradigmas auf sozialwissenschaftliche Bildungsprozesse. In: Politik und Wirtschaft unterrichten, Sonderausgabe Kompetenzen im Politikunterricht, S. 74-87
May, Michael 2011: Kompetenzorientiert unterrichten. Anforderungssituationen als didaktisches Zentrum politisch-sozialwissenschaftlichen Unterrichts. In: Gesellschaft. Wirtschaft. Politik. Gwp, H. 1, S. 123-134
Reinhardt, Sibylle 2018: Politik-Didaktik. Handbuch für die Sekundarstufe I und II. Berlin
Tulodziecki, Gerhard/Herzig, Bardo/Blömeke, Sigrid 2017: Gestaltung von Unterricht. Eine Einführung in die Didaktik (UTB). Bad Heilbrunn
Weinert, Franz E. 2001: Vergleichende Leistungsmessung in Schulen. Eine umstrittene Selbstverständlichkeit. In: Ders. (Hg.): Leistungsmessungen in Schulen. Weinheim/Basel, S. 17-31
Weißeno, Georg/Detjen, Joachim/Juchler, Ingo/Massing, Peter/Richter, Dagmar 2010: Konzepte der Politik-ein Kompetenzmodell. Bonn
Vieluf, Svenja/Praetorius, Anna-Katharina/Rakoczy, Katrin/Kieinknecht, Marc/Pietsch, Marcus 2020: Angebots-Nutzungs-Modelle der Wirkweise des Unterrichts. In: Zeitschrift für Pädagogik Beiheft, H. 1
Zischke, Frank Eike/Forkarth, Claudia 2020: Lernaufgaben im Politikunterricht kompetenzorientiert gestalten. Kriterien und exemplarische Aufgabenanalyse zum Thema Wahlen in Schulbüchern der Sekundarstufe 1. https://civesschool.de/wp-content/uploads/2020/04/Praxistest9_online.pdf (01.04.2021)

9. 정치교육 평가하기: 평가 방법 및 성과평가

Beutel, Silvia-Iris 2010: Im Dialog mit den Lernenden-Leistungsbeurteilung als Lernförderung und demokratische Erfahrung. In: Beutel, Silvia-Iris/Beutel, Wolfgang (Hg.): Beteiligt oder bewertet? Leistungsbeurteilung und Demokratiepädagogik. Schwalbach/Ts., S. 45-60
Bürger, Regina/Schmid, Katharina 2021: Einführung in die interne Evaluation. Theorie und Materialien. Projektgruppe "Modus 21", Friedrich-AlexanderUniversität Erlangen-Nürnberg. http://www.modus21.forschung.uni-erlangen.de/inhalt/SkripcInterne_Evaluation.pdf (26.01.2021)
Deichmann, Carl 2009: Leistungsbeurteilung im Politikunterricht. Schwalbach/Ts.
Deichmann, Carl 2015: Der neue Bürger. Politische Ethik, politische Bildung und politische Kultur. Wiesbaden
Deichmann, Carl 2020: Wandel politischer Kommunikation und politischer Kultur in der digitalen Gesellschaft. Strategien der Politikdidaktik. In: Juchler, Ingo (Hg.): Politik und Sprache. Handlungsfelder politischer Bildung. Wiesbaden, S. 7-22
Edler, Kurt 2010: Schulnoten und Demokratie. In: Beutel, Silvia-Iris/Beutel, Wolfgang (Hg.): Beteiligt oder bewertet? Leistungsbeurteilung und Demokratiepädagogik. Schwalbach/Ts., S. 27-44
EPA2005: Einheitliche Prüfungsanforderungen in der Abiturprüfung Sozialkunde/

Politik. Beschluss der KMK v. 01.12.1989 i.d. F. v. 17.11.2005. https://www.kmk.org/fileadmin/veroeffendichungen_beschluesse/1989/1989_12_01-EPA-Sozialkunde-Politik.pdf (01.03.2021)

GPJE 2004: Anforderungen an Nationale Bildungsstandards für den Fachunterricht in der Politischen Bildung an Schulen-Ein Entwurf. Schwalbach/Ts.

Hahn-Laudenberg, Katrin 2019: Bedeutung länder-und gruppenspezifischer Unterschiede bei der Wahrnehmung des offenen Unterrichtsklimas. In: Lotz, Mathias/Pohl, Kerstin (Hg.): Gesellschaft im Wandel. Neue Aufgaben für die politische Bildung und ihre Didaktik. Schriftenteihe der GPJE. Frankfurt/M., S. 169-177

Hahn-Laudenberg, Katrin/Oberle, Monika 2020: Evaluation. In: Achour, Sabine/Busch, Matthias/Massing, Peter/Meyer-Heidemann, Christian (Hg.): Wörterbuch Politikunterricht. Frankfurt/M., S. 68-71

Kammertöns, Annette 2011: Selbstevaluation durch Schüler: Wie Schüler ihre politischen Urteile analysieren und reflektieren können. In: Zurstrassen (Hg.), S. 167-185

Langner, Frank 2007: Diagnostik als Herausforderung für die Politikdidaktik. In: Schattschneider, Jessica (Hg.): Domänenspezifische Diagnostik. Wissenschaftliche Beiträge für die politische Bildung. Schwalbach/Ts., S. 58-70

Langner, Frank 2011: Portfolios als Instrument der Leistungsmessung und -beurteilung im politischen Unterricht. In: Polis, H. 2, S. 17-20

Neuhof, Julia 2020: Rechtliche Freiheit. Politik und Recht in der kategorialen Wahrnehmung. Wiesbaden

Oberle, Monika/Wenzel, Nico 2019: Politisches Vertrauen und Effektivitätsgefühl von Schüler/-innen-Einflussfaktoren und Relevanz für politische Partizipation. In: Lotz, Mathias/Pohl, Kerstin (Hg.): a. a. O., S. 178-186

Otten, Tina 2011: Teilnehmende Beobachtung: der ethnologische Blick auf den Unterricht. In: Zurstrassen (Hg.) 2011, S. 9-21

Reinhardt, Sibylle/Richter, Dagmar (Hg.) 2018: Politik-Methodik. Handbuch für die Sekundarstufe I und II. Berlin

Sander, Wolfgang 2011: Kompetenzorientierung in Schule und politischer Bildung-eine kritische Zwischenbilanz. In: Autorengruppe Fachdidaktik: Konzepte der politischen Bildung. Eine Streitschrift. Schwalbach/Ts., S. 9-25

Sander, Wolfgang 2013: Politik entdecken-Freiheit leben. Didaktische Grundlagen politischer Bildung. 4. Aufl., Schwalbach/Ts.

Schröder, Hendrik 2020: Emotionen und politisches Urteilen. Eine politikdidaktische Untersuchung. Wiesbaden

Straßner, Veit 2020: Leistungsmessung und Leistungsbewertung. In: Achour, Sabine/Busch, Matthias/Massing, Peter/Meyer-Heidemann, Christian (Hg.): a.a.O., S. 140-143

Zurstrassen, Bettina (Hg.) 2011: Was passiert im Klassenzimmer? Methoden zur Evaluation, Diagnostik und Erforschung des sozialwissenschaftlichen Unterrichts. Schwalbach/Ts.

VI. 다른 지역의 정치교육

1. 아시아의 시민교육: 지역적 영향과 글로벌 이해관계

Asia-Pacific Centre of Education for International Understanding 2020: GCED learning and assessment-Analysis of four case studies. Bangkok de Asildo, Z./Yassin, M. 2022: 'Noble character' as a focus in moral education in Malaysia. In: Kennedy, K. (Hg.): Social studies education in South and South East Asia. London/New York, S. 174-187

Alviar-Martin/Baildon, M. 2018: Global citizenship education in Asia. In: Kennedy, K./Lee, J.C.K (Hg.): Routledge International Handbook of Schools and Schooling in Asia London/New York, S. 600-609

Barany, Z. 2018: Suu Kyi's missteps. Journal of Democracy, 25. Jg., H. 1, S. 5-19

Chu, D. 2018: Media use and protest mobilization: A case study of Umbrella Movement within Hong Kong schools. Social Media + Society, January-March, S. 1-11. DOI: 10.1177/2056305118

Dudden, A. 2017: Revolution by candlelight: How South Koreans toppled a government. Dissent, 64. Jg., H. 4, S. 86-92

Education Buteau 2002: Basic education curriculum guide-Primaty 1-6. Hong Kong: Education Bureau. Retrieved on 9 February 2021 from Basic education curriculum guide-Primary 1-6

Education Bureau 2021: EDB announced guidelines and curriculum arrangements for safeguarding national security and national security education. https://www.info.gov.hk/gia/general/202102/04/P2021020400806.htm(08.02.2021)

Handagama, S. 2020: Coindesk. How the batde for Thailand is being fought on Twitter. https://www.coindesk.com/thailand-protests-social-media(31.01.2021)

Haque, M. 2017: Rohingya ethnic Muslim minority and the 1982 citizenship law in Burma. Journal of Muslim Minority Affairs, 37. Jg., H. 4, S. 454-469

Ho, LC. 2018: Conceptions of Global Citizenship Education in East and Southeast Asia. In: Davies, I. et al. (Hg.): The Palgrave Handbook of Global Citizenship and Education (83-95). London https://doi.org/1O.1057/978-1-137-59733-5_6

Kennedy, K. 2016: Civic education in Hong Kong. In: Peterson, Andrew/Tudball, Libby (Hg.): Civics and Citizenship Education in Australia: Challenges, Practices and International Perspectives. London, S. 245-261

Kingston, J. 2019: Ethnoreligious nationalism and majoritarianism in Asia. In: Georgetown Journal of Asian Studies, 6. Jg. H. 27, S. 20-27. https://repository.library.georgetown.edu/bitstream/handle/10822/1059385IGJAA%20Vol.6_0/020Ethnoreligious%20Nationalism%20and%20Majoritarianism%20in%20Asia.pdf?sequence=1&isAllowed=y (12.02.2021)

Lai, PS./Byram, M. 2012: Re-shaping education for citizenship-Democratic national citizenship in Hong Kong. Cambridge

Lee, E/Yuen, S./Tang, G./Cheng, W. 2019: Hong Kong's Summer of Uprising: From Anti-Extradition to Anti-Authoritarian Protests. The China Review, 19. Jg., H. 4, S. 1-32

Ng, H.Y./Kennedy, K. 2019: Localist groups and populist radical regionalism in Hong Kong. In: China. An International Journal, 17. Jg., H. 4, S. 111-134

Prasse-Freeman, E. 2017: The Rohingya crisis. In: AnthropologyToda, 33. Jg., H. 6, S. 1-2

Purnell, N. 2021: After Myanmar coup, Facebook removes national military TV network's page. Wall Street Journal. https://www.wsj.com/articles/aftermyanmar-coup-facebook-bans-national-military-tv-networks-page-11612272870 (03.02.2021)

Oxfam 2019: Global citizenship education. https://www.oxfam.org.hklen/whatwe-dol/development-educationl/global-citizenship-education (16.02.2021)

Robem, A./Nganga, L/James, J. 2019: Citizenship and civic education in Costa Rica, Myanmar, and the United States. In: Journal of Social Studies Education

Research, 10. Jg., H. 4, S. 97-126
Rowen, I. 2015: Inside Taiwan's Sunflower Movement: Twenty-four days in a student-occupied parliament, and the future of the region. In: The Journal of Asian Studies, 74. Jg., H. 1, S. 5-21
Schulz, W./Ainley, J./Fraillon, J./Losito, B./Agrusti G./Friedman, T. 2017: Becoming Citizens in a Changing World IEA International Civic and Citizenship Education Study 2016 International Report. Cham
Thaw Zin Oo 2022: Teaching history in Myanmar-nation building or national reconciliation? In: Kennedy, K. (Hg.): Social studies education in South and South East Asia. London/New York, S. 206-220
Yuen, S. 2017: Contesting middle-class civility: Place-based collective identity in Hong Kong's Occupy Mongkok. In: Social Movement Studies, 17. Jg., H. 4, S. 393-407

저자 소개

노르베르트 노이스(Norbert Neuß)
박사. 유스투스-리비히 기센(Justus-Liebig Gießen)대학교 아동교육학 교수.

데니스 하우크(Dennis Hauk)
박사. 프리드리히-쉴러 예나(Friedrich-Schiller Jena)대학교 학교교육 및 교실 연구위원회 연구 조교(박사후 연구원).

라인홀트 헤트케(Reinhold Hedtke)
박사. 빌레펠트(Bielefeld)대학교 사회과학 및 경제사회법 교수, 괴테-프랑크푸르트(Goethe Frankfurt)대학교 선임교수.

마르쿠스 글로에(Markus Gloe)
박사. 루트비히-막시밀리안 뮌헨(Ludwig-Maximilians München)대학교 정치교육과 사회과학교수법 교수.

마티아스 부쉬(Matthias Busch)
박사. 트리어(Trier)대학교 사회과학교수법 교수.

모니카 오베를레(Monika Oberle)
박사. 게오르크-아우구스트 괴팅겐(Georg-August Göttingen)대학교 정치학 및 정치교수법 교수.

무하메드 기라츠(Muhammed Giraz)
루르 보훔(Ruhr Bochum)대학교 사회과학교수법을 위한 연구위원과 파견교사.

미하엘 마이(Michael May)
박사. 프리드리히-쉴러 예나(Friedrich-Schiller Jena)대학교 정치교수법 교수.

베티나 추르슈트라센(Bettina Zurstrassen)
박사. 빌레펠트(Bielefeld)대학교 사회과학교수법 교수.

볼프강 잔더(Wolfgang Sander)
박사. 유스투스-리비히 기센(Justus-Liebig Gießen)대학교 사회과학교수법 교수.

슈테판 뮐러(Stefan Müller)
박사. 유스투스-리비히 기센(Justus-Liebig Gießen)대학교 사회과학교수법 교수.

아네테 페트리(Annette Petri)
박사. 그로스-게라우(Groß-Gerau)의 프랠랏-디엘(Prälat-Diehl) 학교 교장.

안드레아스 페트릭(Andreas Petrik)
박사. 마르틴-루터 할레-비텐베르크(Martin-Luther Halle-Wittenberg)대학교 사회과학교수법 교수.

안드레아스 퓌히터(Andreas Füchter)
박사. 헤센주 헤펜하이텐 김나지움의 정치·경제학 과목 책임자, 다름슈타트(Darmstadt)공과대학교 정치·경제교수법 강사.

알렉산더 보니히(Alexander Wohnig)
박사. 지겐(Siegen)대학교 사회과학교수법 교수.

잉고 유흘러(Ingo Juchler)
박사. 포츠담(Potsdam)대학교 정치교수법 교수.

주잔 게스너(Susann Gessner)
박사. 필립스 마부르크(Philipps Marburg)대학교 정치교수법 교수.

지빌레 라인하르트(Sibylle Reinhardt)
박사. 마르틴-루터 할레-비텐베르크(Martin-Luther Halle-Wittenberg)대학교 사회과학교수법 교수.

카트린 한-라우덴베르크(Katrin Hahn-Laudenberg)
박사. 라이프치히(Leipzig)대학교 이주와 통합의 맥락에서 교육, 민주주의 교육 부교수.

카를 다이히만(Carl Deichmann)
박사. 프리드리히-쉴러 예나(Friedrich-Schiller Jena)대학교 정치학 교수.

케르스틴 폴(Kerstin Pohl)
박사. 요하네스 구텐베르크 마인츠(Johannes Gutenberg Mainz)대학교 정치교수법 교수.

케리 J. 케네디(Kerry J. Kennedy)
박사. 홍콩(Hong Kong) 교육대학교 교육과정 및 교수법 학과 명예교수 겸 자문위원

크리스토프 퀴베르거(Christoph Kühberger)
박사. 잘츠부르크(Salzburg)대학교 역사교수법 및 정치교수법 교수.

토마스 골(Thomas Goll)
박사. 도르트문트(Dortmund) 공과대학교 교육과학 및 사회과학 통합교수법 교수.

틸만 그라메스(Tilman Grammes)
박사. 함부르크(Hamburg)대학교 사회과학교수법 교수.

팀 엥가르트너(Tim Engartner)
박사. 괴테 프랑크푸르트(Goethe Frankfurt)대학교 사회과학교수법 교수, 교육연구 및 교사연수 아카데미(ABL) 디렉터.

페터 마싱(Peter Massing)
박사. 베를린(Berlin) 자유 대학교 사회학 및 정치교수법 교수.

하네스 슈트렐로우(Hannes Strelow)
니더작센(niedersächsischen) 김나지움 정치·경제 및 역사 과목 교사.

하인리히 오버로이터(Heinrich Oberreuter)
박사. 파사우(Passau)대학교 정치학 교수, 전(前) 투칭(Tutzing) 정치교육아카데미 원장.

한스-베르너 쿤(Hans-Werner Kuhn)
박사. 프라이부르크(Freiburg)교육대학교 사회과학교수법 교수.

헬마 쉐네(Helmar Schöne)
박사. 슈베비슈 그문트(Schwäbisch Gmünd)교육대학교 정치학 및 정치교수법 교수.

편역자 소개

강구섭
독일 베를린 훔볼트대학교 졸업, 교육학 박사.
전남대학교 윤리교육과 교수.

김동춘
서울대학교 졸업, 사회학 박사.
(전)성공회대학교 사회과학부 교수, (현)좋은세상연구소 소장.

김상무
독일 하이델베르크대학교 졸업, 교육학 박사.
동국대학교 WISE 캠퍼스 사범교육학부 교수.

김영수
한국 외국어대학교 통번역 대학원(한독과) 졸업, 문학 석사.
독일 한스 자이델 재단 한국 사무소 사무국장.

김원태
성공회대학교 사회학과 박사과정 수료.
(전)모락고등학교 교사, 성공회대 민주주의연구소 연구위원.

김혜정
독일 마인츠대학교 졸업, 사회학 석사.
(전)경기도교육연구원 연구원, (전)수원시정연구원 위탁연구원.

배지혜
독일 하이델베르크대학교 졸업, 교육학 박사.
중앙대학교 대학원 독일유럽학과 객원교수.

오유석
이화여자대학교 졸업, 사회학 박사.
성공회대학교 민주주의연구소 부소장.

이종희
독일 하이델베르크대학교 졸업, 사회학 박사.
(전)중앙선거관리위원회 선거연수원 교수, 한국독일네트워크(ADeKo) 부이사장.

전영은
독일 마르부르크대학교 졸업, 한국 인하대학교 졸업, 교육학 박사.
기독간호대학교 교수.

정수정
독일 기센대학교 졸업, 교육학 박사.
서경대학교 인성교양대학 학장.

정창호
독일 함부르크대학교 졸업, 교육학 박사.
고려대학교 철학과 강사.

주현정
독일 베를린 훔볼트대학교 졸업, 교육학 박사.
경상국립대학교 글로컬대학사업단 학술연구교수.

차명제
독일 뮌스터대학교 졸업, 사회학 박사.
(전)한일장신대학교 인문사회학부 교수, 경기민주시민교육협의회 공동대표.

최영돈
독일 마르부르크대학교 졸업, 사회학 박사.
(전)중앙선거방송토론위원회 방송토론팀장, 한국독일네트워크(ADeKo) 이사.

홍은영
독일 칼스루에교육대학교 졸업, 교육학 박사.
전남대학교 교육학과 교수.

찾아보기

인명

게르하르트 힘멜만Gerhard Himmelmann 230
게오르크 빌헬름 프리드리히 헤겔Georg Wilhelm Friedrich Hegel 26
게오르크 케르셴슈타이너Georg Kerschensteiner 27
게오르크 바이세노Georg Weißeno 313
로렌스 콜버그Lawrence Kohlberg 255
롤프 슈미더러Rolf Schmiederer 30, 42, 44, 71, 116
루이스 더먼 스파크Louise Derman Spark 82
루트비히 에어하르트Ludwig Erhard 195
미르카 모쉬Mirka Mosch 264
미하엘 마이Michael May 40, 104, 233
발터 가겔Walter Gagel 46, 56, 115, 227
베르너 프리드리히스Werner Friedrich 227
베른하르트 주토어Bernhard Sutor 30, 42, 44, 57, 144, 232
볼프강 잔더Wolfgang Sander 11, 23, 45, 95, 227, 395
볼프강 클라프키Wolfgang Klafki 55, 70, 151, 194, 203
볼프강 힐리겐Wolfgang Hilligen 30, 42, 44, 57, 127, 151
브렌다 게인Brendah Gaine 84
아돌프 엑스너Adolf Exner 28
아리스토텔레스Aristoteles 42, 144, 193
안드레아스 그루슈카Andreas Gruschka 69
안드레아스 페트릭Andreas Petrik 45, 49, 115
알프레드 뮐러-아르막Alfred Müller Armak 195
안커 판 쾰런Anke van Keulen 84
에두아르트 슈프랑어Eduard Spranger 29, 116
에른스트 프라엔켈Ernst Fraenkel 58
에리히 다우엔하우어Erich Dauenhauer 195
에리히 베니거ErichWeniger 29
오스카 넥트Oskar Negt 30, 226
오이겐 코곤Eugen Kogon 30
요아힘 데트옌Joachim Detjen 46, 133
요한 프리드리히 헤르바르트Johann Friedrich Herbart 50
울리히 벡Ulrich Beck 251, 252
위르겐 하버마스Jürgen Habermas 228, 237, 252
지그문트 바우만Zygmunt Bauman 201, 204-207, 457
지빌레 라인하르트Sibylle Reinhardt 46, 116, 157, 251, 283, 295
지그프리트 쉴레Siegfried Schiele 30
카를 추크마이어Carl Zuckmayer 246
칼 포퍼Karl Popper 123, 146
카를 호만스Karl Homanns 195
쿠르트 게르하르트 피셔Kurt Gerhard Fischer 30, 44, 47, 145, 150
테오도어 리트Theodor Litt 29, 229
틸만 그라메스Tilman Grammes 45, 48, 142
파울 륄만Paul Rühlmann 28
페터 마싱Peter Massing 43, 175, 186, 189, 232, 294
폴커 라인하르트Volker Reinhardt 231
프란츠 E. 바이네르트Franz E. Weinert 55
프리드리히 외팅거Friedrich Oetinger 229
프리츠 잔트만Fritz Sandmann 48
한스 요아힘 리스만Hans Joachim Lißmann 48
한스-게오르크 벨링Hans-Georg Wehling 32, 132, 135
헤르만 기제케Hermann Giesecke 30, 42, 47, 71, 186
헤르만 마이Hermann May 195
호스트 비더만Horst Biedermann 226

지명·국가명

노르트라인베스트팔렌주Nordrhein-Westfalen 30, 88-91, 376, 377, 378, 384,

392, 420
리히텐슈타인Lichtenstein 35
만하임Mannheim 26
말레이시아Malaysia 353, 355, 359, 360
미얀마Myanmar 351, 353, 356, 357-358
바덴뷔르템베르크주Baden-Württemberg 88, 196, 388, 390-391, 397, 399, 401-403, 416
바이에른주Bayern 79, 88, 91, 182, 302
보이텔스바흐Beutelsbach 8, 31-33, 39, 45, 48, 93, 94, 132, 138, 168, 205, 220, 267, 376, 397, 416, 420
브란덴부르크Brandenburg 23, 366, 408
빈Wien 28, 98, 246
슈바벤Schwaben 31
스위스Schweiz 34-35, 37, 199, 368, 395, 399, 401-403, 419, 429
오스트리아Österreich 28, 34, 36-37, 96-98, 101, 199, 246, 286, 368, 419, 429
헤센주Hessen 30, 91, 97, 419-420
홍콩Hong Kong 351, 353-355, 358

정당명
사민당SPD, Sozialdemokratische Partei Deutschlands, 독일사회민주당 26
나치당NSDAP, Nationalsozialistische Deutsche Arbeiterpartei, 국가사회주의독일노동자당 28
사통당SED, Sozialistische Einheitspartei Deutschlands, 독일사회주의통일당 28,33
독일국가민주당NPD, Nationaldemokratische Partei Deutschland 183

단체명

[나치독일, 동독]
독일소녀동맹BDM, Bund Deutscher Mädel 28
아돌프히틀러학교AHS, Adolf-Hitler-Schule 28
자유독일청년당FDJ, Freie Deutsche Jugend 28
히틀러청소년단HJ, Hitlerjugend 28

[독일연방공화국]
교과교수법학회GFD, Gesellschaft für Fachdidaktik 55
교육계획 및 연구지원을 위한 연방·주위원회BLK, Bund-Länder-Kommission für Bildungsplanung und Forschungsförderung 230
독일교육위원회DBR, Deutscher Bildungsrat 164
독일정치교육협회DVPB, Deutsche Vereinigung für Politische Bildung 18-19, 29, 425
독일청소년연구소DJI, Deutsches Jugendinstitute 79
사회경제교육·과학학회GSÖBW, Gesellschaft für sozioökonomische Bildung und Wissenschaft 199
정치교수법 및 청소년과 성인을 위한 정치교육학회GPJE, Gesellschaft für Politikdidaktik und politische Jugend- und Erwachsenenbildung 19, 33, 88, 98, 271, 384, 388
정치교육을 위한 이해 공동체IGPB, Interessegemeinschaft für politische Bildung 37
주정부 교육문화부장관회의(협의체)KMK, Kultusministerkonferenz 18, 29, 87-88, 104, 106, 110, 164, 315, 345

주제어

ㄱ
가르침의 예술 교수학Lehrkunstdidaktik 144, 153
갈등 지향성Konfliktorientierung 189
감정Emotionen 209, 244-251, 256, 259-260, 297, 308
강압금지Überwältigungsverbot 31
개별화Individualisierung 265, 286, 288-289, 292, 322, 324
거꾸로 교실Flipped Classroom 322
거시적 방법Makromethode 266, 272, 333, 368
게임 기반 학습game-based learning 322-323, 325

경제 지식ökonomisches Wissen 193-194, 196-197, 371
경제 학습ökonomisches Lernen 193-195, 197-199
경험 지향Erfahrungsorientierung 179
공급과 사용(제공과 이용) 모델 Angebot-Nutzungsmodelle 50, 328
공론장Öffentlichkeit 228-229, 263
공민교육staatsbürgerische Erziehung 25-27, 29, 34, 36, 38
교사교육Lehrerbildung 29, 37, 53, 84, 90, 97, 99, 104-106, 108-111, 276
교수법 자료didaktische Materialien 289
교수법적 개념didaktische Konzeptionen 29, 70, 155
교수법적 전환dialektische Wende 30
교수 원칙Unterrichtsprinzip 87, 196, 253
교양어Bidlungssprache 235, 237-239, 242-243
교육 이해Bildungsverständnis 49, 71
교육계획Bildungspläne 77, 79, 230, 416
교육과정Lehrplan, Rahmenrichtlinien 4, 8, 18, 30, 32, 49, 60, 64-67, 71, 73-74, 89, 97-98, 105, 119, 150, 164, 206, 224, 241, 251-252, 258-259, 271, 279, 298, 320, 325, 329, 355, 357, 359-360, 365, 376-378, 380-381, 384, 388-394, 397, 399, 402, 422, 424, 426, 427, 429-430, 433, 435
교육이론Bildungstheorie 44, 49, 57, 63, 65, 67, 71, 74, 99, 152, 202, 280
교육이론적 사고bildungstheoretisches Denken 41
구술 능력mündliche Leistungen 343
국가 정체성nationale Identität 354-356
국민주권Volkssouveränität 211
권력분립Gewaltenteilung 226, 231, 359
급진민주주의 이론radikale Demokratietheorien 228-229
기본 가치Grundwerte 85, 210, 212, 251, 257, 359, 422
기본 개념Basiskonzept 4, 59, 72-73, 308, 310, 315
기본권 국가Grundrechtestaat 180-181
기본법Grundgeset 18, 79, 152, 181, 210-211, 423-424

ㄴ

나치즘(국가사회주의)Nationalsozialismus 28, 36, 41, 210-211
내부 지향Binnenorientierung 178-180, 183, 256
노동운동Arbeiterbewegung 26, 38, 54, 58
논쟁성Kontroversität 32, 94, 116, 134, 135, 198, 224, 267, 273, 327
논쟁성 원칙Kontroversgebot 93, 132-133, 136, 138-141, 180, 220, 252-253
논증 능력argumentative Kompetenzen 241
논증훈련Argumentationstraining 301-302

ㄷ

다중관점Multiperspektivität 99, 167, 171, 204-205, 220, 224
담론 배제Diskursausschlüsse 118
대안적 사실alternative Fakten 164, 313
대안적 준거점alternative Bezugspunkte 65
대인관계 의사소통 기술BICS, Basic Interpersonal Communication Skills 237
도덕적 딜레마moralisches Dilemma 253, 255-256
도덕적 학습moralisches Lernen 116, 251, 253, 260
도입 단계Einstiegsphase 130, 276, 281, 283, 285, 300, 316, 331
독일제국Deutsches Reich 25, 27, 36, 41
디지털 미디어digitale Medien 263, 315-318, 320
디지털화Digitalisierung 107, 144, 313, 315
딜레마 방법Dilemma-Methode 253-255

ㅁ

문제 상황Anforderungssituationen 67, 124-125, 127, 131, 219, 220, 328, 331-334, 336-337
문제 지향Problemorientierung 47, 56, 60, 94, 116, 123, 129-130, 178-179, 183, 198, 224, 327
문화국가Kulturstaat 26-27, 38
미디어 비평Medienkritik 318
미디어 역량Medienkompetenz 315, 324
민주적 역량demokratische Kompetenz

82, 231-232, 296
민주적 학교문화demokratische Schulkultur 230, 339-341, 347
민주주의Demokratie 31-32, 35-36, 39, 42, 48, 50, 59, 77, 79-81, 85-87, 92, 103, 115, 118-121, 126, 145, 149, 151-152, 154-156, 159-160, 167, 181, 192, 207, 210-212, 215-216, 221, 226-236, 242, 249, 251, 260, 269-270, 273-274, 287, 291-292, 296, 314, 328, 334, 356-358, 360
민주주의 교육Demokratiebildung 43, 80, 192, 229-230, 232-234, 314
민주주의 배우기Demokratielernen 226-227, 229
민주주의 어린이집Kinderstube der Demokratie 80
민주주의 학습Demokratielernen 160, 227, 229-233, 236, 296-297
민주화Demokratisierung 30, 38, 120, 122, 160, 233-234, 353, 356

ㅂ
바이마르공화국Weimarer Republik 27, 29, 41, 86, 133, 149, 211, 213
반교육Antipädagogik 82
반편견 접근법Anti-Bias-Approach 82-83
발생(학)적 정치교수학(법)genetische Politikdidaktik 49, 118, 144, 151
방법 역량Methodenkompetenz 156, 342, 346
방법 지식Methodenwissen 343
범교과적 과제fachübergreifende Aufgabe 95
범례성Exemplarität 44, 94, 143
범례의 원칙Exemplarisches Prinzip 142-145, 148, 152, 327
법감정Rechtsgefühl 209
법관념Rechtsvorstellungen 209
법교육Rechtserziehung 208, 215-216
법규범Rechtsnormen 208-210, 214
법적 문제Rechtsfragen 213
법질서Rechtsordnungen 209-212, 214, 216
법체계Rechtssystem 181, 210-212
보이텔스바흐 합의Beutelsbacher Konsens 32-33, 39, 45, 93-94, 132, 168, 205, 220,

267
부모의 극단주의Extremismus bei Eltern 84
분과학문Disziplin 53, 152, 202, 204
분쟁 해결Konfliktregelung 160
블렌디드 러닝Blended Learning 316, 321-327
비계설정Scaffolding 336-337
비연속 텍스트diskontinuierlichen Texten 235
비판적 정치교육Kritische politische Bildung 43, 49, 60, 93, 117

ㅅ
사명Mission 38-39, 41
사물수업Sachunterricht 89, 224
사회규범soziale Normen 65, 197, 208-209
사회학적 사고soziologisches Denken 116, 205-207
상이성 체험Alteritätserfahrung 221
생애사적 성찰biografische Reflexion 109
성과평가Leistungsbewertung 338, 341-342, 344, 347
성숙Mündigkeit 31, 38, 41, 56, 65, 67, 78-79, 81-82, 86-87, 92, 124, 132-136, 138-140, 197-198, 207, 233, 242, 263, 268, 301, 318, 325, 328-329
세계시민교육Global Citizenship Education 352, 358, 360, 367
세뇌Indoktrination 67, 73, 132
소크라테스 대화법sokratisches Gespräch 299, 301-302
수신자 지향Adressatenorientierung 115-116
수업 원칙Unterrichtsprinzip 37, 96, 100-103, 164, 341
시대의 전형적 주요 문제epochaltypische Schlüsselprobleme 203-204
시뮬레이션 방법Simulative Methoden 156, 180
시민교육Civic Education 231, 351-355, 358-360
시의성 원칙Aktualitätsprinzip 150
실증주의 논쟁Positivismusstreit 146

ㅇ
아시아의 다양성Asia's diversity 360

악마의 대변자Advocatus Diaboli 133
언어교육Sprachbildung 185, 235-236, 241-242
언어 역량Sprachkompetenz 81, 298
역사 학습historisches Lernen 218-219, 224-225
역할극Rollenspiele 122, 183, 284, 323
연방정치교육센터bpb, Bundeszentrale für politische Bildung 33
연방헌법재판소BverfG, Bundesverfassungsgericht 180-182, 210, 212, 222, 236, 241
영방 국가Territorialstaaten 24
예비교사angehende Lehrkräfte 106, 188, 190, 276
원격 학습Distanzlernen 321-322
의사소통적 교과교수법kommunikative Fachdidaktik 118
이질성Heterogenität 43, 49, 286-287, 330, 337
인격 발현의 자유Entfaltungsfreiheit 213
인류학적 전제antrhopologische Prämissen 210
인지적 학술언어 능력CALP, Cognitive Academic Language Proficiency 237
인지적 활성화Kognitive Aktivierung 334, 336
일반교수학 모델Allgemeindidaktische Modelle 41, 48
일반교육Allgemeinbildung 88-89, 95, 99, 145, 152, 203, 260
일상어Alltagssprache 237-239, 302
읽기 역량Lesekompetenz 95, 305-306

ㅈ
자기평가Selbstevaluation 289, 340
자기평가, 교사의Selbstevaluation der Lehrkräfte 339-341, 347
자기평가, 학습자의Selbstevaluation der Lernenden 339, 341, 347
자기효능감Selbstwirksamkeit 102, 161-162
자유Freiheit 26, 45, 50, 72, 79, 93, 108, 117, 119, 121, 127-128, 133, 137, 141, 146, 160, 181, 205, 210-213, 226-227, 251, 258, 263, 269, 273, 347
재교육 정책Re-education-Politik 29, 39

적용 단계Anwendungsphase 300-301
전공과정Studiengang 105
전문어, 전문용어Fachsprache 150, 235-237, 239, 240-243, 269, 295, 297
전문영역Domäne 55, 57, 60, 287-288
정의감Gerechtigkeitsgefühl 128, 209
정치 학습politisches Lernen 66, 77, 146-147, 156, 197-199, 224, 232-233, 244-246, 248-250, 253, 286, 290, 292, 296, 300, 305, 330, 338-339, 342-343
정치교수법(학)Politikdidaktik 32-33, 43, 45, 47, 49, 50, 58, 68, 70, 88, 98, 105, 115, 123, 146, 150, 153-156, 159, 161, 166, 175, 178, 185-187, 189, 232, 242, 245, 247, 249, 267, 269, 271, 278-279, 292-294, 307, 310, 313, 316, 327, 329, 339, 340, 342, 344
정치교수법적 개념politikdidaktische Konzeptionen 70, 155
정치교육politische Bildung 23, 26, 29-39, 41-46, 48-61, 63, 65-69, 72-73, 77, 86-98, 100-104, 106, 109, 115, 117, 119, 120, 123, 125, 131, 133, 135-140, 144-146, 149-152, 154-155, 158-162, 165-168, 170, 175, 177-180, 182, 184-190, 192, 197-199, 201-204, 207, 210, 213, 217-220, 222-227, 229, 231-236, 245-247, 249-250, 252, 254, 260, 263-264, 271, 286-288, 290-292, 294, 296, 297-299, 301-303, 308, 316-318, 320, 321, 323-330, 332-334, 337-338, 340-342, 347
정치교육politische Erziehung 23-28, 37-38, 41, 71
정치수업Politikunterricht 49, 94, 101, 152, 165-170, 175, 218, 220, 223-224, 232-233, 235-236, 238-242, 263-264, 267-269, 277, 282-283, 316-320, 324-325, 337, 341, 343, 345, 347
정치순환주기Politikzyklus 189-190
정치에 대한 이해Politikverständnis 42, 180
정치적 비합리성politische Irrationalität 246
정치적 성숙politische Mündigkeit 38-39, 87, 92, 242, 263, 318, 329
정치적 의사소통politische Kommunikation

222, 236, 241
정치적 판단력politische Urteilsfähigkeit 92, 157, 159, 168, 225, 236, 255, 272, 329, 337
정치적 판단 역량politische Urteilskompetenz 156
제도Institutionen 54, 56, 60, 72, 99, 103, 116, 152, 160, 175-177, 179-182, 189, 193, 197, 219, 221, 231-232, 239, 258
제도 학습institutionenkundliches Lernen 175-178, 180, 192
제도학Institutionenkunde 175, 186
주체 지향성Subjektorientierung 115
중등교육 1단계Sekundarstufe I 35, 91, 164, 170, 241, 263
중등교육 2단계Sekundarstufe II 165, 169-170, 241
지식 형태Wissensformen 45, 53, 58, 60, 274

ㅊ

차별화Differenzierung 47, 69, 140, 151, 189, 222, 229, 237, 264, 288, 335
참여Partizipation 67, 71-72, 77-82, 85, 93, 97, 102, 115-116, 119-120, 129, 154-156, 158, 161, 180, 188, 192-194, 198, 207, 223, 228, 230, 241, 244-246, 253, 259, 284, 287, 291-292, 296, 300, 305-306, 317-319, 325, 332, 339, 341
초학제성Transdisziplinarität 60

ㅋ

커리큘럼Curriculum 35-36, 61, 70, 99, 100, 103, 110, 115, 149-150, 199-200, 223
커리큘럼 네트워크curriculares Netzwerk 103

ㅌ

텍스트 분석Textanalyse 305, 307, 309-311, 313
텍스트 유형Textsorten 235, 305, 307, 309-311
통치 형태로서의 민주주의Demokratie als Herrschaftsform 230-231
통합과목Integrationsfach 89, 96-99, 167, 199, 224
통합적 경제 역량 모델IÖK, Integrationsmodell Ökonomischer Kompetenz 196
통합학문Integrationswissenschaft 58

ㅍ

평가Evalution 38, 42, 45, 49, 92, 106-107, 110, 120, 160, 189, 195-196, 216, 219, 224, 231, 233, 240, 251, 256, 259, 264, 266, 272, 274, 284, 292, 301, 313, 323-324, 335-347
평가문화Evaluationskultur 338-339, 341, 347
프랑크푸르트학파Frankfurter Schule 42, 117, 143

ㅎ

하이브리드 교수학습(교육)hybride Lehr-Lern-Konzeptionen 321, 323, 327
학교 밖 정치교육außerschulische politische Bildung 29, 30, 32, 38, 161, 224, 247, 294, 301
학교 정치교육schulische politische Bildung 25, 29, 32-33, 37, 45, 67-68, 94, 96, 120, 149, 167, 247, 264
학문 지향Wissenschaftsorientierung 55, 56, 94, 116, 163-166, 168-169, 196, 198, 287
학문적 평가wissenschaftliche Evaluation 339
학제성Interdisziplinarität 166, 171, 202
해석학Hermeneutik 60, 69, 170, 307-308, 310
행동 역량Handlungskompetenz 155-157, 159, 270, 292, 343-344
행동 지향Handlungsorientierung 94, 116, 154-155, 157-161, 170, 180, 183, 192, 284-285, 327, 340, 343
행위 능력Handlungsfähigkeit 87, 92, 230, 236, 296, 329
헤센주 교육과정hessische Rahmenrichtlinien 97
형성 지향Gestaltungsorientierung 56
희생자 테제Opferthese 36

삶의 행복을 꿈꾸는 교육은 어디에서 오는가?

● **교육혁명을 앞당기는 배움책 이야기** 혁신교육의 철학과 잉걸진 미래를 만나다!

한국교육연구네트워크 총서

01 핀란드 교육혁명	한국교육연구네트워크 엮음	320쪽	값 18,000원
02 일제고사를 넘어서	한국교육연구네트워크 엮음	284쪽	값 13,000원
03 새로운 사회를 여는 교육혁명	한국교육연구네트워크 엮음	380쪽	값 17,000원
04 교장제도 혁명	한국교육연구네트워크 엮음	268쪽	값 14,000원
05 새로운 사회를 여는 교육자치 혁명	한국교육연구네트워크 엮음	312쪽	값 15,000원
06 혁신학교에 대한 교육학적 성찰	한국교육연구네트워크 엮음	308쪽	값 15,000원
07 진보주의 교육의 세계적 동향	한국교육연구네트워크 엮음	324쪽	값 17,000원
08 더 나은 세상을 위한 학교혁명	한국교육연구네트워크 엮음	404쪽	값 21,000원
09 비판적 실천을 위한 교육학	이윤미 외 지음	448쪽	값 23,000원
10 마을교육공동체운동: 세계적 동향과 전망	심성보 외 지음	376쪽	값 18,000원
11 학교 민주시민교육의 세계적 동향과 과제	심성보 외 지음	308쪽	값 16,000원
12 학교를 민주주의의 정원으로 가꿀 수 있을까?	성열관 외 지음	272쪽	값 16,000원
13 교육사상가의 삶과 사상 -서양 편 1	심성보 외 지음	420쪽	값 23,000원
14 교육사상가의 삶과 사상 -서양 편 2	김누리 외 지음	432쪽	값 25,000원
15 사교육 해방 국민투표	이형빈·송경원 지음	260쪽	값 17,000원
16 유토피아 교육학	심성보 지음	460쪽	값 27,000원

한국교육연구네트워크 번역 총서

01 프레이리와 교육	존 엘리아스 지음	한국교육연구네트워크 옮김	276쪽	값 14,000원
02 교육은 사회를 바꿀 수 있을까?	마이클 애플 지음	강희룡·김선우·박원순·이형빈 옮김	356쪽	값 16,000원
03 비판적 페다고지는 세상을 변화시킬 수 있는가?	Seewha Cho 지음	심성보·조시화 옮김	280쪽	값 14,000원
04 마이클 애플의 민주학교	마이클 애플·제임스 빈 엮음	강희룡 옮김	276쪽	값 14,000원
05 21세기 교육과 민주주의	넬 나딩스 지음	심성보 옮김	392쪽	값 18,000원
06 세계교육개혁 민영화 우선인가 공적 투자 강화인가?	린다 달링-해먼드 외 지음	심성보 외 옮김	408쪽	값 25,000원
07 콩도르세, 공교육에 관한 다섯 논문	니콜라 드 콩도르세 지음	이주환 옮김	300쪽	값 16,000원
08 학교를 변론하다	얀 마스켈라인·마틴 시몬스 지음	윤선인 옮김	252쪽	값 15,000원
09 존 듀이와 교육	짐 개리슨 외 지음	심성보 외 옮김	376쪽	값 19,000원
10 진보주의 교육운동사	윌리엄 헤이스 지음	심성보 외 옮김	324쪽	값 18,000원
11 사랑의 교육학	안토니아 다더 지음	심성보 외 옮김	412쪽	값 22,000원
12 다시 읽는 민주주의와 교육	존 듀이 지음	심성보 옮김	620쪽	값 32,000원
13 세계의 대안교육	넬 나딩스·헬렌 리즈 엮음	심성보 외 11인 옮김	652쪽	값 38,000원

미래 100년을 향한 새로운 교육
혁신교육을 실천하는 교사들의 필독서

● 비고츠키 선집 발달과 협력의 교육학 어떻게 읽을 것인가?

01	생각과 말	L.S. 비고츠키 지음	배희철·김용호·D. 켈로그 옮김	690쪽	값 33,000원
02	도구와 기호	비고츠키·루리야 지음	비고츠키 연구회 옮김	336쪽	값 16,000원
03	어린이 자기행동숙달의 역사와 발달 I	L.S. 비고츠키 지음	비고츠키 연구회 옮김	564쪽	값 28,000원
04	어린이 자기행동숙달의 역사와 발달 II	L.S. 비고츠키 지음	비고츠키 연구회 옮김	552쪽	값 28,000원
05	어린이의 상상과 창조	L.S. 비고츠키 지음	비고츠키 연구회 옮김	280쪽	값 15,000원
06	성장과 분화	L.S. 비고츠키 지음	비고츠키 연구회 옮김	308쪽	값 15,000원
07	연령과 위기	L.S. 비고츠키 지음	비고츠키 연구회 옮김	336쪽	값 17,000원
08	의식과 숙달	L.S 비고츠키	비고츠키 연구회 옮김	348쪽	값 17,000원
09	분열과 사랑	L.S. 비고츠키 지음	비고츠키 연구회 옮김	260쪽	값 16,000원
10	성애와 갈등	L.S. 비고츠키 지음	비고츠키 연구회 옮김	268쪽	값 17,000원
11	흥미와 개념	L.S. 비고츠키 지음	비고츠키 연구회 옮김	408쪽	값 21,000원
12	인격과 세계관	L.S. 비고츠키 지음	비고츠키 연구회 옮김	372쪽	값 22,000원
13	정서 학설 I	L.S. 비고츠키 지음	비고츠키 연구회 옮김	584쪽	값 35,000원
14	정서 학설 II	L.S. 비고츠키 지음	비고츠키 연구회 옮김	480쪽	값 35,000원
15	심리학 위기의 역사적 의미	L.S. 비고츠키 지음	비고츠키 연구회 옮김	556쪽	값 38,000원
	비고츠키와 인지 발달의 비밀	A.R. 루리야 지음	배희철 옮김	280쪽	값 15,000원
	비고츠키의 발달교육이란 무엇인가?	비고츠키교육학실천연구모임 지음	412쪽	값 21,000원
	비고츠키 철학으로 본 핀란드 교육과정	배희철 지음	456쪽	값 23,000원
	비고츠키와 마르크스	앤디 블런던 외 지음	이성우 옮김	388쪽	값 19,000원
	수업과 수업 사이	비고츠키 연구회 지음	196쪽	값 12,000원
	관계의 교육학, 비고츠키	진보교육연구소 비고츠키교육학실천연구모임 지음	300쪽	값 15,000원
	교사와 부모를 위한 발달교육이란 무엇인가?	현광일 지음	380쪽	값 18,000원
	비고츠키 생각과 말 쉽게 읽기	진보교육연구소 비고츠키교육학실천연구모임 지음	316쪽	값 15,000원
	교사와 부모를 위한 비고츠키 교육학	카르포프 지음	실천교사번역팀 옮김	308쪽	값 15,000원
	레프 비고츠키	르네 반 데 비어 지음	배희철 옮김	296쪽	값 21,000원

혁신학교	성열관·이순철 지음	224쪽	값 12,000원
행복한 혁신학교 만들기	초등교육과정연구모임 지음	264쪽	값 13,000원
서울형 혁신학교 이야기	이부영 지음	320쪽	값 15,000원
혁신교육, 철학을 만나다	브렌트 데이비스·데니스 수마라 지음	현인철·서용선 옮김	304쪽	값 15,000
대한민국 교사, 어떻게 가르칠 것인가?	윤성관 지음	320쪽	값 15,000원
아이들을 어떻게 가르칠 것인가	사토 마나부 지음	박찬영 옮김	232쪽	값 13,000원
모두를 위한 국제이해교육	한국국제이해교육학회 지음	364쪽	값 16,000원
경쟁을 넘어 발달 교육으로	현광일 지음	288쪽	값 14,000원
혁신교육 존 듀이에게 묻다	서용선 지음	292쪽	값 16,000원
다시 읽는 조선교육사	이만규 지음	750쪽	값 37,000원
교실 속으로 간 이해중심 교육과정(개정판)	온정덕 외 지음	216쪽	값 15,000원
대한민국 교육혁명	교육혁명공동행동 연구위원회 지음	224쪽	값 12,000원
포스트 코로나 시대의 교육	성열관 외 지음	224쪽	값 15,000원
내일 수업 어떻게 하지?	아이함께 지음	300쪽	값 15,000원
핀란드 교육의 기적	한넬레 니에미 외 엮음	장수명 외 옮김	456쪽	값 23,000원
한국 교육의 현실과 전망	심성보 지음	724쪽	값 35,000원
독일의 학교교육	정기섭 지음	536쪽	값 29,000원
교실 속으로 간 이해중심 통합교육과정	온정덕 외 지음	224쪽	값 15,000원
초등 백워드 교육과정 설계와 실천 이야기	김병일 외 지음	352쪽	값 19,000원
학습격차 해소를 위한 새로운 도전 보편적 학습설계 수업	조윤정 외 지음	240쪽	값 15,000원

● **경쟁과 차별을 넘어 평등과 협력으로 미래를 열어가는 교육 대전환!** 혁신교육 현장 필독서

학교의 미래, 전문적 학습공동체로 열다	새로운학교네트워크·오윤주 외 지음	276쪽	값 16,000원
마을교육공동체 생태적 의미와 실천	김용련 지음	256쪽	값 15,000원
학교폭력, 멈춰!	문재현 외 지음	348쪽	값 15,000원
학교를 살리는 회복적 생활교육	김민자·이순영·정선영 지음	256쪽	값 15,000원
삶의 시간을 잇는 문화예술교육	고영직 지음	292쪽	값 18,000원
미래교육을 디자인하는 학교교육과정	박승열 외 지음	348쪽	값 18,000원
코로나 시대, 마을교육공동체운동과 생태적 교육학	심성보 지음	280쪽	값 17,000원
혐오, 교실에 들어오다	이혜정 외 지음	232쪽	값 15,000원
수업, 슬로리딩과 함께	박경숙 외 지음	268쪽	값 15,000원
물질과의 새로운 만남	베로니카 파치니-케처바우 외 지음	이연선 외 옮김	218쪽	값 15,000원

제목	저자 정보
그림책으로 만나는 인권교육	강진미 외 지음	272쪽	값 18,000원
수업 고수들 수업·교육과정·평가를 말하다	박현숙 외 지음	368쪽	값 17,000원
아이들의 배움은 어떻게 깊어지는가	이시이 쥰지 지음	방지현·이창희 옮김	200쪽	값 11,000원
미래, 공생교육	김환희 지음	244쪽	값 15,000원
들뢰즈와 가타리를 통해 유아교육 읽기	리세롯 마리엣 올슨 지음	이연선 외 옮김	328쪽	값 17,000원
혁신고등학교, 무엇이 다른가?	김현자 외 지음	344쪽	값 18,000원
시민이 만드는 교육 대전환	심성보·김태정 지음	248쪽	값 15,000원
평화교육 과거, 현재 그리고 미래를 그리다	모니샤 바자즈 외 지음	권순정 외 옮김	268쪽	값 18,000원
마을교육공동체란 무엇인가?	서용선 외 지음	360쪽	값 17,000원
강화도의 기억을 걷다	최보길 지음	276쪽	값 14,000원
체육 교사, 수업을 말하다	전용진 지음	304쪽	값 15,000원
평화의 교육과정 섬김의 리더십	이준원·이형빈 지음	292쪽	값 16,000원
마을로 걸어간 교사들, 마을교육과정을 그리다	백윤애 외 지음	336쪽	값 16,000원
혁신교육지구와 마을교육공동체는 어떻게 만들어지는가?	김태정 지음	376쪽	값 18,000원
서울대 10개 만들기	김종영 지음	348쪽	값 18,000원
선생님, 통일이 뭐예요?	정경호 지음	252쪽	값 13,000원
10년 후 통일	정동영 지음	328쪽	값 15,000원
함께 배움 학생 주도 배움 중심 수업 이렇게 한다	니시카와 준 지음	백경석 옮김	280쪽	값 15,000원
다정한 교실에서 20,000시간	강정희 지음	296쪽	값 16,000원
즐거운 세계사 수업	김은석 지음	328쪽	값 13,000원
학교를 개선하는 교장 지속가능한 학교 혁신을 위한 실천 전략	마이클 풀란 지음	서동연·정효준 옮김	216쪽	값 13,000원
선생님, 민주시민교육이 뭐예요?	염경미 지음	244쪽	값 15,000원
교육혁신의 시대 배움의 공간을 상상하다	함영기 외 지음	264쪽	값 17,000원
도덕 수업, 책으로 묻고 윤리로 답하다	울산도덕교사모임 지음	320쪽	값 15,000원
교육과 민주주의	필라르 오카디즈 외 지음	유성상 옮김	420쪽	값 25,000원
교육회복과 적극적 시민교육	강순원 지음	228쪽	값 15,000원
비판적 미디어 리터러시 가이드	더글러스 켈너·제프 셰어 지음	여은호·원숙경 옮김	252쪽	값 18,000원
지속가능한 마을, 교육, 공동체를 위하여	강영택 지음	328쪽	값 18,000원
대전환 시대 변혁의 교육학	진보교육연구소 교육과정연구모임 지음	400쪽	값 23,000원
교육의 미래와 학교혁신	마크 터커 지음	전국교원양성대학교 총장협의회 옮김	336쪽	값 18,000원
남도 임진의병의 기억을 걷다	김남철 지음	288쪽	값 18,000원
프레이리에게 변혁의 길을 묻다	심성보 지음	672쪽	값 33,000원

다시, 혁신학교!	성기신 외 지음	300쪽	값 18,000원
백워드로 설계하고 피드백으로 완성하는 성장중심평가	이형빈·김성수 지음	356쪽	값 19,000원
우리 교육, 거장에게 묻다	표혜빈 외 지음	272쪽	값 17,000원
교사에게 강요된 침묵	설진성 지음	296쪽	값 18,000원
왜 체 게바라인가	송필경 지음	320쪽	값 19,000원
풀무의 삶과 배움	김현자 지음	352쪽	값 20,000원
비고츠키 아동학과 글쓰기 교육	한희정 지음	300쪽	값 18,000원
교실을 위한 프레이리	아이러 쇼어 엮음	사람대사람 옮김	410쪽	값 23,000원
마을, 그 깊은 이야기 샘	문재현 외 지음	404쪽	값 23,000원
비난받는 교사	다이애나 폴레비치 지음	유성상 외 옮김	404쪽	값 23,000원
한국교육운동의 역사와 전망	하성환 지음	308쪽	값 18,000원
철학이 있는 교실살이	이성우 지음	272쪽	값 17,000원
왜 지속가능한 디지털 공동체인가	현광일 지음	280쪽	값 17,000원
선생님, 우리 영화로 세계시민 만나요!	변지윤 외 지음	328쪽	값 19,000원
아이를 함께 키울 온 마을은 어떻게 만들어야 할까?	차상진 지음	288쪽	값 17,000원
선생님, 제주 4·3이 뭐예요?	한강범 지음	308쪽	값 18,000원
마을배움길 학교 이야기	김명신 외 지음	300쪽	값 18,000원
다시, 남도의 기억을 걷다	노성태 지음	332쪽	값 19,000원
세계의 혁신 대학을 찾아서	안문석 지음	284쪽	값 17,000원
소박한 자율의 사상가, 이반 일리치	박홍규 지음	328쪽	값 19,000원
선생님, 평가 어떻게 하세요?	성열관 외 지음	220쪽	값 15,000원
남도 한말의병의 기억을 걷다	김남철 지음	316쪽	값 19,000원
생태전환교육, 학교에서 어떻게 할까?	심지영 지음	236쪽	값 15,000원
어떻게 어린이를 사랑해야 하는가	야누쉬 코르착 지음	송순재·안미현 옮김	408쪽	값 23,000원
북유럽의 교사와 교직	예스터 에크하트 라르센 외 엮음	유성상·김민조 옮김	412쪽	값 24,000원
산마을 너머 지금 뭐해?	최보길 외 지음	260쪽	값 17,000원
전문적 학습네트워크	크리스 브라운 외 엮음	성기선·문은경 옮김	424쪽	값 24,000원
초등 개념기반 탐구학습 설계와 실천 이야기	김병일 외 지음	380쪽	값 27,000원
선생님이 왜 노조 해요?	교사노동조합연맹 기획	324쪽	값 18,000원
교실을 광장으로 만들기	윤철기 외 지음	212쪽	값 17,000원
자율성과 전문성을 지닌 교사 되기	린다 달링 해몬드 외 지음	전국교원양성대학교총장협의회 옮김	412쪽	값 25,000원
선생님, 완벽하지 않아도 괜찮아요	유승재 지음	264쪽	값 17,000원
지속가능한 리더십	앤디 하그리브스 외 지음	정바울 외 옮김	352쪽	값 21,000원

제목	저자/페이지/가격
남도 명량의 기억을 걷다	이돈삼 지음 │ 280쪽 │ 값 17,000원
교사가 아프다	송원재 지음 │ 300쪽 │ 값 18,000원
존 듀이의 생명과 경험의 문화적 전환	현광일 지음 │ 272쪽 │ 값 17,000원
왜 읽고 쓰고 걸어야 하는가?	김태정 지음 │ 300쪽 │ 값 18,000원
미래 교직 디자인	캐럴 G. 베이즐 외 지음 │ 정바울 외 옮김 │ 192쪽 │ 값 17,000원
타일러 교육과정과 수업 설계의 기본 원리	랄프 타일러 지음 │ 이형빈 옮김 │ 176쪽 │ 값 15,000원
시로 읽는 교육의 풍경	강영택 지음 │ 212쪽 │ 값 17,000원
부산 교육의 미래 2026	이상철 외 지음 │ 384쪽 │ 값 22,000원
11권의 그림책으로 만나는 평화통일 수업	경기평화교육센터·곽인숙 외 지음 │ 304쪽 │ 값 19,000원
명랑 10대 명량 챌린지	강정희 지음 │ 320쪽 │ 값 18,000원
교장이 바뀌면 학교가 바뀐다	홍제남 지음 │ 260쪽 │ 값 16,000원
모두 아픈 학교, 공동체로 회복하기	김성천 외 지음 │ 276쪽 │ 값 17,000원
교육정치학의 이론과 실천	김용일 지음 │ 296쪽 │ 값 18,000원
마오쩌둥의 국제정치사상	정세현 지음 │ 332쪽 │ 값 19,000원
교사, 깊이 있는 학습을 말하다	황철형 외 지음 │ 214쪽 │ 값 15,000원
더 나은 사고를 위한 교육	앤 마가렛 샤프 외 지음 │ 김혜숙·박상욱 옮김 │ 438쪽 │ 값 26,000원
더 좋은 교육과정 더 나은 수업	이형빈 지음 │ 292쪽 │ 값 18,000원
한나 아렌트와 교육	모르데하이 고든 엮음 │ 조나영 옮김 │ 376쪽 │ 값 23,000원
공동체의 힘, 작은학교 만들기	미셸 앤더슨 외 지음 │ 권순형 외 옮김 │ 264쪽 │ 값 18,000원
토대역량과 사회정의	존 알렉산더 지음 │ 유성상·이인영 옮김 │ 324쪽 │ 값 22,000원
마을교육, 다 함께 가치	김미연 외 지음 │ 320쪽 │ 값 19,000원
북한 교육과 평화통일 교육	이병호 지음 │ 336쪽 │ 값 22,000원
나는 어떤 특수교사인가	김동인 지음 │ 268쪽 │ 값 17,000원
능력주의 시대, 교육과 공정을 사유하다	한만중 외 지음 │ 252쪽 │ 값 17,000원
교사와 학부모, 어디로 가는가?	한만중 외 지음 │ 252쪽 │ 값 17,000원
프레네, 일하는 인간의 본성과 교육	셀레스텡 프레네 지음 │ 송순재 엮음 │ 김병호 외 옮김 │ 564쪽 │ 값 33,000원
지속가능한 마을교육공동체 운동	양병찬·한혜정 지음 │ 268쪽 │ 값 18,000원
평생학습으로 두 나라를 잇다	고바야시 분진 지음 │ 양병찬·이정연 편역 │ 220쪽 │ 값 15,000원
초등 1학년 교실, 궁금하세요?	이경숙 지음 │ 324쪽 │ 값 19,000원
정의로운 한국사	김은석 지음 │ 272쪽 │ 값 17,000원
세계의 교사교육	린다 달링-해먼드·앤 리버맨 편저 │ 전국교원양성대학교총장협의회 번역 │ 332쪽 │ 값 21,000원
남도 항일독립운동가의 기억을 걷다	김남철 지음 │ 292쪽 │ 값 19,000원
'좋아요'와 '싫어요'를 넘어	여은호·원숙경 지음 │ 268쪽 │ 값 18,000원

참된 삶과 교육에 관한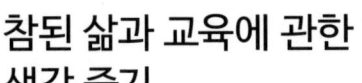
생각 줍기